어린 말더듬 아동을 위한

페일린 부모-아동 상호작용 치료

Elaine Kelman · Alison Nicholas 공저 | 신문자 · 최다혜 공역

PALIN PARENT-CHILD INTERACTION THERAPY

for Early Childhood Stammering 2nd edition

학지사

[역자 서문]

부모-아동 상호작용 치료법은 영국의 마이클 페일린 말더듬 치료 센터에 있던 러스틴, 보테릴, 그리고 켈만이 말더듬 아동의 부모에게 구체적인 도움을 주기 위해 1980년대에 처음 개발한 프로그램이 기초가 되었습니다. 그 후 페일린 센터 치료사들의 축적된 치료 경험과 최근의 연구 결과를 반영하여 켈만과 니컬러스가 2008년 새롭게 『페일린 부모-아동 상호작용 치료』 1판을 출간하였으며, 이를 2020년 수정·보완하여 2판의 출판에 이르렀습니다. 이 책은 말더듬 아동의 언어치료를 하는 언어재활사들에게 중요한 길잡이 역할을 할 것으로 기대됩니다.

언어재활사가 말더듬치료를 어려워하는 이유는 아마도 언어치료의 결과 아이의 말더듬이 오히려 증가하거나 변함이 없는 경우에 대한 두려움이 크기 때문일 것입니다. 이러한 두려움은 말더듬의 진전과 원인에 대해 잘 알지 못한다는 자신감의 부족에서 나온 것일 수도 있고, 아이의 말더듬의 변화에 대한 책임이 온전히 언어재활사에게만 있다는 믿음에 따른 부담감에서 나온 것일 수도 있습니다.

페일린 부모-아동 상호작용 치료 매뉴얼은 최근의 연구와 이론을 바탕으로 제작되어 언어재활사의 이러한 두려움을 감소시키고 말더듬 아동과 가족의 의사소통 능력과 자신감을 효과적으로 이끌 수 있도록 도와줍니다. 특히, 말더듬의 원인에 대해 최신 연구를 자세히 설명함으로써, 언어재활사가 어떻게 부모들에게 말더듬에 대해 쉽게 전달할지를 기술하고 있습니다. 또한 치료 중 말더듬의 변화에 대해 부모들이 어떻게 대처하면 좋은지에 대한 구체적인 가이드라인을 실례와 함께 제공하고 있습니다. 예를 들어, 말더듬 아동이 치료실을 첫 방문한 순간부터 말더듬을 어떻게 평가하고 상담할 것인지, 어떤 방식으로 치료를 진행할 것인지 어떻게 치료를 종료하고 사후관리를 할 것인지에 대한 모든 것이 자세한 예문과 함께 설명되어 있습니다.

그리고 페일린 부모-아동 상호작용 치료는 말더듬 치료의 결과를 유창성에만 두지 않고 전반적인 의사소통 능력과 자신감에 중점을 두어 언어치료 성공 기준에 대한 새로운 틀을 제공합니다. 말더듬 아동의 언어치료에 가족의 참여를 독려함으로써 부모의 말더듬 관리에 대한 자신감을 증진시키고, 말더듬에 대한 불안함을 해소할 수 있게 가이드를 주고 있습니다. 나아가 이 프로그램은 치료에서 아이를 능동적인 구성원으로 포함시켜서, 부모와 아이, 그리고 언어재활사가 함께 언어치료를 이루어 나가는 것임을 강조합니다.

페일린 부모-아동 상호작용 치료는 치료의 초점과 철학이 시간에 따라 다음과 같이 조금씩 수정되었습니다. 초기 1980년대에서 1990년대에 시행하던 부모-아동 상호작용 치료에서는 부모가 아이의 유창성 증진에 방해가 되는 행동이 무엇인지 찾아내고 이 부정적 행동을 수정하도록 돕는 것에 치료의 중점을 두었다면, 최근의 치료는 부모가 아동의 유창성 증진을 위하여 이미 잘하고 있는 점을 발견하게 하여, 그러한 긍정적인 행동을 더 자주 하도록 독려하는 방향으로 변화되었습니다. 그리고 치료 매뉴얼 2판은 1판에 비해 아이의 유창성보다는 의사소통 능력과 자신감 향상을 주 목표로 두는 것을 볼 수 있습니다.

이 책이 나오기까지 수고해 주신 학지사 관계자 여러분에게 감사드리고 번역문 수정을 도와주신 신·언어임상연구소의 황주희 선생님과 번역가 김수연 선생님께 감사의 말씀을 드립니다. 한국어판이 나올 수 있도록 적극 지원해 주신 원저자 Elain Kelman 선생님 그리고 한국판 페일린 부모평가지를 부록으로 포함하는 것을 허락해 주신 원저자 Sharon Millard 선생님과 역자인 심현섭, 이수복 교수님께도 감사드립니다.

이 책이 많은 언어재활사 여러분과 말더듬 아동, 그리고 말더듬 아동의 가족에게 도움이 되길 바랍니다.

역자 신문자, 최다혜 드림

[서문]

이렇게 큰 노력의 결실에 대한 서문을 쓰게 되어 영광입니다. 충분한 연구와 임상을 거쳐서 잘 다듬어지고 평가된 말더듬 치료법이 중요하다는 것은 아무리 강조해도 부족하지 않을 것입니다. 제가 이 서문을 막 준비하고 있을 때, 말을 더듬는 한 어린이의 어머니로부터 이메일을 받았습니다. 그 메일은 지역에서 활동하고 있는 언어재활사에게 간 다음, 전국적으로 알려진 한 연구자에게 전달되었는데, 이어서 나에게까지 지도 요청이 오게 된 것이었습니다. 진심 어린 장문의 그 메일 속에는 어머니의 고통과 걱정, 그리고 아이의 고민이 고스란히 담겨 있었습니다.

말더듬은 상처를 줍니다. 말더듬 어린이에게 상처를 주고 가족에게도 상처를 줍니다. 이 점을 잘 알고 있는 페일린 팀은, 오랫동안 어린이들 그리고 그들의 가족과 함께 일하면서 정교화된 접근법을 체계화시켰습니다. 이는 제가 아는 것 중 가장 훌륭한 통합 연구와 실천의 결실이라고 할 수 있습니다. 말더듬 분야의 많은 사람들과 달리 페일린 팀은 완전하게 구체화된 증거 기반 실천의 길을 걸어왔습니다. 페일린 팀은 말더듬 자체뿐만 아니라 의사소통장애의 일반 원리, 심리학, 인간 발달 및 상담과 같은 관련 분야에 대한 연구를 진행했고, 이를 기반으로 합리적이고, 단계적이며 정교한 치료 개입 프로그램을 만들어 냈습니다. 그들은 엄격한 방식으로 페일린 부모-아동 상호작용 치료의 결과를 평가했고, 이를 이용해 치료의 구성 요소들을 적응해 보고 다듬었습니다. 이것은 증거 기반 실천 운동 지지자들이 의료, 보건계에 종사하는 전문가들에게 증거 기반 치료를 해야 한다고 권고할 때 마음속에 그리던 바로 그 방식입니다.

거의 같은 맥락에서, 페일린 팀은 증거 기반 치료와 그 결과물인 치료 기반 증거 사이의 관계를 깔끔하게 정리하기도 했습니다. 마이클 페일린 말더듬 치료 센터의 독특하고 종합적으로 준비된 환경 덕분에 페일린 팀은 찾아온 가족들의 특정한 요구와 우려를 파악하고 이를 충족시킴으로써 가족을 도울 수 있는 방식에 대해 전문 센터로서 충분히 탐구할 수 있었습니다. 이처럼 마이클 페일린 말더듬 치료 센터 같은 곳을 찾아 이러한 행운을 누릴 수 있는 개인이나 소규모 센터 실무자는 거의 없는 것이 현실입니다.

기존의 여러 치료법과 달리 이 책자는 언어재활사에게 충실하고 적절히 구조화된 정보를 제공하고 있으며, 지원체계가 갖추어진 서비스를 제공할 수 있도록 매뉴얼을 제공하고 있습니다. 하지만 이 자체가 고정화된 교본은 아닙니다. 이 책자는 평가, 치료, 상담에 필요한 재료를 풍부하게 제공합니다. 그렇다고, 치료 과정에 대한 언어재활사의 역동적인 비전을 제한할 의도는 없습니다. 이 책에는 좋은 치료를 제공하는 데 길잡이가 될 정보와 언어재활사로서 자신의 기술을 발전시키는 데 도움이 되는 내용이 융합되어 있습니다.

잘 짜여진 여러 아동 말더듬 치료법 중에서도 페일린 부모-아동 상호작용 치료법이 가장 특이한 이유는 아동을 치료 과정에 있어 본질적으로 아주 중요하고 능동적인 구성원으로 간주한다는 점입니다. 대부분의 만성적 아동 장애와 비교했을 때 말더듬은 잠재적인 장애로부터 '탈피'하지 못한 아동들에게 최상의 결과를 가져오려면 치료 과정에서 가족의 지원뿐만 아니라 아동 자신의 참여가 결정적인 역할을 한다는 사실을 이해하기까지 좀 더 오랜 시간이 걸렸습니다. 이를 위해서는 말더듬에 대한 논의가 필요하며, 아동이 자신의 요구가 무엇인지에 대한 이해를 해야 합니다.

페일린 프로그램은 모든 언어재활사가 유아기 말더듬이라는 복잡한 현상에 대해 해당 어린이와 그 가족을 '전방위적으로' 보살피기 위한 귀중한 로드맵을 제공하는 잘 짜여지고 다듬어진 프로그램입니다. 이것이야말로 우리 분야에서 더욱 필요로 하는 것이지요. 이 책의 저자들과 마찬가지로, 저는 페일린 부모-아동 상호작용 치료법 프로그램의 독자 및 이용자들이 이 치료법에 도움이 되는 정보를 계속 수집하여, 그 효과를 더욱 향상시키고, 이 접근법을 사용하는 어린이와 가족에게 최선의 도움이 되기를 희망

합니다. 저는 말더듬 어린이와 그 가족을 돕는 데 페일린 팀이 이미 기여한 바에 대해 무한히 감사하고 있으며, 독자들 또한 그렇게 될 것을 확신합니다.

Nan Bernstein Ratner, F-, H-ASHA, F-AAAS, ABCLD

미국 메릴랜드 주립 과학대학

언어치료학전공 교수

[차례]

제3장

페일린 부모-아동 상호작용 치료 • 59

제4장

선별 검사, 조언 및 모니터링 • 81

가족 전략 • 223

아동 전략 • 287

페일린 PCI의 적용 • 333

부모와 언어재활사의 페일린 PCI 경험담 • 347

제1장

어 린 말더듬 아동을 위한 페일린 부모-아동 상호작용 치료

도입 및 이론적 배경

이 두 번째 판은 7세 이하 유아기 말더듬 아동을 대상으로 언어재활사들이 사용할 수 있도록 마이클 페일린 말더듬 치료 센터에서 개발한 페일린 부모-아동 상호작용 치료법(Palin Parent-Child Interaction Therapy: Palin PCI)의 최신판이다. 초판이 출판된 이후, 유아기 말더듬 아동에 대한 우리의 이해를 뒷받침하고 증진시키기 위한 연구가 수없이 이루어졌다. 이를 거듭하는 동안 우리는 말더듬 평가 및 치료법에 대한 정보를 수집하고 발전시킬 수 있었다.

첫 번째 장에서는 현재까지 연구에 대한 포괄적인 개요를 제시하고 있는데, 이는 말더듬의 저변에 깔려 있으면서 말더듬에 영향을 주는 요인을 이해하는 데 필요한 정보를 제공하며―이는 연구 결과의 다차원적 표상인 페일린 모델에서 절정을 이룬다―평가와 치료를 위한 임상 도구를 제공하고 있다. 이어서 제2장에서는 말을 더듬기 시작하는 어린이 중 치료 개입이 필요한 어린이는 어떤 아이인지를 결정할 때 고려해야 할 내용을 요약하여 제시하고 있다. 제3장에서는 페일린 부모-아동 상호작용(이하 페일린 PCI)의 개요, 페일린 PCI의 개발 방법 및 페일린 PCI를 만드는 데 수년간 영향을 준 것들에 대한 내용뿐만 아니라, 이러한 접근 방식의 근간이 되는 원칙 및 페일린 PCI의 효과에 대한 증거 기반을 제시하고 있다.

제4장부터는 이러한 이론적 이해의 적용 방법이 제시되는데, 선별 검사 도구에 관한

설명에서 시작하여, 평가와 치료가 필요하지 않은 어린이들을 위한 조언과 모니터링 과정에 대한 설명으로 이어진다.

평가 과정은 제5장에 기술되어 있는데, 여기에는 가족과의 관계 속에서 아이의 강점과 취약점을 식별하기 위한 아동 평가와 사례 면담이 포함되어 있다. 이를 통해 우리는 부모에게 제6장이 설명하고 있는 진단과 추천(formulation)을 할 수 있게 된다. 그 결과 부모는 어린이와 가족을 위한 맞춤형 치료 프로그램의 구성 요소뿐만 아니라 자녀의 말더듬의 기반을 이루며, 이에 영향을 주는 요인이 무엇인지 이해하게 될 것이다.

이어지는 네 개의 장에서는 치료법을 다루고 있다. 상호작용, 가족 및 아동 전략은 제7장, 제8장 그리고 제9장에서 다루고 있으며, 제10장에서는 페일린 PCI가 어떻게 적용될 수 있는지에 대한 설명이 뒤따른다.

페일린 PCI 치료법에 대한 설명은 함께 치료받은 아이들과 가족들에 대한 사례 연구를 통해 이루어진다. 또한 실제 사용자의 피드백을 제공하기 위해 부모와 언어재활사의 관찰 내용도 포함시켰다. 언어재활사가 자신의 임상 실무에서 복사하여 사용할 수 있는 자료들(평가 양식, 유인물 및 기타 문서)이 부록으로 제공되었다.

우리는 언어재활사들이 본 매뉴얼에서 얻은 지식과 기술을 바탕으로 자신감 있게 페일린 PCI를 잘 구현할 수 있게 되기를 바란다. 또한 페일린 PCI에서는 활발한 학습 환경 속에서 토론, 실습, 비디오 예시를 통해 언어재활사들의 기술 개발을 촉진하기 위한 실습 교육과정도 운영하고 있다. 우리의 훈련 프로그램에 대해 연구한 결과 언어재활사들의 지식, 기술, 자신감이 훈련 과정 동안 향상될 뿐만 아니라, 과정 후에도 유지된다는 것, 언어재활사들이 학습된 기술을 다른 부모들에게 교육시키기가 매우 쉽다고 보고한 사실을 확인하였다(Botterill, Biggart, & Cook, 2006). 이 과정을 계속 진행하고자 하는 사람들에게는 공인된 페일린 PCI 언어재활사 자격을 얻기 위한 지속적인 관리 감독 과정이 제공될 수 있다. 교육과정 및 인증에 대한 자세한 내용은 www.michaelpalincentreforstammering.org를 참조하기 바란다.

우리가 사용하는 '부모'라는 단어에는 양부모, 조부모 등을 포함한 모든 아동 보호자가 포함된다.

수년간 우리는 어린이를 위한 맞춤형 프로그램을 통해 수백 명의 어린이들에게 페일린 PCI를 사용해 왔다. 우리가 이 치료법에 대한 흥분을 느끼며 흥미 있게 이 작업을 지속할 수 있었던 것은 이 치료법이 부모에게는 힘을 주고 말더듬 어린이에게는 자신 있고 유능한 의사소통자가 될 자질을 심어 준다는 것을 확인할 수 있었기 때문이다. 부디이 책이 여러분에게 유익한 정보의 원천이 되길 바라며, 이를 통하여 우리가 그랬던 것처럼 여러분 또한 이 매력적인 아이들 및 그 부모들과 함께 일할 자신감과 영감을 느끼게 되기를 바란다.

말더듬이란 무엇인가

말더듬은 전 세계 모든 지역에서, 문화, 종교, 사회경제적 집단에 구별 없이 발생한다. 이는 복잡다단한 문제이며 말더듬은 영국에서는 stammering, 미국에서는 stuttering으로 불린다.

말더듬에 대한 통일된 정의는 없으며, 임상 현장에서는 다양한 용어가 사용되고 있다. 다음은 말더듬 어린이들에게 가장 흔하게 일어나는 비유창성 현상이라 할 수 있다 (Guitar, 2014; Yairi & Seery, 2015; Yaruss & Reardon-Reeves, 2017).

❖ 일음절 낱말 전체의 반복
　예 "나-나-나-나는 초콜릿이 좋아요.", "또-또-또 나는 초콜릿이 좋아요."
❖ 소리나 음절의 반복
　예 "나는 ㅊ-ㅊ-ㅊ-초콜릿이 좋아요.", "초-초-초-콜릿이 좋아요."
❖ 소리의 연장
　예 "나는 초콜릿이 좋~~~~~아요."
❖ 소리의 막힘, 조음기관은 제자리에 있지만 소리가 나오지 않는 경우
　예 "나는 ㅊ……오콜릿이 좋아요."

이러한 유형의 비유창성은 말더듬에서 가장 전형적으로 보이는 현상으로서 말더듬의 핵심 특징이라 할 수 있다. 낱말의 후반을 더듬는 경우는 흔치 않다. 낱말 후반 반복(예 공워-워-원에 갔어-요-요-요), 단어 중간 삽입/단어 분할(예 'ㅎ' 삽입, 고-호-웅원에 가-하-았어요), 마지막 소리 연장(예 나는 버스 타는 게 좋아요~~~), 마지막 구 반복(예 공원에 갔어요-어요-어요). 이와 같은 예는 비전형적 비유창성(atypical disfluencies)

으로 간주된다(Sisskin & Wasilus, 2014 참조).

말더듬은 다음의 현상을 동반할 수 있다.

❀ 신체적 긴장, 예를 들어 눈, 코, 입술 또는 목 주변 근육의 긴장.
❀ 투쟁행동은, 예를 들어 아이가 말을 '밀어내려고' 발을 동동 구르거나 부적절한 호흡과 같은 신체 움직임이다. 이러한 특징을 흔히 이차 행동이라고 한다.

또한 아이가 문제를 숨기거나 최소화하기 위한 전략을 구사하는 경우도 있다.

❀ 단어를 회피하거나 다른 단어를 사용하기―"무슨 말을 하려고 했는지 까먹었어요."라고 말하거나, 말더듬이 시작되면 다른 단어로 넘어간다.
  예 "일요일에 혀―혀―혀…… 누나랑 놀았어요."
❀ 특정한 상황을 회피하기―예를 들어, 유치원에서 돌아가며 하는 활동에 참여하지 않거나, 학교에서 질문에 답하려고 손드는 행동을 하지 않는다.

이를 회피(avoidance) 또는 안전 행동(safety behaviors)이라고 한다. 나이가 들면서, 어떤 아이들은 이런 식으로 자신의 문제를 숨기는 데 너무 능숙해져서 말을 더듬지 않는 것처럼 보일 수도 있고, 아니면 그냥 침묵할 수도 있다.

우리는 또한 말더듬 어린이들의 비유창성은 유치원 시절에서조차 좌절, 당황, 불안과 같은 부정적인 감정 반응을 동반할 수 있다는 것을 알고 있다. 따라서 말더듬은 매우 복잡한 현상이며, 여기에는 앞에서 설명한 핵심적인 비유창성 현상 이상의 것들이 개입되어 있다(Guitar, 2014; Reardon-Reeves, & Yaruss, 2013; Yairi & Seery, 2015 참조).

> '말더듬은 단순히 말을 더듬는 것 이상이다'(Reardon-Reeves & Yaruss, 2013, p. 8).

어린아이의 말하기는 다음과 같은 다른 유형의 비유창성을 특징으로 할 수도 있다.

❀ 주저하기나 일시 쉼. 예 '나는 …… 고양이가 좋아.'
❀ 간투사 삽입. 예 '나는 어 고양이가 좋아.'

✤ 수정. 예 '나는 고양이를 좋 – 정말 사랑해.'

✤ 다음 절 낱말 전체 반복. 예 '왜냐하면–왜냐하면–왜냐하면 고양이가 좋으니까.'

✤ 구 반복. 예 '나는 고양이가–고양이가 좋아.'

이러한 비유창성은 말더듬 어린이의 경우 핵심 말더듬 행동과 더불어 나타날 수 있지만, 말을 더듬지 않는 미취학 아동들에서도 흔히 발견된다. 이 경우는 정상 비유창성, 전형적인 비유창성, 기타 비유창성 또는 말더듬이 아닌 비유창성이라고 불린다. 말더듬 때문에 의뢰된 어린이에 대한 언어 및 말하기 평가가 과거에는 아이가 정말 말을 더듬는 것인지 아니면 말을 더듬지 않는 유아기 어린이에게서 발견되는 전형적 또는 정상적 비유창성(정상 비유창성)을 경험하고 있는 것인지 판단하는 데 집중되어 있었다. 하지만 우리는 이제 막 말더듬을 시작한 아이의 비유창성과 전형적으로 유창한 아이의 비유창성 사이에는 그 양과 질에 현저한 차이가 있다는 것을 안다(Yairi & Ambrose, 1999). 우리는 또한 자녀의 말더듬에 대한 부모의 보고가 대개 매우 정확하다는 것을 안다(Einarsdottir & Ingham, 2009; Onslow & O'Brian, 2013; Yairi & Ambrose, 2005). 그러므로 야이리와 암브로즈(Yairi & Ambrose, 2005)가 제안한 것처럼, 유아기 어린이들의 말더듬은 분명하게 진단해 낼 수 있다.

말더듬의 발생

대부분의 말더듬은 보통 2세에서 4세 사이의 유아기에 시작되는데, 이는 말하기와 언어 능력 그리고 운동 능력이 빠르게 발달하는 시기이기도 하다(Yairi & Ambrose, 2005 참조). 일반적으로 말더듬은 점진적으로 시작된다고 여겨져 왔으나, 좀 더 최근 데이터에서는 자녀의 말더듬이 갑작스럽게 시작되었다고(즉, 2~3일에 걸쳐 발전함) 묘사하는 부모들이 많았다(Yairi & Ambrose, 2005; Reilly et al., 2009).

처음 말더듬이 나타날 시기에는 여자 아이들과 남자 아이들의 남녀 비율이 거의 같다(Kloth, Kraaimaat, Janssen, & Brutten, 1999; Mansson, 2000; Yairi & Ambrose, 2005). 그러나 이 비율은 나이가 들수록 증가하여, 학교에 다니는 아이들과 성인들 사이에서 말을 더듬는 비율은 남자 아이 대 여자 아이의 비율이 5:1 또는 6:1 정도로 높게 보고되고 있다(Bloodstein & Bernstein Ratner, 2008). 이는 남자 아이들보다 여자 아이들이 크면서 말더듬을 멈추는 경우가 더 많다는 것을 보여 준다.

일반적으로 인정되는 말더듬 출현율(Prevalence; 즉, 현재 말을 더듬는 사람들의 비율)과 발생률(Incidence; 즉, 일생 중 특정 시기에 말더듬을 경험해 본 사람들의 비율)은 각각 약 1% 와 5%다(Bloodstein & Bernstein Ratner, 2008). 그러나 더 최근의 연구는 발생률이 8% 이상일 수 있다는 것을 시사하고 있다(Reilly et al., 2013b; Yairi & Ambrose, 2013).

개인성과 가변성

초기 말더듬의 일반적인 특징 중 하나는 가변성(variability)이다(Yaruss, 1997). 아이의 말더듬은 하루하루 다를 수 있고, 상황에 따라서도 변하며, 여러 다른 요인의 영향을 받는데, 여기에는 아이의 언어(Wagovich & Hall, 2018), 아이가 하는 이야기의 맥락(Yaruss, 1997), 아이가 이야기 상대와 상호작용하는 방식(Guitar & Marchinkoski, 2001)뿐만 아니라 당시 아이가 느끼고 있는 기분도 포함된다(Vanryckeghem, Hylebos, Brutten, & Peleman, 2001). 종종 말더듬 시기의 중간에 유창한 시기가 분산되어 나타나기도 한다. 이 시기는 몇 주 동안 계속될 수도 있으며, 이러한 불연속성의 원인을 밝히기 어려울 수도 있다.

왜 어떤 아이들은 말을 더듬을까

전문가들은 말더듬이 여러 요인의 상호작용에서 발생하는 복잡한 신경발달적 장애라는 것에 전반적으로 일치된 견해를 보이고 있다(Smith & Kelly, 1997; Smith & Weber, 2017; Starkweather, 2002). 지난 10년 동안의 연구 결과에 비추어, 우리의 다중 요인 모델(Multifactorial Model)을 수정하였는데, 그 내용은 유전적·신경학적 요소들이 말더듬의 주요 원인을 이루는 반면, 말더듬의 시작, 발달, 정도, 그리고 장기적 영향을 좌우하는 것은 언어와 의사소통, 심리적 요인, 말운동적 요인 그리고 환경적 요인이라는 것이다. 말더듬의 원인에 대한 이러한 연구 기반은 특히 신경학, 유전학, 기질학 분야에서 계속 증가하고 있다. 이 장에서는 우리가 지금까지 배운 것을 요약하고 있는데, 미래의 새로운 발견들이 우리의 이해를 발전시켜 감에 따라 그 내용은 더욱 확대되어야 할 것이다.

여기서 우리는 페일린 모델에 정보를 제공하는 증거의 개요, 아이들이 말을 더듬는 이유가 무엇이며, 평가와 치료에 있어 우리가 고려해야 할 것은 무엇인가에 대한 요약과 이해를 제시한다. 이러한 이해를 통해 우리는 언어재활사로서 아이의 말더듬에 영향을 주는 것이 무엇이며, 우리의 치료법에 어떤 것이 포함되어야 하는지를 부모에게 설명할 수 있게 된다.

생리적 요인

유전학

지난 수십 년간 축적된 증거는 유전적 요인이 말더듬에 관련되어 있다는 것을 보여주었다(Kraft & Yairi, 2011; Yairi & Ambrose, 2013 참조).

말더듬의 가족력

말더듬에서 유전의 역할에 대한 초기 연구는 말을 더듬는 사람들 중 말더듬 이력이 있는 친척을 가진 사람들의 비율을 계산한 가족 발생 데이터를 기반으로 하였다. 말을 더듬는 사람들 중 가족 구성원 중 1명 이상이 말을 더듬는다고 보고하는 비율은 30～60% 사이였다(Bloodstein & Bernstein Ratner, 2008). 비록 이 연구를 통해 말더듬이 가족 내에서 집단적으로 일어나는 경향이 있다는 것을 알 수는 있었지만, 말더듬의 근본 원인이 유전적인 것이었다는 결론을 내리기 위해서는 더 많은 연구가 필요했다.

만약 말더듬이 순전히 유전에 의한 것이라면, 일란성 쌍둥이는 말더듬이라는 측면에서 완벽한 일치성(concordance)을 보여, 두 사람 모두 말을 더듬어야 할 것이다. 쌍둥이 연구는 일란성 쌍둥이가 이란성 쌍둥이에 비해 말더듬에 대한 일치성이 일관되게 높이 나타난다는 것을 보여 주었지만, 그렇다고 100% 일치하는 것은 아니었다(Howie, 1981; Felsenfeld et al., 2000). 이 연구는 유전적 요인만으로 모든 말더듬을 설명할 수 없으며 말더듬이 발달하기 위해서는 다른 환경적 요인들이 필요하다는 것을 입증했다(Felsenfeld et al., 2000; Rautakoski, Hannus, Simberg, Sandnabba, & Santtila, 2012). 스타크

웨더(Starkweather, 2002)는 말더듬을 다양한 내적 및 외적 변수와 상호작용하는 성향을 가진 복합 유전적 특성, 후생 유전장애(epigenetic disorder)라고 불렀다.

어떤 유전자가 관련되어 있는가

현재까지 연구들이 보여 준 바에 따르면 단 하나의 '말더듬 유전자'가 있는 것 같지는 않다. 오히려 말더듬과 관련된 유전자는 여러 염색체에서 발견되었다(예: Frigerio-Domingues & Drayna, 2017; Riaz et al., 2005; Suresh et al., 2006). 이러한 발견을 보다 명확하게, 특히 말더듬이 시작될 때 이들 유전자의 역할을 이해하기 위해서는 추가적인 연구가 필요하다. 이렇게 어떤 유전 전달이 이루어지고 있는지 이해할 때까지 우리 앞에는 먼 길이 놓여 있다. 그러나 말더듬과 관련이 있는 것으로 밝혀진 뇌 구조와 기능의 차이에 유전적 특질이 기여하고 있을 가능성은 매우 높다(Chang, Erickson, Ambrose, Hasegawa-Johnson, & Ludlow, 2008).

뇌 구조 및 기능

신경영상촬영 연구는 말더듬이 뇌의 차이와 관련이 있다는 것을 보여 주었다(리뷰는 Chang, 2014; Chang, Garnett, Etchell, & Chow, 2018을 참조). 유창한 또래의 뇌와 말을 더듬는 사람들의 뇌에서는 뇌해부학(구조)과 뇌생리학(기능)적 측면 모두에서 미묘한 차이가 발견되었다. 다양한 연구 결과가 완전히 일치하는 것은 아니지만, 일반적으로 말을 더듬는 사람의 경우 좌뇌 영역에서는 비정상적 구조 및 기능적 특성이 나타났고, 우뇌에서는 과도한 활동성이 나타났다. 이러한 차이점은 서로 연결되어 있으면서 유창한 말하기를 계획하고 생산하려면 함께 작동해야 하는 두뇌 영역에서 발견되었다.

유아기 어린이들에 대한 신경영상촬영 연구에 따르는 현실적인 어려움 때문에, 처음에는 대부분의 연구가 말을 더듬는 성인들을 대상으로 이루어졌다. 따라서 관찰된 차이가 말더듬의 원인인지 결과인지 불분명했다. 지난 10년 동안 기능적(functional) MRI 스캐닝을 통해 말더듬의 발병에 근접한 말더듬 유아기 어린이에게서 이러한 기능과 구조의 차이가 발견되었다. 이것은 이러한 뇌 구조와 기능의 차이가 말더듬의 결과로 나타난 것이 아닐 수 있다는 것을 시사한다(Chang, 2014; Chang et al., 2018; Beal, Gracco, Brettschneider, Kroll, & De Nil, 2013; Chow & Chang, 2017 참조). 그러나 이 연구에 말더들이 시작되기 전의 아이들이 포함되기 전까지는 이러한 차이가 말더듬의 근본 원인인지 아니면 오랜 시간 동안 말을 더듬어 온 경험의 결과로 발달된 것인지 알 수 없을 것이다. 호주 말더듬 연구 센터는 말더듬 가족력이 있는 유아기 어린이들을 대상으로 이를 조사하고 있는 중이다.

현재 진행 중인 획기적 연구는 어린 말더듬 어린이들의 뇌가 시간이 지남에 따라 어떻게 발달하는지 조사하는 것을 목표로 하고 있다. 이것은 말더듬의 시작 메커니즘에 대한 우리의 이해를 향상시키고, 일시적으로 말을 더듬는 아이와 지속적으로 말을 더듬는 아이를 구별할 수 있는 잠재적 신경 표지를 밝혀 줄 것이다. 초기 증거는 일시적인 말더듬과 지속적 말더듬의 차이가 신경 연결 및 발달의 차이와 연관되어 있을 수 있으며, 아이가 유창해지도록 지원하는 뇌 보상 메커니즘이 발생할 수 있음을 시사한다(Garnett et al., 2018; Usler, Smith, & Weber, 2017).

> '유아기 어린이들은 말을 더듬도록 프로그램된 상태로 태어나지 않는다. 오히려 말더듬 행동은 발달 중에 나타난다'(Smith & Weber, 2016, p. 292).

여자 아이들보다 남자 아이들의 말더듬 지속률이 높은 이유를 파악하기 위한 연구도 진행 중이다. 그러나 뇌의 성별에 따른 차이를 연구하는 경우 매우 많은 수의 아이들을 대상으로 한 경우에만 통계적 분석을 위한 충분한 힘을 얻을 수 있다는 점에서 이러한 연구 방식은 어려움이 많다. 장과 주(Chang & Zhu, 2013)는 예비 연구에서 성별에 따라 뇌의 듣기 및 말운동 부위와 관련된 기능적 연결성의 측면에서 차이가 있다고 보고한 바 있다. 말을 더듬는 남자 아이들의 경우 말을 더듬지 않는 남녀 아이들뿐만 아니라 말을 더듬는 여자 아이들에 비해서도 낮은 신경 연결성(connectivity)을 보였다.

지금까지, 말을 더듬는 화자에게서 발견되는 뇌 구조와 기능의 미묘한 차이는 말을 더듬는 화자와 그렇지 않은 화자가 포함된 그룹 비교를 통해서만 감지될 수 있었다. 그 차이점이 미세하고 감지하기 매우 어렵기 때문이다. 대부분의 신경발달장애(예: 난독증, 주의력결핍 과잉행동장애)와 마찬가지로, 말더듬 어린이와 성인의 뇌를 개별적으로 살펴보면 대개는 완전히 정상이며, 총체적인 이상은 관찰되지 않는다.

미래에는 새로운 기술을 통해 말을 더듬는 개인의 특정한 신경학적 차이를 식별할 수 있겠지만, 현 단계에서는 더 나아간 연구를 기다릴 수밖에 없다.

임상적 의미

자녀의 말더듬이 발병하고 진전되는 데 유전적·신경학적 요인이 작용했을 수 있다는 점을 이해하는 것은 부모에게 도움이 된다. 이것은 특히 자기가 한 어떤 행동 때문에 아이가 말을 더듬기 시작했다고 걱정하는 부모들에게 중요하다. 말더듬이 부모의 탓이 아니며, 부모가 원인을 제공한 것이 아니라고 자신 있게 부모를 안심시킬 수 있다. 말더듬에 대한 취약성이 자녀의 유전자에 내재되어 있어서 언어에 관여하는 뇌의 부분들이 발달하고 기능하는 방식에 미묘한 차이가 발생했다고 설명해 줄 수 있다(Yairi & Seery, 2015). 유전적 요소가 있어야 하겠지만, 아이의 말더듬이 시작되기 위해서는 다른 내적 및 외적 환경 요인이 필요하다는 사실 또한 부모들이 알기를 바란다. 이제 우리는 뇌가 고정불변하지 않다는 것도 안다. 뇌 가소성에 관한 연구는 우리의 뇌가 일생 동안 계속해서 발달하고 변화한다는 것을 보여 주었다. 그러므로 우리는 조기 치료를 권고하며, 이러한 미묘한 두뇌의 차이가 고정불변이 아니며 우리의 뇌가 상당한 변화의 잠재력을 가지고 있다는 사실을 부모들에게 확신시킬 것을 권한다.

말운동 요인

수년간 많은 연구가 말을 더듬는 개인의 운동 특성에 초점을 맞추어 왔으며, 말더듬이 말운동 능력의 제한에서 비롯될 수 있다는 것은 잘 입증되어 왔다(Yairi & Seery, 2015 참조). 대부분의 연구는 말을 더듬는 성인을 대상으로 하고 있었지만, 더 최근의 연구는 말을 더듬는 유아기 어린이 중 말더듬 발병 직전에 놓여 있는 아이들을 포함시켰다.

말속도 및 변동성

아이의 말운동 기능이 말더듬의 발병에 영향을 주는지 여부는 불분명하다. 클로스, 얀센, 크라이마트 그리고 브루튼(Kloth, Janssen, Kraaimaat, & Brutten, 1995a)은 예비 연구에서 한쪽 또는 양쪽 부모가 모두 말을 더듬는 등 위험 조건이 존재하는 환경에 놓인 어린이 집단을 대상으로 말더듬의 발병과 발달에 대한 조사를 실시했다. 그들은 말속도(즉, 조음속도)가 빠른 아이들이 천천히 말하는 아이들보다 말을 더듬기 시작하는 경향이 더 높다는 것을 발견했다. 이 아이들의 말운동 능력이 떨어지는 것이 아니었다. 오히려 자신의 말운동 역량을 초과하는 빠르기로 말하고 있었다. 말을 더듬기 시작한 이 아이들 중 몇몇은 잠깐 동안만 말을 더듬다가 곧 유창해졌지만 다른 아이들의 말더듬은 계속되었다. 말더듬 시작 직전과 시작 1년 후 이 두 그룹 어린이들의 말속도를 비교했더니 지속적으로 말을 더듬는 아이들의 말속도는 짧은 기간 동안만 더듬는 아이들에 비해 매우 변동이 심한 것으로 묘사되었다. 이렇게 말더듬을 지속하는 아이들의 말속도 변동성이 높은 것은 이들의 말운동 시스템이 덜 발달되어 있기 때문인 것으로 여겨졌다.

말운동 패턴의 안정성

미국 퍼듀 대학교의 스미스와 웨버 및 그 동료들은 전형적으로 발달하는 아이들의 말하기 운동 시스템이 14세 이후에 달성되는 성인의 안정성을 갖추게 되기까지 어떻게 발달하는지 장기간에 걸쳐 탐구했다(Walsh & Smith, 2002; Smith & Zelaznik, 2004). 말을 더듬는 성인들의 경우 역시 같은 방식으로 말하기 운동 시스템의 발달이 저하되어 있으며, 그들의 말운동 시스템은 길이와 복잡성이 증가하는 비단어(nonwords)와 실제 문장을 만들려고 할 때 더욱 취약하다(Kleinow & Smith, 2000; Smith, Sadagopan, Walsh, & Weber-Fox, 2010). 또한 그들의 연구는 4세에서 5세 사이의 말더듬 어린이들은 유창하게 말할 때조차 유창한 또래 친구들에 비해 말운동 조율이 느리다는 것을 밝혀냈다. 비단어와 문장의 길이나 복잡성이 증가할수록, 말을 더듬는 아이들은 정확도가 떨어지고 오류와 불규칙성을 더 많이 보이는 것으로 밝혀졌다(MacPherson & Smith, 2013; Walsh, Mettel, & Smith, 2015). 더불어, 월시와 동료들(Walsh et al., 2015)은 간단하고 구조화된 문장을 만드는 남녀 아동들의 말운동 능력을 비교하여, 말을 더듬는 여자 아동들의 경우 말운동 측정값의 범위가 유창한 또래들과 다르지 않은 반면, 말을 더듬는 남자 아동들의 경우 진폭 및 속도 측정 결과가 더 좋지 않고 말운동 협응 패턴의 변동성이 매우 높다는 것을 보여 주었다. 저자들은 말을 더듬는 여자 아동들의 말운동 기술은 말더듬 지속성에 저항하는 말더듬 보호 요인으로 작용하는 반면, 말을 더듬는 남자 아동들의 말운동 발달의 지연은 말더듬 지속의 위험 요인으로 작용하는 것으로 보았다. 이 연구의 또 다른 발견은 말을 더듬는 어린이가 5~7세가 될 때까지 말운동 능력을 '따라잡아' 서 정상적으로 발육하는 아이들과 같은 자리에 서게 되면 더 이상 말을 더듬지 않게 될 가능성이 높다는 것이다. 말더듬이 지속된 어린이들의 경우 말운동 발달이 계속 지연된(delayed) 상태를 유지했다(Usler et al., 2017).

말하기란 뇌가 생각을 시작하여 말을 하기 위한 근육의 활성화에 이르기까지 여러 가지 일을 한꺼번에 해내야 하는 복잡한 과정이다. 우리가 태어날 때부터 성인들처럼 이런 일을 쉽게 해내는 신경계를 가지고 있는 것은 아니다. 저절로 쉽게 말이 나올 때까지 모든 아이들은 수많은 뇌 영역 사이의 신경 연결부를 자라게 하고, 그런 연결들을 '가지치기(prune)' 하거나 '세밀하게 조정'해야 한다. 마치 자전거 타는 법을 배워야 하는 것처럼 말이다. 아이가 2~3세가 되고 이제 막 길게 말하는 것을 배우기 시작할 때(동시에 다양한 다른 것들도 배우면서!) 뇌의 많은 다른 시스템들은 긴밀히 협력하여 생각과 감정을 말하기로 옮겨야 한다. 이것은 절묘한 타이밍을 필요로 하는 일이다. 바로 이 시기에 말을 더듬기 시작하는 유아기 어린이들이 있는데, 대부분의 경우 신경계가 다시 시너지를 발휘하게 되고, 말더듬은 멈추게 된다. 하지만 어떤 어린이들은 더 많은 어려움을 겪게 되고, 유창한 말하기로 가는 길을 찾는 데 도움이 될 치료를 필요로 한다(Smith, 2015, 슬라이드 32).

임상적 의미

말속도의 변동성과 말운동 패턴의 불안정성은 말더듬에 영향을 미칠 수 있는 잠재적 요인이다. 그러나 임상 환경에서 스톱워치로 말하기 속도를 정확하고 신뢰성 있게 측정하는 것은 어려운 일이다. 우리는 언어재활사와 부모의 주관적인 평가가 측정에 유용할 수 있다는 것을 알게 되었다. 말운동 제어력(speech motro control) 측정에 임상적으로 유용한 도구가 우리에게는 아직 없다. 어린이 말더듬에 대한 측정법 중에는 교대운동(Diadochokinetic) 과제와 구강운동 활동을 포함시키는 것들도 있다.

언어 및 의사소통 요인

언어 발달 및 말더듬의 시작

이미 오래전부터 말더듬의 시작과 발달에 있어 언어의 역할은 관심의 대상이었다. 일반적으로 아이의 전반적인 언어 및 말하기 능력이 빠르게 발달하는 시기에 말더듬이 시작된다는 것을 볼 때, 많은 사람들이 아이의 언어 발달이 말더듬의 발병에 영향을 주는 요소라고 생각하는 것은 놀라운 일이 아니다. 야이리와 앰브로즈(Yairi & Ambrose, 2005)에 따르면 약 50%의 부모들이 자녀의 언어 발달이 갑자기 증가하는 시기와 말더듬이 시작되는 시기가 일치한다고 보고했다. 레일리, 케팔리아노스 그리고 스미스(Reilly, Kefalianos, & Smith, 2013a)는 연구에 포함된 137명의 아이들 중 133명이 3단어 이상의 길이로 말하기 시작할 때 말을 더듬기 시작했다고 보고했다.

높은 언어 능력 또는 지연된 언어 능력

아이들의 언어 능력은 일부 어린이들이 일단 말을 더듬기 시작한 후 유창한 말하기로 정착될 때까지 겪는 어려움과 관련된 변수로 제시되기도 했다. 연구의 초점은 말을 더듬는 아이들이 언어 능력 면에서 말을 더듬지 않는 아이들과 다른지 여부를 규명하는 데 맞춰져 왔다. 지금까지 유창한 통제 집단과 말을 더듬는 어린이들 사이의 언어 능력 전반에 차이가 있다고 일관되게 확인시키는 연구는 없었다(리뷰를 위해서는 Nippold, 2018; Ntourou, Conture, & Lipsey, 2011 참조). 일부 연구는 말을 더듬는 아이들이 말을 더듬지 않는 어린이들에 비해 언어 능력이 덜 발달되었다고 보고하였다. 다른 연구는 말을 더듬는 유아기 어린이들이 유창한 통제 집단에 비해 평균 이상의 능력을 가지고 있다고 보고하였다. 또 다른 연구에서는 말을 더듬는 아이들과 그렇지 않은 아이들의 언어 능력 사이에서 별다른 차이가 발견되지 않았다. 표본 크기, 연구에 포함된 아이들의 특성, 언어를 평가하기 사용된 측정 방법의 차이 등 여러 가지 방법론적 차이가 이러한 일관성 없는 발견에 기여했다. 요컨대, 말을 더듬는 아이들은 균일한 성질의 집단이 아니며 그 안에는 언어 능숙도의 수준이 서로 다른 다양한 하위 집단이 존재하는 것으로 보인다.

미묘한 언어 차이

실버맨과 라트너(Silverman & Ratner, 2002)는 말을 더듬는 아이들이 개입이 필요할 정도로 임상적으로 심각하게 지연되거나 흐트러진 언어를 구사하는 것이 아니라, 언어 능력에 있어 미세한 '준임상적(subclinical)' 차이를 나타낸다고 주장하였다. 비슷한 관찰이 두루와 동료들에 의해 이루어졌다(Ntourou et al., 2011). 그들은 "말더듬이 있거나 말더듬이 의심되는 아이들은 말하기 및 언어 문제가 있거나 의심되는 다른 아이들이 받는 것과 똑같은 전반적인 언어평가를 받아야 한다"고 권고했다(p. 175).

불일치

아이들의 언어 능력에 대한 조사는 말더듬 아이들이 그들의 언어 및 말하기 기술의 하위 구성 요소 중 '해리(dissociations)'라고 불리는 차이 또는 불일치를 보일 가능성이 더 높다는 것 또한 보여 주었다(Coulter, Anderson, & Conture, 2009; Clark, Conture, Walden, & Lambert, 2015). 해리는 말하기 기술과 언어 기술 사이에 차이가 있을 때 일어나는 것으로 밝혀졌는데, 수용언어보다 표현언어의 수준이 높은 경우 또는 수용언어보다 조음 발달 수준이 더 높은 경우가 그 예다. 쿨터와 동료들(Coulter et al., 2009) 그리고 클라크와 동료들(Clark et al., 2015)은 말하기 능력과 언어 능력 사이의 이러한 불일치를 조정하거나 관리하는 데 아이들의 주의가 너무 집중되어 있으며, 특히 빠른 속도로 이어지는 대화 상황에서 이러한 상태가 아이들의 유창성을 무너뜨리는 원인이 될 수 있다고 추측했다.

말더듬의 발생 위치

언어와 말더듬 사이의 잠재적 연결성은 말더듬의 순간들이 다양한 언어 변수에 의해 영향을 받는다는 연구 결과에 의해 더욱 뒷받침된다. 예를 들어, 말더듬은 ① 발화를 시작할 때(Buhr & Zebrowski, 2009; Richels, Buhr, Conture, & Ntourou, 2010), ② 저빈도 단어를 말할 때(Anderson, 2007), ③ 내용어보다는 기능어를 말할때(Howell, Au-Yeung, & Sackin, 1999), ④ 아이 발화의 평균 길이보다 더 길게 말할 때(Zackheim & Conture, 2003), ⑤ 더 길고 구성이 더 복잡한 문장을 말해야 할 때(Bauerly & Gottwald, 2009; Melnick & Conture, 2000; Yaruss, 1999) 발생하기 쉽다.

임상적 의미

비록 말을 더듬는 아이들이 언어 발달에 있어 다양한 수준의 능숙도를 보여 주지만, 평가 시 평가 대상 아동의 언어 수준을 확실히 알아내는 것은 중요하다. 아이의 언어 능력이 말을 더듬는 데 어떤 역할을 할 수 있기 때문이다. 따라서 우리는 말을 더듬는 각 아이들의 언어 능력을 정기적으로 평가하여 나이에 맞는지, 기대수준 이하 또는 그 이상인지, 또는 말하기 영역과 언어 영역에 걸쳐 해리나 불일치가 있는지 여부를 판단할 필요가 있다. 미세한 언어장애는 표준화된 평가에서 감지되지 않을 수 있지만 아이의 말더듬에 영향을 미치고 있을 수 있다.

이중언어

세계 인구의 약 50%가 이중언어 또는 다중언어를 사용하고 있다. 현재 진행 중인 연구는 말더듬과 이중언어 사이의 관계를 탐구하는 것을 목표로 하고 있다. 이중언어를 구사하는 어린이의 부모들은 종종 자녀의 이중언어 구사가 아이의 말더듬을 시작하게 만들거나 이후 말더듬이 지속되게 하는 원인이 될지도 모른다는 걱정을 표명한다. 이러한 우려에도 불구하고, 최근 연구는 이중언어 구사가 말더듬의 발달 및 지속 가능성을 증가시키지 않는다는 것을 보여 주었다(Byrd, Haque, & Johnson, 2016; Van Borsel, 2011).

버드와 동료들(Byrd et al., 2011)의 연구 결과는 언어재활사들이 2개 언어를 구사하는 어린이들의 말더듬을 잘못 진단할 가능성이 있다는 사실을 인식할 필요가 있다고 강조해 왔다. 두 가지 언어를 구사하는 어린이의 말하기에서는 한 가지 언어를 구사하는 어린이(Byrd, Bedore, & Ramosa, 2015; Byrd et al., 2016 참조)에 비해 미로(mazes; 예: 감탄사, 낱말의 일부분만 발음 및 반복, 문구, 다음절 낱말, 일음절 낱말의 반복, 소리 및 어절의 반복)라고 하는 언어 불규칙성이 더 많이 나타나는 것으로 밝혀졌다(Byrd, Bedore, & Ramosa, 2015; Byrd et al., 2016 참조). 미로와 전형적인 말더듬 행동의 특징 사이에 겹치는 부분이 있기 때문에, 이중언어 아이들의 경우 2개 이상의 언어를 배우는 데서 오는 언어 구사의 어려움을 겪고 있다기보다 말을 더듬는 것으로 오해되기 쉽다. 말을 더듬는 이중언어 사용 아이들의 말하기를 회피 행동으로 잘못 진단할 가능성도 강조되었는데, 2개의 언어를 구사하는 사람들은 종종 더 강한 쪽 언어의 문법적 규칙을 따르도록 문장의 단어 순서를 바꾸거나 발달 중인 2개 언어의 어휘를 언어 전환(code switching; 한 언어로 말하다가 다른 언어로 말하는 것)하기 때문이다(Shenker, 2011, 2013). 카브레라와 번스타인 라트너(Cabrera & Bernstein Ratner, 2000)는 언어 전환을 하는 순간 말더듬의 정도가 더욱 심해진다는 것을 발견했다. 반 보셀(Van Borsel, 2011)은 문헌 검토를 통해 말더듬은 한 가지 또는 두 가지 언어 모두에 영향을 미칠 수 있으며, 두 언어가 똑같이 또는 다르게 영향을 받을 수 있다고 결론지었다.

임상적 의미

이중언어를 구사하는 아이를 평가할 때, 언어재활사들은 가능한 한 아이가 사용하는 두 가지 언어 모두에 대해 숙련도를 확인할 필요가 있다. 또한 우리는 이중언어 사용자에게서 전형적으로 나타나는 유창성의 결핍과 말더듬의 차이를 정확하게 구분하여 진단할 수 있어야 한다. 과거에는 언어재활사들이 부모에게 아이가 말을 더듬으면 아이에게 사용하는 언어의 종류를 제한하거나, 언어 전환(code switching)을 피하라고 충고했지만, 이 조언은 더 이상 적절하지 않다. 이중언어는 어린이의 자산으로, 언어 전환은 더 풍부한 언어 모델을 가능하게 하는 자연스러운 현상으로 간주되고 있기 때문이다.

음운적 기술

수년 동안 많은 저자들은 말을 더듬는 아이들이 말을 더듬지 않는 아이들보다 음운장애를 가지고 있을 가능성이 더 높다고 제시해 왔다(예: Arndt & Healey, 2001; Blood, Ridenour, Qualls, & Hammer, 2003). 컨투어(Conture, 2001)는 말을 더듬는 아이들 중 30~40%가 음운장애를 가지고 있다고 했다. 그러나 니폴드(Nippold, 1990, 2001, 2002)는 연구 전반에 걸친 방법론적 약점 때문에 이 수치가 과대평가된 것이라고 시사했다. 따라서 현 단계에서는 말을 더듬는 어린이들 중 얼마나 많은 어린이들이 동시에 음운장애도 갖는지 분명히 알 수 없다.

루코, 에드워즈, 컨투어(Louko, Edwards, & Conture, 1990)와 트로네부르크, 야이리 그리고 파덴(Throneburg, Yairi, & Paden, 1994)은 말을 더듬으면서 동시에 음운장애가 있는 유아기 어린이들은 심한 경우보다는 경미한 정도와 중간 정도 사이의 음운장애를 보이는 경향이 있다고 보고했다. 월크, 에드워즈 그리고 컨투어(Wolk, Edwards, & Conture, 1993)는 연령에 맞는 음운 능력을 갖고 말을 더듬는 어린이들에 비해 음운장애가 있으면서 말을 더듬는 어린이들의 말투에서 소리 연장이 훨씬 많이 발견된다고 했지만, 다른 연구자들은 어린이들의 말더듬의 종류, 빈도, 심각성이 음운 능력에 따라 달라지지 않았다고 보고하기도 했다(Anderson & Conture, 2000; Gregg & Yairi, 2007, 2012).

연구들은 또한 비단어 반복 과제를 통해 말을 더듬는 아이들의 기본적인 음운 처리 능력을 측정하는 데 초점을 맞추어 왔다. 연구 결과는 엇갈렸다. 어떤 연구 결과에서는 말을 더듬는 아이들의 비단어 반복 검사 결과가 유창한 또래들의 결과보다 훨씬 나쁘게 나타났다고 하는 반면(Anderson, Wagovich, & Hall, 2006; Spencer & Weber-

Fox, 2014), 다른 연구 결과에서는 아무런 차이가 나타나지 않았다(Smith, Goffman, Sasisekaran, & Weber-Fox, 2012).

> **임상적 의미**
> 말을 더듬는 아이들 중 음운장애를 가진 아이들의 정확한 비율은 아직 알려진 것은 아니지만, 일부 아이들이 음운장애를 가지고 있는 것은 분명하다. 따라서 평가 중 아이의 음운 능력을 평가하고 부모로부터 아이의 초기 음운 발달에 대한 정보를 얻는 것이 중요할 것이다. 또한 말을 더듬는 아이가 음운장애를 함께 보이면 어떤 치료법이 가장 좋은지, 어떤 것을 먼저 치료해야 하는지에 대한 결정이 이루어져야 할 것이다.

심리적 요인

아이의 기질

기질이란 무엇인가

기질은 개인의 정서적 반응성(emotional reactivity) 및 정서적 규제(emotional regulation)와 관계가 있으며, 선천적인 경향으로 정의되며 시간이 흘러도 비교적 일정하게 유지된다(Rothbart & Bates, 2006; Rothbart & Derryberry, 1981). 반응성(reactivity)이란 개인의 감정, 운동 활동, 주의력이 얼마나 쉽게 자극되는가를 말하며, 자율규제(self-regulation)란 반응성을 조절(증가 또는 감소)하는 능력을 말한다. 예를 들어, 반응성이 높은 아이는 긍정적이거나 부정적인 정서적 흥분 상태를 자주 그리고 강렬하게 경험하는 경향이 있으며, 새롭고 익숙하지 않은 상황이나 사람에 적응하는 속도가 느리고 변화에 부정적인 반응을 보인다. 아이가 잘 규제되어 있으면 단 몇 분 만에 안정을 되찾는 반면, 규제되어 있지 않으면(과잉 또는 과소 규제) 감정 관리에 주의를 기울이는 능력이 떨어지고 안정을 되찾는 데 시간이 더 오래 걸린다.

기질과 말더듬

지난 10~15년 동안 말더듬의 발병과 발달에 있어 기질의 역할에 대해 지대한 관심이 쏟아졌다. 대부분의 연구는 부모 보고 설문지, 객관적인 행동 관찰 및 어린이 기질에 대한 정신생리학적 측정에 기반하여 이루어졌다. 연구 결과들이 완전히 일치하지는 않았지만, 말을 더듬는 어린 아동들의 기질을 탐구하는 연구들에 대한 최근의 리뷰는 한 집단으로서 말을 더듬는 아동들은 말을 더듬지 않는 아동들에 비해 정서적으로 더 반응성이 높고 정서 규제가 덜 발달되어 있을 수 있다는 결론을 내렸다. 말을 더듬는 아이들의 기질에 관해 서로 다른 결론이 나오는 이유는 방법론, 측정 방법, 평가 연령, 관련된 수치들이 서로 다르기 때문일 수 있다(Conture, Kelly, & Walden, 2013; Jones, Choi, Conture, & Walden, 2014; Kefalianos, Onslow, Block, Menzies, & Reilly, 2012; Zengin-Bolatkale, Conture, Key, Walden, & Jones, 2018; Zengin-Bolatkale, Conture, Walden, & Jones, 2018 참조).

컨투어와 그의 동료들은 Dual Diathesis-Stressor 모델(DD-S; Conture & Walden, 2012; Walden et al., 2012)에서 말을 더듬는 아이들의 기질이 언어 능력과 함께 말더듬에 기여하는 또 하나의 중요한 요인일 수 있다고 했다. 그들은 감정적으로 반응성이 매우 높은 아이는 말을 하고 있을 때 자신이 더듬는 순간들을 더 잘 알아차리고 반응할 수 있다고 한다(예를 들어, 한마디도 하지 못하는 것에 좌절하거나 화가 나게 되면, 후두 근육 긴장의 증가로 이어질 수 있다.). 높아진 반응성이 과소 규제 또는 과잉 규제와 결합하면, 아이들은 이러한 반응을 다루는 데 더 큰 어려움을 느끼거나, 말더듬에 대처하는 능력이 떨어질 수 있다. 또한, 이런 아이들 중 일부는 말하기와 언어를 계획하고 생산해 내는 데 사용할 자원을 너무 적게 가지고 있어서 유창한 말하기에 더욱 큰 부담을 가질 수 있다. 요약하면, 컨투어와 그의 팀은 어린이의 기질이 말더듬을 시작하게 만드는 경향이 있으며, 더듬는 빈도와 심각도에 영향을 줄 수 있고, 말더듬이 지속되는 데 기여하는 요인이 될 수 있다고 보았다.

> 말을 더듬는 아이들은 정서적 반응성이 더 높고 규제력이 낮을 수 있다.

기질과 말더듬의 빈도

기질과 말더듬의 관계를 조사한 몇몇 연구는 아이의 정서적 반응성 및 규제/조절 수준이 말더듬의 빈도에 영향을 미칠 수 있다고 보고했다(Choi, Conture, Walden, Jones, & Kim, 2016; Johnson, Walden, Conture, & Karrass, 2010; Ntourou, Conture, & Walden, 2013; Jones, Conture, & Walden, 2014; Kraft, Lowther, & Beilby, 2019). 대다수의 연구가 반응

성이 강하거나 감정 조절 능력이 떨어지는 어린이들의 경우 말더듬 빈도가 현저하게 더 높은 경향이 있다는 것을 입증했지만, 상관관계가 없음을 발견한 연구들도 있었다 (Kefalianos et al., 2017). 말더듬의 발병과 발달에 있어 기질이 어떤 역할을 하는지, 아니면 말더듬의 영향으로 시간이 지남에 따라 기질이 달라지는 것인지를 더 잘 이해하기 위해서는 말더듬 발병 이전의 아이들에 대한 추가적인 종단 연구가 필요하다.

임상적 의미

아이의 기질은 말더듬의 발병과 발달에 영향을 주는 요인일 수 있으며, 말더듬 중증도와 말더듬이 아이에게 미치는 영향에도 영향을 줄 수 있다. 따라서 평가 회기 중 아이의 행동에 대한 관찰뿐만 아니라 부모의 보고에서도 아이의 기질에 대한 정보를 얻는 것이 중요하다. 또한 기질에 관한 다양한 질문지를 활용할 수도 있는데 어린이 행동 질문지(Children's Behavior Questionnaire: CBQ)가 그 예이다 (Rothbart, Ahadi, Hershey, & Fisher, 2001; Putnam & Rothbart, 2006).

아이의 개별적인 기질이 말더듬에 어떤 영향을 미치고 있는지, 말더듬이 아이에게 어떤 영향을 미치고 있는지, 그리고 아이가 그것을 어떻게 관리하고 있는지 고려해 보면 도움이 될 것이다. 부모는 아이의 기질적 강점이 무엇이며, 그 기질이 아이가 말더듬을 성공적으로 관리하는 데 어떤 도움을 줄 수 있는지를 인식하고 강조할 수 있도록 지원 받을 수 있다. 과소 규제 또는 과잉 규제의 징후를 보이는 어린이의 경우, 부모는 건강한 자율 규제를 촉진하는 방법에 관한 지원을 통해 도움을 받을 수 있다(가족 전략에 관한 제8장 참조).

말더듬에 대한 어린 아동들의 인식과 반응

조기 인식

말을 더듬는 미취학 아동들은 자신의 말더듬을 인식하지 못하며 학교에 다니게 되면서 비로소 자신의 말하기에 대한 부정적인 태도가 발달한다는 생각이 오랫동안 이어져 왔다. 그러나 현재 알려진 바로는 몇몇의 말을 더듬는 아이들과 유창한 또래 아이들은 말더듬에 대해 인식하고 있으며, 말더듬 인식은 약 3세부터 시작되어 4~5세 사이에 급격히 증가한다(Ambrose & Yairi, 1994; Boey et al., 2009; Ezrati-Vinacour, Platzky, & Yairi, 2001). 유아용 의사소통태도검사(KiddyCAT; Vanryckeghem & Brutten, 2007)를 통해 미취학 시기부터 말더듬 어린이는 말을 더듬지 않는 또래들보다 자신의 말하기에 대해 더 큰 부정적인 태도를 보이며 그러한 태도는 나이가 들수록 점점 더 심각해지는 것으로 나타났다(Clark, Conture, Frankel, & Walden, 2012; Vanryckeghem, Brutten, & Hernandez, 2005).

또한 부모의 보고에 의한 두 가지 연구는 많은 어린이들이 미취학 시절부터 자신의 말더듬에 대해 인지하고 이에 부정적으로 반응하기 시작했으며, 이러한 인식은 나이가 들수록 증가하고 말더듬의 중증도와 관련이 있다는 것을 보여 주었다(Boey et al., 2009; Langevin, Packman, & Onslow, 2010). 이 두 연구는 모두 부모에게 말더듬이 아이들에게 미치는 영향에 대한 생각을 물었다. 부모가 인식한 아이들의 반응 중 가장 흔히 보고되는 것은 자신의 말하기에 대해 좌절하기, 화내기, 슬퍼하기, 울기, 하려고 했던 말을 줄이거나 다른 말로 바꾸기, 자신의 말하기에 대해 언급하기(예 말을 못하겠어요, 입이 움직이지 않아요), 도움을 요청하기, 말하기를 철회하거나 회피하기 등이었다. 더불어, 말을 더듬는 4명의 미취학 아동들에 대한 연구에서 랜지빈, 팩맨 그리고 온슬로(Langevin, Packman, & Onslow, 2009)는 이들이 또래와 함께 자유놀이를 하는 동안 영상을 찍었다. 그 안에서 말더듬 어린이들은 말더듬의 결과로서 회피 행동을 했는데, 손짓으로 메시지를 표현하거나, 하고 싶은 말을 포기하거나, 놀이를 피하는 등의 방식이었다. 이러한 연구에서 대부분의 부모는 자녀가 자신의 말더듬을 인지하고 있다고 보고했지만, 모든 부모가 자녀가 말더듬을 인식하고 있거나 이에 반응한다고 묘사하지는 않았다.

인식의 영향

말을 더듬는 아이들의 인식과 반응이 어떻게 말하기의 발달에 영향을 미치는지 우리는 아직 완전히 알지 못한다. 자신의 말더듬을 인식하고 이에 반응하는 어린이들이 말더듬을 지속하게 되는 것일까? 말더듬에 대한 인식과 반응이 부족하면 아이의 유창성이 촉진되는 것일까? 임상 경험을 통해 우리는 아이가 말더듬의 순간을 인지하고 이에 반응하면 말하기를 위해 더욱 투쟁 행동을 부축일 수 있다는 것을 발견했다.

튜마노바, 최, 컨투어 그리고 월든(Tumanova, Choi, Conture, & Walden, 2018)은 그들의 연구에서 자신의 말더듬에 더 강한 반응을 보이는 어린이일수록 낯선 실험자와 상호작용하는 동안 말하기의 평균 길이가 더 짧아진다는 것을 발견했다. 이들은 말을 더듬는 아이들이 말더듬과 관련된 부정적인 경험과 어려움을 피하거나 제한하기 위해 말하는 양을 줄이고 있는 것으로 추측했다.

아이가 말더듬에 민감하게 반응하는 경우 그 영향은 더 광범위하고 장기적일 수 있다. 미취학 아동과 저학년 아동들은 심한 불안감을 나타내지는 않았지만(Ortega & Ambrose, 2011; van der Merwe, Robb, Lewis, & Ormond, 2011), 말을 더듬는 고학년 아동 및 청소년들은 훨씬 더 높은 불안감을 나타내는 것으로 보고되었으며(Smith, Iverach, O'Brian, Kefalianos, & Reilly, 2014; McAllister, Kelman, & Millard, 2015), 말을 더듬는 청소년과 성인의 경우 그렇지 않은 경우에 비해 사회적 불안 비율이 더 높은 것으로 나타났다(Iverach & Rapee, 2014). 이러한 발견들은 시간이 지남에 따라서 말더듬이 부정적인 결과로 이어질 수 있음을 보여 준다.

사회적인 결과

최근 연구들은 말더듬의 사회적 결과들이 예상보다 일찍 시작될 수도 있다는 것을 시사한다. 우리는 말을 더듬는 학령기 아동들이 유창한 또래들에 비해 활동에서 거부당하고 놀림과 괴롭힘을 당할 위험이 상당히 높으며(Blood et al., 2011; Davis, Howell, & Cooke, 2002) 또래들에게 인기 있는 것으로 평가될 가능성이 낮다는 것을 이미 알고 있다(Davis et al., 2002). 랜지빈 등(Langevin et al., 2010)에 따르면 말을 더듬는 미취학 아동들 중 일부(27.3%)의 부모는 자녀가 이미 놀림을 당한 경험이 있다고 보고하는 것으로 나타났다. 또한 랜지빈과 동료들(Langevin et al., 2009)은 대다수의 아이들이 자유놀이 중 또래 친구가 말을 더듬으면 중립적이거나 긍정적인 반응을 보이지만, 어떤 아이들은 말더듬 아동으로부터 멀리 떨어지거나 말더듬을 조롱하거나 무시하거나 방해하거나 이상하게 생각한다는 것을 발견했다.

임상적 의미

나이가 들수록 말더듬을 더욱 인식한다는 사실로 볼 때 이미 자신의 말더듬을 인지하고 있고 이에 부정적인 반응을 보이고 있는 유아기 어린이들에게 우선적으로 치료를 제공하는 것이 중요할 것이다. 우리는 각각의 아이들에게 의사소통에 대한 자신감을 길러 주고 싶다. 또한 한 아이의 말더듬에 대한 또래들의 놀림이나 부정적인 반응을 확인하고 해결하는 것도 중요할 것이다.

환경적 요인

말더듬은 다양한 환경적 요인으로부터 영향을 받는 것으로 알려져 있다. 이 시기에 한 어린이의 세계를 이루는 주요 구성 요소는 가정환경과 직계가족이다. 부모는 자신의 아이를 가장 잘 안다. 부모는 또한 자녀들에게 중요한 모델이고 주요 지원자이다. 아이의 환경은 아이의 말더듬에 영향을 줄 수 있다.

말더듬이 부모에게 미치는 영향

부모의 감정 반응

임상 경험과 보다 최근의 경험적 연구 결과를 통해 우리는 아이의 말더듬이 부모에게 상당한 영향을 미칠 수 있다는 것을 알고 있다(Langevin et al., 2010; Plexico & Burrus, 2012; Tumanova et al., 2018). 랜지빈 등(Langevin et al., 2010)은 말을 더듬는 미취학 아동의 부모를 대상으로 한 연구에서 부모의 90.9%가 자녀의 말더듬에 부정적인 영향을 받았다고 보고했다고 밝혔다. 걱정, 불안, 분노, 좌절 등 다양한 감정들이 부모들에 의해 묘사되었다.

부모의 반응

어떤 부모는 자녀가 말을 더듬는 것에 대해 어떻게 대응해야 할지 우려를 나타냈고, 자신이 자녀의 말더듬에 원인 제공을 했다는 믿음에서 오는 죄책감과 수치심을 나타냈다(Plexico & Burrus, 2012). 우리의 임상 경험에 따르면 부모는 종종 아이가 말을 더듬는 것에 대해 말로 반응을 해야 할지 말아야 할지 확신이 없다. 부모는 어떤 식으로든 대응하기를 원했으며, 특히 아이가 괴로워하고 있는 것을 볼 때 그렇다고 했다. 하지만 그 얘기를 하면 아이에게 나쁜 영향을 미치는 것은 아닌지 하는 걱정 때문에, 아니면 말더듬을 모른 척하라는 조언을 들어왔기 때문에, 그들은 침묵을 지키며 무시하려고 애쓴다. 우리의 경험상 이것은 부모와 아이를 모두 더욱 고통스럽게 할 수 있다. 우리는 또한 성인들 중에도 자신의 말더듬에 대해 말하는 것을 좋아하지 않는 사람이 많다는 것을 알고 있다. 이러한 사람들은 대개 자라는 동안 부모가 말더듬에 대해 공공연하게 이야기하지 않았고, 더 나아가 말하는 것으로 인해 겪는 어려움을 부모와 공유하지 않았던 사람들이다. 이러한 '침묵의 공모(conspiracy of silence)'(Gould & Sheehan, 1967)라 할 수 있는 상태가 어린 시절에 시작하여 성인기로 이어지는 경우가 많다. 우리는 처음 말더듬이 시작되는 순간부터 말더듬에 대해 전형적으로 나타나는 부정적인 태도와 감정을 최소화하고, 말더듬을 열린 공간으로 데리고 나오길 원한다.

침묵하는 대신 아동에게 깊게 숨을 쉬라고 하거나, 천천히 말하라고 하는 등 어떻게 해야 하는지에 대해 조언함으로써 자녀의 말더듬에 자연스럽게 반응하는 부모들도 있다. 평가 과정에서 적지 않은 부모가 비록 도움이 되는 것 같지도 않고 역효과를 낼 수도 있다는 것을 알지만 그래도 조언을 해 주고 있다고 밝힌다. 하지만 아이를 돕고 옳은 일을 하고자 하는 부모의 열망이 너무 크다 보면 의도와 다르게 도움이 되지 않는 반응을 할 수 있다. 실제로, 나이가 좀 더 많은 말더듬 아동들에 대한 연구에서, 라우, 베일비, 번스 그리고 헤네시(Lau, Beilby, Byrnes, & Hennessey, 2012)는 아이들이 자신의 말에 대한 부모의 조언에 좌절감을 표현한다는 것을 발견했다.

> 언어재활사는 부모가 아이의 말더듬에 가장 바람직한 방식으로 반응하고
> 말더듬에 대한 개방성을 독려하는 데 중요한 역할을 한다.

어떻게 하면 자녀의 말더듬을 가장 잘 도울 수 있을지 몰라 걱정하는 부모들도 있지만, 과연 무엇이 도움이 되는지 잘 알고 이미 아이의 말하기를 도와주기 위한 다양한 전략을 발견해 놓은 부모들도 있다. 랜지빈 등(Langevin et al., 2010)은 부모들이 시간을 들여 귀를 기울이고, 자녀가 말을 마칠 때까지 기다리고, 부모 자신이 더 차분하고 명확하고 천천히 말하고, 더 짧고 간단한 문장을 사용하는 것이 도움이 된다는 것을 알고 있음을 발견했다.

> '부모의 참여가 없다면 아이가 치료실 공간을 나서는 순간 언어재활사의 도움은 힘을 잃는다'
> (Rustin & Cook, 1995, p. 35).

자녀의 말더듬에 대한 부모의 감정과 반응이 말더듬의 지속성에 영향을 미친다는 증거는 없지만, 부모의 반응은 아이의 말더듬에 영향을 줄 수 있다. 어린이는 주변 사

람들이 하는 방식 그대로 말더듬에 반응하기 쉽다. 말을 더듬는 순간에 대한 반응으로 부모가 속상해하거나 불안해하면 아이도 속상하거나 불안해질 수 있다. 가족은 각 가족 구성원의 생각, 감정, 행동이 다른 구성원들에게 순환적으로 영향을 미치며 서로 연결되고 상호 의존적인 개인들의 시스템으로 간주된다. 한 사람의 기능에 변화가 일어나면 필연적으로 다른 사람의 기능에도 상호적인 변화가 뒤따른다. 빅가트, 쿡 그리고 프라이(Biggart, Cook, & Fry, 2007)는 가족 유지관리 모델(Family Maintenance Model)에서 부모와 자녀 사이에 생기는 말더듬의 양방향적 성격을 이해하기 위해 인지의 주기(Cognitive cycle; Beck, 1976)와 '체계적인 나비 넥타이(Systemic bow tie)'(Neimeyer, 1993)의 개념을 차용했다. 그들은 이것들이 부모들이 말더듬에 대한 자신의 생각과 감정, 반응이 자녀의 말더듬에 어떤 영향을 미치며, 결국 말더듬이 지속되는 데 기여하게 되는지 생각해 볼 수 있게 해 준다고 주장했다.

우리의 임상 경험에 따르면, 말더듬에 대한 부모의 불안은 그들이 말더듬에 반응하거나 관리하는 방법에 직접적으로 영향을 줄 뿐만 아니라, 매일의 육아와 행동 지도에도 영향을 미칠 수 있다. 부모들은 자녀의 말더듬에 대해 걱정하고 있을 때 양육을 더욱 힘들어한다. 어려움을 겪고 있는 아이를 갖는 것이 부모의 자신감과 자존감에 부정적인 영향을 미칠 수 있다는 관련 분야의 증거를 고려할 때 이는 놀라운 일이 아니다

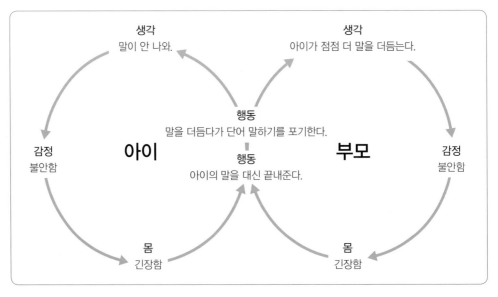

[그림 1-1] **가족 유지관리 모델**

출처: Biggart, Cook, & Fry (2007).

(Douglas, 2005; Mugno, Ruta, D'Arrigo, & Mazzone, 2007; Schieve, Blumberg, Rice, Visser, & Boyle, 2007).

> '부모를 더 많이 참여시키는 프로그램은 어려운 육아 문제를 잘 통제하고 관리하고 있다는 인식을 높여 주고, 부모의 불안감을 줄여 줄 수 있다'(Bernstein Ratner & Guitar, 2006, p. 113).

임상적 의미

그러므로 부모가 아이의 평가와 치료에 관여하는 것은 타당하다. 부모에게도 그들 자신만의 욕구가 있는 것은 분명하며, 치료 방향을 정할 때 아이의 욕구뿐만 아니라 부모의 요구도 함께 고려하는 것이 우리의 의무이다. 부모는 자신의 걱정과 우려, 그리고 자녀의 말더듬이 자신에게 미치는 영향에 대해 말할 기회를 얻어야 하고, 우리는 말더듬의 원인에 대해 우리가 알고 있는 것을 그들과 공유해야 한다. 부모는 말더듬에 대해 어떻게 반응하고 아이와 터놓고 이야기할 수 있는지에 대한 도움을 받아야 하며, 충분한 지식과 자신감으로 자녀의 말더듬을 관리하고 있다는 느낌을 받을 수 있도록 지원받아야 한다.

어떤 부모는 아이의 말더듬을 악화시키지는 않을까 하는 걱정 때문에 자신이 수면, 식사, 행동 문제에 각각 다르게 반응한다는 것을 알고 있다. 따라서 우리는 적절한 시점에 부모가 자신의 감정 상태에 따라 자녀의 행동에 대한 반응이 어떻게 달라지는지 스스로 인식하고 이해할 수 있도록 돕고, 그들이 보고하는 어려움을 관리하기 위한 치료 대안 전략을 함께 탐구하여야 한다. 이를 통해 부모는 아이를 보다 일관성 있게 관리할 수 있게 되고 말더듬이 아니라 아이에 반응하도록 변화할 수 있다(제8장 가족 전략 참조).

의사소통 환경

우리의 방법론에는 부모와 직접적으로 협력하는 것, 그리고 말더듬 자녀를 지원하는 의사소통 환경을 제공할 수 있도록 부모의 기술을 발전시키는 것이 포함된다. 하지만, 부모와 그들의 의사소통 스타일에 집중한다고 해서 애초에 말더듬을 유발시킨 원인이 부모에게 있다고 전제하지는 않는다. 연구는 말을 더듬는 아이의 부모와 그렇지 않은 아이의 부모의 의사소통 방식 및 부모 상호작용 스타일이 서로 다르다거나(이전의 리뷰는 Nippold & Rudzinski, 1995; Bernstein Ratner, 2004 참조) 이런 것들이 말더듬의 발병에 있어 어떤 역할을 한다는 증거가 없음을 분명히 밝히고 있다(Kloth et al., 1999). 우리는 가족과 가정은 아이들이 대화하는 법과 의사소통자로서 기능하는 법을 배우는 역동적이고 상호작용적인 환경으로서, 자기 말을 듣게 만들려는 경쟁, 풍부하고 다양한 언어 모델, 끼어들기, 농담 주고받기와 같이 모든 전형적인 행동들이 이루어지는 곳이라고 생각한다. 아이의 근본적인 취약성 때문에 아이의 말하기는 전형적인 성인-아동의 상호작용 상황에서도 어려움을 겪게 된다고 제안되어 왔다(Felsenfeld, 1997; Miles & Bernstein Ratner, 2001). 아이의 말더듬이 어른들의 상호작용 방식을 다르게 만들 수 있다는 증거도 있는데(Kloth, Janssen, Kraaimaat, & Brutten, 1998; Meyers & Freeman, 1985a, 1985b), 이는 아마도 말더듬에 대한 불안이나 아이를 도와주고자 하는 욕구의 결과일 것이다.

　말을 더듬는 미취학 아동을 위한 여러 치료 방법 중에는 자녀의 유창성을 촉진하려면 부모가 자신의 상호작용 방식을 수정하라는 권고가 포함된 경우가 많다. 이렇게 개별적인 상호작용의 변화를 지지하는 경험적 증거가 일부 있기는 해도, 이러한 증거는 여전히 제한적이고 일관성이 없다(Nippold & Rudzinski, 1995; Nippold, 2018; Bernstein Ratner, 2004; Sawyer, Matteson, Ou, & Nagase, 2017). 물론 이것은 놀라운 일이 아니다. 지금까지의 문헌 검토를 보면, 말더듬의 유전적·신경생리학적 기초가 아이마다 다를 가능성이 높고, 환경적·언어적 요소의 영향도 다를 것이 분명하다. 따라서 말을 더듬는 아이들은 동질적인 집단이 아니다. 이와 같이, 어떤 아이는 부모의 상호작용 스타일 중 타이밍의 측면에서 다른 아이보다 더 민감할 수 있으며, 이런 아이들은 중간에 자주 쉬며 말하거나 천천히 말하는 식으로 상호작용을 변화시켰을 때 더 많은 도움을 얻을 수 있다(Sawyer et al., 2017). 또한 니폴드(Nippold, 2018)가 지적한 대로 현재의 증거 상황을 볼 때 상호작용 스타일의 변화가 아이의 말더듬에 줄 수 있는 잠재적 영향을 배제할 수는 없다. 최근 몇 년 동안에는 상호작용의 개별 구성 요소를 들여다보는 것에서 벗어나 간접 요소를 포함한 총체적 상호작용 치료 프로그램에 주목하는 쪽으로 옮겨 가고 있다(de Sonneville-Koedoot, Stolk, Rietveld, & Franken, 2015; Millard, Nicholas, & Cook, 2008; Millard, Edwards, & Cook, 2009; Millard, Zebrowski, & Kelman, 2018; Yaruss, Coleman, & Hammer, 2006). 연구를 통해 이러한 치료 프로그램의 효과와 효율이 입증되었지만, 이제까지 연구의 초점은 프로그램이 어떻게 작용하는지, 특히 부모에게 상호작용을 수정하도록 요구하는 것이 프로그램의 효과에 어떤 역할을 하는지 조사하는 데 맞춰져 있지는 않았다.

특히, 자녀 개인에 대한 보다 면밀한 관찰과 부모의 상호작용 스타일과 자녀의 말더듬 사이의 관계에 초점을 두는 그룹 연구뿐만 아니라 단일 대상에 대한 연구를 포함하는 추가 연구가 분명히 필요하다. 집단의 경향성이 견고하다고 해서 집단 연구의 결과를 개별 아동에게 일반화할 수 없다는 것을 우리는 잘 알고 있다. 부모들의 상호작용 스타일 분야에서 현재까지 대부분의 연구는 횡단적(cross sectional) 접근법을 사용했으며, 긴 시간을 거치기보다는 하나의 시점에만 초점을 맞추고 있다. 미래의 연구는 부모의 상호작용 스타일과 아이의 말더듬 사이의 잠재적 연관성을 더 탐구하기 위한 종단 연구(longitudinal investigations)로부터 도움을 받을 것이다.

임상적 의미

수년간, 부모들의 의사소통과 상호작용 스타일의 역할에 대한 연구 결과는 페일린 PCI의 발전에 영향을 끼쳤고, 부모들에게 의사소통과 상호작용 스타일이 자녀의 말하기를 어떻게 지원하는지 생각해 보라고 요구할 수 있을 만큼 우리의 논리를 뒷받침해 왔다. 우리가 부모들과 함께 일할 때, 그들 자신이 '잘못된' 일을 하지 않았다는 것을 이해하는 게 중요하다. 아이의 근본적인 취약성 때문에 아이의 말하기는 전형적인 성인-아동 상호작용의 상황에서 더욱 어려움을 겪게 된다. 그래서 우리는 부모들의 의사소통 및 상호작용 스타일에 초점을 맞춘다. 부모들은 자신을 비난하기 쉽기 때문에, 부모들을 치료 과정에 참여시킬 때 우리가 무심코 부모의 그런 생각을 강화시키지 않도록 주의해야 한다.

페일린 모델

과거에 우리는 말더듬에 대한 연구 증거를 해석하고, 임상적 의사 결정을 지원하고, 함께 참여하는 가족들에게 설명하기 위해 네 가지 다중 요인 모델(Kelman & Nicholas, 2008)을 사용했다. 이 다중 요인 모델에서는 네 가지 요인(생리적·언어적·환경적·심리적)을 크기가 같고 중첩된 네 개의 원으로 나타내는데, 네 개의 원이 모두 중첩된 중심에 말더듬이 자리하고 있다.

새로운 페일린 모델([그림 1-2])은 아이가 말을 더듬는 이유를 찾는 초점으로서 아이와 아이의 뇌의 이미지를 중심에 두고 있다. 이것은 생리적 요인, 즉 아이의 신체 구조로서, 말더듬에 대한 근본적인 해명을 제공하는 유전적·신경학적 요인을 나타낸다. 말더듬은 또한 운동 협응이나 건강과 피로를 포함한 신체적인 건강과 같은 생리적인 요인에 의해 영향을 받을 수 있다.

삼각형 안에 아이가 있고 삼각형의 각 모서리에는 말운동, 언어 및 의사소통, 심리적 요인 등 기타 영향을 미치는 요인들이 자리 잡고 있다. 여기에는 능력과 취약성과 같은 아이의 기타 측면이 포함되는데, 이는 말더듬의 발달과 그 여파에 영향을 미칠 수 있는 것들이다. 삼각형 바깥에는 가정, 유치원/학교 등 어린이의 환경을 나타내는 큰 원이 있다. 환경적 영향은 생리적 요인, 말운동, 언어와 의사소통, 그리고 심리적 요인과 상호작용하여 말더듬을 악화시키거나 감소시킨다.

페일린 모델은 인과적 모델이 아니다. 이것은 우리의 평가에 대한 기본 틀을 제공하는 임상 도구로서, 어린이의 강점과 취약점, 그리고 말더듬에 영향을 주고 있는 것이 무엇인지 판단하기 위해 탐구해야 하는 영역이다. 이를 통해 우리는 아이의 프로파일에 맞게 개별화되고 모든 관련 요소가 반영된 치료 계획을 세울 수 있다.

일단 아이의 강점과 취약점을 모델 위에 채워 놓고 나면, 우리는 부모에게 아이의 말하기에 영향을 미치고 있는 요소가 무엇인지 그리고 이러한 요소들을 다루기 위해 우리의 치료법에 포함되어야 할 것이 무엇인지 설명할 수 있다. 이런 식으로 부모의 이해도를 높이면 죄책감과 불안감을 덜어 줄 수 있고, 가족과의 협력에 있어 개방적이고 협조적인 치료관계를 쉽게 이룰 수 있다.

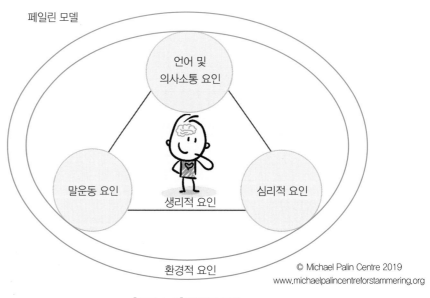

© Michael Palin Centre 2019
www.michaelpalincentreforstammering.org

[그림 1-2] 페일린 모델

중재가 필요한 어린 말더듬 아동

　말을 더듬기 시작하는 어린이의 약 70~80%는 자연스러운 방식으로 별 도움이 없이도 유창해질 것이다(Mansson, 2000; Yairi & Ambrose, 2005; Yairi et al., 1996; Yairi & Seery, 2015). 그러나 이 비율은 아이가 말을 더듬는 시간이 길어질수록 감소하여 많은 어린이들이 학창 시절과 그 이후에도 말더듬을 지속하게 될 것이다. 말을 더듬기 시작한 미취학 아동들과 함께 일하는 언어재활사들의 과제는 말더듬에 대한 언어치료가 필요한 아이들을 파악하는 것이었다.

우리가 사용하는 언어

　말더듬 분야에 대한 연구는 전통적으로 말을 계속 더듬는 아이들을 지칭하기 위해 '지속적'이라는 용어를 사용했으며, 말을 더듬기 시작했다가 유창해지는 아이들을 지칭하기 위해 '회복'이라는 용어를 사용해 왔다. '회복'이라는 용어는 중독 문제를 연상시킬 뿐만 아니라, 아이가 좀 더 자연스러운 발달의 궤적을 따라간 것이 아니라, 어떤 의학적 과정이 일어났다는 암시를 담고 있다. 우리는 '지속적' 말더듬의 반대 의미로 '일시적' 말더듬이란 단어를 사용하여 그 일시적 성질을 드러내며, 아이가 말더듬에서 '회복'되었다는 말 대신 말더듬이 해소되어 가고 있다고 이야기한다.

지속성에 대한 연구

수년 동안 초기 말더듬에 대한 연구의 핵심 목표는 말을 더듬는 유아기 어린이들의 말더듬 지속성과 관련된 요인을 합리적인 정확성을 갖고 파악하는 것이었다. 다수의 연구 단체는 말더듬이 지속될 아이들과 말더듬이 해소될 아이들의 구별에 도움이 되는 요인을 밝히기 위해 많은 취학 전 아동의 진전 상황을 수년 동안 여러 변수에 걸쳐 모니터링하는 전향적(prospective)이고 종단적(longitudinal) 설계를 도입해 왔으며 지금도 계속 사용하고 있다. 지속성에 대한 예측 지표의 일부가 규명되기는 했지만, 현재까지 밝혀진 바에 따르면 말을 더듬기 시작한 아이가 언어치료의 개입 없이 유창해질 수 있는지 여부를 정확히 예측하는 것은 불가능하다. 현재까지의 연구는 일치된 결과를 보이지 않은 것으로 보고되었다.

우리는 이제 지속성에 대한 신뢰할 만한 지표가 지금까지 밝혀지지 않고 있는 이유를 알아보는 데 도움이 될 다양한 종단 연구와 방법론들을 살피고자 한다.

우선 말을 더듬는 아이들의 다양한 하위 집단의 말더듬 상황을 관찰한 연구들이 있다.

♣ 일리노이 연구: 미국에서 연구를 목적으로 특별히 말더듬이 발병하기 직전의 어린이들이 모집되었다(일리노이 말더듬 연구 프로젝트; 예: Yairi, Ambrose, Paden, & Throneburg, 1996; Yairi & Ambrose, 2005). 이 연구에서는, 유아원이나 광고를 통해 아이들을 모집했으며, 부모나 전문가들이 아이의 말하기에 대한 염려를 가지고 있을 필요는 없었다. 따라서 이것은 말을 더듬는 아이들의 임상 모집단이 아니며, 그 결과에는 치료를 받은 아주 적은 수의 아이들뿐만 아니라 치료를 받지 않은 많은 수의 아이들이 포함된 모집단이 반영되었다고 할 수 있다.

♣ 위트레흐트(Utrecht) 연구: 네덜란드의 연구에서는 부모 중 한 명이 또는 부모 모두가 말을 더듬는 어린이들이 선택되었다(예: Kloth et al., 1995a; Kloth et al., 1999). 말더듬의 발병뿐만 아니라 지속성과 연관된 변수를 분리해 내려는 의도로 말을 더듬기 시작하기 전에 있는 아이들에 대한 관찰이 이루어졌다. 이 연구에 참가한 아이

들이 일단 말을 더듬기 시작했을 때 언어치료를 받은 적이 있는지에 대한 정보는 보고되지 않았다.

🍀 울름(Ulm) 연구: 독일의 언어치료실에 의뢰된 어린이들(예: Johannsen, 2000; Rommel, Hage, Kalehne & Johannsen, 1999). 이 연구의 아이들은 연구에 참가하기 위한 목적보다는 말더듬에 대한 걱정을 이유로 의뢰되었기 때문에 임상 모집단에 가장 가깝다고 할 수 있다. 대다수가 연구 과정에서 치료를 받았다. 따라서 연구 결과에는 치료를 받는 경우와 그렇지 않은 경우 예후에 영향을 미치는 요인이 반영되어 있다.

🍀 ELVS 연구: 가장 큰 연구는 호주 멜버른에서 수행된 ELVS(Early Language in Victoria Study)이다(ELVS Stuttering Study; Reilly et al., 2009; Reilly et al., 2013a). 아이들은 말더듬 발병 전에 모집되었는데 이들은 초기 언어 발달에 대한 큰 프로젝트의 참여자들이었다. 아이들이 두 살이었을 때, 부모들은 주목해야 할 말더듬 행동 체크리스트를 제공받았고, 자녀의 말하기에서 이러한 행동들 중 하나라도 나타나는 것을 관찰했을 때 연구팀에 연락하기로 동의했다. 따라서 이들은 부모가 자녀의 언어에 대한 염려로 의뢰한 아이들도 아니며 임상 모집단도 아니었다. 그들은 임상 샘플이라기보다는 아이들의 커뮤니티 샘플로 묘사된다. 저자들에 따르면 소수의 부모들이 조언을 구했고 연구 과정에서 언어재활사에게 평가와 치료를 받았다. 연구 결과는 말더듬의 발병에 영향을 미치는 변수뿐만 아니라 지속성에 영향을 미치는 변수에 대해서도 보고하였다.

🍀 퍼듀 연구: 4~5세에 초기 평가를 받고 9세 또는 10세가 될 때까지 해마다 방문을 통해 종단 추적을 받은 어린이들[퍼듀 말더듬 프로젝트(Purdue University Stuttering Project); 예: Walsh et al., 2018]이다. 이 아이들은 치료를 받았는지 또는 현재 치료를 받고 있는지에 관계없이 연구에 참여했기 때문에 임상 모집단을 더욱 가깝게 반영한다. 이 연구자들은 말더듬에 관련된 조음협응, 언어 처리, 정서적 민감성의 세 가지 핵심 영역을 평가하기 위한 실험을 설계했다. 그 목적은 말더듬을 지속하는 어린이들과 그렇지 않은 어린이들의 차이를 구별하고 어린이의 지속적 말더듬 발생 위험을 결정하기 위해 언어재활사가 사용할 수 있는 평가도구를 개발하는 것이었다.

🍀 밴더빌트 연구: 밴더빌트 대학교[밴더빌트 발달성 말더듬 프로젝트(The Vanderbilt

Developmental Stuttering Project); 예: Erdemir, Walden, Jeerson, Choi, & Jones, 2018]에서 수행된 연구에서는 한 어린이가 지속적인 말더듬을 보일 가능성이 있는지 예측하게 해 주는 언어적·감정적·생리적 요인이 무엇인지를 알아내기 위하여 어린이들이 모집되었다. 지역 보건 제공자/의료 전문가와 광고를 통해 3세에서 5세 11개월 사이의 어린이들이 모집되었다. 저자들은 연구가 이루어지는 동안 아이들이 유창성에 대한 조언이나 간접적·직접적 치료를 받았는지 여부를 신뢰 있게 보고할 수 없었다고 말한다.

✤ 미시간 연구: 미시간 주립 대학교 및 미시간 대학교의 언어 신경생리학 연구실(예: Chang et al., 2008; Chow & Chang, 2017)에서 실시된 연구에 모집된 아이들에 대해서는 말을 더듬는 아이들과 더듬지 않는 아이들의 뇌 발달 평가를 위해 구조적 및 기능적 신경영상 기법 모두가 사용되고 있었다. 이것은 일시적 및 지속적 말더듬과 관련된 요인을 알아내고 남아와 여아 사이에 뇌 구조 및 기능에서 차이가 있는지 여부를 결정하기 위해서였다. 말더듬 발병 나이 직전에 있는 3세 이상의 아이들이 모집되었다.

연구 결과를 해석하고 우리 자신의 임상 모집단에 이를 적용해야 하는지, 만일 한다면 어떻게 해야 하는지 알아내려면 연구의 하위 모집단 간의 차이를 이해하는 것이 중요하다. 게다가, 그 연구들 중 일부에는 언어치료를 받았던 어린이들이 포함되어 있다는 것을 생각할 때, 우리는 연구 결과가 자연적으로 해소된 말더듬만을 순수하게 반영한 것인지 아니면 치료를 통해 뒷받침된 것인지 알 수 없다.

이제 우리는 여러 연구들에서 나온 주요 연구 결과를 요약하고자 한다. 그러나 그 증거는 현재 명백하지 않고 그 결과들은 일관성이 없다는 점을 염두에 두자. 더욱이 우리는 어떤 한 가지 요인의 상대적 가중치나 결합적 가중치, 즉 어떤 한 요인이 지속성의 위험에 어느 정도 기여하고 있는지 알지 못한다.

말더듬의 가족력

말더듬의 가족력을 살펴보는 가장 포괄적이고 심도 있는 연구는 일리노이 연구의 일환으로 실시되었다. 이 연구팀은 이제 막 말을 더듬기 시작한 아이들의 말더듬 가족력은 지속성에 관한 가장 신뢰할 수 있고 유일한 예측 변수지만, 가족력만으로는 결과를 예측하기에 충분하지 않으며, 오히려 가족력의 패턴이 핵심이라고 말한다. 말더듬이 지속된 가족력이 있는 아이는 말을 계속 더듬을 위험이 높은 반면, 친척이 말을 더듬다가 유창하게 된 가족력이 있는 아이의 말더듬은 해소될 확률이 더 높다(Yairi & Ambrose, 2005). 암브로즈, 콕스 그리고 야이리(Ambrose, Cox, & Yairi, 1997)에 따르면, 말더듬이 해소된 가족력 있는 아이에게 그와 같은 경향이 나타날 가능성은 65%이다.

울름 연구(Rommel et al., 1999)에서는 아이가 말더듬을 멈춘 시기에 따라 말더듬이 지속된 가족력의 역할이 달라졌다. 일찍(연구에 모집된 지 18개월 이내) 유창성을 획득한 것으로 묘사된 아이들의 경우 그들은 양성(+) 가족력과 지속성 사이의 관계를 발견하지 못했다. 그러나 늦게 유창해진 아이들(연구에 모집된 지 18~54개월 사이)과 말더듬을 지속하는 아이들을 비교하니, 말더듬 이력을 가진 가족 구성원이 많은 아이들의 경우 말더듬이 더 지속되는 경향이 있었다. 그들은 가족력의 성향이 일시적인 것이었는지 아니면 지속적인 말더듬이 있는 것이었는지에 대해서는 구체적으로 밝히지 않았다.

퍼듀 연구에서는 말더듬을 지속한 어린이의 53%가 직계가족 및 친척 중에 지속적인 말더듬을 갖고 사람이 있는 것으로 보고된 반면, 유창성을 얻은 어린이의 경우는 그 비율이 14%인 것으로 나타났다(Walsh et al., 2018).

ELVS 연구에서는 6세가 되기 전에 말더듬이 해소된 아이들의 13.8 % 그리고 말더듬을 지속한 아이들의 20 %의 직계가족들에게서 가족력이 발견되는 것으로 나타났다. 그들은 이 차이가 유의미한 차이였는지 또는 가족력의 내용이 일시적 말더듬이었는지 아니면 지속적인 말더듬이었는지에 대해서는 구체적으로 밝히지 않았다(Kefalianos et al., 2017).

임상적 의미

지속성의 위험 요인을 고려할 때 우리는 직계 및 대가족 모두에게서 말더듬 가족력에 대한 정보를 수집하고, 가족 구성원들이 성인이 되어서도 말을 더듬었는지 유창하게 되었는지 등을 물어볼 필요가 있다. 어떤 연구는 지속성의 가족력이 있을 경우 아이가 지속성을 갖게 될 위험이 더 높아질 수 있다는 것을 보여 준다. 그러나 가족력이 아예 없거나 그 가족력이 일시적인 말더듬기에 불과하다고 해서 아이가 저절로 유창해지는 것은 아니다. 따라서 우리는 가족력만을 근거로 결정을 내리지 않도록 유의해야 한다. 자칫하면 가족력은 없지만 다른 요인들 때문에 지속성에 취약해진 아이들이 치료에서 제외될 수 있기 때문이다.

성별

말더듬의 발병률과 성비를 비교하면 남아들이 여아들보다 말을 계속 더듬는 경향이 있는 것으로 보인다. 매우 어린 미취학 아동들의 성비는 거의 같은데(Kloth et al., 1999; Mansson, 2000; Yairi & Ambrose, 2005), 나이가 들수록 이 비율은 점차 높아져서, 학령기 아동의 경우 남녀 비율이 5:1, 성인의 경우 6:1에 달한다고 보고되었다(예: Bloodstein & Bernstein Ratner, 2008). 따라서 우리는 말더듬이 해소될 것인지 아니면 지속될 것인지를 예측하는 데 성별이 중요한 역할을 할 것이라고 예상할지도 모르겠다.

하지만 성비와 지속성에 관한 연구 결과들에는 일관성이 없었다. 퍼듀 연구와 일리노이 연구의 초기 연구 결과는 여아들보다 훨씬 더 많은 수의 남아들에게서 지속성을 발견했다(Yairi et al., 1996; Ambrose et al., 1997; Walsh et al., 2018). 울름 연구, 위트레흐트 연구 및 일리노이 연구의 후기 연구 결과 역시 남아의 비율이 여아들보다 높다고 보고했지만, 이러한 차이가 통계적으로 유의한 것은 아니었다(Johannsen, 2000; Kloth et al., 1999; Yairi & Ambrose, 1999). 보다 최근에는 일리노이 연구와 ELVS 연구가 성별과 지속성 사이의 연관성에 대한 증거가 없음을 시사했다(Ambrose, Yairi, Loucks, Seery, & Throneburg, 2015; Kefalianos et al., 2017).

따라서 우리의 예상과 달리, 비록 기간이 더 길고 대상의 숫자가 더 많은 연구들에서 여아들보다 남아들이 더 말더듬을 지속하는 것으로 나타나지만, 이러한 차이가 통계적으로 유의한 것은 아니다.

이렇듯 유의성이 부족한 이유로는 표본 크기의 차이 그리고 여아들의 남아들보다 일찍 유창해지는 경향을 들 수 있었다(Johannsen, 2000; Yairi & Ambrose, 1999).

임상적 의미

성비율로 보아서는 전반적으로 남아들의 지속성이 여아들보다 더 높을 가능성이 있지만, 연구 증거가 이를 일관되게 증명하지 못하고 있다. 실제로 일부 여아들은 말더듬을 지속하기 때문에 우리는 아이의 성별 하나만으로 임상적 의사 결정을 내리지 않는다.

말더듬 발병 후 경과 시간

일리노이 및 ELVS 연구는 비록 말더듬 발병 후 1년 안에 유창성을 얻는 어린이들도 일부 있지만, 대부분의 경우 발병 후 2~3년이 지나서야 유창성을 얻는 경향이 있음을 발견했다(Yairi & Ambrose, 1999; Reilly et al., 2013b). 일리노이 연구에 따르면 아이가 말을 더듬은 시간이 길수록 유창성을 얻을 확률은 줄어든다. 발병 직후에는 그 회복 가능성이 대략 75~80% 이상이다. 2년 동안 말을 더듬으면 47%로 떨어지고, 3년 동안 말을 더듬으면 16%로 떨어지고, 발병 후 4년 후에는 약 5%로 떨어진다(Yairi & Ambrose, 2005). 반대로 이제 갓 말을 더듬기 시작한 아이의 경우 발병 후 3~5년 이내에 말더듬이 해소될 확률은 약 65~80%이다. 또한 ELVS 연구는 65%의 어린이들이 발병 후 3년에서 5년 이내에 말더듬이 해소되었다는 것을 발견했다(Reilly et al., 2013b).

임상적 의미

아이가 더 오랫동안 말을 더듬어 왔다면 말더듬이 지속될 확률이 높아진다. 하지만 우리는 말을 더듬은 기간을 근거로 아이에 대한 평가를 할지 여부를 결정하지는 않는다. 아이의 인식과 반응, 부모의 불안과 같은 다른 요소들이 개입의 필요성과 언제 개입해야 하는지를 결정할 것이다. 치료를 통해 말더듬이 해소되는 과정을 촉진시키고 말더듬이 아이와 가족에게 부정적으로 작용하는 시간을 줄일 수 있을 것이다. 우리는 '한번 기다려 보자'는 식의 옛 접근법을 더 이상 따르지 않는다.

시간 경과에 따른 말더듬의 변화 패턴

일리노이와 울름 연구에서는 시간 경과에 따라 말더듬이 감소(즉, 처음 12개월 동안 꾸준히 감소)된 아이들은 유창해질 가능성이 더 높은 반면, 시간이 지나도 말더듬의 수준이 일정하게 유지되거나 증가하는 아이들의 경우 계속 말을 더듬을 위험이 더 높은 것으로 나타났다(Yairi et al., 1996; Yairi & Ambrose, 1999; Johannsen, 2000).

지속할 가능성이 가장 높았던 아이들은 발병 첫해 동안 2차 행동(머리 움직임 등)이 그대로 유지되거나 그 횟수나 심각도가 증가한 아이들이다. 어린이의 말하기 중 연장의 비율이 증가하는 것과 단위당 반복수가 많은 반복이 지속적으로 나타나는 것(즉, 한 음절을 3~4회 반복하는 것; 예: 배-배-배-백)은 장기적으로 볼 때 말더듬을 지속할 위험이 더 높음을 나타내는 지표인 것으로 밝혀졌다(Yairi, Ambrose, & Niermann, 1993; Yairi & Ambrose, 2005).

임상적 의미

평가 시 우리는 말더듬의 빈도와 관찰된 말더듬 행동의 유형이 시간이 지남에 따라 어떻게 변했는지에 대한 정보를 수집한다. 우리는 부모들에게 이런 판단을 내리는 데 도움을 주기 위해 아이의 말하기에서 발견되는 다양한 종류의 말더듬 행동을 알려 줄 필요가 있을 것이다. 부모가 시간에 따라 아이의 말더듬이 늘었다 줄었다를 반복한다고 보고한다면, 우리는 전반적인 추세를 설명해 달라고 부탁한다. 만일 전반적인 추세가 말더듬 빈도가 내려가는 경향이라면, 말더듬이 해소되고 있음을 나타낼 수 있다. 하지만, 말더듬이 부모나 아이에게 부정적인 영향을 미치고 있다면 우리는 지체하지 않고 치료 개입을 할 것이다.

말더듬의 중증도

일리노이 연구에서는 말더듬의 중증도(말을 더듬는 빈도로 측정)로는 앞으로의 말더듬 변화를 예측하지 못한다는 것을 발견했다(Yairi et al., 1996; Yairi & Ambrose, 1999).

이와 반대로 울름 연구는 비록 일시적인 그룹과 지속적인 그룹 모두에서 개별적인 중증도는 상당히 다양하지만, 말더듬의 중증도가 덜한 어린이들의 예후가 더 낫다는 것을 발견했으며(Johannsen, 2000), ELVS 연구와 퍼듀 연구 또한 이 사실을 뒷받침하고 있다(Reilly et al., 2013; Bostian, Brown, & Weber, 2016; Walsh et al., 2018).

중증도를 평가할 때 아이의 나이를 고려하는 것은 중요해 보인다. 일리노이 그룹은 말을 더듬기 시작한 2~3세 어린이들에 대한 평가에서는 말더듬 중증도가 일시성과 지속성을 예측할 수 있게 해 주는 변수임을 발견하지 못했다. 그러나 퍼듀 그룹은 4~5세 어린이의 경우 말더듬의 중증도를 통해 말더듬 지속성을 예측할 수 있음을 발견했다(Bostian et al., 2016; Walsh et al., 2018).

임상적 의미

우리는 평가 중 아이의 말하기를 통해 말더듬의 중증도를 평가하지만, 가벼운 말더듬일수록 해소가 된다든지, 심한 말더듬이 말더듬 지속으로 이어진다는 증거는 명확하지 않다. 우리는 중증도가 어느 정도일 때 지속성의 위험이 더 커지는지 아직 모른다. 4~5세 어린이의 중증도 수준을 평가하는 것은 지속할 가능성이 더 높은 어린이가 누구인지 확인하는 데 중요한 요소가 될 수 있다. 이 부분은 추가 연구와 함께 더욱 명확해질 것이다.

말더듬 시작 연령

차이는 크지 않았지만, 일리노이 연구에서는 지속 집단 아이들이 말더듬을 더 나이 들어 시작한 경향이(3세 이상) 있다는 것을 알아냈으며(Yairi et al., 1996), 울름 연구에서는 더 어린 나이에 말더듬을 시작한 어린이들(3세 미만)이 말더듬을 지속할 가능성이 높다는 것을 밝혀냈다(Johannsen, 2000). 일리노이 그룹은 이후 발간된 간행물에서 지속 그룹과 해소 그룹 사이의 말더듬 시작 연령에는 통계적으로 유의미한 차이가 없다고 보고했다(Ambrose et al., 2015).

임상적 의미

말더듬 시작 연령은 지속성에 대한 취약성의 명확한 지표가 아니다. 그러나 부모에게 아이의 말더듬이 시작한 나이를 물어보는 것은 아이의 말더듬이 나타난 이후의 기간을 결정하는 데 도움이 될 것이다.

기질

최근 많은 연구 단체들이 아이의 기질이 일시적인 말더듬이나 지속적인 말더듬과 관련이 있는지 여부를 고려하기 시작했다.

일리노이 그룹은 짧은 형태의 어린이 행동 설문지(Children's Behavior Questionnaire: CBQ; Rothbart et al., 2001; Putnam & Rothbart, 2006)를 사용해 어린이의 기질을 측정했다. 그들은 부정적인 기질이 지속적 말더듬의 예측 요인이 될 수 있다는 것을 밝혀냈

다. 부모 보고에 따르면, 말더듬을 지속하는 어린이들은 말더듬이 해소된 어린이들에
비해 '부정적인 정서'(예: 분노, 두려움, 슬픔)가 훨씬 높다고 한다. 그러나 이는 첫 번째
방문에서만 분명히 나타났으며, 1년 후와 2년 후 아이들이 평가 받을 때는 그렇지 않았
다(Ambrose et al., 2015).

　ELVS 연구는 2세 어린이의 기질에 대한 부모의 평가가 7세까지의 말더듬 지속성을
예측하게 해 주지는 못한다는 것을 발견했다(Kefalianos et al., 2017). 단, 본 연구에서
유의할 점은 부모들이 자녀에게 한 가지 차원의 기질, 즉 유아용 단기 기질 척도(Short
Temperament Scale for Toddlers)에의 접근형/철수형(approach/withdrawl)에 대해서만 평
가하였다는 점이다(Prior, Sanson, & Oberklaid, 1989).

　일시적 말더듬과 지속적 말더듬 비교에서 기질의 역할을 충분히 이해하기 위해서는
추가 연구가 필요하다.

임상적 의미

지속성에 있어서 어린이 기질의 잠재적인 역할에 대한 연구가 제한적이란 현실을 반영하여, 우리는 이
단계에서의 평가의 전 영역에 공식적인 기질 설문지를 포함시킬 것을 제안하지는 않을 것이다. 그러나
우리는 부모의 보고서를 통해 그리고 평가 회기 동안 아이의 행동에 대한 관찰을 통해 기질에 대한 정
보를 얻을 수 있다. 예를 들어, 부모가 아이가 선천적으로 반응적이고 자신의 말더듬에 반응하고 있다고
보고한다면, 우리는 중재를 개입하고자 할 것이다.

음운 능력

　일리노이 그룹이 말더듬이 시작된 지 얼마 안 되는 아이들의 음운적 능력을 연구했
을 때, 말더듬을 지속하게 되는 어린이와 유창하게 되는 어린이 모두에서 개인에 따라
음운적 능력이 상당한 차이가 있음을 발견하였다(Yairi et al., 1996; Paden & Yairi, 1996).
말더듬을 지속한 아이들은 일시적인 그룹에 속한 아이들에 비해 음운적 기술(정상적
인 한계 이내였지만)이 뒤떨어지는 것으로 나타났는데 그 차이가 유의미하였다. 그러나
1, 2년 후 다시 평가했을 때, 지속적 집단 아이들이 여전히 전체적으로 뒤떨어지기는
했지만, 두 집단의 차이가 더 이상 유의미하지는 않았다(Paden, Ambrose, & Yairi, 2002;

Paden, Yairi, & Ambrose, 1999).

일리노이 그룹의 후기 연구에서는 말더듬 발병 후 12개월 이내인 어린이를 평가하면, 준거 집단에 비해 두 그룹(지속적/일시적 말더듬)이 늦게 발달하는 음소들을 실행함에 있어 현저히 낮은 정확도를 보인다는 것을 발견했다. 그러나 1~2년 후에 이 어린이들을 다시 평가해 보면, 시간이 지나면서 그 차이가 더 이상 유의미하게 크지 않았다.

퍼듀의 연구는 또한 더 낮은 음운 능력은 지속적인 말더듬과 관련이 있다고 보고했다(Spencer & Weber-Fox, 2014).

임상적 의미

아이의 음운 능력과 말더듬 지속성 사이에 가능한 연관성이 있다는 증거를 받아들이며, 우리는 아이의 음운 발달의 초기 사례력에 대한 정보를 수집하는 것은 물론, 아이가 계속해서 음운적 어려움을 나타낼 경우 현재 아이의 음운 능력도 평가한다.

말운동 능력

위트레흐트 연구는 말더듬이 시작되기 전의 미취학 어린이들과, 말더듬 시작 후 1년이 지난 후 말더듬이 지속되거나 일시적이었던 어린이들을 대상으로 조음속도를 조사했다. 말더듬을 지속한 아이들의 경우 발병 전이나 발병 1년 후 모두 일시적 그룹보다 조음속도의 변동성이 더 높은 것으로 나타났다. 이렇게 조음속도의 변동성이 높은 것은 말더듬을 지속하는 어린이들의 말하기 운동 시스템이 덜 발달되어 있다는 사실을 반영하는 것으로 여겨졌다(Kloth et al., 1999).

밴더빌트 연구는 조음속도, 정서성, 말더듬의 지속성을 살펴보았다. 저자들은 말더듬을 지속하는 어린이의 말속도가 부정적인 감정을 경험하고 있거나 말을 더듬는 동안 느려지는 것은 일시적으로 말을 더듬는 어린이에 비해 음성 운동 시스템이 덜 성숙하고 덜 안정적이기 때문일 수 있다고 보았다(Erdemir et al., 2018).

퍼듀 연구는 또한 지속적으로 말을 더듬는 어린이의 말운동 협응 능력은 일시적인 말더듬 어린이와 말을 더듬지 않는 어린이에 비해 덜 섬세하고 덜 성숙하다고 제시했다. 지속적으로 말을 더듬는 어린이들은 말더듬에서 '해소'된 적이 있는 어린이들이나 유창한 준거 집단에 비해 입술 개구부 변동성(윗입술, 아랫입술 및 턱 협응 능력)이 더 높은 것으로 나타났다. 그들은 초기에 지연된 말운동 발달을 극복한 어린이들이 이후 유창성을 얻을 가능성이 높아진다고 제안하였다(Usler et al., 2017). 말운동 능력의 초기 지연에 대한 추가적인 증거는 퍼듀 그룹에 의해 보고되었는데, 이들은 비단어 반복 과제에서 상대적으로 낮은 점수는 말더듬의 지속성을 예측할 수 있게 한다는 것을 발견하였다(Spencer & Weber-Fox, 2014).

임상적 의미

이러한 연구 결과를 종합하면, 일시적이거나 지속적인 말더듬이 어린이의 초기 말운동 발달과 연관되어 있을 수 있다는 것을 시사하는 것으로 보인다. 우리에게는 임상 환경에서 말운동 제어 또는 조음속도를 측정하는 데 임상적으로 유용한 도구가 아직 없다. 그러므로 이 단계에서 우리는 말운동 능력을 근거로 말더듬을 지속할 가능성이 높은 어린이가 누구인지 확실히 예측할 수 없다. 하지만 이 분야의 미래 전망은 밝아 보인다.

언어 능력

지속적 말더듬과 일시적 말더듬 사이에서 아이들의 언어 능력이 하는 역할은 분명하지 않다.

위트레흐트 연구는 말을 더듬기 시작한 아이들과 말을 더듬지 않는 아이들 사이에서 수용 또는 표현언어 능력의 차이를 전혀 발견하지 못했다. 또한, 말더듬을 지속한 아이들과 유창하게 된 아이들의 수용적이고 표현적인 언어 능력을 비교했을 때 아무런 차이점도 발견되지 않았다(Kloth, Janssen, Kraaimaat, & Brutten, 1995b; Kloth et al., 1999). 퍼듀 연구에서도 표현이나 수용언어 능력과 지속성 사이에 아무런 연관성이 발견되지 않았다(Spencer & Weber-Fox, 2014).

이와는 대조적으로, 울름 연구는 지속성 그룹의 어린이들이 일시적 그룹의 어린이들에 비해 어휘 점수가 더 높고, 더 긴 단어를 사용하는 경향이 있으며, 더 빠른 속도로 더 긴 문장을 만들어 낸다는 것을 발견했다. 다시 말해, 그들은 또래들에 비해 높은 언어 능력을 보여 주었다(Rommel, 2000; Hage, 2000).

야이리와 동료들의 발견은 시간이 지남에 따라 달라졌다. 그들의 언어 능력에 대한 초기 조사는 말더듬 지속 아이들이 유창해진 아이들보다 언어 점수가 낮다는 것을 보여 주었다(Yairi et al., 1996). 그러나 이후의 연구들(Watkins & Yairi, 1997; Watkins, Yairi, & Ambrose, 1999)에서는 이 두 그룹 사이에 차이가 전혀 없다고 제시되었다. 그러나 좀 더 최근 연구에서 암브로즈 등(Ambrose et al., 2015)은 지속성 그룹의 아이들이 일시성 그룹의 아이들보다 언어 발달에 대한 표준화된 평가에서 약간 뒤처져 있었지만, 평균 발화 길이 측정에서 두 집단 사이에 차이점은 보이지 않았다고 보고했다.

ELVS 말더듬 그룹은 2세 무렵 언어 능력이 더 뛰어난 여아들의 경우 7세가 될 때까지 유창해질 가능성이 더 높지만, 남아들은 그렇지 않다는 것을 발견했다(부모의 체크리스트로 파악). 7세까지 말더듬을 지속했던 아이들은 수용언어와 표현언어 능력에 대한 표준화 평가에서 유창해진 어린이들보다 낮은 언어 능력을 나타냈다(Kefalianos et al., 2017).

사용한 언어 척도들이 서로 다르다는 사실로 연구 결과들 사이의 불일치 중 일부를 설명할 수 있을 것이다. 일부는 표준 평가 방법을 사용했지만, 선택된 평가 방법이 모든 연구에 걸쳐 일관된 것은 아니었다. 또 다른 연구자들은 다양한 언어 산출 측정치(예: 평균 발화 길이, 다른 단어의 수 및 총 단어 수)를 사용해 자발화 샘플을 분석하거나, 표준 평가 방법 및 언어 산출 측정치를 조합하여 사용하였다.

일리노이 그룹은 이후 언어 능력과 시간 경과에 따른 말더듬의 변화 사이의 연관성을 조사하는 데 초점을 맞췄다. 말더듬 시작 무렵 높은 표현언어 능력을 가진 아이들을 4년 동안 해마다 추적 조사하였다. 그들은 여전히 말을 더듬고 있는 아이들의 경우 시간이 흘러도 높은 표현언어 능력을 유지하고 있는 반면, 말더듬이 해소된 아이들의 언어 능력은 시간이 흐를수록 나이에 비해 성숙한 언어 패턴에서 나이에 더 적절한 패턴으로 옮겨 갔다는 것을 발견했다. 이것은 언어의 변화(또는 언어의 정상화)가 높은 언어 능력을 가진 어린이들의 말더듬 해소와 관련되어 있을 수 있음을 시사한다(Watkins, 2005).

보다 최근의 퍼듀 연구는 말더듬이 해소될 것인지 아니면 지속될 것인지를 예측하기 위해 개별적인 시점에 아이들 그룹의 언어 수행 역량 차이를 측정하기보다는, 시간의 흐름에 따른 언어 성장(어휘 및 구문)의 역할을 살펴볼 필요가 있다고 주장해 왔다. 어휘의 다양성이 증가한다고 아이가 말더듬을 지속할 가능성이 높다고 예측할 수는 없는 것으로 밝혀졌다. 하지만 말더듬의 시작 시점이나 그 이후에도 고급 프로파일의 표현 구문을 보여 준 아이들의 말더듬이 더 잘 해소되는 경향이 있는 것으로 나타났다. 이는 고급 프로파일에서 시간이 지남에 따라 또래에 더 적합한 프로파일로 이동하는 해소 패턴을 나타냈던 왓킨스(Watkins, 2005)의 연구 결과와 대조적이다. 비록 연구 결과들이 아직은 예비적이고 더 많은 연구가 필요하지만, 말을 더듬는 아이들 중 일부는 표현 언어 능력 발달을 목표로 하는 치료로부터 혜택을 받을 수 있다고 저자들은 제시한다 (Leech, Bernstein Ratner, Brown, & Weber, 2017).

여러 연구의 상반된 결과에도 불구하고 언어 능력과 말더듬의 회복 사이에 연관성이 있을 수 있다는 것은 분명하다. 일시적인 말더듬과 지속적인 말더듬에 대한 언어 능력의 잠재적 기여도는 최근 퍼듀 대학교 말더듬 프로젝트에 의해 수행된 신경 연구로 더욱 강하게 뒷받침되었는데, 이 프로젝트는 말더듬을 지속하는 어린이들의 언어 정보 신경 처리가 유창해진 어린이들과 다르다는 것을 발견했다(Mohan & Weber, 2015).

> **임상적 의미**
>
> 우리는 지연되거나(delayed) 앞선(advanced) 언어 능력이 말더듬 지속성에 영향을 미치는 것으로 본다. 그러므로 우리 평가의 일환으로 시간의 흐름에 따른 아이의 언어 능력을 비공식적으로 그리고 공식적으로 평가하는 것은 중요하다.

뇌기능 및 구조

최근 몇 년 동안 미시간 연구와 퍼듀 연구는 유창하게 되는 아이들과 지속되는 아이들을 구별시키는 신경 표지를 밝히는 것을 목표로 말더듬을 시작하기 직전에 있는 아이들의 뇌 구조와 기능에 대한 연구를 실시했다. 초기 증거는 일시적인 말더듬과 지속성이 신경 연결성(neural connectivity)의 차이(Chang et al., 2008, Chang, Zhu, Choo, & Angstadt, 2015; Chow & Chang, 2017) 및 언어에 대한 신경 처리 과정(Mohan & Weber, 2015; Usler & Weber-Fox, 2015)과 연관될 수 있음을 시사하였다. 더 많은 증거가 등장함에 따라 이것은 의심의 여지없이 관심 영역이 될 것이며, 이것이 우리의 임상 현장에서 갖는 시사점을 이해하는 것은 중요한 일일 것이다.

결론

앞 연구들의 성과가 수년간 우리의 임상적 의사 결정 형성에 영향을 주어 온 것은 사실이지만, 그 어떤 요인도 단독으로 결과를 예측하기에 충분한 경우는 없었다. 그리고 현재까지 여러 가지 요인이 동시에 존재할 때 미치는 영향을 조사하기 위한 시도나, 한 요인이 다른 요인보다 지속성에 더 큰 영향을 미치는지 여부를 판단하기 위한 시도도 없었다.

연구 전반에 걸쳐 몇 가지 일관된 발견도 있었지만, 방법론적 차이로 인해 발생한 여러 가지 불일치가 계속 발생하고 있다. 연구 대상 인구는 연구마다 다양하다. 한 연구의 참가자들이 더 많은 숫자의 말더듬 어린이를 어느 정도 대표할 수도 그러지 못할 수도 있다. 예를 들어, 위트레흐트 연구에 포함된 '말더듬의 위험이 있는' 아이들은 부모에게 가족력이 있거나 부모가 말을 더듬는 더 많은 수의 아이들을 대표하지 못할 수도 있다. 게다가, ELVS 연구에는 어머니의 학력이 높은 가정 출신의 어린이들이 더 많이 포함되어 있었다. 더욱이 말을 더듬기 직전에 있는 어린이들을 포함시켜 종단적으로 발달 과정을 추적한 연구는 처음 평가 때부터 이미 1~2년 동안 말을 더듬어 온 어린이들을 모집한 연구와는 다른 결과를 제시할 수도 있다. 언어와 음운 능력을 검사하는 데 사용된 과제도 고려할 필요가 있다. 미래에는 연구 전반에서 임상 측정을 표준화하면 도움이 될 것이다. 모든 연구의 참가자 중 일부는 연구 과정 중에 언어치료에 대한 조언을 구하거나 언어치료를 받았기 때문에, 연구 결과만 가지고는 자연스럽게 말더듬이 해소되는 경우를 설명할 수 있는 요소들을 분리해서 알아내기 어렵다.

> 아이가 말을 더듬고 부모가 걱정하고 있다면, 평가를 받도록 한다.

언어재활사가 말더듬이 지속될 것이 거의 분명하여 치료가 필요한 어린이들에게 이를 알려 주기 위해서는 여전히 더 많은 연구가 필요하다. 연구 결과는 반드시 임상 경험과 전문지식에 비추어 고찰되어야 한다. 만약 아이가 말을 더듬고 있고, 아이 및 그 부모가 아이의 말하기에 대해 매우 걱정하고 그것 때문에 힘들어하고 있다면, 우리는 평가 시간을 갖도록 권고한다.

덧붙이자면, 페일린 PCI의 효과를 조사하는 최근 연구 결과를 주목하는 것이 중요하다. 우리는 페일린 PCI가 가장 성공적이었던 아이들에게 구별되는 점이 있는지 알아보기 시작했는데, 전통적으로 지속성 프로파일의 부정적인 위험을 더 많이 가지고 있다고 여겨질 수 있는 아이들(남아들; 지속성 말더듬의 가족력이 있는 아이들)이 치료를 통해 가장 혜택을 받은 그룹에 포함되어 있다는 사실은 우리 프로그램에 대한 믿음을 더해 주었다(Millard, Zebrowski, & Kelman, 2018). 이것은 치료의 결과를 예측시켜 주는 요인과 말더듬의 즉각적인 해소를 예측시켜 주는 요인이 서로 다를 수 있다는 증거일 수 있다.

제3장 어린 말더듬 아동을 위한 페일린 부모-아동 상호작용 치료

페일린 부모-아동 상호작용 치료

우리는 우선 페일린 부모-아동 상호작용, 즉 페일린 Parent-Child Interaction(PCI)이 어떻게 현재의 형태로 발전했는지, 그리고 연구를 포함해 오랜 시간 이 치료법이 형성되는 데 영향을 준 다양한 요인들을 설명하고자 한다.

초기의 부모-아동 상호작용(PCI) 치료

우리는 1980년대에 처음으로 부모-아동 상호작용 치료를 시행했고(Rustin, 1987), 1996년에 가장 자세한 형태로 출판하였다(Rustin, Botterill, & Kelman, 1996). 이 프로그램은 '기다려 보기(wait and see)' 기간 동안 사용하도록 발전되었는데, 이 기간에는 말더듬이 저절로 해소될지도 모른다는 희망을 갖고 부모에게 조언하는 경향이 있었다. 심지어 아이의 말더듬이 심하고 아이가 스스로 걱정을 드러내고 있을 때조차, 언어재활사들 사이에서는 아이가 자신의 말더듬을 주목하게 만들거나 아이가 겪고 있는 어려움을 인정해 주는 것을 꺼리는 태도가 팽배해 있었다(지금은 이러한 태도가 근거가 없다는 것이 밝혀졌다.). 이 시절에는 전반적으로 전문인과 아이들과의 만남은 개별적으로 이루어지고 부모들은 바깥 대기실에서 머무는 게 일반적이었다. 마이클 페일린 치료 센터를 세운 선구적 언어재활사 레나 러스틴 박사는 어린이를 돕는 데 있어 부모의 중심적 역할을 인식하고, 막연한 확신과 때로는 상반되는 충고보다는 구체적인 도움을 줌으로써 말더듬에 대한 불안감을 덜어 주고자 했다.

초기 PCI

♠ 부모들을 참여시켜 '하지 말아야 할 것(what not to do)'을 교육하였다.

♠ 도움이 안 되는 것(what was unhelpful)에 집중하였다.

♠ 말더듬에 대해 공개적으로 인정하였다.

♠ 직접치료를 포함시켰다.

이렇게 초기에는 언어재활사가 '의료 모델'의 틀 안에서 일하는 것이 일반적이었고 행동치료가 강력한 영향력을 행사하고 있었다. 따라서 PCI의 초기 형태는 전문 언어재활사가 부모들에게 자녀의 말더듬을 줄이려면 무엇을 하지 말아야 하는지 가르치고 훈련시키는 데 중점을 두었다. 언어재활사와 부모가 함께 부모의 상호작용 방식을 분석하여 아이의 유창성을 '저해할 수도' 있는 패턴을 밝혀내고자 했다. 이렇듯 부모의 행동 중 도움이 안 되는 것에 집중하는 것은 당시의 연구 트렌드를 반영한 것이었다. 즉, 그 당시 연구들은 말더듬 자녀의 부모를 더 부정적인 상호작용자로 묘사함으로써 (Kasprisin Burrelli, Egolf, & Shames, 1972) 이들이 말을 더듬지 않는 자녀의 부모에 비해 더 많은 지시와 요구를 하고(Langlois, Hanrahan, & Inouye, 1986), 더 많이 개입하며 아이가 질문에 대답할 시간을 허락하지 않는다고 보았다(Mordecai, 1979). 따라서 초기 형태의 PCI가 초기 말더듬 관리의 부족함을 일부 해소하고 있었지만, 의도치 않게 부모들의 죄책감을 증가시켰을 수도 있다.

초기 PCI는 말더듬 관리에 대한 순전히 간접적인 접근법으로 잘못 인식되어 있는 편이었다. 실제로 PCI는 처음부터 말더듬을 공공연히 인정하고 논의해야 하며 '침묵의 음모'가 있어서는 안 된다는 입장을 천명했다(Gould & Sheehan, 1967). 보터릴, 켈만 그리고 러스틴(Botterill, Kelman, & Rustin, 1991)은 PCI 접근법에 대한 설명에서 부모가 아이의 어려움을 인정하고 이에 대해 아이와 열린 대화를 유지할 것을 강력히 주장했다. 또한 PCI는 주로 유아기 어린이를 위한 유창성 개발 시스템(The Fluency Development System for Young Children; Meyers & Woodford, 1992)을 바탕으로, 아이의 타고난 유창성을 촉진하는 방법에 대한 인지적 인식을 발전시키는 데 초점을 맞추어, 아이와 함께 하는 직접치료의 요소도 포함하고 있었다. 그러므로 PCI는 처음부터 포괄적인 프로그램을 통해 아이의 말더듬을 관리하고자 간접적인 방법과 직접적인 방법을 모두 결합하였다.

페일린 부모-아동 상호작용(PCI) 치료 2008

2008년에 우리는 『유아기 말더듬을 위한 실제적인 중재(Practical Intervention for Early Childhood Stammering』(Kelman & Nicholas, 2008)를 발간했다. 이는 말더듬과 치료법에 대한 다각적인 이해를 바탕으로 페일린 PCI를 묘사하는 임상 매뉴얼이었다. 여기에는 진화되어 온 윤리 정신, 그리고 치료의 스타일과 구조에 대한 자세한 설명이 포함되어 있었다. 페일린 PCI(2008)는 의료 모델을 기반으로 하지 않았으며, 부모를 아이에게 도움이 되는 것이 무엇인지 본능적으로(항상 인식하고 있는 것은 아니지만) 아는 전문가로 보고 있었다. 치료 방법에는 부모로부터 이러한 지식과 전문지식을 이끌어 내고, 이를 바탕으로 아이를 지원하기 위한 더욱 진일보한 방식을 구축하는 것이 포함되어 있었다. 이 프로그램은 포괄적 평가에서 확인된 아이가 말을 더듬게 만드는 개별적 요인에 기반한 치료 패키지에 통합될 수 있는 '상호작용 그리고 가족 및 아동 전략'의 광범위한 메뉴를 제공했다. 프로그램은 아이가 일반적인 성인-아동 상호작용의 맥락에서 유창하게 되는 것을 더욱 어렵게 만드는 근본적인 취약성에 중점을 두고 있었다 (Miles & Bernstein Ratner, 2001). 이러한 관점은 부모에게 자신이 말더듬을 유발하는 어떠한 행동도 하지 않았다는 것을 이해시키고 자녀를 돕는 데 있어 핵심적인 역할을 하는 데 도움을 주었다.

페일린 PCI 2008

부모의 상호작용 중 도움이 되는 부분에 초점을 맞추었다.

페일린 PCI(2008)는 다음을 포함한 다양한 심리상담적 접근법의 영향을 받았다.

페일린 PCI의 원리

페일린 PCI 접근법은 우리 철학의 길잡이가 되고 있는 연구의 몇 가지 중요한 원칙에 기초했다. 이 원칙들은 다음의 소제목하에 논의된다.

말을 더듬는 아이들의 부모는 아이의 말더듬에 도움이 되는 방식으로 자녀와 상호작용을 하는 것으로 간주한다

부모들은 대개 아이의 말더듬에 영향을 주는 것이 무엇인지 이미 알고 있으며, 아이가 진정하도록 도와주거나, 시간을 갖도록 기다려 주는 등 아이의 말더듬에 자연스럽고 본능적으로 반응한다. 치료 과정은 이러한 지식을 이끌어 내고 이를 기반으로 구축되며, 아이의 필요에 맞는 방식으로 상호작용 능력을 강화시키고, 가정환경에서 이러한 유용한 상호작용을 증가시키는 데 초점을 맞춘다. 이러한 초점으로의 이동은 부모가 자신을 탓할 가능성을 감소시킨다.

상호작용 방식 면에서 말을 더듬는 아이의 부모는 말을 더듬지 않는 아이의 부모와 다르지 않은 것으로 간주한다

이 원칙은 연구 결과에 의해 뒷받침 된다(리뷰는 Nippold & Rudzinski, 1995; Bernstein Ratner, 2004 참조). 말을 더듬는 아이들의 부모는 말하는 속도, 응답 시간 지연, 간섭 행동 또는 상호작용 스타일 면에서 말을 더듬지 않는 아이들의 부모와 다르지 않다.

말더듬은 부모의 상호작용 스타일에 영향을 미친다

부모의 상호작용 방식을 바꾸면 말더듬의 빈도를 줄일 수 있다는 증거가 있을 뿐만 아니라 말더듬이 부모의 상호작용 방식에 영향을 미친다는 증거도 있다(Meyers & Freeman, 1985a, 1985b). 이러한 부모의 상호작용 방식의 변화는 말더듬으로 인해 불안이 증가한 결과일 수 있다.

클로스와 그의 동료들은 가족력으로 인해 말더듬의 위험이 있는 아이들을 대상으로 한 종단 연구에서(Kloth et al., 1995a, 1995b, 1998, 1999) 아이의 말더듬에 대해 반응하면서 부모의 상호작용 방식이 바뀔 수 있다는 것을 발견했다. 그들은 아이의 말더듬이 시작되기 전에는, 말을 더듬기 시작한 아이와 그렇지 않은 아이의 엄마들 사이에 어떠한 행동의 차이도 없다는 것을 발견했다(Kloth et al., 1995b). 그러나 4년 후, 말더듬을 지속한 아이들의 엄마들에게서 상호작용 방식이 달라진 것을 발견했다(Kloth et al., 1999). 그들은 더 많은 질문을 하고 더 많은 지시를 내리는 등, 더 '간섭적인' 방식을 가지는 것으로 묘사되었다. 말더듬이 해소된 아이들 엄마들의 방식은 달라지지 않았다. 그러나 이 연구에 포함된 아이들의 경우 모두 부모 중 한 명이 말을 더듬었다는 점에 유념해야 한다. 이것이 말더듬에 대한 부모의 반응에 영향을 미쳤을 수 있다. 따라서 아직 부모의 상호작용 방식과 지속성 사이의 관계는 분명하지 않다.

부모의 상호작용 방식은 수정될 수 있으며 이러한 변화는 말더듬에 영향을 줄 수 있다

페일린 PCI는 상호작용이 양방향 과정이며 각 개인이 서로에게 영향을 미친다는 것을 전제로 하고 있다. 일부 연구에서는 부모가 말하는 속도를 늦추고(Cardman & Ryan, 2007; Guitar & Marchinkoski, 2001; Sawyer et al., 2017), 응답 시간 지연을 증가시키고 (Zebrowski et al., 1996), 잘 짜여진 교대로 말하기를 확립시키면(Winslow & Guitar, 1994) 아이들의 말더듬이 현저히 줄어든다는 것을 밝혀냈다. 하지만 중요한 것은 부모의 이러한 변화의 영향이 말을 더듬는 모든 어린이에게 동일하게 나타나지는 않는다는 점이며(Zebrowski et al., 1996; Savelkoul, Zebrowski, Feldstein, & Cole-Harding, 2007), 이는 각 어린이의 특정한 필요에 따라 개별적으로 맞춤화된 치료가 중요함을 강조시킨다. 상호작용 방식과 말더듬의 관계를 이해하는 데 도움을 주기 위해서는 이 분야에서 더 많은 연구가 이루어져야 한다.

아이가 말을 더듬게 만드는 근본적 취약성은 아이가 일반적인 성인-아동 상호작용의 맥락에서 유창하게 되는 것을 더욱 어렵게 만들 수 있다

비록 말을 더듬는 아이의 부모와 그렇지 않은 아이의 부모의 상호작용 스타일이 다르지 않은 것으로 밝혀졌지만, 언어적 취약성을 선천적으로 가지고 있는 아이라면 부모가 상호작용 스타일에 동화하거나 반응하는 것이 더 어려울 수 있다(Miles & Bernstein Ratner, 2001). 스미스와 웨버 연구에서 밝혀낸 말운동의 취약성은 아이의 일반적인 상호작용에도 영향을 미친다. 그 이유는 말운동에 취약성을 가진 아이들은 말기관을 협응해서 산출하는 데 일반 아동보다 더 많은 시간을 필요로 하기 때문이다(Smith & Weber, 2016, 2017).

또한, 펠젠펠트(Felsenfeld, 1997)와 사벨쿨 등(Savelkoul et al., 2007)은 어린이의 기질이 각 어린이가 특정한 상호작용 방식(예: 말속도 및 반응 시간)에 어떻게 각자 다르게 반응할지에 영향을 미칠 수 있다고 보았다.

언어재활사와의 좋은 관계가 치료의 성공에 영향을 준다

심리치료와 상담 분야에서는 치료의 성공에 영향을 미치는 것이 무엇인가에 대한 흥미로운 논쟁이 있어 왔다. 웜폴드(Wampold, 2001)는 언어재활사와 대상자 사이의 관계가 특정 치료법이나 기술보다 치료 중 발생하는 변화의 더 많은 부분을 설명해 준다고 말한다.

스피넬리(Spinelli, 1994)는 성공적인 치료의 핵심 요인은 언어재활사와 대상자 사이에 형성된 '연결감(bond)'이라고 제시한다. 제브로스키(Zebrowski, 2007) 그리고 밀라드, 쿡(Millard & Cook, 2010)은 말더듬과 관련해 이 문제를 논의하는데, 치료적 동맹관계에 기여하는 치료 방법에 대한 희망과 믿음은 물론 특정한 기술과 속성까지 논의에 포함시키고 있다. 우리는 가족과 맺는 동맹관계의 성격에 따라 효과적인 치료가 좌우된다는 관점을 가지고 있다. 그러므로 우리는 부모와의 관계 구축을 매우 중요하게 여긴다—이것은 평가 중에 시작되고 치료 과정 동안 계속된다. 우리의 치료 방식에서 핵심적인 특징은 능동적인 경청하기, 판단을 하지 않고 지지를 유지하는 태도 갖기, 촉진하기, 부모의 전문성을 인식하고 강조하기, 유머 사용하기, 유연하기 및 희망과 기대를 전달하기이다.

> '언어재활사는 치료 과정 성공의 중심이라 할 수 있다'(Manning & DiLollo, 2018, p. 1).

페일린 PCI의 기반이 되는 가치

말을 더듬는 아이는 모두 개별적 요구가 있는 개인이다. 치료 프로그램은 개별적으로 맞춤화되어야 한다

페일린 PCI는 다양한 옵션을 제공한다. 상호작용 전략, 가족 전략 및 아동 전략은 아이의 고유한 가족적 맥락 내에서 아이의 개별적 요구에 따라 구현될 수 있다.

양쪽 부모 모두가 성공적인 치료에 중요한 역할을 한다

부모는 변화의 주체이자 아이의 집과 가족생활 속으로 치료 결과를 일반화하는 데 촉진자 역할을 하기 때문에 우리는 (가능하다면) 아버지와 어머니 모두를 치료 과정에 포함시킨다.

우리는 아동 중심이며 아동과 가족(부모와 자녀)을 전문가로 바라본다

우리의 경험을 통해 부모는 자녀가 필요로 하는 것에 대해 본능적으로 알고 있다는 것을 배웠다. 언어재활사의 역할은 그들이 이러한 본능을 탐구하고 발전시킬 수 있도록 돕는 것이다. 우리는 부모들이 알고 있다고 믿지만, 종종 그들은 자신이 무엇을 알고 있는지 알지 못한다.

우리는 이미 도움이 되고 있는 긍정적인 면과 강점에 초점을 맞춘다

해결중심단기치료(Solution Focused Brief Therapy: SFBT) 교육을 통해 우리는 문제에

서 해결책으로 초점을 전환할 수 있었고, 우리는 이것을 부모, 아이들과 함께 치료 과정 전체에 걸쳐 사용한다.

언어재활사의 역할은 촉진하고 강화하는 것이다

우리의 목표는 부모들이 자신의 지식과 기술을 개발하고 신뢰할 수 있게 지지하고 지원하는 것이다. 그러므로 우리의 역할은 이러한 지식과 이해를 이끌어 내기 위해 질문을 하고 이렇게 형성된 자신감을 더욱 키울 수 있도록 힘을 실어 주는 것이다.

치료법은 과학적 증거에 기반해야 한다

증거 기반 실천과 실천 기반 증거는 치료법의 기본 요건이다. 초기 형태의 PCI에 포함된 전략의 일부는 부모들이 우리에게 가르쳐 준 것과 우리의 임상 경험을 바탕으로 하고 있다. 수년간 우리가 임상적으로 배운 것을 과학적으로 입증시켜 주는 경험적 증거가 점점 더 많이 발표되었다. 더 많은 증거가 필요하며 우리는 이로부터 계속 배우고 그에 맞춰 치료법을 발전시켜 나갈 것이다.

2008년부터 2020년 사이에 페일린 PCI가 받은 영향

♠ 우리는 여전히 부모들이 말더듬을 유발하지 않는다고 주장한다.
♠ 우리는 더 이상 아이들이 말을 더듬는 이유를 모른다고 말하지 않는다.

지난 10년 동안 수많은 연구(앞의 두 장에서 자세히 설명)와 말더듬을 이해하기 위한 새로운 접근법이 나타났으며, 이는 우리의 치료법에 영향을 주었다.

뇌 그리고 유전학 연구

가장 의미 있는 연구는 아동 말더듬의 병인학(etiology; 원인에 대한 연구) 분야였는데,

특히 신경학 및 유전학 분야에서 이루어졌다. 우리는 무엇이 말더듬을 유발하는지 모른 다고 말하곤 했다. 이제 우리는 그것이 일종의 신경 발달적인 현상(neurodevelopmental condition)이며, 유전되는 경우가 많다고 말할 수 있다. 우리는 또한 일생 동안 계속해서 발달하고 변화하는 우리 뇌의 가소성에 대해 더 많이 배웠다. 이를 통해 우리는 부모들 에게 자녀의 말더듬을 유발한 것은 그들이 아니며 여전히 변화가 가능하다고 자신 있게 말할 수 있게 되었다.

기질 연구

우리는 또한 말을 더듬는 아이들의 기질에 대해, 그리고 아이의 기질이 아이가 말더 듬으로 인해 받는 충격에 어떤 영향을 주는지 더 잘 이해하고 있다. 이제는 말더듬이 아이들에게 미치는 영향과 그들의 정서적 행복에 미칠 잠재적 영향에 대한 더욱 광범 위한 연구가 이루어지고 있다. 우리는 일부 어린이들에게는 말더듬으로 인해 생기는 부정적인 영향이 어린 나이부터 존재한다는 증거를 더 많이 가지고 있다. 이 증거는 말 더듬이 해소될 것인지 기다리면서 아이가 분노, 말하기에 대한 불안감 또는 다른 사람 들의 부정적인 반응을 경험하도록 내버려 두지 않고 조기에 개입해야 할 필요성을 강 화시킨다. 이러한 기질 연구의 결과는 페일린 PCI의 초기 버전에 포함되었던 많은 가 족 전략에 대한 이론적 근거를 강화할 뿐만 아니라, 우리의 치료법에 통합된 새로운 아 동 전략의 기초를 제공한다.

말더듬이 부모에게 미치는 영향에 대한 연구

임상적으로 우리는 이미 오랫동안 말더듬이 부모에게 미치는 영향을 이해해 왔는데, 최근의 연구 증거는 부모가 자녀의 말더듬으로부터 정서적인 영향을 받는다는 것을 보 여 주었고 이 증거는 부모들을 치료에 포함시키는 것의 중요성을 뒷받침한다. 부모는 치 료실 너머에 있는 아이의 삶의 핵심 인물이기 때문에 우리는 페일린 PCI 초기 단계부터 부모를 포함시켰다. 우리는 이제 부모들의 감정을 지지하고 말더듬에 대한 반응을 지원 하는 데서 그치지 않고, 그들의 지식을 발전시키고 말더듬을 관리하는 데 있어 자신감을 심어 주는 등 치료 과정에서 채워 줘야 할 부모의 요구도 있다는 증거를 가지고 있다.

말을 더듬는 아이들의 말운동 능력에 관한 연구

또한 말을 더듬는 아이들의 말운동 능력에 대한 연구도 상당량 존재하는데, 이것은 아이가 말하는 데 필요한 요소들을 조정하기 위한 시간을 가질 수 있도록 지원받는 것의 중요성을 강조하는 것으로, 여기에는 부모가 아이에게 시간을 갖도록 독려하는 것뿐만 아니라 아이가 이를 목표로 직접적인 전략을 사용하는 것도 포함된다.

지속성의 위험 요인에 대한 연구

페일린 PCI(2008) 매뉴얼에서 우리는 지속성의 위험에 대한 근거 기반을 제시하였다. 더 최근에는 우리의 임상적 의사 결정의 초점을 바꾼 연구가 발표되었다. 현재 우리는 그 증거 기반이 불분명하고 모호한 위험 요인의 유무에 주목하기보다는, 우리가 치료 개입을 해야 하는지 여부를 나타내는 지표로서 말더듬이 아이와 부모에게 미치는 영향에 주로 주목한다.

치료의 효과에 대한 증거

말더듬 아동에 대한 조기 개입의 효과에 대한 더 많은 연구가 있는데, 현존하는 프로그램의 범위 안에서는 결과들이 비슷비슷하다. 치료는 말더듬을 현저하게 줄일 수 있지만, 어떤 아이들은 치료 개입 후에도 계속 말을 더듬을 것이다. 우리는 치료에 대한 다양한 어린이들의 다양하고 개별적인 반응을 조사하기 시작함으로써 이러한 증거 기반 연구에 기여하였다. 어린이와 부모의 개별적인 필요를 충족시키기 위해 우리의 치료 방법을 조정하는 것처럼, 우리는 유연성이 중요하다는 것을 알고 있다. 우리는 여느 치료 프로그램과 마찬가지로, 우리의 프로그램을 사용하고도 일부 어린이들은 말더듬을 지속한다는 것을 발견하였는데, 이러한 사실은 어린아이들과 그들의 부모들에게 말더듬에 도움이 되는 태도(말더듬에 대해 긍정적으로 생각하는 태도)를 발전시키는 것이 중요함을 강조하고 있다.

페일린 부모평가척도(Millard & Davis, 2016)

온라인 평가의 발달로 우리의 치료 목적이 반영된 결과를 측정할 수 있게 되었다. 우리의 치료는 유창성 이상의 것에 초점을 맞추고 있으며, 어린이의 자신감과 참여도 향상을 포함하고 있다. 부모는 치료실 밖에서 일어나는 아이의 말더듬에 대한 중요한 정보원이며, 우리가 하는 치료가 아이의 일상생활에 미치는 영향을 평가하는 데 도움을 줄 수 있다. 우리의 치료는 아이뿐만 아니라 부모의 요구와 걱정도 다루고 있기 때문에, 우리는 우리 치료 프로그램의 이러한 측면들 또한 측정하기를 원한다. 이러한 평가척도는 말더듬이 아이에게 미치는 영향, 말더듬의 중증도, 말더듬이 부모 자신에게 미치는 영향, 말더듬을 관리하는 데 있어 부모의 지식과 자신감 등에 대한 부모의 관점을 평가한다.

> 페일린 PRS: 치료 결과를 측정할 수 있는 심리통계적으로 타당한 척도이다.

사회적 장애 모델과 말더듬

말더듬과의 관련성 때문에 사회적 장애 모델(Social Disability Model)에 대한 관심이 점점 높아져 왔다(Bailey, Harris, & Simpson, 2015). 이 모델은 사람의 손상(impairment; 이 경우 말더듬)과 장애(disability)를 구분하는데, 장애란 말더듬 그 자체로 인해서가 아니라 손상을 가진 사람이 신체적·구조적·문화적 장벽으로 인해서 경험하게 되는 것을 말한다. 이러한 장벽에는 외부로부터 오는 사회적 고정관념과 부정적인 태도뿐만 아니라 말을 더듬는 사람이 스스로 갖게 되고 사회적 가치에 의해 강화되는 믿음, 즉 자기낙인(self-stigma)도 포함한다(Boyle, 2013). 말더듬 공동체의 구성원 중 일부는 말더듬이 '기능장애'보다는 다른 방식의 의사소통법으로 인식되어야 하며, 말더듬의 바탕에 있는 신경학적 차이를 묘사할 때에는 '신경다양성(neurodiversity)'이라는 단어를 사용해야 한다고 주장한다. 그들은 말을 더듬는 사람이 아니라 사회가 바뀌어야 한다고 느끼며, 말더듬 치료가 사회의 말더듬에 대한 부정적인 인식을 강화시킬 수도 있다고 생각한다. 이러한 관점은 언어재활사로서의 사고방식에 도전하는 것이었다. 페일린 PCI는 항상 어린이의 의사소통적 자신감에 초점을 맞추었고, 우리는 유창한 말하기가 성공적인 의사소통의 필수 요건이라고 생각해 본 적이 없다. 그러나 우리는 초기 말더듬이 치료에 반응한다는 것을 알고 있으며, 발달의 이 단계에서 아이의 유창성을 극대화할 수 있는 기회를 부모와 아이 모두에게 제공하는 것이 중요하다고 믿는다. 이것은 페일린 PCI의 목표 중 하나이다. 다른 목표로는 부모와 자녀가 말을 더듬는 데 긍정적인 태도를 갖도록 돕고 자신감 있는 의사소통을 지원하기 위한 다양한 옵션을 제공하는 것이다. 이러한 목표들은 말더듬이 해소되지 않을 수도 있는 아이들에게 특히 중요하다.

우리가 말더듬에 대해 말하는 방식

우리는 또한 언어재활사인 우리 자신뿐만 아니라 우리가 함께 작업하는 가족들이 말더듬에 대해 언급할 때 사용하는 언어에 대해 다시 생각해 봐야 했다(Campbell, 2017: https://ukcssn.files.wordpress.com/2017/12/the-way-we-talk-by-patrick-campbell.pdf). 우리는 항상 말더듬에 대해 공개적으로 말하기를 장려해 왔고 우리가 사용하는 언어가 주는 메시지에 주의를 기울일 필요가 있다. '끔찍한 말더듬'이나 '오늘은 아이가 말을 잘 못하더라' 같은 묘사에는 유창성이 좋고 말더듬이 나쁘다는 메시지가 가득하다. 말더듬으로 인한 '고통'에 대해 말하는 것은 말더듬이 계속되건 말건 부모와 아이들에게 긍정적인 미래가 있다는 믿음을 심어 주는 데 도움이 되지 않는다. 우리는 자신감 있고 유능한 의사소통이 유창성에 달려 있지 않다는 메시지를 분명하게 전달하는 다른 방식의 언어를 모델링하고 장려할 필요가 있다.

> 우리가 말더듬에 대해 말하는 방식은 말더듬에 대한 아이와 부모의 관점을 변화시킬 것이다.

해결중심단기치료(de Shazer, 1996; Ratner, George, & Iveson, 2012) 및 인지행동치료(Beck, 1976)

이러한 상담법이 우리의 치료에 항상 큰 영향을 끼쳐 왔지만, 지금은 더욱 직접적으로 그러한 기술을 우리의 치료 회기에 포함시켰다. 예를 들어, 해결중심단기치료(SFBT)의 '희망사항(Best Hopes)' 대화를 통해 부모와 함께 그들이 치료에서 원하는 것이 무엇인지 탐구하고, 그들의 초점을 유창성에서 벗어나 더 넓은 목표로 넓히며, '잘 진행되고 있는 것은 무엇인가?'라는 대화로 매 치료 회기를 시작한다. 우리는 또한 아이들의 자신감을 키우고 말더듬에 대한 생각과 감정을 돕기 위해 어린이들과 함께 해결중심단기치료(SFBT)와 인지행동치료(CBT)를 사용하는 창의적인 방법을 개발하였다.

해결중심단기치료(de Shazer, 1996; Ratner et al., 2012)는 문제에 집중하기보다는 각 개인이 미래에 어떤 삶을 살고 싶어 하는지에 초점을 맞추어야 문제에 대한 최선의 해결책을 찾을 수 있는 것으로 간주한다. 모든 개인은 무엇이 그들에게 더 나은 삶을 만들어 줄 수 있는지 어느 정도 알고 있으며 해결책이 이미 마련되어 있다고 가정하는 것이다. 질문은 해결중심 요법의 핵심이며, 언어재활사의 역할은 부모와 자녀에게 이미 존재하는 지식, 자원, 강점, 능력을 끌어냄으로써 자신이 원하는 미래를 향해 나아갈 수 있도록 돕는다.

인지행동치료(CBT: Beck, 1976)는 사람들이 다른 상황에서 느끼는 자신의 생각과 감정 그리고 이것이 그들의 행동에 미치는 영향을 깨달을 수 있도록 도와주는 말하기 요법이다. 도움이 되지 않는 사고방식(예 "그들은 내가 말할 수 없다고 생각할 거야")을 식별하는 것은 아이들이 자신의 말하기에 대해 부정적으로 느끼거나 대화를 피하게 만드는 믿음에 도전하거나 의심을 품을 수 있도록 도와준다. CBT는 아이들이 자신의 생각과 감정을 탐색하도록 도울 뿐만 아니라, 자신의 강점과 대처 능력을 알아낼 수 있도록 돕는다. CBT는 6세나 7세 정도의 어린아이들에게 적합하도록 조정될 수 있다.

페일린 PCI 치료 2020

페일린 PCI(2020)는 7세 미만의 말더듬 어린이를 위해 만들어진 페일린 PCI(2008)의 개정판이다. 페일린 PCI(2020)는 부모와 아이 모두를 참여시키며, 아이의 말더듬에 대한 자세한 평가와 사례 면담을 바탕으로 말더듬의 시작, 진전, 그리고 말더듬이 아이와 가족에게 미치는 영향을 파악한다. 쿡과 보터릴(Cook & Botterill, 2005)은 마이클 페일린 센터에서 사용되는 치료 요법이 인지적인 측면, 의사소통 기술 및 말하기 관리 기술의 세 가지 핵심 요소로 구성되어 있다고 묘사했으며, 이러한 개념화는 현재의 페일린 모델로 발전했다. 이제 다중 요인적 페일린 모델은 말더듬의 가변성(variability), 말더듬에 대한 부모와 아이의 반응, 말더듬이 아이와 부모에게 미치는 영향, 이들이 말더듬에 대해 대처하는 방식, 말더듬의 발달 양상 등을 이해하는 데 도움을 주는 다양한 영향 요인들의 범위를 나타내기 위해 사용된다. 이렇게 아이마다 개별화된 치료 프로그램은 가족이라는 맥락 안에서 아이의 강점과 취약점을 바탕으로 구성할 수 있게 된다.

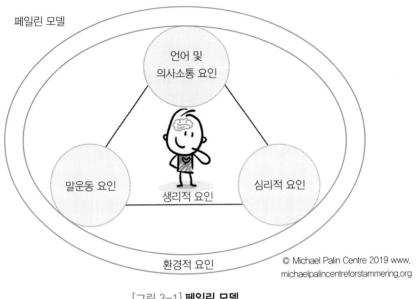

[그림 3-1] **페일린 모델**

페일린 모델: 말더듬의 다중 요인적 특성의 이해를 돕는 임상 도구

페일린 PCI의 목표

아이가 계속 더듬든 그렇지 않든 관계없이 자신감 있는 의사소통

페일린 PCI는 아이의 내면에 의사소통에 대한 긍정적 태도, 비판단적 태도, 가정 내에서 말더듬에 대해 수용적 태도를 장려함으로써 아이가 계속 말을 더듬든 그렇지 않든 상관없이 자신감 있고 유능한 의사소통의 구성 요소를 확립하는 것을 목표로 하고 있다.

따라서 치료의 목적은 다음과 같다.

❖각 어린이가 계속 말을 더듬거나 더듬지 않거나 상관없이, 자신감 있고 유능한 의사소통자가 될 수 있도록 돕는 것

❖말더듬이 아이와 부모에게 미치는 영향을 줄이는 것

❖아이의 유창성을 높이는 것

❖말더듬에 대한 부모와 아이의 지식을 높이고 이를 관리할 수 있는 자신감을 키우는 것

자신감 있고 말더듬에 대한 지식이 있는 부모

치료법 설명

우리는 말더듬을 설명하기 위해 페일린 모델을 사용할 뿐만 아니라, 각 아동과 가족을 위한 개별화된 치료 프로그램의 지도를 만드는 데에도 사용한다. 치료는 아이의 환경에 대한 관리부터 시작한다(페일린 모델에서 바깥 원). 즉, 부모가 아이에게 도움이 되는 것이 무엇인지, 그리고 긍정적이고 수용적인 태도를 키우고, 말더듬의 부정적 영향을 줄이기 위해 지금보다 '더 잘할 수' 있는 것이 무엇인지에 대한 지식과 자신감을 키우도록 한다. 이를 위해서는 부모가 아이와 상호작용을 해야 하며(상호작용 전략), 가족과 가정환경이 아이를 지원하기 위해 할 수 있는 최선의 방법(가족 전략)을 고려해야 한다. 일단 이러한 전략이 마련되면, 필요한 경우 더욱 직접적인 전략을 치료의 삼각틀 안에 통합시켜 아이의 의사소통 및 말하기 운동 능력 그리고 정서적 행복(아동 전략)을 꾀할 수 있다.

치료는 첫 6회의 치료실 내 치료 회기와 6주간의 가정 내 안정화 기간으로 이루어지는데, 가정 안정화 기간에는 부모가 가정환경에서 지속적으로 전략을 이행한다.

상호작용 전략은 5분 내로 실시되는 '스페셜타임'을 위해 소개되는데, 그 내용은 치료실에서 녹화되고 가정에서 일주일에 최대 5회까지 실행된다. 부모는 자신의 녹화 동영상을 보면서 자신이 이미 하고 있는 것 중 도움이 되는 것이 무엇인지 확인하고, 어떻게 하면 아이의 유창성과 의사소통의 성공을 지원하기 위해 이런 것들을 더 많이 할 수 있는지 그 방법을 모색한다.

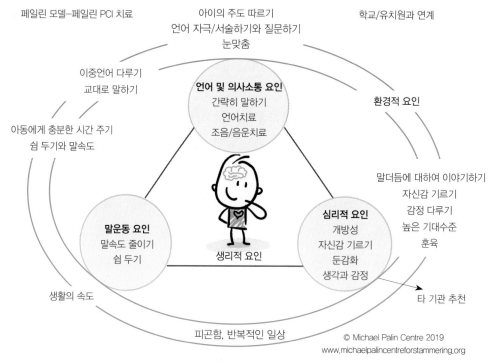

페일린 모델-페일린 PCI 치료   아이의 주도 따르기   학교/유치원과 연계
                              언어 자극/서술하기와 질문하기
                                     눈맞춤

이중언어 다루기
교대로 말하기

언어 및 의사소통 요인   환경적 요인
간략히 말하기
언어치료
조음/음운치료

아동에게 충분한 시간 주기
쉼 두기와 말속도

                                                          말더듬에 대하여 이야기하기
                                                              자신감 기르기
                                                               감정 다루기
                                                              높은 기대수준
말운동 요인   심리적 요인   훈육
말속도 줄이기   개방성
쉼 두기   자신감 기르기
                                     둔감화
                  생리적 요인   생각과 감정

생활의 속도   타 기관 추천

                    피곤함, 반복적인 일상   © Michael Palin Centre 2019
                                                www.michaelpalincentreforstammering.org

[그림 3-2] **전략을 사용한 페일린 모델**

    자신감 기르기, 자녀의 정서 관리, 가족끼리 교대로 말하기 등과 같은 '가족 전략'에 대한 토론도 하고 가정환경에서 실행한다. 전반적으로, 아이와 부모들은 말더듬에 대해 터놓고 이야기하도록 한다. 그리고 유창성은 의사소통을 하고 대화에 참여할 수 있는 능력의 한 가지 측면일 뿐이라는 것을 이해하도록 부모를 격려한다. 여섯 번의 치료실 방문과 6주간의 가정 내 안정화 기간으로 이루어진 치료의 첫 단계가 끝나면 아이의 진행 상황을 재평가하고, 결과가 만족스러우면 1년 동안 3번의 추가 검토 약속을 통해 진행 상황을 모니터링하는 등 부모들이 전략을 계속 시행하도록 권장한다.

    언제라도 아이의 말더듬 변화에 대한 우려가 있을 경우, 유창성과 자신감을 극대화하기 위한 아동 전략뿐만 아니라 추가적인 상호작용과 가족 전략을 포함할 수 있는 추가 치료 회기가 마련된다. 아동 전략에는 말더듬 및 둔감화(desensitization)에 대해 배우기, 말속도 및 쉼(pausing) 조절하기, 자신감 향상을 위한 특정 활동, 아이와 함께하는 생각과 감정 관리 등이 포함될 수 있다. 유창성과 의사소통 능력 및 자신감은 종종 간접치료만으로도 향상되기 때문에 아이들은 대체로 프로그램에서 직접적인 요인을 필요로 하지 않는다.

페일린 PCI 치료 스타일

페일린 PCI는 부모가 자신의 지식을 쌓고 기술을 발전시킬 수 있도록 하는 것을 목표로 한다. 우리는 부모의 힘과 능력을 키우고, 부모들의 걱정을 덜어 줄 수 있는 방법으로 진행하고자 한다.

우리는 해결책에 초점을 맞춘다

해결중심단기치료는 지난 몇 년 동안 우리의 치료에 상당한 영향을 주었고, 부모가 자녀를 지원하는 방식에 대해 우리가 부모들과 나누는 대화의 틀을 형성시켰다. 이러한 궤적은 현재의 페일린 PCI 프로그램에서 더욱 발전되어 있다. 해결책에 초점을 맞춘 대화는 부모의 희망과 기대를 확립하고 치료 전반에 걸친 진전 상황에 대하여 부모가 보고할 수 있는 틀을 마련하는 데 주력하였다.

우리는 부모의 지식을 기반으로 한다: 말해 주지 않고 물어보기

페일린 PCI의 기본 전제는 부모가 이미 자녀의 말더듬을 지원하는 행동을 하고 있다는 것이다. 우리의 사명은 그들이 직관적으로 이해하고 있는 것을 이끌어 내는 것이다. 따라서 우리가 하는 것은 질문이다. 우리는 부모에게 지시를 내리거나 모범적 행동 양식을 제시하지 않는다. 예를 들어, 우리가 생각하기에 아이의 말더듬에 영향을 미치고 있다고 보이는 것(시간 압박, 정서적 상태 또는 언어적 복잡성 등)을 부모에게 말해 주는 대신, 우리는 부모에게 다음과 같은 관찰을 요구한다.

❇ 자녀에게 도움이 되는 것처럼 보이는 행동은 무엇입니까?
❇ 자녀가 말을 덜 더듬게 하려면 무엇이 필요합니까?
❇ 자녀가 말을 더듬고 있을 때 어떤 말이나 행동으로 도움을 줍니까?
❇ 그런 말이나 행동이 어떻게 도움을 주고 있다고 생각합니까?

우리는 치료 프로그램 내내 이러한 질문들을 반복적으로 사용하는데, 부모는 자녀에 대해 그리고 무엇이 아이에게 영향을 미치는지 잘 알기 때문에 대부분 이러한 질문들에 대답할 수 있다는 것을 발견했다. 그들에게서 이러한 지식을 끌어내는 것은 그들에게 힘을 실어 주고 잊을 수 없는 기억을 남긴다.

우리는 기술을 발전시켜 준다: 보여 주는 것이 아니라 발견하도록 하기

마찬가지로, 만약 우리가 부모의 기술을 발전시키고 싶다면, 우리는 하나의 기술을 묘사하고, 부모를 위해 예를 보여 주고, 어떻게 해야 하는지에 대해 훈련을 시켜 줄 수도 있다. 부모들은 필요한 것을 정확하게 보여 준 것에 대해 고마워할 수도 있겠지만, 자신이 '전문가'처럼 하는 것은 절대 불가능하다고 생각하면서 다소 자신이 부족하다고 느낄 수도 있다. 이와는 다른 방법으로 우리는 아무리 작은 예시일지라도 그들이 이미 그 기술을 사용하고 있는 경우를 발견하여 그들이 할 수 있다는 것을 보여 줄 수도 있을 것이다. 예를 들어, 놀이에서 아이가 주도하게 하고 따라가는 방법(언어재활사가 아이와 함께 놀면서 아이가 놀이를 이끌도록 하는 것)을 부모에게 보여 주는 대신에, 우리는 아이와 함께 노는 부모의 동영상 속에서 부모가 아이의 주도권을 따라가는 예를 찾아낸 다음, 그 부분을 부모에게 보여 준다. 더 바람직한 경우는 부모와 함께 동영상을 보면서, 자신이 아이가 이끄는 대로 따라가는 예를 찾아달라고 부탁하는 것이다.

부모 역량 강화

♠ 긍정적인 면에 집중하기

♠ 말해 주지 않고 물어보기

♠ 보여 주지 않고 발견하기

우리가 부모에게 이미 스스로의 기술을 사용해 자녀의 말더듬을 돕고 있는 사례를 찾아주면, 이는 부모 자신의 능력에 대한 자신감을 높이고 이를 발전시키고 신뢰하도록 힘을 실어 준다. 완전히 새로운 것을 배우는 것보다 우리가 이미 하고 있는 것을 실천하는 것은 훨씬 더 쉽고, 힘이 덜 들며, 더 효율적이다.

페일린 부모-아동 상호작용 치료의 증거 기반

단일 사례 연구

페일린 PCI를 평가하는 첫 발표 자료는 매튜, 윌리엄스 그리고 프링(Matthews, Williams, & Pring, 1997)이 수행한 단일 사례 연구였다. 그들은 4세 소년의 진행 상황을 치료 전 6주, 치료 중 6주, 치료 후 6주 동안 관찰했다. 말을 더듬는 비율은 아이가 일주일에 한 번 20분씩 치료실에서 각 부모와 함께 놀 때 얻은 발화 샘플로 계산했다. 페일린 치료법으로 아이의 말더듬 빈도가 크게 줄어든 것으로 나타났다. 이 예비 연구는 PCI가 효과적일 수 있다는 증거를 제공했다.

일관적 결과를 보이는 단일 대상 연구

총 12명의 어린이를 대상으로 단일 대상 실험 데이터(Millard, Nicholas, & Cook, 2008; Millard, Edwards, & Cook, 2009)를 보고하는 두 개의 논문이 있다. 이들 연구의 모든 참가자는 최소 12개월 동안 말을 더듬어 왔으며, 따라서 지속성의 위험이 더 큰 것으로 간주되었다. 매주 여러 번 아이의 집에서 각 부모와 아이가 노는 동안 수집한 발화 샘플에서 말더듬 회수를 측정하였다. 이를 통해 치료실 너머 자연스러운 상황에서의 말하기 샘플을 얻을 수 있었다. 치료 시작 전에 말더듬에 어떤 성향이 있었는지, 특히 치료를 시작하기 전에 아이의 말더듬이 이미 해소되기 시작했는지 여부를 확인하기 위해 중다기초선(multiple baseline)이 사용되었다. 이러한 측정은 6주간의 치료실 방문 기간 동안, 그리고 그 이후 부모가 가정에서 치료를 계속하는 6주 동안 매주 계속되었다. 2009년 연구에서는 치료 후 6개월 동안 매 6주마다 자료를 수집했으며 2008년 연구에서는 치료 후 1년 동안 월 1회씩 수집했다. 두 연구 모두에서 누적 합계 분석을 사용하여 각 참가자의 자료를 분석하였다(Montgomery, 1997). 이를 통해 연구자들은 치료의 결과로 나타나는 체계적인 변화 중에 치료가 이루어지기 전의 기저 단계에서 보였던 아이의 말더듬 가변성(variability)으로 설명할 수 없는 그 이상의 무엇이 있었는지 확인할 수 있게 되었다. 이 연령대의 말더듬이 가지는 가변적 성격을 고려할 때 이 점은 중요하다.

연구 결과 페일린 PCI 치료를 받은 12명의 어린이 중 8명은 치료실 치료 단계 또는 가정 내 안정화 단계에서 말더듬 빈도가 줄어든 것으로 나타났다. 또 다른 두 명의 참가자는 6개월 내에 크게 향상되었는데, 이러한 말더듬의 감소는 치료 전 기준 단계에서 관찰된 가변성 그 이상이었다. 12명 중 10명은 프로그램의 간접치료만 받았다. 페일린 부모평가척도(Palin Parent Rating Scale, Palin PRS; Millard & Davis, 2016)의 결과는 말더듬에 대한 지식이 많을수록 그리고 말더듬을 다루는 법에 대해 자신감이 높을수록 부모는 자녀의 말더듬이 덜 심하고, 아이에게 영향을 덜 미친다고 평가했으며, 자신은 덜 걱정한다고 평가하는 것으로 나타났다. 또한, 이러한 연구들은 페일린 PCI의 간접치료를 통해 시간이 흘러도 계속되는 변화의 과정이 시작되며, 그 시점은 치료를 시작한 지 처음 3개월 이내가 된다는 것을 나타냈다. 이 연구들에서는 비임상 모집단에서 회복 및 지속성에 대한 위험 지표로 밝혀진 요인들이 치료 결과를 예측해 주지 않는 것으로 나타났다. 또 다른 발견은 2009년 논문에서 높은 언어 능력을 갖고 치료를 시작한 어린이 5명의 경우 표현언어의 발달 궤적이 느려져 점수가 정상 범위까지 낮아졌다는 것이다. 같은 어린이들의 수용언어 점수는 그렇지 않았다. 이러한 발견은 표현언어 능력의 정상화가 상호 절충(trade off)이 벌어지고 있는 과정일 수 있으며 그 결과 말더듬이 줄어드는 것으로 해석될 수 있다(Anderson, Pellowski, & Conture, 2005; Bernstein Ratner & Guitar, 2006).

종단 그룹 연구

페일린 PCI 치료를 받은 55명의 어린이로 구성된 임상 그룹이 1년 동안 연구되었다(Millard et al., 2018). 이를 통해 치료효과의 범위를 이해하고 어떤 요인이 다소 성공적인 결과와 연관될 수 있는지 고찰하기 위해 더 많은 수의 어린이들에 대한 결과를 탐구할 수 있었다.

치료실 내에서 얻은 발화 샘플에서 말더듬 빈도(말더듬 음절의 백분율)를 측정하였고, 유아용 의사소통태도검사(KiddyCAT; Vanryckeghem & Brutten, 2007)를 사용하여 말하기에 대한 아이의 태도를, 페일린 부모평가척도(Millard & Davis, 2016; 부록 32 참조)를 사용하여 말더듬 아이와 부모에 미치는 영향을 측정하였다. 이러한 척도에는 다음이 포함된다. 요인 1−말더듬 아이에게 미치는 영향, 요인 2−말더듬의 중중도와 말더듬이 부모에게 미치는 영향, 요소 3−말더듬에 대한 부모의 지식과 말더듬을 다루는 데에 대한 자신감. 치료 전, 치료 시작 후 3개월, 6개월, 12개월 등 4개 시점에 측정이 완료되었다.

이러한 측정 결과가 보여 준 것은 1년 동안 페일린 PCI 교육에 참석한 아이들은 말더듬 빈도가 현저히 줄어들고 말하기에 대해 더욱 긍정적인 태도를 보인다는 것이었다. 부모에 대한 측정 결과 또한 자녀의 말더듬의 중중도와 영향이 현저히 줄고 말더듬에 대한 부모의 지식과 이를 다루는 데 대한 자신감이 크게 향상되었음을 보여 주었다. 이러한 개선은 유지되었고, 어떤 경우에는 장기간에 걸쳐 계속 개선되었다. 이 연구는 언어와 말하기에 있어 말더듬 외에 다른 문제가 있거나 이중언어를 사용하는 어린이와 같이 일반적으로 연구에서 제외되는 어린이도 포함한다는 점에서 언어재활사의 전형적인 임상 사례에 더 가깝다.

변화의 시점은 다양했는데, 부모가 치료실 환경 밖에서 먼저 변화를 관찰하곤 했다. 그들은 치료를 시작한 지 3개월이 지났을 때, 그리고 치료실 측정에서 말더듬 정도의 감소가 나타나기 전에, 말더듬의 중중도 및 말더듬에 대한 그들의 걱정이 줄어들었다고 보고했다. 저자들은 가정으로까지 치료가 이어졌기 때문에, 가정환경에서 먼저 변화가 일어난 것이라고 풀이했다. 따라서 (대부분의 치료법에서 그러하듯) 치료실에서 가정으로 일반화가 일어나기를 기대하기보다는, 가정에서부터 치료실로 일반화가 이루어지는 것을 목격하게 된다. 말더듬에 대한 부모의 지식과 이를 다루는 데 대한 자신감도 3개월 만에 크게 향상되었다. 한 가지 해석은 부모들이 말더듬 빈도에 변화가 있음을 알아차리면, 바로 그것으로 인해 자녀 지원 방법에 대한 부모의 지식과 자신감에 용기와 힘이 실린다는 것이다. 이러한 발견은 우리의 결과 측정에서 부모 보고서가 갖는 중요성을 더욱 강조하게 한다.

페일린 PCI로 효과를 보는 아이들은 어떤 아이들인가?

이 연구는 또한 1년 동안 가장 성공한 아이들과 두드러진 개선이 덜 보였던 아이들 사이의 차이점을 살펴보았다. 치료를 시작할 시점에는 그룹들 사이에서 이중언어, 음운론적 지연이나 아이의 연령 등에 있어 차이가 나타나지 않았다. 더 잘한 아이들 집단에는 진전 정도가 더딘 집단에 비해 남자 아이들의 비율이 높았는데, 이들은 지속적 말더듬을 보이는 가족이 있었고, 언어 지연, 또는 언어 능력 불일치 등을 보였다.

따라서 이 예비 자료들에 따르면, 일반적으로 '지속성의 위험(risk of persistence)' 요소로 간주되는 것들(Yairi & Ambrose, 2013)이 치료 결과를 예측하지는 못하는 것으로 보인다. 또한 이 연구는 말더듬 빈도나 중증도가 치료 결과를 예측하지 못했으며 '성공적인 결과'가 말더듬 빈도에 국한되거나 의존하지 않는다는 것을 발견했다. 본 연구는 페일린 PCI의 결과 아동의 말더듬 빈도가 크게 줄고, 어린이 마음속에 자신이 훌륭한 의사소통자라는 인식이 현저히 증가하며, 이러한 상태가 1년 동안 유지되는 것을 보여 주었다. 또한 페일린 PCI를 받은 결과 말더듬이 아이들과 부모에게 미치는 영향도 감소하고, 말더듬을 관리하고 자녀들을 지원하는 부모의 지식과 자신감이 증가하는 것으로 나타났다.

페일린 PCI의 효과를 위해서는 더 많은 증거 자료가 필요하다. 우리는 치료의 결과에 영향을 미치는 변수가 무엇인지 그리고 치료의 핵심 요소가 무엇인지 연구하고 있다. 또한 우리는 비임상 집단을 대상으로 한 연구와 임상 집단을 대상으로 한 연구 간 지속적 말더듬에 대한 위험 요인들에서 어떤 차이를 보이는지 알아보는 연구를 할 필요가 있다.

제4장 어린 말더듬 아동을 위한 페일린 부모-아동 상호작용 치료

선별 검사, 조언 및 모니터링

　말을 더듬기 시작한 어린이의 약 70~80%는 언어치료의 개입 없이 자연스럽게 말을 더듬는 것을 멈출 것이다(Mansson, 2000; Yairi & Ambrose, 2005; Yairi et al., 1996; Yairi & Seery, 2015). 그러나 이 비율은 아이가 말을 더듬는 시간이 길어질수록 줄어든다. 따라서 많은 아이들이 학교에 들어가고 그 이후에도 계속 말을 더듬는다.

　비록 연구 결과 지속성을 예측할 수 있는 지표가 밝혀지기는 했지만(제2장 참조), 평가 의뢰된 개별 어린이가 그 어떤 언어치료의 개입 없이도 말더듬을 멈출지를 절대적으로 정확하게 예측하는 것은 여전히 불가능하다. 연구를 통해 지속성의 위험을 알아볼 수 있는 신뢰할 만한 수단이 밝혀지기 전에는, 말을 더듬기 시작하는 어린이에게 치료적 개입이 필요한지 여부는 숙고할 필요가 있다. 우리의 선별 도구는 미래를 들여다보는 수정구슬이 아니라, 어린이를 위한 다음 단계를 결정해 주는 임상 도구로 보아야 한다.

> 지속성에 대한 정확한 예측은 아직 불가능하다.

　언어재활사로서 우리의 과제는 말을 더듬기 시작한 아이 개개인에게 치료적 개입이 필요한지 아닌지 결정하는 것이다. 권고 사항에 대한 결정을 내릴 때 우리는 말더듬에

대한 부모와 자녀의 반응뿐만 아니라 그들이 드러내는 걱정의 수준을 고려할 필요가 있다.

부모가 자녀의 말더듬에 대한 걱정을 드러내고 반응하고 있거나, 아이가 이미 자신의 말더듬을 인식하고 고군분투하거나, 포기하거나, 말을 적게 하거나, 자신의 말하기에 대해 코멘트를 하는 등의 반응을 보이기 시작하고 있다면, 추가 평가를 권고한다. 부정적인 태도와 반응의 증가와 높은 걱정수준은 아이의 말더듬을 악화시킬 수 있고, 결국 아이를 지속적 말더듬에 취약하게 만들 수 있다. 이러한 요인들은 예측 지표에 대한 연구를 통해 얻은 정보(즉, 지속적 말더듬 위험 요인들)보다 더 중요하다.

> 우리의 의사 결정에 있어서는 높은 걱정수준이 다른 요인보다 더 중요한 역할을 한다.

그러므로 선별 검사 회기의 목적은 각 아이에게 적절한 치료의 방향을 결정할 수 있도록 언어재활사와 부모를 돕는 것이다. 어떤 어린이들은 추가적인 평가와 치료가 필요할 것이고, 또 다른 어린이들과 부모들은 정보와 조언 그리고 모니터링이 필요할 것이다.

선별 검사는 치료실에서 30분 정도 예약 상담을 하거나, 부모가 설문지를 손으로 또는 이메일로 작성해 보내거나, 전화 통화 등의 형태로 이루어질 수 있다. 이러한 여러 방법 중 부모가 원하는 한 가지를 사용하여 동일한 정보를 수집할 수 있다.

치료 의뢰서에 가족의 모국어가 영어가 아닌 것으로 표시되면, 치료 회기를 위해 통역사가 예약된다. 또는 가정에서 양식의 번역과 완성을 도와줄 수 있는 누군가가 있다면 우편이나 이메일로 보낼 수 있다.

선별 검사

♠ 치료실 예약 방문

♠ 질문지 작성

♠ 전화/화상 통화

치료실에서의 선별 검사

아이는 부모 또는 주 양육자 중 한 명 또는 모두(가능하다면)가 함께 참석하고, 언어재활사는 선별 검사 기록지(부록 1)를 사용하여 정보를 수집한다. 우리가 부모와 대화하는 동안 아이는 대부분 놀며 시간을 보낸다. 이 회기 동안 아이를 직접 평가하지는 않지만, 우리는 아이가 누군가와 상호작용할 때마다 말더듬을 비공식적으로 관찰한다. 초기 말더듬은 매일, 매주, 그리고 상황마다 달라진다는 것을 기억해야 한다. 선별 검사 회기 동안 아이가 거의 또는 전혀 말을 더듬지 않을 가능성이 높다. 우리는 단순히 아이들이 치료실에서 말을 더듬지 않았으니까 '걱정하지 말라'며 돌려보내지는 않을 거라고 말하며 부모들을 안심시킨다.

선별 검사 시작의 예

아시는 바와 같이 _____는 말더듬 때문에 _____에서 제게 의뢰를 해 왔습니다. 맞나요? 그래서 오늘 저는 어머니에게 아이의 말하기에 대해 몇 가지 질문을 할 것입니다. 저는 _____와는 직접적으로 아무것도 하지 않을 테니 오늘은 아이가 말을 더듬지 않나 걱정하지 않으셔도 됩니다. 아이의 말더듬이 아니라 어머니께서 제게 들려주시는 이야기를 듣는 것이 제게는 더욱 중요합니다. 그래야 앞으로 무엇을 해야 할지 알아내는 데 도움을 얻을 수 있으니까요. 저는 어머니에게 다시 좀 더 질문을 할 수도 있고, 아이를 돕기 위해 필요한 정보나 제안들을 드릴 수도 있습니다.

우리는 질문을 하기 전에, 부모가 아이의 말하기를 뭐라고 부르는지 알아본다.

저는 아이가 말을 더듬을 때 그것을 '말더듬'이라 부릅니다. 어머니께서는 지금까지 뭐라고 부르셨나요? (만약 그들이 '말더듬' 또는 '비유창성'이라고 말한다면 이 단어들이 모두 같은 것을 의미한다고 말해 준다.)

어떤 부모들은 말더듬에 대해 아예 언급을 안 하고 있을 수도 있고, 아이 앞에서 그것에 대해 어떻게 말해야 할지 몰라 불안해하고 있을 수도 있다. 우리는 부모가 아이들 앞에서 말더듬에 대해 이야기를 하고 그것을 말더듬으로 불러도 아이에게 아무런 해를 끼치지 않는다고 말하며 부모를 안심시킨다.

부모에게 우편이나 이메일로 보내는 설문지

부모에게 선별 검사 기록지 사본(부록 1 참조)을 다음에 제시된 설명 자료와 함께 우편이나 이메일로 전송하는 방법도 있다.

우리는 _____로부터 귀하 자녀의 말더듬에 대한 평가를 의뢰받았습니다. 이 양식을 빠진 것 없이 작성해 주시면 다음 단계를 진행하는 데 도움이 될 것입니다. 귀하가 완성시킨 설문지가 도착하는 대로 치료실에서의 면담 약속이 잡힐 것입니다. 면담 시간에는 좀 더 자세한 평가를 실시할 수도 있고, 귀하가 자녀를 돕는 데 있어 도움이 될 만한 정보와 제안만 전해 드릴 수도 있습니다.

참고 사항: '말더듬'은 '비유창함'과 같은 뜻입니다.

전화통화

또 하나의 방법은 전화나 스카이프 같은 원격 플랫폼을 통해 선별 검사의 정보를 얻는 것이다. 부모들은 통화 날짜와 시간이 적힌 안내문을 받는다.

전화통화를 시작하는 첫 도입 제안

아시는 바와 같이 저희는 _____의 말더듬 때문에 _____로부터 의뢰를 받았습니다. 맞나요? 오늘 통화에서는 귀하 자녀의 말에 대해 몇 가지 질문을 드리게 될 것입니다. 어머니의 대답이 우리가 다음 단계를 진행하는 데 많은 도움이 될 것입니다. 저희가 통화를 하면서 좀 더 자세한 평가를 위해 치료실에 오실 약속 시간을 잡을 수도 있고, 아니면 자녀에게 도움을 주기 위해 하실 수 있는 것들에 대한 정보와 제안을 드릴 수도 있습니다.

우리는 질문을 하기 전에, 부모가 아이의 말하기를 뭐라고 부르는지 알아본다.

저는 아이가 말을 더듬을 때 그것을 '말더듬'이라 부릅니다. 어머니께서는 지금까지 뭐라고 부르셨나요? (만약 부모가 '말더듬' 또는 '비유창성'이라고 대답한다면 이 단어들이 모두 같은 것을 의미한다고 말해 준다.)

선별 검사

선별 검사 기록지는 개별 아동의 적절한 치료 방향을 알아내는 데 필요한 정보를 수집하기 위해 사용된다. 우리는 단 하나의 질문만으로 얻은 정보를 근거로 치료 방향에 대한 권고 및 제안을 하지 않는다. 임상 결정을 내리기 위해서는 변화해 가는 양상을 고려할 필요가 있다.

> **임상 결정의 핵심 질문**
> ❖ 아이가 말을 더듬는가?
> ❖ 말더듬이 아이 및 부모에게 영향을 미치고 있는가?

이러한 질문에 대한 대답은 '그렇다', '아니요', '모른다'가 될 것이며, 이러한 답변은 우리의 임상 결정 과정의 다음 단계를 결정할 것이다.

말을 더듬는가 더듬지 않는가

우리가 고려해야 할 첫 번째 질문은 "이 아이가 말을 더듬는가?"이다. 따라서 우리는 부모에게 아이의 말더듬 행동에 대해 자세히 설명해 달라고 부탁한다. 만약 부모가 아이가 정상적인 비유창성, 즉 쉬운 구문 반복, 다음 절 낱말 전체 반복, 고쳐 말하기, 간투사를 하면서 긴장을 보이지 않고, 비유창성에 대해 의식하거나 영향을 받지 않는다고 말하거나 아이가, 언어, 음운 또는 조음 문제를 갖고 있다고 묘사한다면, 말더듬 평가를 진행할 필요가 없다. 하지만 필요에 따라 말더듬 평가를 진행하기도 한다.

아이가 말을 더듬는다면 우리는 말더듬 유형을 메모하고, 부모에게 0에서 10까지의 척도로 말더듬을 평가해 달라고 요청한다(0은 말더듬이 없음, 10은 말더듬이 심함). 이렇게 함으로써 아이의 진전 상황을 모니터링하고, 시간이 지남에 따라 말더듬이 어떻게 변화하고 있는지 관찰할 수 있게 하는 기초 데이터를 얻게 된다. 만약 부모가 모두 참석한다면, 각각 따로 평가할 것을 요청한다. 그 결과가 다를 수 있기 때문이다.

또한, 평가를 진행할 필요가 있는지 여부를 결정하기 전에 아이에게 말더듬에 대한 인식과 말더듬으로부터 영향을 받고 있는지 또는 말더듬이 부모에게 어떤 영향을 주었는지 파악해야 한다.

자녀 또는 부모에 미치는 영향

먼저 부모에게 아이가 자신의 말더듬을 알고 있는 것 같은지 물어본다. 만약 그렇다면 아이가 자신의 말더듬에 대해 걱정하고 있는지, 말더듬이 아이에게 어떤 영향을 미치고 있는지를 묻는다. 자신의 말더듬을 알면서도 특별히 신경 쓰지 않는 아이들이 있는 반면, 자신의 말더듬에 대해 좌절하고, 자신의 말하기에 대해 부정적인 감정을 표현하거나 심지어 도움을 요청하는 아이들도 있다. 부모는 아이가 말을 더듬는 순간에 긴장하고 고군분투하는 행동을 보인다고 묘사할 수도 있다. 이러한 행동들은 아이들이 어느 정도의 자의식과 좌절감을 갖고 있다는 것을 의미할 수 있다. 마찬가지로 아이가 말을 멈추거나 '말을 할 수 없다'고 말하거나 입을 가린다면 말더듬이 아이에게 영향을 미치고 있는 것이다. 아이가 말더듬에 신경 쓰기 시작하는 징후를 보이거나, 말을 더듬는 순간에 반응하고 있다면, 평가를 권고한다(제5장의 평가에 대한 내용 참조).

말더듬은 부모에게도 영향을 미쳐 당황, 불안, 괴로움, 좌절, 수치심과 공포를 유발할 수 있다. 그래서 우리는 부모에게 아이의 말더듬에 대해 어떻게 느끼고 있는지 그리고 말더듬으로부터 어떤 영향을 받고 있는지 말해달라고 부탁한다. 우리는 또한 자녀의 말더듬에 대한 걱정의 수준을 0에서 10까지의 척도로 평가해 줄 것을 요청하는데, 여기서 0등급은 전혀 걱정하지 않는 것이고 10등급은 최대로 걱정하는 것이다.

말더듬이 아이 또는 부모에게 영향을 미치고 있거나, 영향을 주고 있는지 확실하지 않다면, 다음 단계는 가족들과 함께하는 평가를 예약하라고 권고하는 것이다(제5장의 평가에 대한 내용 참조).

기타 정보

선별 검사 양식에는 언제 말더듬이 시작됐는지, 시간이 지나면서 어떻게 변화하고 있는지에 대한 추가 질문이 포함되어 있는데, 이는 말더듬의 장기적 추이를 파악하는 데 도움이 되고, 모니터링 기간이 권장될 경우 유용한 정보를 제공할 것이다.

　　우리는 또한 언제 아이가 말을 더 더듬고 언제 덜 더듬는지 그리고 부모가 말더듬에 어떻게 반응해 왔는지에 대해서도 질문하는데, 이를 통해 얻은 정보는 우리가 부모에게 조언을 할 때 도움이 된다.

　　우리는 부모에게 직계가족이나 대가족 중에 말더듬의 가족력이 있는지, 만약 있다면 지속형 말더듬이었는지 질문을 한다.

　　우리는 또한 아이에게 말하기/언어 또는 다른 것과 관련한 어려움이 있는지 묻는데, 이것이 우리의 의사 결정에 영향을 미칠 수 있기 때문이다. 예를 들어, 부모가 아이의 말더듬뿐 아니라 언어 발달 지연에 대해 우려를 표명하고 있다면, 먼저 관리해야 할 것이 무엇인지 우선순위를 정해야 할 것이다.

> 임상 결정: 평가하거나 정보와 조언을 제공한 후 모니터링하는 것

임상 결정

　　선별 검사 기록지 작성이 완료되면, 언어재활사는 부모와 함께 다음 단계를 무엇으로 할지 생각해 본다. 이때 우리는, 부모에게 직관적으로 어떤 방향으로 임상적 결정을 내리는 것이 좋을지 그리고 어떤 결정을 선호하는지 물어본다. 이렇게 부모를 의사 결정에 참여시킴으로써 부모 자신이 아이가 필요로 하는 것에 대한 전문가라는 생각을 강화시킨다. 우리는 부모의 동의를 얻어 평가 회기를 예약하거나, 부모에게 정보와 조언을 제공한 후 모니터링을 할 수 있다.

평가

　　평가가 필요한 경우, 우리는 이것이 두 번의 만남, 즉 아동 평가와 부모 면담으로 구성된다고 설명한다. 아동 평가의 경우, 아이가 부모 중 한 명 또는 모두와 약 1시간에서 1시간 30분 동안 참석한다. 부모 면담의 경우 아이 없이 부모만 약 2시간 동안 참석한다. 부모 면담에 누구를 초대하는 것이 좋을지 생각해야 한다.

여러 해 동안 우리는 말을 더듬는 아이의 평가와 관리에 양쪽 부모(적절한 경우)나 주요 보호자를 포함시켜야 한다는 입장을 견지해 왔다. 우리의 입장은 평가와 치료 과정에 양 부모를 모두 참여시키면 더 효과적이라는 것이다. 우리는 부모가 아이의 말더듬에 대해 더 많이 이해할 때, 아이의 말하기와 자신감을 지지하기 위해 협동할 수 있다는 것을 발견했다.

따라서 우리는 항상 양쪽 부모 모두 평가 과정에 참여하도록 권고하는데, 이러면 양 부모 모두 치료에 참여하기를 원할 가능성이 높다. 물론, 예를 들어 아이가 나머지 부모와 접촉하지 않는 한 부모 자녀인 경우처럼, 양쪽 부모의 참여가 여의치 않는 상황도 있다. 헤어진 부모가 아이를 돕기 위해 함께 참석할 수도 있지만, 관계가 원만하지 않다면 이는 적절하지 않을 수도 있다. 우리는 종종 그런 부모들을 따로따로 초대해 왔다. 부모가 재혼을 한 경우, 부모 면담에 새로운 파트너를 포함하는 것도 적절할 수 있다. 부모가 직업상의 이유(예 군인, 석유 산업 종사)나 개인적인 사정(예 난민 가족) 때문에 집에 없을 수도 있다.

우리의 경험상, 만약 부모 모두가 아이와 함께 참석해야 하는 이유를 이해하면, 대부분은 일정을 맞출 것이다. 그렇지 않으면 평가와 치료는 진행될 수 있지만 효과가 적고 시간이 더 걸릴 수 있다. 언어재활사들은 지금까지 자신이 치료의 근거에 대해 더 확신이 있으며 그 이유를 부모에게 설명해 줄 수 있을 때 양쪽 부모가 모두 참석하는 가능성이 높았다고 보고하고 있다. 언어재활사들은 또한 면담 약속 서한에 부모 모두의 참석을 권장 사항으로 제시하지 않고 필수 사항으로 적었을 때 양 부모 모두 참석하는 경우가 늘었다고 보고했다.

그러나 우리는 분주한 일반 치료실 운영과 말더듬 전문 센터 운영이 다르다는 것을 안다. 전문 센터에서는 대부분의 부모들이 필요하다면 뭐든지 할 준비가 되어 있다. 특히, 면담 약속을 잡기 위해 오래 기다려야 한다면 더욱 그렇다. 언어재활사 교육과정에서, 우리는 왜 부모 모두를 포함시키는 것이 중요한지에 대해 아이디어를 나누는데 대개의 경우 긴 아이디어 목록이 만들어진다.

왜 부모 모두를 포함시켜야 하는가?

♠ 부모가 서로를 지원해 줄 수 있으니까

♠ 각 부모가 아이에게 영향을 주는 방식이 서로 다르니까

♠ 서로의 감정을 공유할 수 있는 기회를 주니까

♠ 도움의 연속성을 보장하니까

♠ 아이에게 혼자가 아니라는 것을 확인시키니까

♠ 팀으로 노력해야 하는 일이니까

♠ 부모가 서로에게 배울 수 있으니까

♠ 일관된 접근 방식을 고수할 수 있으니까

♠ 말더듬에 대한 책임이 아이에게 있지 않다는 것을 보여 줄 수 있으니까

♠ 나누면 한 부모의 부담을 덜 수 있으니까

말더듬에 대한 정보

우리가 부모에게 말더듬에 대해 정보를 제공하는 것은 부모가 자녀의 말하기가 어떻게 발달하고, 아이의 말 발달을 어떻게 지원할 수 있을지를 이해하도록 하는 데 도움을 줄 수 있다. 부모에게 지식을 쌓아 주면 부모가 불안감에 대처하는 데 도움을 줄 수 있다. 우리는 부모에게 '말더듬에 대한 정보' 유인물(부록 2 참조)을 주고 다음의 내용을 부모와 의논한다.

말더듬이란 무엇인가

우리는 말더듬과 말더듬의 가변성(variability)을 설명한다. 우리는 또한 아이가 말더듬을 인식하고 있는 것처럼 보이든 그렇지 않든 그 어떤 말더듬이라도 인정하는 것이 도움이 된다고 부모들에게 설명한다.

아이들은 왜 말을 더듬을까

자신이 자녀의 말더듬을 유발하지 않았음을 부모에게 알리는 것은 매우 중요하다. 우리는 말더듬이 발달 중인 아이의 두뇌에서 일어나는 차이점 때문에 일어날 수 있으며, 이것은 유전적인 것일 수도 있다고 부모에게 말해 준다. 우리는 또한 부모에게 아

이들의 뇌는 매우 유연해서, 발달해 나감에 따라 5명의 아이들 중 4명의 말더듬이 해결될 것이라고 말한다.

부모를 위한 조언

우리는 아이가 말을 더듬을 때 부모가 때때로 인정하는 것이 도움이 된다는 것을 거듭 강조하면서 이럴 때 사용할 수 있는 말들을 함께 의논한다. 예를 들어, 아이가 말을 더듬을 때 부모는 아이에게 "말이 좀 막힌 것 같네"라고 말할 수 있다.

선별 검사에서 부모는 아이가 언제 더 말을 더듬고(예: 흥분하거나 복잡한 것을 설명하려고 할 때)와 덜 더듬는지(예: 침착한 상태이고 천천히 말할 때) 알려 주었을 것이다. 이것은 부모가 자녀에게 무엇이 도움이 될 것인지에 대해 좋은 직감을 가지고 있다는 것을 보여 준다. 부모들은 '천천히 말해', '숨을 깊게 쉬어 봐'와 같은 조언으로 아이에게 반응할 수 있는데, 우리는 부모와 함께 직접적인 지시를 하지 않으면서도 아이를 도울 수 있는 다른 방법을 탐구한다. 왜냐하면 직접적인 지시는 역효과를 내고, 아이가 더욱 긴장하며 말을 더듬게 되는 결과로 이끌 수도 있기 때문이다.

❀ "아마도 어머니가 느끼시기에 아이가 더 진정하거나 더 천천히 말하면 말더듬이 줄어들 거라고 생각하실 수 있어요. 그런 행동들이 말더듬에 도움이 될 수도 있어요. 하지만 아이에게 진정하라거나 천천히 하라고 말하는 대신, 아이가 더 차분하게 느끼거나 시간을 가질 수 있도록 도와줄 다른 방법들을 찾는 것이 더 좋습니다."

부모가 우리에게 아이가 피곤할 때 더 말을 더듬는다고 말했다면, 아이가 잠을 더 많이 자거나 '차분한 시간'을 더 많이 가지도록 도울 수 있는 방법을 부모와 함께 탐색해 볼 수 있을 것이다. 부모의 일정이 바쁘더라도, 조용한 시간을 갖거나, 집에서 놀 수 있는 시간을 내는 것이 간단하고 도움이 되는 전략이 될 수 있다.

또한 부모에게 자녀를 돕는 방법에 대해 더 일반적인 조언을 할 수도 있다. 하지만 이러한 조언은 간단하지만 부모가 아이와 상호작용하는 스타일을 바꾸는 것이 포함되어 있기 때문에 이러한 변화를 만드는 것이 어려울 수 있다는 것을 기억해야 한다. 그러므로 우리는 부모가 이러한 변화들 중 한두 가지를 시도해서 자신의 가정환경에 맞는 것이 무엇인지 알아볼 것을 권장한다. 우리는 스페셜타임(제7장 참조)을 설정하고 가족끼리 돌아가며 이를 실천해 보도록 권장할 수 있다(제8장 참조).

모니터링

일단 부모에게 자녀를 지원하는 방법에 대한 정보와 조언을 제공하고 나면, 이후 1년 동안 대면이나 전화로 진행되는 일련의 상담을 통해 아이의 진행 상황을 지켜볼 예정이라고 설명한다. 아이가 더 심하게 말을 더듬기 시작하거나, 말더듬을 의식하거나 걱정하기 시작하면, 또는 말을 더듬을 때 안 보이던 행동을 하거나, 부모 자신이 말더듬에 대해 불안을 느끼기 시작하면 어떤 단계에서든 우리에게 연락해 줄 것을 권고한다.

면담의 빈도와 시기는 가족과의 협의에 따라 달라질 수 있지만, 원칙적으로 선별 검사 후 3개월, 6개월, 1년 단위로 면담 약속을 잡을 것을 권고한다.

모니터링 기간의 목적은 아이의 말더듬이 아이나 부모 중 어느 쪽에도 나쁜 영향을 미치지 않는 상태가 지속될 수 있게 하고 개선된 패턴을 유지하고 있는지 확인하는 데 있다. 각 면담에서 우리는 아이가 말더듬에 더욱 의식하거나 걱정하는 것 같은지 물어보고, 부모에게도 말더듬에 대한 자신의 우려 수준을 0에서 10의 척도로 평가해 달라고 부탁한다. 부모는 또한 아이가 보이는 말더듬의 유형과 양에 대해 설명하고 우리는 이를 다시 0에서 10의 척도로 평가해 달라고 부탁한다. 그런 다음 이 정보를 선별 검사 또는 이전 모니터링 회기와 비교하여 부모와 함께 아이의 말더듬이 해소되고 있는 것처럼 보이는지 판단한다. 말더듬이 부모나 아이에게 영향을 다시 미치기 시작하거나 개선되지 않는 경우, 평가를 위한 약속을 잡는다(제5장 평가에 대한 내용 참조).

치료가 필요한 경우에 대한 정보

부모에게 주어진 선택 사항을 이해시키기 위해 우리는 평가의 결과를 토대로 향후 치료법이 어떤 형태를 하게 될지에 대해 설명해 준다. 그리고 평가를 통해 발견한 사실을 바탕으로 아이와 가족에 맞는 맞춤형 치료법이 구성될 것이라고도 말해 준다. 처음부터 아이에게 직접 초점을 맞추기보다는 우선 부모가 아이의 말하기를 지원하기 위해 무엇을 할 수 있는지 배우게 될 것이라고 설명한다. 경우에 따라 후기 단계에서는 직접 치료가 실시되기도 한다. 우리는 치료실에서의 만남과 가정에서 일어나는 부모의 노력이 치료를 이루는 가장 큰 두 축이라는 사실을 설명한다. 처음부터 부모가 자신감 있는 의사소통과 아이가 말을 하도록 격려하는 것에 더 큰 초점을 맞출 수 있도록 돕는 것이 중요하다. 따라서 우리의 치료 목적은 아이가 말을 더듬든 그렇지 않든 말하기를 즐겨 하는 자신감 있는 의사소통자가 되도록 돕는 것이라고 말한다.

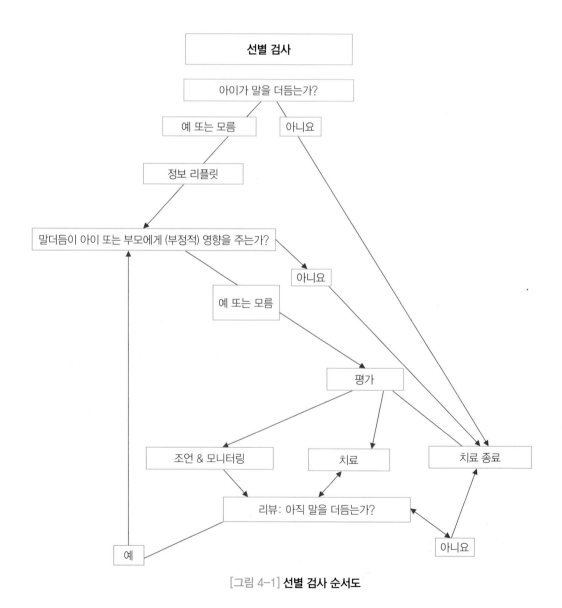

[그림 4-1] **선별 검사 순서도**

사례 연구: 사미라(만 3세 반)
선별 검사–사미라 어머니와의 전화

사미라의 어머니는 아이가 약 6개월 전부터 더듬기 시작했는데, 그때 아이가 갑자기 훨씬 더 길고 복잡한 문장을 사용하고 있었다고 보고하였다. 사미라의 말하기는 낱말 전체와 낱말 일부의 반복이 특징이었다. 낱말의 전체 또는 일부를 무려 네다섯 번 반복했지만 이때 아무런 긴장도 나타내지 않았다. 어머니는 반복 횟수가 줄어들고 있다고 했다. 사미라는 또한 소리를 길게 늘여 말하고 있었지만 이것 역시 빈도가 줄어들고 있었다. 어머니는 그 정도를 0에서 10까지의 척도 중 2로 평가했다 (0 = 말더듬 없음, 10 = 말더듬이 심함). 어머니는 사미라가 말더듬을 인식하지 못한 채, 계속해서 말을 했는데, 말더듬이 줄어들기 시작하고 있는 것 같다고 했다. 사미라의 어머니는 걱정하지 않았고, 0~10(0 = 전혀 걱정하지 않음, 10 = 최대한 걱정함)의 척도에서 1~2점 정도로 그녀의 걱정을 비교적 낮게 평가했지만, 한 친척으로부터 전문가로부터 조언을 좀 받으라는 말을 들은 적이 있었다. 어릴 적 한때 말을 더듬었지만 이제는 그렇지 않은 외할머니 말고는 집안에 말을 더듬는 사람은 현재 아무도 없다고 한다. 사미라의 말하기와 언어 능력은 잘 발전하고 있었고 다른 걱정은 없었다.

임상 결정:
부모에 대한 정보 및 조언

근거:
- ♠ 묘사된 행동은 일반 아동의 전형적인 말더듬이다.
- ♠ 사미라는 그 사실을 모르고 그로부터 영향을 받지도 않는다.
- ♠ 어머니는 상관하지 않고 그로부터 영향을 받지도 않는다.

유인물(부록 2–말더듬에 대한 정보)에 대한 논의가 있었다. 어머니가 3개월 안에 업데이트된 상황을 언어재활사에게 알려 주거나, 사미라 또는 어머니 자신이 사미라의 말하기에 대해 걱정하기 시작하고 어떤 식으로든 영향을 받게 되면 바로 언어치료실로 연락하기로 합의했다.

사례 연구: 이샨(만 4세)
선별 검사—이샨 어머니와의 통화

이샨의 어머니는 이샨이 낱말 전체와 낱말 일부를 반복하고, 소리를 길게 늘이며, 막힘을 보인다고 보고했다. "종종 단어를 시작하려는 순간 말이 막혀 아무 말도 꺼내지 못해요."라고 했다. 그녀는 이샨이 가끔 자신의 말더듬에 화가 나서 "말 못하겠어요." 하면서 포기해 버리고 "내 말이 왜 이래요?"라고 물어본다고 했다.

이샨의 어머니는 정말 걱정스럽다고 말했다. 남편을 비롯한 가족들은 이샨이 자라면서 나을 거라고 계속 그녀를 안심시키려 했다고 한다. 그녀는 이샨이 이제 1년 넘게 말을 더듬어 왔고 점점 더 나빠지고 있기 때문에 정말 자라면서 나을 것인지 확신이 없다고 했다.

0에서 10의 척도(0 = 말더듬 없음, 10 = 말더듬이 심함)에서 그녀는 이샨의 말더듬을 6으로 평가했고 자신의 우려 수준을 8로 평가했다(0 = 전혀 걱정하지 않음, 10 = 최대한 걱정함).

말더듬의 가족력은 보고되지 않았다.

이샨의 어머니는 집에서 구자라티 언어와 영어를 둘 다 사용한다고 말했다. 이샨의 선호 언어는 영어지만 구자라티도 잘 이해한다고 했다. 그녀는 이샨의 말하기와 언어 능력 전반에 대해 걱정하지 않았다.

임상 결정:

평가

근거:

♠ 말더듬의 전형적인 행태로 묘사되어 있는 행동

♠ 이샨은 말을 더듬는 순간들을 알아차리고 반응한다.

♠ 어머니가 매우 걱정하고 있다.

추가 사항:

♠ 이샨이 말을 더듬어 온 시간이 길다는 것

♠ 말더듬이 '점점 더 나빠'진다는 것

사례 연구: 제이크(만 6세)
선별 검사—제이크 어머니와의 통화

제이크의 어머니는 아이의 말더듬이 주로 소리 연장과 말막힘으로 나타나는데 그 길이가 꽤 길어질 때도 있다고 했다. 아이의 말을 안 더듬으려는 투쟁 행동도 묘사했다—"때로는 말을 꺼내기 위해 입을 옆으로 삐죽이거나 머리를 움직이기도 해요." 제이크가 자신의 말하기에 대해 아무 말도 하지 않았지만 힘들어하고 있는 것 같다고 말했다. 어머니는 제이크가 말을 더듬지 않으려고 열심히 노력하는 것 같았고, 그것을 감추기 위한 전략을 개발하기 시작했다고 말했다. 제이크가 이전처럼 완전한 문장 대신 단어 하나로 대답을 바꿔 버리는가 하면, 동네 카페나 수영장에서 자기 대신 말을 해 달라고 부탁하기 시작했다고 말했다.

0에서 10의 척도(0 = 말더듬 없음, 10 = 말더듬이 심함)에서 그녀는 제이크의 말더듬을 7로 평가했다. 그녀는 아이가 두 살 반 정도 되었을 때부터 말더듬이 시작되었는데 점점 더 심각해지더니 지난 6개월 동안은 지금의 수준으로 고착화되었다고 말했다.

제이크의 어머니는 처음에는 제이크가 말을 더듬는 것에 대해 꽤 느긋했다고 말했다. 어머니의 사촌이 약간 말을 더듬었다고 한다. 사촌에게는 그것이 문제되지 않았고 그는 성공적인 배우가 되었다고 한다. 어머니는 또한 제이크의 형이 갓난아기일 때 한동안 말을 더듬다가 언어 발달이 이루어지면서 차츰 그쳤다는 말도 했다. 그런데 지금은 제이크가 말더듬는 것에 영향을 받고 있는 것 같아서 걱정된다고 했다.

어머니는 0에서 10까지의 척도로 (0 = 전혀 걱정하지 않음, 10 = 최대한 걱정함) 제이크의 말더듬에 대한 걱정을 5로 평가했다.

어머니는 제이크가 어린 나이에 말하기 시작했으며, 어휘력이 매우 좋았고, 또래보다 앞서 언어 능력을 가지고 있었다고 말했다. 그 외에 다른 걱정거리는 없다고 했다.

임상 결정:
평가

근거:
- ♠ 말더듬의 전형적인 행태로 서술되어 있는 행동
- ♠ 제이크는 자신의 말더듬에 대해 공공연히 언급하지는 않았지만, 말을 더듬는 순간에 반응하고 있었으며, 말을 더듬는 순간을 멈추거나 감추거나 눈에 덜 띄게 하려고 전략을 개발하고 있었다.
- ♠ 제이크 어머니의 걱정은 점점 더 늘어 가고 있었다.

추가 사항:

♠ 제이크가 말을 더듬어 온 기간이 길다는 것―이 단계에서는 저절로 해결될 가능성이 낮음

♠ 말더듬 현상이 정체되거나 점점 심해지고 있다는 것

또한 제이크의 어머니가 한 부모이고 제이크가 한 살 반이었을 때 제이크의 아버지와 헤어졌다는 사실이 확인되었다. 제이크는 정기적으로―주중에 한 번, 주말엔 격주―아버지를 만나는데, 아버지는 제이크의 언어치료에 적극적으로 참여하고 싶어 한다고 했다. 평가는 우선 제이크와 어머니만을 대상으로 진행하고 제이크의 아버지와는 별도의 부모상담을 진행하는 것으로 합의했다.

평가

평가의 목적은 아동 말더듬의 시작과 발달에 영향을 미치는 요인들에 대한 정보를 수집하고 아이에게 치료가 필요한지 결정을 하는 데 있다. 만일 치료가 권고된다면, 우리는 치료의 시기를 언제로 잡을 것인지 고려해야 하고, 아이와 가족의 개별적 요구를 충족할 수 있는 치료를 계획할 필요가 있다. 부모는 아이와 아이의 말더듬에 대한 가치 있는 정보를 줄 수 있기 때문에 평가에서 중요한 부분을 담당하고 있다. 또한 평가는 부모에게 아이의 말더듬에 대한 생각과 감정뿐 아니라 말더듬이 가족에게 미치는 영향에 대해 이야기를 나눌 수 있는 기회를 제공한다.

평가가 끝나면, 수집한 정보를 요약지(부록 3)에 옮겨 적는다. 언어재활사는 요약지를 보며 아이의 말더듬에 대해 부모에게 설명해 줄 수 있다. 또한 요약지는 다양한 개별 치료 계획 전략을 보여 준다.

이 장에서는 평가의 각 부분, 예를 들어 평가의 순서, 치료 권고 사항에 필요한 기록지 사용 등에 대해 설명할 것이다. 다음은 평가의 순서를 요약한 순서도이다. 이 순서도는 어떠한 기록지를 어떤 단계에서 사용할지 보여 준다.

평가는 다음의 항목으로 구성된다.

❖ 페일린 부모평가척도(Palin PRS; Millard & Davis, 2016)

❖ 부모-아동 상호작용 비디오 녹화

❖ 아동 평가

❖ 사례 면담

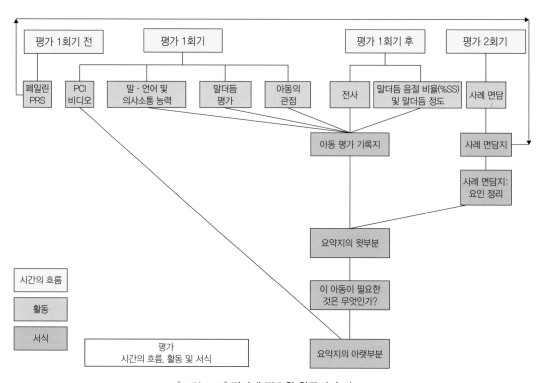

[그림 5-1] **평가에 필요한 항목의 순서도**

페일린 부모평가척도(Millard & Davis, 2016)

평가 전에 우리는 부모에게 페일린 부모평가척도를 작성하도록 한다. 이 검사는 표준화된 검사로 온라인에서 무료로 이용할 수 있다. 페일린 부모평가척도를 통해 다음에 대한 부모의 관점을 평가할 수 있다. 아동 말더듬이 아동에게 미치는 영향, 아동의 말더듬 정도, 말더듬이 부모에게 미치는 영향, 말더듬에 대한 지식과 말더듬 관리에 대한 자신감 등. 이 검사의 소요시간은 몇 분 이내로 비교적 짧은 편이다.

무료 페일린 부모평가척도는 다음 웹 사이트에서 이용이 가능하다(부록 32 참조).

www.palinprs.org.uk/secure/pprs_connect.php

www.palinprs.org.uk[1]

평가는 두 번의 회기 동안 이루어진다.

1. 평가 1회기

아동은 한 명 또는 두 명의 부모와 함께 참여하며, 1시간에서 1시간 30분 정도 걸린다.

❖ 부모-아동 상호작용 영상 촬영

❖ 아동 평가

참고 사항: 첫 회기 후 언어재활사는 발화전사와 분석을 위해 1시간 정도의 시간이 필요하다.

2. 평가 2회기

부모는 아동과 동행하지 않고 2시간 정도의 회기에 참여한다.

❖ 사례 면담

❖ 진단과 추천

❖ 권고 사항

참고 사항: 만일 다른 언어재활사가 도와줄 수 있다면, 부모와 면담을 통한 평가가 이루어지는 동안, 다른 방에서는 아동의 말과 언어를 평가할 수도 있다.

평가 1회기를 위해 필요한 도구

♠ 비디오 녹화 도구

♠ 놀이 도구

♠ 말·언어 선별 검사 기록지

♠ 평가용 그림 자극(예: 이상한 그림 찾기)

♠ 아동 평가 기록지(부록 4)

---

1) 역자 주: 한국 사이트로는 말더듬과 함께하는 사회적 협동조합의 자료실에서 온라인 페일린 부모평가척도를 이용할 수 있다.

평가 1회기

부모-아동 상호작용(PCI) 비디오

아동 평가는 대개 상호작용 비디오 녹화로 시작한다. 이 시간 동안 아이는 치료실 환경에 익숙해지게 된다. 아이가 각각의 부모와 함께 노는 것을 관찰하면서 아이의 말더듬 정도를 파악할 수 있다. 그리고 부모에게 영상 녹화 동의서를 받아야 한다.

상호작용 녹화 준비하기

이 첫 시간 동안 아동과 부모의 불안을 줄이고 평소의 놀이를 보여 줄 수 있는 자연스러운 놀이시간이 되도록 한다. 우리는 부모에게 영상 녹화의 목적과 부모가 무엇을 해야 하는지 설명한다. 영상을 녹화하는 동안 아이들은 말을 잘 안 하기도 하고 말을 더듬지 않을 수도 있지만 그래도 괜찮다고 부모에게 알려 준다. 비록 이 시간에 말을 더듬지 않더라도, 사례 면담 회기 때 부모는 다른 상황에서 아이의 말더듬이 어떤지 말해 줄 수 있다.

설명:

이제 아버지, 어머니는 각각 아이와 노는 모습을 짧은 영상으로 찍게 됩니다. 이것은 아이가 낯선 사람인 언어재활사가 아닌, 아이를 잘 아는 편안한 상대와 말할 때 어떤 모습을 보이는지 살펴볼 수 있게 해 줍니다. 아이가 말이 없더라도 문제가 되지 않습니다. 아이가 조용할 때 말을 하도록 강요하지 마세요. 아이가 집에서 보이는 말더듬을 보이지 않더라도 괜찮습니다. 아이의 말더듬은 매일 달라질 수 있으니까요. 아이와 함께 5분 동안 자연스럽게 놀아 주세요. 여기에서 노는 것이 집에서 노는 것과는 다르겠지만 가능한 아이의 평소의 모습을 볼 수 있으면 좋겠습니다.

아이에게 원하는 장난감을 고르도록 하고 부모 중 누구와 먼저 놀고 싶은지 물어본다. 아이가 아버지, 어머니와 각각 5분씩 놀게 한다. 아이가 어머니와 노는 동안 아버지는 밖에서 기다림으로써 아이가 어머니와의 놀이에 집중할 수 있게 한다. 그리고 어머니가 아이와 노는 동안 언어재활사 역시 녹화 버튼을 누르고 방에서 나가서 기다릴 수도 있다.

평가 1회기 이후에 상호작용 분석을 한다.

아동 평가

아동 평가는 상호작용 녹화가 끝난 후 시작되며 다음과 같이 구성된다.

1. 말·언어 및 사회적 의사소통 기술 선별 검사
2. 말운동 능력 선별 검사
3. 말더듬 평가
4. 아동의 관점: 말더듬 인식 및 말더듬에 대한 감정과 반응 평가
5. '아동 평가 기록지'(부록 4)와 요약지 작성

아동 평가의 형식

아이의 주의력 지속시간 내에서 다음과 같은 형식으로 필요한 정보를 얻을 수 있다.

1. 책상 위에 폼블록이나 퍼즐 등을 준비한다.
2. 이해력 검사(비구어적으로 반응하기 먼저 실시함)
3. 표현언어 및 말소리 발달 선별 검사
4. 말운동 능력 선별 검사
5. 말더듬 평가
6. 아동의 관점

'아동의 관점'은 아이가 편해진 상태에서 말을 많이 할 수 있도록 의도적으로 마지막 순서에 배치한다. 그러나 아이가 처음부터 말을 잘한다면 평가 앞부분에서 실시해도 좋다.

아이가 집중을 잘 하지 않는다면 위 과제들과 다른 놀이 활동(폼블록/퍼즐 등)을 병행

해야 할 수도 있다. 하지만 이런 다른 놀이 활동은 가능한 짧게 하여 아이의 주의력을 최대한 이용하도록 한다.

어떤 아이들의 경우 과제 사이사이에 스티커와 같은 강화물을 사용하여 검사에 대한 협조를 끌어내고 집중을 유지할 수 있다. 그림이 삽입된 시간표 역시 아이의 집중력을 높이기 위해 사용될 수 있다.

1. 말, 언어, 사회적 의사소통 기술의 선별 검사

우리는 아동의 능력과 취약점을 알아내기 위해 말, 언어, 그리고 사회적 의사소통 기술을 검사한다.

> **선별 검사는 다음으로 이루어져 있다.**
> - 수용언어(어휘 및 구문)
> - 표현언어(어휘, 구문, 화용언어 능력)
> - 단어 찾기 능력
> - 말소리 발달
> - 말운동 능력
> - 사회적 의사소통 기술

이 밖에도 다음과 같은 사항을 확인해야 한다. 말, 언어 및 의사소통 기술의 발달 지체나 장애

- 수용어휘와 표현어휘 발달 간 차이가 있는지, 표현언어와 말소리 발달에 차이가 있는지 등 서로 다른 영역 간 능력의 불일치
- 동일 연령 또래 수준보다 뛰어난 능력
- 공식 검사 결과 아동의 언어 능력이 정상 범주에 해당하더라도 잠재적인 혹은 판별하기 어려운 미세한 언어 발달 지체의 가능성이 있다(제1장 참고).

> 말 · 언어 선별 검사는 현재 말더듬에 영향을 미치는 언어적 요인을 밝히는 데 중요하다.

말더듬 아동을 위한 별도의 말·언어 평가도구가 있는 것은 아니므로 이미 임상 현장에서 통상적으로 사용하고 있는 다양한 공식 또는 비공식 검사도구들을 사용해도 좋다. 아동의 생활연령에 따라 적절한 언어평가를 선택한다. 심화 평가가 필요하다고 판단될 경우 추가적인 공식검사를 실시한다.

2. 말운동 능력 검사

조음교대운동 과제(diadochokinetic tasks)와 혀 운동성 검사를 통해 아동의 비구어 구강운동 능력과 말운동 능력을 관찰할 수 있다. 만일 아이의 말운동 능력에 대한 걱정이 있다면 여러 가지 검사도구를 사용할 수 있다. 조음교대운동 능력 검사(예를 들어, Yaruss & Logan, 2002), 구강 운동검사(Oral Motor Assessment Scale: OMAS; Riley & Riley, 1985)가 있으며, 최근 연구는 무의미 음절 반복 과제(Nonword Repetition Test; Dollaghan & Campbell, 1998)를 포함한다. 연구 결과에 따르면, 구강운동 및 협응 능력에 조금이라도 어려움이 있다면, 그 어려움이 눈에 보일 정도로 심하지 않더라도(즉, 준임상적 수준이더라도), 다요인적 측면에서 말더듬에 기여할 수 있다고 한다.

아동의 말속도 역시 운동 능력과 관련이 있다(Kloth et al., 1995, 1999 연구 참조). 그러나 치료실에서 타이머로 아동의 말속도를 정확하고 신뢰롭게 측정하는 것은 어렵다. 이 방법보다는, 차라리 아이의 말속도가 언제 기대수준보다 빠르거나 느린지 기록하고, 이것을 아이의 말운동 능력과 비교하고, 필요하면 더 알아보도록 한다. 우리는 아이의 사회적 의사소통 능력 역시 회기 내내 관찰한다.

참고 사항: 수집된 발화 전사, 말더듬 분석, 말더듬 비율 계산에 대한 자세한 설명은 부록 5 '말더듬 평가'를 확인한다.

3. 말더듬 검사

말더듬 검사의 목적은 말더듬 빈도와 유형을 확인하는 것이다.

참고 사항: 초기 말더듬은 매일, 매주 그리고 상황마다 정도가 달라질 수 있다. 검사 상황에서 아이가 말을 덜 더듬거나 전혀 더듬지 않기도 한다. 따라서 우리는 부모에게 우리가 수집한 발화 샘플이 평소 아이의 말더듬을 잘 반영하고 있는지 확인하고, 사례 면담 시간에 아이의 유창성에 대한 정보를 얻는다. 종종 부모는 치료실에서 아이가 집에서만큼 말을 더듬지 않는 것 같으면, 집에서 아이의 발화를 녹음하여 보

여 주고 싶어 한다. 우리는 치료실에서 아이가 말을 더듬지 않는다고 아이를 별 문제가 없는 것으로 보고 그냥 돌려보내지는 않을 것이란 것을 부모에게 다시 확인해 준다.

♠ 말더듬 음절 비율(% syllables stuttered)
♠ 비유창성 유형
♠ 말속도

유창성 분석을 위해 아동의 발화샘플을 녹음 또는 녹화한다. 이 샘플은 아이가 언어재활사나 부모와 놀이하는 상황에서 얻을 수 있지만, 쉽지만은 않다. 반면 의자에 앉아서 그림 자극을 이용하는 것은 비교적 쉽다. 우리는 '무엇이 잘못되었지?(이상한 그림 찾기)'('What's wrong'; SDA, 1988; Speechmark, 2007) 그림을 이용하여 발화 샘플을 얻는다. 이 자료는 재미있을 뿐 아니라 언어적으로도 의미 있는 발화 샘플을 유도하는 데 적절하다. 우리는 보통 10개 정도의 그림을 사용하여 아동의 발화 샘플을 모은다. 나중에 이 발화를 전사하고 분석하게 된다.

아이의 유창성은 또한 말·언어 평가 내내 관찰할 수 있고, 상호작용 비디오를 통해서도 확인할 수 있다.

이러한 관찰과 분석을 통해 다음과 같은 정보를 얻을 수 있다.

✤ 말더듬 비율
✤ 비유창성 유형, 말더듬 지속시간, 반복 횟수, 긴장이나 회피 등 부수 행동
✤ 말속도: 우리는 검사를 하는 동안 공식적으로 아동의 말속도를 측정하지는 않지만 여러 상황에서 주관적인 평가를 한다. 그리고 말속도를 아동의 전반적인 말·언어 능력 및 구강운동 능력과 비교해 볼 수 있다.

이러한 정보는 '아동 평가 기록지'의 앞부분에 있는 아동 평가 요약표에 잘 정리되어 있다.

참고 사항: 아동 평가 기록지의 앞 장에 기록한다.

많은 표준화된 평가도구를 사용하여 말을 더듬는 어린 아동의 말더듬 정도를 측정할 수 있다.

- 말더듬 중증도 검사 4[2](Stuttering Severity Instrument 4: SSI 4; Riley, 2009): 이 평가도구는 아주 약한 정도에서 심한 정도까지 말더듬을 평가하도록 만들어졌으며, 다음의 세 부분으로 나누어 측정한다. 말더듬 빈도, 말더듬 지속시간(가장 긴 세 개의 말더듬 평균 지속시간), 그리고 부수 행동 점수.
- 아동 말더듬 검사(Test of Childhood Stuttering: TOCS; Gillam, Logan, & Pearson, 2009): 만 4세부터 만 12세까지의 아동을 대상으로 하는 이 검사도구는 다음 항목들을 포함하고 있다. ① 표준화된 말유창성 측정(Speech Fluency Measure; 4개의 상황에서 말더듬 정도 측정), ② 관찰 평가척도(Observational Rating Scale; 부모와 선생님을 위한 관찰평가), ③ 기타 임상적 평가(Supplemental Clinical Assessment; 말더듬 빈도, 지속시간, 반복 길이, 말속도, 말의 자연스러움 평가). 이 검사로 표준점수(index score), 백분위 점수와 말더듬 정도(일반적인/경도/중도/심도 비유창성)를 알 수 있다.

만일 공식 검사를 사용할 수 없을 때는 주관적인 평가를 할 수 있다. 주관적 평가는 말더듬 빈도, 비유창성 유형, 그리고 말더듬과 동반되는 부수 행동 유무에 근거하여 경도, 중도 또는 심도로 평가할 수 있다.

이중언어 사용 아동: 만일 아동이 이중언어 사용자라면, 각각의 언어로 발화 샘플을 모으는 것이 추천된다. 이렇게 함으로써 우리는 아이의 각 언어의 발달 수준에 대한 정보를 얻을 수 있고, 언어에 따라 말더듬에 차이가 있는지도 알 수 있게 된다(Shenker, 2011). 우리는 이중언어 아동의 말에서 단일언어 사용 아동에 비해 간투사, 부분 낱말 반복, 구 반복, 음절/음운 반복과 같은 비유창성이 많이 관찰되는 것을 알고 있다(Byrd, 2018; Byrd et al., 2015). 이러한 비유창성은 두 개의 언어가 발달하는 과정을 반영하는 것으로 보인다. 우리는 이중언어 사용 아동의 정상적 비유창성을 말더듬으로 오인하는 일이 없도록 해야 한다. 또한 말을 더듬는 아이의 말더듬을 단지 이중언어 사용으로 인

---

2) 역자 주: 한국에서는 표준화된 유창성 평가도구로 파라다이스 유창성검사(Paradise Fluency Assessment II, P-FA II, 2010)를 사용할 수 있다.

한 정상적 비유창성으로 잘못 생각하는 일도 없어야 한다. 덧붙여서, 우리는 이중언어 사용 아동의 언어 전환(code switching; 한 언어로 말하다가 다른 언어로 말하는 것)을 회피 행동으로 평가하지 않도록 주의해야 한다.

> 이중언어사용 아동의 발화 샘플은 아동이 사용하는 모든 언어에서 각각 수집한다.

4. 아동의 관점

우리는 간단한 질문을 통해 아이가 자신의 말더듬을 인식하고 있는지 알아볼 수 있다. 질문은 학교나 집에 대한 사실 정보로부터 시작한다. 아이의 대답을 '아동 평가 기록지'(부록 4)에 적는다. 그리고 아이가 말더듬으로 인해 학교에서 따돌림을 당한 적은 없는지, 있다면 어떤 일이 있었는지 물어본다.

❖ 아동에게 자신의 말에 대해 묻기

전통적으로 사람들은 어린 아이의 말더듬은 못 본 척 무시하고 가능한 아이가 자신의 말더듬에 관심을 두지 않도록 했다. 이것은 말에 대한 관심이 아이의 말더듬을 악화시킬 것이라는 두려움에 근거한 것이다. 하지만 이와 같은 조언은 이제 더 이상 근거가 없는 것으로 판명되었고, 언어재활사들은 아이에게 직접적으로 말더듬에 대해 질문하는 것을 염려할 필요는 없다.

> 카일리, 만 4세: "난 어어어 이렇게 말해요."

> 대니얼, 만 6세: "말하는 게 어려워요. 숨이 막히는 거 같아요. 그래서 크게 숨을 쉬어야 해요."

> 기안, 만 3세: "이상한 말을 하는 게 싫어요."

종종 부모들은 평가 중 직접적으로 아이에게 말더듬에 대해 물어보는 것을 걱정하기도 한다. 특히, 평가 받는 이유를 아이에게 설명하지 않는 경우에 더 그러하다. 그리고 자신의 아이는 말더듬을 인식하지 못하고 있으며 걱정하는 모습을 전혀 보이지 않는다고 말하기도 한다. 필요하다면 우리는 아이가 자신의 말더듬을 인식하고 있는지 알아보는 것이 왜 중요한지 부모에게 설명하고 이것이 아이의 말더듬을 악화시키지 않는다는 점을 알리며 부모를 안심시킨다. 말을 더듬는 많은 아이들이 자신의 말 문제를 인식하고 있다.

따라서 우리는 아이에게 자신의 말과 말에 대한 감정뿐 아니라 말 문제에 대한 도움이 필요한지 직접 물어본다. 이것은 아이가 자신의 말더듬에 대해 어떻게 이해하고 있는지, 말더듬이 아이에게 어떤 영향을 주고 있는지 그리고 말더듬을 줄이기 위해 어떤 전략을 쓰는지에 대한 정보를 알려 준다.

말더듬 인식의 초기 징후로 아이는 말을 더듬을 때 고개를 돌리거나 자신의 말을 자주 의식하는 모습을 보여 준다. 이러한 반응은 아이가 직접 표현하기 전에 관찰될 수 있다.

아이가 말더듬을 전혀 인식하고 있지 않다면 이는 매우 명확히 보인다. 아이는 말하는 것에 문제가 없으며 쉽다고 보고한다. 그러면 말에 대해 더 이상 질문하지 않는다.

❀ 아이에게 대답할 수 있는 충분한 시간 주기

어떤 아이는 대답할 때 충분한 시간이 필요하다는 점을 명심해야 한다. 아이는 아마 말더듬에 관해 처음으로 질문을 받았을 수 있고, 그처럼 복잡한 문제에 대해 생각할 시간이 필요할 수 있다.

❀ 아이의 언어를 사용하라.

아이가 말더듬에 대한 인식을 표현하고 설명할 수 있으면, 우리는 아이의 언어에 맞추어 다음 질문을 한다. 예를 들어, 어떤 아이가 '말더듬'이라고 표현하는 대신 '힘든' 혹은 '막힌다'라고 표현하면 다음과 같이 그 단어를 사용하여 질문하도록 한다. "그럼 네 말이 막힐 때 어떤 일이 일어났는지 말해 줄래?" 또는 "그럼 네가 말이 힘들 때 도움을 받고 싶니?"

❀ 말더듬 행동의 예를 제시하기

어떤 아이들은 말더듬을 인식하고 있지만 어떻게 설명해야 할지 모르는 경우가 있다. 만일 아이가 말하는 데 어려움이 있다고 보고하면, 다음과 같이 질문하도록 한다.

선생님을 만나러 오는 아이들 중에는 말이 잘 안 나와서 "내내내내내 이름은……"이라고 말한단다. 너도 그런 적 있니? 어떤 아이들은 "내 이-----름은……"이라고 하기도 해. 이런 적 있니? 가끔 아이들은 "내 [막힘]이름은……"이라고 하는데 너도 이런 적 있니?

어떤 아이들은 이렇게 예를 들어주면 자신의 말하는 방식을 인지하고 더 자세히 설명할 수 있게 된다. 우리의 경험으로는, 말더듬을 인식하지 못하거나 말더듬에 대해 말하고 싶어 하지 않은 아이들은 그냥 "난 하기 싫어요"라고 말할 것이다.

우리는 또한 유아용 의사소통태도검사(KiddyCAT; Vanryckeghem & Brutten, 2007)를 사용하여 만 3세부터 6세까지의 말을 더듬는 아동의 의사소통 태도를 평가한다. 이 검사도구는 12개의 '예/아니요' 질문으로 이루어져 있으며 다음과 같은 질문을 한다. "너는 입에서 가끔 낱말이 막혀서 안 나올 때가 있니?", "사람들이 네가 말하는 모습을 좋아하니?" 말을 더듬는 아동과 더듬지 않는 아동의 평균점수가 제시된다. 높은 점수는 말에 대한 부정적인 태도를 갖고 있음을 의미한다. 치료 기간 동안 이 평가도구를 반복적으로 사용하여 아이의 의사소통 태도에 변화가 있는지 살펴본다.

사례 연구: 이샨(만 4세)

아동 평가

이샨은 처음에 조용했지만 시간이 갈수록 말을 더 많이 하였다. 이샨은 막힐 때를 제외하고 말하고 듣는 대부분의 시간 동안 눈맞춤을 유지하였다. 처음에는 언어재활사의 질문에만 대답을 하였지만, 평가 마지막 즈음에는 대화를 먼저 시도하거나 스스로 길게 말하기도 하였다.

이샨은 중간 정도의 말더듬을 보였는데, 전체 낱말 및 부분 낱말 반복에서 최대 4회의 단위당 반복 수를 보였으며 최대 3에서 4초의 연장과 막힘도 보였다. 이샨은 말이 막힐 때 말더듬을 의식하는 것으로 보였으며 단어를 억지로 말하려 할 때 긴장도 관찰되었다. 아이는 8.4%의 음절에서 말더듬을 보였다. "말하는 것이 종종 어렵니?"라는 질문에 "그렇다"라고 대답하였으며, "어떻게 어렵니?"라고 물으니 "단어가 막혀서 안 나와요."라고 하였고, 그래서 "슬프다"라고 말했다.

유아용 의사소통태도검사(KiddyCAT; Vanryckeghem & Brutten, 2007): 이샨은 6점을 받았다. 이샨 아동의 평균과 비교하였을 때, 이샨의 말에 대한 부정적 태도는 말을 더듬는 또래와 비슷한 정도로 나타났다.

비공식적 평가에 의하면 이샨의 수용 및 표현언어는 동일 연령 또래 아동과 유사한 발달 수준을 보인다. 아이는 시간을 충분히 주면 자기의 생각을 잘 표현하는 것으로 보이나 가끔 빠른 말속도를 보인다. 이샨은 자기의 생각을 표현하려고 할 때, 다음절 낱말 반복과 구 반복, 그리고 수정을 보였다.

사례 연구: 제이크(만 6세)

아동 평가

제이크는 전반적으로 자신 있게 말한다. 아이는 말하고 들을 때 눈맞춤을 유지하나 말더듬이 길어질 때는 다른 곳을 쳐다보았다. 아이는 평가에 매우 협조적이었고, 집중도 잘 하였다.

아이의 말더듬은 중증도에서 심함으로 나타났고, 14%의 음절에서 말더듬을 보였다. 비유창성 유형으로 주로 소리 연장과 막힘을 보였는데 막힘은 최대 3초까지 지속되었다. 아이는 가끔 전체 낱말 반복과 부분 낱말 반복을 보였다. 아이는 또한 얼굴을 찡그리거나 몸을 움직여 말더듬에서 빠져나오려고 하는 등 부수 행동을 보였다. 아이가 가끔 하려던 말을 바꾸는 것도 관찰되었다.

"엄마가 왜 여기에 데려온 것 같니?"라는 질문에 아이는 자기가 말을 더듬어서 그렇다고 대답하였고, 가끔씩 말하는 게 힘들다고 하였다. 아이는 자기 말이 종종 막히고, 단어를 말하는 데 오래 걸린다고 하였다. 아이는 말더듬 때문에 기분이 안 좋다고 하였고, 친구들이 자기가 말하는 동안 기다리기 힘들까 봐 걱정된다고 하였다. 말을 천천히 하는 게 도움이 된다고도 하였다. 아이는 말더듬 때문에 가끔 하려던 단어를 바꾸어 말하거나 말을 줄인다고 하였다. 아이는 자기의 말에 대해 도움을 받고 싶어 했다.

유아용 의사소통태도검사(KiddyCAT; Vanryckeghem & Brutten, 2007): 제이크는 6점을 받았다. 제이크 또래의 말더듬 아동의 평균과 비교하였을 때, 제이크의 말에 대한 부정적 태도는 또래 수준으로 나타났다.

수용 및 표현언어에 대한 공식적 평가에 의하면, 아이의 언어 수준은 동일 연령 또래보다 높은 것으로 나타났다. 아이는 어휘력이 좋았으며 문법적으로 복잡한 긴 문장을 구사하였다. 아이는 또한 빨리 말하는 편이었다.

5. 평가 요약지 완성하기

평가 1회기 이후

♠ 말·언어 평가 분석하기

♠ 발화 샘플에서 말더듬 분석하기

♠ 아동 평가 기록지 완성하기

♠ 요약지 윗부분 완성하기

♠ 아이에게 필요한 것은 무엇인가?

♠ 부모-아동 상호작용 비디오 분석하기

　　아이의 평가가 끝나면, 우리는 아이의 말·언어 검사 결과를 정리하고 발화 샘플을 전사하고 말더듬과 부모-아동 상호작용을 분석한다. 검사 결과는 '아동 평가 기록지'에 적고, 아이의 사회적 의사소통 기술에 대한 관찰 내용도 덧붙인다. 이 정보는 요약지의 처음 부분에 다시 옮겨 적는다.

　　요약지의 윗부분에 아이의 말더듬의 시작과 발달에 영향을 미치는 여러 가지 요인들이 적혀 있다. 아동 평가(그리고 이후 사례 면담)를 통해 얻은 정보를 바탕으로 해당 아동의 말더듬에 영향을 주는 강점과 약점을 적는다. 각 평가 항목의 오른쪽에 표시란이 있다. 신경 발달(neurodevelopment)을 기본 요인으로 체크하고 아이가 남자면 성별(sex)에 남자로 체크한다.

아이에게 필요한 것은 무엇인가

　　다음으로 요약지의 중간 부분을 작성한다. 우리는 아이가 유창해지기 위해 무엇이 필요지 생각해 본다. 이것은 치료 목표의 틀을 잡아 준다.

예

❖ 아이가 충분한 시간을 갖고 말하게 하고 다른 사람들도 아이에게 충분히 말할 시간을 주게 한다.

❖ 표현언어를 증진한다.

❖ 자신감을 키운다.

〈표 5-1〉 **요약지 윗부분**

생리적 요인		말 운동 요인	
신경 발달		말더듬 빈도	
말더듬 가족력		말더듬 정도	
성별		말더듬 기간	
피곤함		변화 패턴	
건강 상태		**빠른** 말속도/**빠른** 속도로 단숨에 말하기	
		발화 간 쉼 두기 부족	
언어 및 의사소통 요인		심리적 요인	
말·언어 발달 지체		자신감 부족	
수용언어 능력 저하		말더듬에 대한 아동의 인식/걱정	
표현언어 능력 저하		말더듬에 대한 반응	
단어 찾기 어려움		예민한 성향	
조음장애		불안/걱정	
상위 언어 기술		수줍음	
말·언어 능력 불일치		감정적 반응 증가	
이중언어 능력		높은 기대수준	
길게 말하기/교대로 말하기		변화에 대한 부적응	
눈맞춤 부족			
집중력 부족			
환경적 요인			
부모의 걱정 정도			
말더듬에 대한 솔직한/예민한 태도			
말더듬에 대한 표현			
훈육			
반복적인 일상			
가족 내 교대로 말하기			
생활의 속도			
유치원/학교 관련 문제			

〈표 5-2〉요약지-아이에게 필요한 것은 무엇인가?

	아이에게 무엇이 필요한가요?
1	
2	
3	

상호작용 분석

요약지 아랫부분에는 비디오 분석 시 유용한 상호작용 전략이 포함되어 있다. 아동 검사에서 얻은 정보를 바탕으로 영상 분석을 실시한다.

우리는 부모와 아동 간 상호작용 패턴을 다음의 두 가지 관점으로 살펴볼 것이다.

1. 아동의 말, 언어, 의사소통 능력과 취약점을 포함하는 개요
2. 의사소통 자신감이나 유창성과 관련하여 부모가 이미 사용하고 있는 향상 전략이 나 언어촉진 전략

모든 부모에게 추천하는 기본이 되는 하나의 상호작용 전략은 없다. 그리고 모든 언어 및 유창성 촉진 전략이 누구나 사용하기에 적절한 것은 아니다. 어떤 전략은 어떤 특별한 문제가 있는 아동에게 적절하다. 예를 들어, 부모의 말속도가 아이보다 빠르다면, 부모의 말속도를 대상으로 하는 것이 적절할 것이다.

〈표 5-3〉요약지-상호작용 전략

상호작용 전략	A	B		C	
		어머니	아버지	어머니	아버지
아동 주도 따르기					
충분한 시간 주기					
쉼 두기와 속도					
눈맞춤					
언어 자극					
서술하기와 질문하기					
기타					

〈표 5-4〉 **요약지-중요 질문**

A	이 전략을 사용하는 것이 아동에게 유익할까요?
B	어머니/아버지는 이 전략을 조금이라도 사용하고 있나요?
C	어머니/아버지가 이 전략을 더 많이 사용하는 것이 도움이 될까요?

A. 이 전략을 사용하는 것이 아동에게 유익할까요?

A 항목을 시작으로 언어재활사는 아이의 강점과 취약점을 고려하여 적절한 상호작용에 표시한다. 모든 전략들은 말을 더듬는 아동에게 도움이 되겠지만 아동 평가에서 얻은 아동에 대한 정보를 바탕으로 각 아동의 특징에 맞는 특정 전략에 목표를 둘 것이다.

B. 어머니/아버지는 이 전략을 조금이라도 사용하고 있나요?

이와 같이 어떤 상호작용 전략이 아이의 유창성에 도움이 되는지 알아내면, 그다음은 요약지를 이용하여 각 부모가 도움이 되는 전략을 이미 사용하고 있는지 평가하여 'B'열 아래 표시를 한다. 이것은 아이와 부모가 함께 놀이하는 영상을 보면서 작성한다. 만일 부모가 아이와 각각 놀이를 하였다면, 각 부모가 사용하는 전략을 찾아 'B' 열 아래에 있는 '아버지' 또는 '어머니' 열 아래 표시한다.

우리는 영상에서 부모가 아이의 유창성에 특별히 유익한 전략을 사용하는지 찾아본다. 만일 부모가 이미 사용하고 있는 걸 발견하면 'B'열 아래 표시한다.

C. 어머니/아버지가 이 전략을 더 많이 사용하는 것이 도움이 될까요?

만일 우리가 생각하기에 부모가 이미 사용하고 있는 전략을 좀 더 자주 사용하는 것이 아이에게 도움이 된다면, 이것을 치료 목표로 삼고 요약지의 'C' 아래 표시를 한다.

상호작용 비디오 분석에서 얻은 정보를 바탕으로 우리는 진단과 추천(Formulation; 제6장을 보라.)을 작성하고 치료에 대한 의사 결정을 할 것이다. 여기에 표시된 것은 우리가 부모에게 지시해야 하는 것으로 생각하면 안 된다. 그보다 이 정보는 아이에게 무엇이 필요할지 안내를 하는 것으로 생각하는 것이 좋다. 또한 사례 면담지에서 보고된 아이의 모습이 부모-아동 상호작용에서도 관찰되는지 확인하기 위해 비디오를 다시 찾아봐야 할 수도 있다. 예를 들어, 사례 면담 중 부모가 자녀에 관해 독립적이고 무엇이든지 스스로 하기를 좋아한다고 보고하였다면, 부모−아동 상호작용 비디오에서 놀이를 하는 동안 부모가 아이의 주도를 따르고 있는지 관찰한다.

부록 3을 보고 부모−아동 상호작용 검사의 요약지를 참조하라.

사례 면담

사례 면담(The Case History)

♠ 부모/주 양육자를 통해 정보를 얻는다.

♠ 효율적이고 비용을 절감한다.

♠ 아이를 지지한다.

♠ 배운 것을 가정에서도 사용할 수 있도록 도와준다.

♠ 변화에 대한 책임을 공유한다.

♠ 이해를 공유한다.

우리는 가능한 부모를 포함한 아이의 모든 주 양육자들이 사례 면담 시간에 참여하기를 권고한다. 물론, 이것이 부모의 상황−예를 들어, 편부모가 이전 배우자와 연락이 닿지 않는 경우−에 맞지 않을 수도 있다. 이혼한 부모가 아이를 돕기 위해 함께 참여할 수도 있으나, 만일 사이가 좋지 않은 경우 이것은 적절하지 않아 보인다. 이런 경우 우리는 종종 각 부모를 다른 시간에 방문하도록 하여 면담을 진행한다. 만일 부모가 새로운 사람과 관계를 맺었다면, 사례 면담 시간에 새 배우자를 오게 하는 것이 적절할 수 있다. 어떤 부모는 직장(군복무나 해외 근무)이나 개인적인 이유(난민)로 아동 및 배우자와 떨어져 살기도 한다.

부모는 자녀를 동반하지 않고 면담에 참여한다. 이것은 아이의 말더듬과 자신의 감정에 대해 부모가 좀 더 솔직하게 말하게 도울 수 있다. 또한 아이를 동반하지 않으면, 부모는 가족 내에서 아이의 말에 영향을 미치는 요인이 무엇인지 더 편하게 논의할 수 있다.

평가 이전에 우리는 부모에게 페일린 부모평가척도(Palin PRS; Millard & Davis, 2016)를 작성해 오게 한다. 만일 부모가 작성해 오지 않을 경우, 사례 면담을 시작하기 전에 치료실에서 이것을 먼저 끝내도록 한다.

사례 면담지 작성하기

사례 면담지는 가족 내에서 아이와 아이의 말더듬에 대한 정보를 얻기 위한 질문으로 구성되어 있다. 이것은 어떤 요인이 아동의 말더듬의 시작과 발달에 영향을 미쳤는지 알려 주고, 아동이 얼마나 지속적으로 말더듬에 취약한 상태에 있었는지에 대한 정보를 제공한다. 아동의 부모는 정보 제공자이지만 자신의 잘못으로 인해 아이의 말더듬이 시작되었을까 봐 걱정한다. 따라서 면담 처음부터 이러한 걱정을 덜어 주는 것이 중요하다. 우리는 면담 초기에 다음과 같이 말하면서 부모의 걱정을 줄여 준다.

"말더듬은 매우 복잡한 문제이고 과연 무엇이 말더듬을 일으키는지에 대한 많은 연구가 진행되어 왔습니다. 연구에 의하면 부모는 아이의 말더듬의 원인이 아닙니다. 아이에 대해서는 여러분이 그 누구보다도 더 잘 알고 있기 때문에, 이 평가 시간 동안 여러분의 도움이 매우 필요합니다. 이제 제가 하는 질문들은 아이와 아이의 말더듬에 대해 더 잘 이해하기 위한 것입니다. 질문에 대한 답은 맞고 틀린 답은 없습니다. 그리고 두 분이 다른 의견을 주실 수도 있습니다."

"이 면담이 끝나면, 여기에서 얻은 정보와 아동 평가에서 얻은 정보를 종합하여 어떤 요인이 아이의 말더듬에 영향을 끼쳤고, 우리가 어떻게 대처해야 하는지에 대해 설명할 것입니다. 그리고 말더듬에 대한 이해를 돕기 위해 전반적인 말더듬에 대한 정보를 나눌 것입니다. 질문이 있으시면 언제든지 해 주세요."

사례 면담지는 부록 6에 있으며 다음과 같이 구성되어 있다.

- 세부 인적 사항
- 말더듬
- 의사소통
- 건강과 발달
- 식습관과 수면
- 성격
- 친구관계
- 가족력
- 학교생활

✤ 훈육

✤ 발달 정보

면담을 하는 동안 분명하지 않은 표현이 있다면 말을 바꾸어 다시 물어본다.

예

✤ "아이가 민감한 편인가요?"("아이가 다른 사람의 감정을 잘 알아차리나요? 아이가 다른
사람들이 화를 내면 걱정하나요?")

✤ "아이가 협응에 문제가 있나요?"("아이가 움직임이 서투른 편인가요? 아이가 자전거를
타거나 공을 잡거나 단추를 잠글 수 있나요?")

어떤 질문은 아동 평가나 초기 검사 때 이미 다룬 부분일 수 있다. 하지만 다음과 같
은 이유로 부모들에게 다시 물어볼 필요가 있다.

✤ 초기 검사나 아동 평가에서 얻은 정보들은 아직 완전한 정보가 아닐 수도 있다.

✤ 아이의 말더듬이나 부모의 반응은 시간이 지나면서 변할 수도 있고 아이의 말더듬
에 대한 다른 특징이 추가로 발견될 수도 있다.

✤ 일반적으로 우리가 아이에 대해 설명하는 것보다 부모가 아이에 대해 발견한 것을
말하게 하는 것이 더 의미 있다.

면담 시간 동안 부모의 반응을 사례 면담지에 적는다. 아이의 말더듬을 이해하는 데
중요한 정보는 형광펜으로 강조한다.

비밀보장

언어치료 시 우리는 부모에게 정보에 대한 비밀보장이 어떻게 이루어지는지 설명한
다. 예를 들어, 다음과 같이 말할 수 있다.

"이 평가로 얻은 정보는 이 센터 외부로 유출되지 않을 것입니다. 하지만 전문가로서 아이에게 최선의 선택
이라고 판단될 때, 우리는 이 정보를 다른 기관에 보낼 수도 있습니다."

부모-언어재활사 관계

언어재활사는 이미 아동 평가 시간에 부모와 만났지만, 사례 면담 시간에 비로소 부모와 언어재활사 간에 치료적 관계가 시작되고 이러한 관계는 이후 치료의 궁극적인 성공을 위해 매우 중요하다. 언어재활사는 부모의 감정, 희망 그리고 걱정에 동감하는 모습을 보여 주고 상호 신뢰와 이해를 바탕으로 한 관계를 발전시키도록 한다. 부모는 언어재활사가 자신이 무슨 말을 하든 자신을 판단하지 않을 것이라는 것을 알 필요가 있다.

사례 면담지는 직접적인 질문과 주관식 질문을 포함하고 있으며 부모들은 여기에 자신의 걱정이 무엇인지 자신의 언어로 적는다. 부모로부터 필요한 정보를 얻기 위해 질문하기, 경청하기, 수용하기, 반영하기, 요약하기와 같은 상담 기술을 사용한다.

질문의 이유에 대한 이해

언어재활사들이 부모에게 왜 이러한 질문을 해야 하는지 그 이유를 이해하는 것이 중요하다. 우리의 경험상, 언어재활사들이 질문에 대한 이유를 이해하면 더 자신 있게 질문을 한다. 비록 대부분의 부모는 우리가 던진 질문에 성의 있게 대답을 해 주지만, 어떤 경우 왜 이러한 질문에 대답을 해야 하는지 부모가 알기를 원한다면, 우리는 답을 줄 준비가 되어 있어야 한다.

부모가 자주 쓰는 단어를 사용해서 설명하기

상담 중 부모가 자주 쓰는 용어들을 메모하여 진단과 추천 시간에 그 용어를 사용하도록 한다. 이렇게 하는 이유는 부모에게는 그들이 사용하는 용어가 우리가 선택한 용어보다 더 의미 있게 들리기 때문이다. 예를 들어, 만일 부모가 아이가 가끔 말하고 싶은 단어를 생각해 내는 데 어려움을 겪는다고 보고한다면, 우리도 부모의 이러한 표현을 그대로 사용하여 설명하는 것이 전문용어를 사용하여 설명하는 것보다 훨씬 영향력이 클 것이다.

면담 형식

면담은 가능한 주제에서 벗어나지 않도록 구성되어 있고, 면담을 하는 동안 모든 요인을 조사하도록 한다. 부모는 아이의 유창성에 대해 가능한 많은 정보를 주고 싶어 한다. 그러나 이렇게 부모의 말을 따라가다 보면 사례 면담지의 순서대로 정보를 적기 어렵게 되고, 문제 몇 개를 뛰어넘을 위험도 있다. 부모가 여러 정보를 한번에 말하려 한다면, 잠시 부모의 말을 멈추게 하고 몇 가지 질문은 뒤에서 다시 물어볼 것이라고 알려준다. 예를 들어, "아주 중요한 질문을 하셨습니다. 먼저 이 얘기를 끝내고 이 질문을 나중에 다루도록 할게요."

진단과 추천 시간까지 조언과 정보를 지연하기

때때로 부모는 사례 면담 시간에 아이의 말더듬에 대한 정보와 조언을 듣고자 한다. 부모들은 아이의 말더듬의 원인에 관해 직접적으로 질문을 한다. 예를 들어, 아이가 말더듬에서 벗어날 수 있을지, 그리고 부모가 아이의 말더듬에 어떻게 반응하면 되는지 등을 물어본다. 사례 면담 시간에 우리는 이러한 질문에 대답하는 대신, 부모에게 이 면담이 끝날 무렵에 이 질문으로 다시 돌아와 답을 주겠다고 한다. 우리는 질문에 바로 답을 하지 않고 기다릴 때 부모가 새로운 정보를 더 많이 주는 것을 발견했다. 평가가 끝날 무렵 우리는 더 정확한 조언을 제공할 수 있을 것이고 부모도 역시 아이를 종합적으로 이해한 후 우리의 추천 사항을 더 잘 받아들일 수 있을 것이다.

말더듬

"말더듬 이외에 걱정되는 문제가 있나요?"

"만일 그렇다면, 지금 가장 걱정되는 문제는 무엇인가요?"

우리는 면담을 시작할 때 말더듬 이외 다른 문제가 있는지 부모에게 물어본다. 예를 들어, 건강이나 행동 문제, 그리고 발달상 여러 영역에서 지체를 보이는지 물어볼 수 있다. 만일 부모가 말더듬 이외 다른 고민이 있다면 부모가 가장 걱정하는 문제가 무엇인지 아는 것이 중요하다. 이것은 우리가 아동의 말더듬의 맥락을 이해하여, 아동의 말더듬이 가족의 우선순위에서 어디쯤 차지하고 있는지 알 수 있게 도와준다.

❖ 말더듬에 대한 묘사

"아이가 말을 더듬을 때 어떤 행동을 하나요?"

이전에 설명하였듯이, 아동 평가 회기 동안 아이의 유창성 정도가 아이의 일반적인 말 행동을 보여 주지 않을 수 있으므로, 아이의 말더듬에 대해 부모로부터 직접 정보를 얻는 것이 중요하다. 우리는 부모가 아이의 유창성에 관해 가능한 많은 정보를 알려 주도록 격려한다. 어떤 부모는 아이의 말더듬 특성을 정확히 묘사할 수 있지만 다른 부모는 우리가 더 자세한 질문을 하거나 말더듬 유형의 예를 들어주는 것이 필요할 수도 있다. 예를 들어, "아이가 '빵, 빵, 빵'과 같이 한 단어를 반복하나요?", "아이가 '빠빠빵'과 같이 부분 낱말 반복을 보이나요?", "'엄————마'와 같이 소리를 길게 연장하나요?", "말이 막혀서 아무 말도 나오지 않을 때가 있나요?", "아이가 말을 더듬을 때, 몸을 움직이거나 얼굴을 찡그리거나, 눈을 깜박이거나 시선을 피하나요?"라고 물으면 도움이 된다.

❖ 아이의 말더듬 인식과 말더듬에 대한 반응

"아이가 자신의 말더듬을 인식하고 있나요?", "아이가 자신의 말더듬에 대해 걱정하고 있나요?", "왜 그렇게 생각하시나요?"

"말더듬이 아이의 자신감에 영향을 주는 것 같은가요?"

"아이가 어떤 단어나 특정 상황에서 말하기를 피하나요?", "말하다가 중간에 포기하기도 하나요?", "아이가 말더듬을 숨기기 위한 행동을 하나요?"

말더듬 인식의 징후

♠ 손으로 입을 가린다.

♠ 다른 곳을 쳐다본다.

♠ 말을 멈추고 다시 말한다.

♠ 입을 당긴다.

♠ "말이 안 나와요"라고 말한다.

아이가 자신의 말더듬을 인식하고 있는지 그리고 그것이 아이의 의사소통과 자신감에 어떤 영향을 미치는지 이해하는 것이 중요하다. 어떤 아이들은 자신의 말더듬을 인식하더라도 크게 거리낌이 없어 보이지만, 어떤 아이들은 아주 초기부터 자신의 말더

듬을 인식하고 있고, 이 때문에 말하는 것을 피하기도 한다. 우리는 부모에게 아이가 어떤 점에서 말더듬을 인식하고 걱정하고 있는 것으로 보이는지 물어볼 수 있다. 아이는 하려던 말을 포기할 수도 있고 말하는 것이 어렵다고 말할 수도 있고, 자의식을 보이기도 한다. 우리의 임상 경험으로 볼 때, 아이가 자신의 말더듬을 인식하고 그에 대해 부정적 반응을 이미 보이고 있다면, 치료가 추천된다.

✤ 말더듬 관리 전략

"아이가 자신의 말더듬을 관리하는 방법을 알고 있는 것 같나요?"

아이는 자신의 말더듬을 줄이기 위해 이미 무언가를 하고 있을지도 모른다. 그렇다면, 어떤 시도인지, 그리고 이것이 도움이 되는지 파악하는 것이 중요하다. 부모가 아이에게 말더듬을 관리하는 방법을 이미 가르쳐 주었을 수도 있고 이전에 받았던 언어치료에서 배웠을 수도 있다.

✤ 말더듬의 시작

"아이가 언제부터 말을 더듬기 시작했나요?"

"아이가 처음 말을 더듬었을 때 어떤 특별한 사건이 있었나요? 예를 들어, 전학이나, 동생의 출생, 이사 또는 가족 내 다른 변화가 있었나요?"

"말더듬이 갑자기 시작되었나요, 아니면 서서히 시작되었나요?"

"그 이후에 말더듬에 변화가 있었나요? 있었다면, 어떤 변화였나요?"

우리는 아이가 얼마나 오랜 기간 말을 더듬었는지, 그리고 시간에 따라 말더듬이 어떻게 변화했는지 알아야 한다. 이 정보는 우리가 치료에 관한 결정을 할 때 도움을 주기 때문이다. 부모는 아이의 말더듬이 정확히 언제 시작되었는지 말하기 어려워할 수도 있다. 특히, 시작이 점진적이었다면 더욱 그럴 것이다. 그러나 말더듬의 시작을 물어볼 때 아이에게 일어난 어떤 사건—예를 들어, 어린이집에 처음 등원한 날, 휴일, 동생이 태어난 일이나 이사 등—과 연관을 지어 물어보면 부모가 조금 더 정확하게 말더듬 시작일을 보고할 수 있게 된다. 말더듬은 갑자기 시작될 수도 있고, 처음부터 심한 말더듬을 보일 수도 있다. 부모는 아이가 유창하다가 갑자기 말을 더듬거나 심지어 심하게 더듬게 되면 걱정을 많이 하게 된다. 말더듬의 변화란, 말더듬이 시간에 따라 감소하였는지, 유지되었는지 또는 증가하였는지를 말한다.

✤ 말더듬의 원인

"아이가 왜 말을 더듬기 시작했다고 생각하시나요?"

　부모는 종종 아이가 왜 말을 더듬기 시작했는지에 대한 나름의 이유를 생각해 낸다. 많은 부모들이 평가 이전에 인터넷으로 정보를 검색해 본다. 그래서 부모가 자신을 탓하거나 아이의 삶에서 힘들었던 순간들(예를 들어, 이사를 하거나 동생이 태어나거나 부모가 이혼하는 경우)로 인해 아이가 말을 더듬게 되었다고 생각하기도 한다. 이러한 생각과 걱정을 언어재활사에게 말하는 것은 중요하다. 진단과 추천 시간에 우리는 이러한 부모의 걱정을 줄여 줄 필요가 있을 것이다. 어려운 시기가 아이가 말더듬을 시작하는 시기와 우연히 일치했을 수 있다. 아이는 처음부터 말더듬에 취약하였고, 어려운 일들이 아이의 말더듬을 유발했을 수 있다. 또는 이러한 문제가 없었더라도 아이는 말더듬을 시작했을 수도 있다. 그리고 우리는 많은 가족들이 이와 유사한 어려움을 겪지만 대부분은 아이는 말더듬을 시작하지 않는다는 것을 안다.

　어떤 부모는 특정한 사건이 일어날 때 아이의 말더듬이 증가했다고 말하기도 한다. 이러한 사건들이 말더듬의 원인은 아니지만 아이의 말더듬에 영향을 미칠 수는 있다. 예를 들어, 이사를 할 때, 정신이 없어서 예측 불가한 상황이 되기도 하고, 아이는 흥분하거나 불안해할 수 있으며, 부모는 집을 정리하느라 아이를 돌보기 어려운 상황일 수 있다. 이와 같은 상황이 말더듬에 영향을 미칠 수 있다. 아이는 충분한 시간을 가지고 무엇을 말할지 생각하는 것을 어려워할 수 있으며, 말하고자 하는 것에 집중하기 어려울 수도 있다.

✤ 말더듬이 증가하거나 감소하는 상황

"언제 아이가 말을 가장 많이 더듬습니까?"

"언제 말을 가장 덜 더듬나요?"

　우리는 말더듬의 증가나 감소와 관련된 질문을 할 때, 아이의 말더듬이 좋아졌는지 혹은 나빠졌는지 묻지 않는다. 대신 말더듬이 늘었는지 줄었는지 묻는다. 어떤 부모는 아이의 말더듬이 언제 증가하거나 감소되었는지 잘 안다. 종종 부모들은 아이가 흥분하거나 복잡한 것을 빨리 설명해야 하는 상황에서 가장 많이 더듬는다고 보고한다. 또 다른 부모들은 아이의 말더듬에서 어떤 특별한 패턴을 발견하지 못했다고 보고하기도 한다. 우리는 종종 이러한 질문을 할 때 아이의 말더듬에 영향을 미치는 것이 무엇인지, 아이가 보다 자신 있게 의사소통할 수 있도록 하는 것이 무엇인지 감을 잡기 시작한다.

❖ 아이와 아이의 말더듬에 관해 이야기하는가?

어떤 부모는 아이와 말더듬에 관해 솔직하게 이야기하며, 사실 그대로 말할 수 있다. 그러나 다른 부모들은 말더듬에 관해 이야기하는 것 자체가 아이의 말더듬을 증가시킬까 봐 걱정한다. 전에 말했던 것처럼, 우리는 부모가 아이와 말더듬에 대해 솔직하게 말하는 것이 괜찮다는 것을 이해하도록 도와준다.

❖ 말더듬을 무엇이라고 부르나?

우리는 부모가 말더듬을 언급할 때 무엇이라고 하는지, 예를 들어 말더듬이라고 하는지, 어려운 말이라고 하는지 알 필요가 있다. 말더듬에 대한 열린 태도를 권장할 때 말더듬을 뭐라고 지칭하는 것이 좋을지 논의할 것이다(부록 19).

❖ 부모가 어떻게 아이의 말더듬에 반응하나?

"아이가 말을 더듬으면 뭐라고 말하나요?"

부모:

형제자매:

"아이가 당신의 말에 어떻게 반응하나요?", "당신의 말이 도움이 되는 것 같나요?"

우리는 부모에게 아이가 말을 더듬으면 부모와 아이의 형제자매가 어떻게 반응하는지 물어본다. 이를 통해 아이가 지금까지 주변으로부터 어떤 피드백을 받고 있는지 알아본다. 우리는 부모가 어떤 말을 하든지 판단하지 않고 있는 그대로 받아들인다. 어떤 부모는 아이에게 '천천히 말해라', '숨을 크게 들이마셔라', '무슨 말을 할지 생각해라'와 같은 조언을 한다. 다른 부모는 어떤 조언을 하는 게 좋을지 몰라 그냥 아이의 말더듬을 듣고 무시한다고 한다. 부모들은 각자 다른 방식으로 아이의 말더듬에 반응한다. 우리는 또한 부모의 말과 행동에 아이가 어떻게 반응하는지에 대해서도 알아야 한다. 이를 근거로 우리는 현재 부모가 반응하는 방식이 아이에게 도움이 되는지, 아니면 도움이 되는 다른 방법은 없는지 생각해 볼 수 있다. 아이의 말더듬에 반응하는 방식에는 하나의 정답이 있는 것이 아니라는 것을 부모에게 알려 준다. 예를 들어, 우리는 어떤 아이들의 경우 '숨을 크게 들이마셔라'라는 조언이 불필요한 부수 행동으로 이어질 수도 있지만 다른 아이들에게는 이러한 조언이 도움이 될 수도 있다는 것을 안다.

　부모는 우리가 아이의 말더듬에 반응하는 가장 적절한 방법을 알려 주기를 요구하기도 한다. 이에 대해 우리는 부모가 이미 적용하고 있는 방법 중 도움이 되는 반응을 언급하며, 평가가 끝나고 아이에 대해 좀 더 자세히 알게 된 후에 하는 조언이 더 정확할 것이라고 말한다.

　❖ 아이에게 가장 도움이 되는 것은 무엇인가?

　부모들은 종종 아이에게 가장 도움이 되는 것이 무엇인지 본능적으로 알고 있고 우리는 치료 시간에 이러한 정보를 사용하여 발전시킬 수 있도록 도와준다. 대부분의 부모는 아이가 서두르지 않고, 말하려는 내용을 생각하는 시간을 갖거나 방해 받지 않고 말하거나 부모와 개별 시간을 갖는 것이 도움이 되었다고 보고한다. 우리는 진단과 추천 시간에 부모의 생각에 대한 피드백을 제공하여, 부모가 현재 이미 하고 있는 행동들이 도움이 되고 있다는 것을 확인해 준다.

> ♠ "일대일 시간을 가졌을 때 아이에게 도움이 되는 것 같아요."
> ♠ "제가 말을 빨리 하는 편이라서, 아이에게 말할 때 말속도를 줄이려고 해요."
> ♠ "'이런 그건 말하기 좀 어렵네.'라고 말하기도 해요."

　❖ 부모가 생각하는 말더듬 정도와 말더듬에 대한 걱정 정도, 그리고 말더듬 관리에 대한 지식과 자신감에 대한 평가

〈표 5-5〉 **페일린 부모평가척도(Palin PRS) 점수**

Palin PRS 점수	부모/양육자 1	부모/양육자 2
아동에게 미치는 영향		
말더듬 정도와 부모에게 미치는 영향		
지식과 자신감		

평가 전에 부모는 페일린 부모평가척도(Millard & Davis, 2016)를 작성해 온다. 아버지와 어머니가 아이의 말더듬 정도와 부모 자신의 걱정 정도에 대해 다른 평가를 내리는 경우가 종종 있다. 우리는 사례 면담 시간에 부모에게 자신들의 점수를 알려 준다.

"당신의 페일린 부모평가척도에 따르면, 당신은 말더듬이 아이에게 미치는 영향은 낮은 수준으로, 말더듬의 정도와 말더듬이 당신에게 미치는 영향을 높은 수준으로, 그리고 당신의 말더듬 관리에 대한 지식과 자신감은 낮은 수준으로 나타났습니다."

우리는 이 점수가 자신이 생각하고 느끼는 것을 잘 반영하고 있는지 부모에게 확인한다. 말더듬이 아이와 부모에게 미치는 영향과 부모가 아이의 말더듬에 대해 지지하는 데 필요한 지식과 자신감은 말더듬 아동에 대해 치료를 권고할 것인지 결정하는 데 중요한 정보가 된다. 우리는 부모가 걱정하거나 말더듬이 부모에게 영향을 미칠 때, 치료를 권고한다. 만일 부모가 아이의 말더듬에 대해 부정적인 생각과 감정을 갖고 있다면, 아이는 이러한 부모의 걱정을 읽고 자신의 부정적 반응을 발전시킬 수도 있다.

치료 기간 동안 페일린 부모평가척도(Millard & Davis, 2016)를 여러 번 실시하여 부모의 변화를 확인한다.

✤ 이전 치료 경험과 기대
"아이가 이전에 말더듬 치료를 받았나요?"

"어땠나요?", "무엇을 배웠나요?"

"오늘은 어떤 기대를 하고 오셨나요?"

우리는 부모가 이미 이 평가 이전에 언어치료나 다른 도움을 받았는지 알기를 원한다. 이 질문으로 우리는 부모가 이전에 받았던 치료에서 이미 배운 점과 아이의 유창성에 도움이 되는 것에 대해 이미 알고 있는 것이 무엇인지 알 수 있다. 그리고 부모의 치료에 대한 기대를 아는 것도 중요하다. 만일 부모가 비현실적인 희망을 갖고 있다면, 사례 면담 시간이 끝날 무렵에 이 문제를 다룰 필요가 있다.

의사소통
"아이가 말더듬 이외에 의사소통, 말 그리고 언어에 문제가 있나요?"

"아이가 또래 친구들과 말을 잘하는 편인가요?"

"아이가 분명하게 말할 수 있나요?"

"아이의 말속도는 어떤가요?"

우리는 아동 평가 시간에 아이의 말, 언어와 의사소통 능력에 대한 정보를 얻게 되지만, 이에 대한 부모의 관점을 아는 것도 중요하다. 우리는 부모에게 아이의 말속도에 대해 어떻게 생각하는지 묻는다. 이것은 매우 주관적인 평가이지만, 부모는 종종 아이가 특히 흥분할 때 조금 빨리 말하는 경향이 있다는 것을 본능적으로 안다.

평가를 통해 아이의 말, 언어 및 의사소통 능력에서 어떠한 지연도 발견되지 않을 수 있다. 그러나 부모는 일상생활 속 아이의 모습에서 이 영역에 대한 걱정을 가질 수 있다. 이 경우, 우리는 아이의 말, 언어, 의사소통 능력에 대한 심화 검사가 필요하다고 알려드린다. 아이가 겪는 어려움은 매우 섬세하여, 초기 선별 검사에서는 드러나지 않을 수도 있다. 어떤 경우에는, 또래 아동보다 뛰어난 언어 능력 때문에 복잡한 문장의 사용이 아이의 말더듬에 영향을 미치기도 한다.

❖ 이중, 다중언어 아동

"아이가 외국어나 다른 언어를 할 수 있나요?"

"만일, 그렇다면, 집에서는 누가, 어떤 언어로 말하나요?"

"이 언어를 아이가 얼마나 오래 배우고 있나요?"

"아이가 이 언어(집에서 쓰는 언어)를 또래 아이들만큼 잘하나요?"

"최근에는 어떤 언어를 선호하나요?"

"언어에 따라 말더듬에 차이가 있나요?"

이중언어 혹은 다중언어 사용 아동이 집에서 주로 사용하는 언어가 무엇인지 확인하는 것이 중요하다. 부모는 종종 언어에 따라 아이의 유창성이 달라지는 것을 느낀다.

부모는 또한 아이의 이중언어 사용이 말더듬의 원인일지도 모른다는 걱정을 하기도 한다. 어떤 부모는 아이에게 제2언어를 가르쳐 주고 싶어 하거나 부모의 모국어를 집에서 쓰도록 하고 싶어 하지만 아이가 말을 더듬을 때 이것이 좋은 생각인지 고민한다. 진단과 추천 시간에 우리는 이러한 고민에 대해 다룰 것이다.

아이가 이중언어를 사용할 때 보이는 정상적 비유창성을 말더듬으로 착각하지 않는 것이 중요하다. 부모로부터 얻은 정보와 아동 평가 시간에 얻은 발화 샘플은 아이의 비유창성이 이중언어 사용으로 인한 정상적 비유창성인지 말더듬인지 구분할 수 있도록 도와줄 것이다.

건강 상태와 신체 발달

❖ 건강 상태

"아이의 일반적인 건강 상태는 어떤가요?"

평가 기간에 아이의 건강에 문제가 생길 수도 있다. 이 경우, 우리는 이 문제가 아이와 가족에게 미치는 영향을 이해할 필요가 있다. 부모는 아이의 건강이 좋지 않을 때 말더듬이 더 심해진다고 느끼기도 한다.

❖ 청력

"아이의 청력을 걱정한 적이 있나요?"

"아이가 청력 검사를 받아 본 적이 있나요?"

우리는 부모에게 아이의 청력에 대해 물어봐야 한다. 대개 아이는 청력 검사를 받아 보았지만, 만일 부모가 아이의 청력에 대해 걱정하거나 아이가 청력 검사를 받은 적이 없다면, 청력 검사를 받도록 청능사에게 의뢰한다.

❖ 집중력

"아이의 집중력은 어떤가요?"

"아이가 여러 방해 요소가 있어도 집중을 잘할 수 있나요?"

"아이가 가만히 앉아 있을 수 있나요?"

"아이가 가만히 있지 못하는 성격인가요?"

우리는 부모에게 아이의 집중력이 어떤지 물어본다. 만일 아이가 또래보다 집중력이 부족하다고 보고할 경우, 아이가 학교에서도 이런 문제가 있는지 알아보는 것이 도움이 된다. 아이의 집중력은 아동 검사 시간에도 관찰할 수 있다. 아이의 집중력은 우리의 치료 결정에 영향을 끼칠 수 있다. 예를 들어, 아이와 함께 하는 직접치료는 아이가 잘 앉아 있을 수 있고 어른이 이끄는 활동에 집중을 할 수 있을 때 시작하도록 결정한다.

🍀 협응력

"아이의 협응력은 어떤가요?"

아이의 협응력은 아동 검사 시간에 관찰할 수 있지만, 부모가 어떻게 생각하는지 듣는 것도 중요하다. 만일 부모가 아이의 대근육이나 소근육 운동능력에 대한 걱정이 있거나, 아동 검사 시간에 어떤 문제가 발견된다면, 우리는 물리치료실이나 작업치료실에 더 자세한 검사를 의뢰해야 한다.

식습관과 수면

🍀 식사

"아이의 식습관에 문제가 있나요?"

"만일 그렇다면, 어떤 문제인가요?"

"그 문제에 대해 어떻게 대응하고 있나요?"

"대응 방법에 대해 부모님 두 분 모두 같은 의견인가요?"

"가장 도움이 되었던 것은 무엇인가요?"

우리는 다음과 같은 이유로 아이의 식습관에 대해 질문한다. 첫째, 만일 아이가 씹기나 삼키기에 어려움을 보이거나 많이 흘리며 먹는다면, 이것은 구강운동 능력의 결함을 보여 주는 것일 수 있다. 둘째, 식사 문제는 아이와 부모 간 갈등을 야기하며 이것은 가족생활에 전반적으로 영향을 끼칠 수 있다.

🍀 수면

"아이의 수면 습관은 어떻습니까?"

"아이가 몇 시에 잠자리에 드나요?"

"아이는 몇 시에 일어나나요?"

"아이가 중간에 깨지 않고 밤새 자나요?"

"아이가 자기 침대에서 자나요?"

"아이가 충분한 수면을 취하나요?"

많은 부모들이 아이가 잘 자고 나면 더 유창해진다고 보고한다. 따라서 우리는 아이가 충분한 수면을 취했는지 알기 위해, 수면습관에 대한 보다 구체적인 정보가 필요하다. 예를 들어, 부모는 아이를 재우는 것이 힘들다고 말할 수 있다. 또한 아이는 잠들고 싶어 하지 않거나 자기 침대에서 자려고 하지 않을 수 있다. 이러한 수면습관 문제로 부모는 매우 피곤할 수 있으며, 그 결과적으로 낮에 아이를 통제하기가 더 어려워질 수 있다.

성격

"아이의 성격은 어떻습니까?"

"아이가 밝은가요?"

"아이가 수줍음이 많은가요?", "이럴 때 어떻게 반응해 주시나요?"

"아이가 민감하다고 생각하나요?" (예를 든다) "이럴 때 어떻게 반응하시나요?"

"아이가 잘못을 했을 때 스스로 어떤 반응을 보이나요?" (예를 든다) "이런 경우 어떻게 반응하시나요?"

"아이가 다른 사람의 기분을 맞춰 주려고 하나요?"

"아이가 걱정이 많은 편인가요?" (예를 든다) "이에 대해 어떻게 반응하시나요?"

"아이가 쉽게 마음이 상하는 편인가요?" (예를 든다) "이에 대해 어떻게 반응하시나요?"

"아이가 쉽게 화를 내나요? 그렇다면 어떻게 화를 내나요? 주로 어떤 상황에서 그런 모습을 보이나요? 이것이 유치원(또는 학교) 생활에서 문제가 되나요?"

"아이가 충동적인가요?"

"아이가 정해진 일과를 선호하나요?"

"아이가 변화나 낯선 장소, 새로운 경험을 잘 받아들이는 편인가요?"

"아이가 독립적인 편인가요?"

아이가 정서적으로 민감하게 반응하는(emotionally reactive) 성격이라면, 다음과 같은 질문을 추가할 수 있다.

"아이가 화를 내거나 실수하거나 반복되는 일상에 변화가 생겼을 때 짜증을 낸 후 얼마나 빨리 진정되나요?"

"아이가 누구를 닮았나요?"

기질에 따라 말더듬에 대한 아이의 반응이 달라질 수 있다. 예민하거나 걱정이 많거나 완벽주의 성향인 아이는 자신의 말더듬을 발견하고 반응할 가능성이 높다. 이런 성격의 아이는 말을 더듬는 것에 대해 큰 스트레스를 받을 수 있다. 민감한 아이는 부모가 자신의 말더듬에 대해 걱정하는 것을 알아차리기 쉽고 이것이 아이의 말더듬에 영향을 미칠 수도 있다. 만일 부모가 아이의 성격이 감정적으로 반응하는 편이라고 한다

면(예를 들어, 쉽게 화를 내거나 실수하는 것에 민감하게 반응하거나, 일상의 변화를 싫어함),
우리는 아이가 얼마나 쉽게 자신의 감정을 조절하고 자신을 진정할 수 있는지에 대한
후속 질문을 한다. 그리고 우리는 부모가 아이의 힘든 기질에 어떻게 반응하는지 물어
본다. 왜냐하면 아이의 기질에 따라 다른 방식으로 양육하고 대응하는 것이 아이의 기
질로 인한 어려움을 중화시킬 수 있기 때문이다. 아이의 기질은 말더듬에 대한 아이의
감정과 함께 치료 시 중요한 고려 대상이다. 우리는 부모에게 아이의 성격에 대해 자신
의 말로 설명해 달라고 한다. 그리고 아이의 성격에 대한 더 자세한 정보를 얻기 위해
좀 더 구체적인 질문을 한다. 예를 들어, "아이가 전반적으로 민감한 편인가요? 아이가
걱정이 많은 편인가요? 아이가 다른 사람의 기분을 맞춰 주려고 하나요?" 우리의 경험
상, 많은 부모들이 자신의 아이가 매우 민감하거나 걱정이 많은 편이거나 완벽주의 성
향을 가지고 있다고 보고한다.

또한 우리는 아이가 어떤 상황에서 떼를 쓰는지 그리고 부모로서 그러한 상황에서
어떻게 대처하고 있는지 물어본다. 그리고 아이의 일과에 대해서도 질문하는데, 이유
는 어떤 아이들의 경우 큰 변화가 없는, 예상 가능한 일과를 보낼 때 더 유창하고, 일과
에 변화가 있을 때(예를 들어, 명절에) 말더듬이 심해지기도 하기 때문이다. 어떤 아이들
은 물건을 일렬로 배치한다든지 패턴에 집착하는 것처럼 좀 더 의례적인 행동을 보인
다. 만일 이러한 행동이 심해지면, 불안이나 다른 문제가 표출된 행동일 수 있으므로,
심리상담가의 도움이 필요할 수도 있다.

우리는 아이가 누구를 닮았는지 질문을 하여 부모의 기질에 대한 정보를 얻는다.

훈육

"아이가 말을 안 들으면 어떻게 하시나요?"

"두 분(부모)이 이런 상황에서 같은 방식으로 대응하시나요?", "일관적으로 반응하시나요?"

"아이는 어떻게 반응하나요?"

"현재 부모님이 다루기 어려운 아이의 문제행동이 있나요?"

부모가 아이의 행동을 통제하고 훈육하는 방식이 각기 다를 수 있다. 이것은 부모가
어린 시절 겪은 경험이 다양하고 문화적 기준이나 기대가 다를 수 있기 때문이다. 부모
의 훈육 방식이 법적으로 문제가 없는 한 우리는 그 방식에 대해 옳음과 그름을 판단하
지 않는다. 대신 우리는 부모가 훈육에 어려움을 갖는지 알아낸다. 어떤 부모는 자신의

훈육이 아이의 말더듬을 심하게 하지 않았나 걱정하기도 한다. 만일 가정 내에서 아이의 행동을 관리하는 문제가 자주 일어난다면, 이는 아이의 유창성에 영향을 미칠 수 있다. 이 경우, 우리는 치료할 때, 부모의 아동 훈육에 대해 가능한 지원하고, 필요하다면 관련 기관에 의뢰할 수도 있다.

아이의 친구 및 형제 관계

"아이의 친구관계는 어떻습니까?"

"아이는 친구가 많이 있나요?"

"유치원/학교 밖에서도 친구들과 만나나요?"

"학교에서 놀림을 받거나 따돌림을 당한 적이 있나요?"

"친구와 몸싸움을 하기도 하나요?"

아이가 친구들이나 형제자매와 어떻게 관계를 맺는지 관찰하면, 아이의 성격과 사회적 상호 소통 기술을 더 잘 알 수 있다. 또한 아이의 말더듬이 친구관계에 어떤 영향을 미치는지 살펴보는 것도 중요하다. 만일 아이가 놀림을 당하면, 이것은 아이가 자신의 말더듬을 더 인식하게 하고 자신의 말더듬에 대한 불안감을 높일 수 있다. 따라서 그런 상황에 대해 아이 스스로, 혹은 학교나 집에서 어떻게 대처하는지 알아볼 필요가 있다.

"형제자매의 이름과 나이는 어떻게 되나요?"

"형제자매와 잘 지내나요?"

형제자매 간 경쟁은 일반적인 일이며 걱정할 필요는 없다. 하지만 아이가 자기보다 나이가 많은 형제자매와 경쟁하거나 자기보다 어리지만 똑똑한 형제자매보다 더 잘하려고 하면서 스트레스를 받는지 살펴볼 필요가 있다.

"가족 내 대화 시간에 아이가 적절한 대화 규칙을 사용하나요?"

아동 검사 동안 아이가 대화 규칙과 차례를 지키며 말하는 모습을 보이는지 관찰한다. 그리고 사례 면담 시간에 부모가 이러한 대화 규칙을 어떻게 사용하도록 하는지 물어본다. 우리는 가족 구성원들이 차례를 지키면서 말하는지, 서로 말하려고 경쟁하는지, 다른 사람이 말할 때 끼어드는 경향이 있는지 알아야 한다. 그래서 만일 가정 내에서 이런 일들이 자주 일어난다면 우리는 치료 시 이러한 점을 다룰 수도 있다.

가족력

"가족이나 친척 중에 말을 더듬는 사람이 있나요?"

"그렇다면 그 사람이 지금도 말을 더듬나요?"

"그 사람은 언어치료를 받은 적이 있나요?"

"만일 치료를 받았다면, 결과는 어떠하였나요?"

이러한 질문은 초기 선별 검사 시 물어보고, 본 평가 때에도 확인한다. 이는 초기 선별 검사 때 가족력을 잘 몰랐던 부모들이 본 평가 시에 가족력에 대한 새로운 사실을 알고 보고할 수도 있다. 그리고 만일 가족 중 말을 더듬는 사람이 있다면, 말더듬에서 회복되었는지, 현재도 말을 더듬는지 확인하는 것도 중요하다. 만일 아이가 입양되거나 부모가 이혼한 경우 이러한 정보를 알아내기 어려울 수 있다.

면담 시간 동안 어떤 부모는 자신이 말을 더듬는다든지, 어렸을 때 말을 더듬었다고 보고하기도 한다. 이 경우, 부모 자신의 말더듬에 대한 경험과 태도가 아이의 말더듬을 어떻게 느끼고 대처하는지에 영향을 미칠 수 있다.

- 자신의 말더듬에 대해 말해 본 적이 없는 부모는 아이의 말더듬을 인정하고 말더듬에 대해 아이와 이야기하라는 조언을 이해하기 어려워하기도 한다. 또는 어떤 부모는 자신의 말더듬에 대한 언급 없이도 아이의 말더듬에 대해 아이와 이야기 나누는 것을 꺼리지 않는다.
- 만일 부모가 자신의 말더듬을 받아들였다면, 아이 역시 이렇게 자신의 말더듬을 받아들이는 것이 중요하다고 믿을 수 있다. 이 경우 부모는 아이가 언어치료를 받는 것을 원하지 않을 수 있다.
- 부모는 자신의 말더듬 때문에 어린 시절 안 좋은 경험을 했다면(예를 들어, 놀림을 받음), 아이 역시 자신처럼 놀림을 받을까 봐 걱정을 하기도 한다.
- 부모 자신의 언어치료 경험은 아이의 언어치료에 대한 기대에 영향을 미치기도 한다. 예를 들어, 어떤 부모는 긍정적인 치료 경험을 가지고 있고, 치료 결과 말더듬이 멈추었을 수도 있다. 다른 부모는 자신이 받았던 치료가 유창성을 보여야 된다는 중압감을 주었고, 이에 대해 부정적인 경험을 가지고 있다면 자신의 아이가 언어치료를 받는 것을 꺼릴 수도 있다.
- 말을 더듬는 부모는 종종 자신 때문에 아이가 말을 더듬게 되었다는 죄책감을 갖

기도 한다.

❖ 만일 부모 자신이 어릴 때 말을 더듬다가 멈추었다면, 아이 역시 그럴 것이라고 믿기 때문에 이러한 경험이 아이의 말더듬 치료에 대한 부모의 태도에 영향을 줄 수 있다.

부모 스스로 말을 더듬는다고 보고하지는 않으나, 말이 유창하지 않은 부모가 있을 수 있다. 이런 부모는 비록 진단을 받지는 않았지만, 자신이 다소 머뭇거리며 말한다고 생각할 수 있으며, 혹은 자신의 유창성 정도에 대해 전혀 인식하지 못하기도 한다. 그러나 부모의 유창성을 진단하는 것은 우리의 역할이 아니므로, 이런 경우 부모의 유창성 정도에 대해 메모만 해 둔다.

가족관계

"결혼하신 지 몇 년이 되셨나요?"

"이혼이나 별거를 하신 적이 있나요?"

"만일 그렇다면, 아이가 그 상황을 어떻게 극복하였나요?"

"부부로서 사이는 좋은 편인가요?"

우리는 부모에게 부부로서 사이가 좋은지 질문하여, 가정에서 부모 간 갈등이 아이에게 영향을 미치지는 않는지 살펴본다. 언어재활사들은 종종 이러한 질문을 하는 것을 불편하게 생각한다. 우리의 경험으로는 언어재활사들이 이 질문을 하는 이유를 이해하면, 보다 자신 있게 질문할 수 있게 된다. 이러한 질문은 사례 면담 시간의 뒷부분에 하게 되는데, 이때 즈음이면 치료적 관계가 어느 정도 수립이 되어 있고, 부모는 우리가 가정 내에서 아이의 모습을 이해하기 위해 여러 가지 질문을 한다는 것을 알고 있기 때문에 부모는 우리에 대한 신뢰를 가지고 이야기할 수 있다.

어떤 부모는 부부간에 사이가 좋지 않았을 때, 아이가 말을 더듬기 시작했다고 말하기도 한다. 이런 경우 부모에게 그것이 아이의 말더듬을 유발하지는 않는다고 말해 주는 것이 중요하다. 아마도, 아이는 말더듬에 취약한 기질을 가지고 있을 수 있다. 말더듬 시작이 부모 간 갈등이 있을 때 우연히 함께 일어났을 수 있다. 부모 간 갈등이 있다면 이 정보는 언제 언어치료를 시작할 것인지 결정하는 데 중요한 정보가 된다. 가족상담을 받도록 제안하는 것이 적절할 수도 있다.

한부모 가정

"아이가 같이 살고 있지 않은 아버지 혹은 어머니와 연락을 하며 지냅니까?"

"아버지와 어머니 중 새로운 관계를 시작한 분이 계시나요?"

"이런 경우 아이가 이러한 변화를 어떻게 받아들이나요?"

"이 외 다른 아이에 대한 다른 걱정이 있으신가요?"

한부모 가정의 경우, 아이가 양육권을 가지고 있지 않은 다른 한쪽 부모와 연락하며 지내는지 정보를 얻는다. 어떤 부모가 양육권을 가지고 있는지, 양육권과 접근권과 관련된 문제가 있는지 확인한다. 그리고 부모 중 새로운 관계를 시작한 사람이 있는지, 그리고 이러한 변화가 아이에게 어떤 영향을 미치는지 알아보는 것도 중요하다. 부모 두 명 모두 인터뷰하는 것이 바람직하며 각 부모와 별도의 날짜에 면담 예약을 잡기도 한다.

유치원/학교생활

"아이가 처음 유치원/학교에 갈 때 어땠나요?"

"아이의 학교생활과 관련해서 걱정이 있으신가요?", "다른 계획이 있나요?"

"아이에 대한 유치원(학교) 선생님의 평가는 어떤가요?"

"학교생활을 위해 아이에게 별도의 도움이 필요한가요?"

"선생님이 아이의 말더듬을 걱정하나요?"

"아이가 말을 더듬을 때 선생님은 어떻게 반응해 주나요?"

아이의 유치원/학교생활 또는 환경이 유창성에 영향을 미칠 수 있으므로, 아이가 학교생활에서 사회적·교육적·행동적 요구를 어떻게 받아들이고 극복하는지 알 필요가 있다. 만일 아이가 학습을 따라가는 데 어려움을 보인다면, 이러한 점을 더 자세히 알 필요가 있다.

우리는 또한 선생님이 아이의 말더듬에 어떻게 대응하는지 알 필요가 있다. 어떤 유치원 선생님은 아동의 초기 말더듬에 대한 경험이 있어서 아이가 말더듬을 극복할 것으로 기대하기도 한다. 부모가 아이의 어려움과 관련해서 학교의 대처 방식을 걱정하는지 알아내는 것도 도움이 된다. 이 경우 우리는 아이의 말더듬에 관해 학교 선생님과 직접 논의하는 것이 좋다(제9장의 기타 전략을 참조하라.).

발달 과정

"임신과 출산 시 어떤 합병증이 있었나요?"

"아이가 임신 주 수를 다 채워서 태어났나요?"

"아이가 태어날 때 몸무게가 얼마였나요?"

"수유나 섭식에 문제가 있었나요?"

"언제 걷기 시작했나요?"

"유아기 때 발달상 문제가 있었나요?"

"언제 걷기 시작했나요?"

"언제 첫 낱말을 산출하였나요?"

"언제 첫 문장을 사용하였나요?"

"배변훈련은 언제 끝났나요?"

사례 면담 시간에 말·언어 치료 사례 설문지에 포함된 질문을 한다. 만일 부모가 임신 또는 출산 중 문제가 있었다고 보고한다면, 그것이 부모의 양육 방식(예를 들어, 과보호하거나, 다른 형제자매와 다른 방식으로 아이를 대함)에 영향을 미쳤는지 알아본다. 만일 수유에 문제가 있었다면, 아이의 구강운동 능력에 문제가 있는지 확인해 볼 필요가 있고, 수유와 섭식으로 인한 부모의 스트레스를 고려해야 한다.

우리는 초기 말·언어의 발달 과정에 대한 질문을 한다. 부모는 종종 말더듬의 시작과 진전을 아이의 초기 언어 발달과 연관 짓기도 한다. 아이가 말이 늦었고, 그 이후 말더듬이 나타났다면 이를 메모한다. 어떤 아동은 언어 발달이 더디다가 갑자기 언어 표현이 폭발적으로 증가하는 과정에서 말더듬이 시작되기도 한다. 많은 아이들이 더 다양한 어휘와 더 길고 복잡한 문장을 사용하면서 말을 더듬기 시작한다.

우리는 아이가 언제 기저귀를 떼었는지 질문한다. 배변훈련의 어려움으로 인해 가정 내 스트레스가 발생할 수 있으므로 이에 대한 지원이 필요할 수 있다.

만일 아이가 발달 지연을 보인다면, 소아과 의사에게 의뢰해야 한다.

우리는 사례 면담을 끝내면서, 아이에 대한 다른 걱정은 없는지, 지금까지 말한 것 이외에 우리가 아이에 대해 알아야 할 점이 무엇인지 물어본다.

사례 연구: 이샨(만 4세)
사례 면담

사례 면담 시간에 이샨의 부모는 아이가 말을 더듬을 때, 전체 낱말 반복, 부분 낱말 반복을 보이고 소리를 길게 끌거나 막힘을 보인다고 하였다. 말이 막히면 아이의 얼굴에 긴장이 보이고 가끔은 "나 말을 못하겠어요."라며 하려던 말을 포기하기도 한다고 하였다. 그리고 아이가 말더듬에 대해 인식하기 시작했으며 부모에게 자기 말에 무엇이 잘못된 건지 물어보았다고 하였다. 부모는 아이에게 '천천히 말해', '숨을 크게 쉬어 봐', '말하기 전에 무엇을 말할지 생각해 봐'라는 조언으로 아이를 도우려 했다고 한다. 하지만 이러한 조언이 아이에게 얼마나 도움이 되는지는 모르겠다고 하였다.

이샨의 어머니는 아이의 말더듬에 대해 매우 걱정스럽다고 하였다. 어머니는 이샨의 아버지와 다른 가족들이 아이가 말더듬을 곧 회복할 것이니 걱정하지 말라며 자신을 위로하려 한다고 했다. 그렇지만 말더듬이 더 '심해지면서' 아이가 말을 더듬은 지 벌써 1년이 지나 이렇게 평가를 받으러 오게 되었다고 했다. 이샨의 아버지는 말더듬에 대해 걱정을 덜하는 편이나, 이샨이 말더듬의 영향을 받게 되는 걸 보면서 조금씩 걱정이 생겼다고 말했다. 부모는 집이 조용하거나 아이와 일대일로 말하는 상황에서 아이의 말더듬이 줄어드는 것을 발견했다고 했다. 아이는 흥분했을 때, 빨리 말하려 할 때, 그리고 가족이 모인 상황에서 다른 형제와 서로 말하려고 경쟁할 때, 말더듬이 증가하는 경향을 보였다. 이샨은 5형제 중 막내였으며, 집은 항상 시끄럽고 모두가 서로 말하려 경쟁하려고 한다고 한다.

페일린 부모평가척도(Palin PRS) 평가 결과

	아동에게 미치는 영향	말더듬 정도와 부모에게 미치는 영향	지식과 자신감
어머니	높음	높음	낮음
아버지	중간	낮음	낮음

부모 모두 말더듬이 이샨에게 영향을 주고 있다고 하였으나, 이샨의 어머니는 그 정도를 '높음'으로 평가한 데 반해, 이샨의 아버지는 '중간'으로 평가하였다. 이샨의 어머니는 이샨의 말더듬에 대해 더 걱정하며 말더듬 정도와 말더듬이 그녀에게 미치는 영향을 '높음'으로 평가하였다. 이샨의 아버지는 아이의 말더듬 정도와 그에게 미치는 영향을 '낮음'으로 평가하였다. 아버지와 어머니 둘 다 말더듬에 대한 지식과 어떻게 아이를 지원해 주어야 하는지에 대해서는 낮은 자신감을 보였다. 이샨의 아버지는 이샨이 말더듬에서 벗어날 수 있을지, 그리고 지금 시점에 언어치료를 받는 것이 도움이 될지 물었다.

이샨의 가족은 집에서 구자라티(Gujarati)어와 영어를 사용한다고 하였고, 이샨의 어머니는 아이의 어린 시절부터 이중언어에 노출된 것이 말더듬을 일으킨 건 아닌지 걱정하였다. 이샨이 구자라티어를 잘 이해하지만, 자녀들이 집에서 영어로 말하는 것을 선호한다고 하였다. 부모는 아이의 언어 능력에 대한 걱정은 없으나 아이는 종종 말할 차례를 얻기 위해 빨리 말하는 편이라고 하였다. 부모는 아이가 말하는 동시에 하려는 말을 생각하는 것 같다고 하였다.

부모는 이샨을 친철하고 사랑스러운 아이라고 하였다. 부모는 아이가 행동이 바르며 아이 훈육에 큰 문제는 없다고 하였다. 가족 중 막내지만 나이 차이가 있는 형제와 잘 지낸다고 하였다. 아이는 가정 내에서 자신감이 있는 편이지만 유치원에서는 조용한 편이고 다른 아이들과 놀기보다 혼자 노는 편이라고 한다. 부모는 아이가 새로운 학교에 가서 적응을 잘할지 걱정이 된다고 하였다. 아이가 민감한 편이라 자신의 말더듬을 더 인식하고 있는 것 같다고 하였다. 이샨의 어머니는 자신이 아이의 말더듬에 대해 걱정하는 것을 아이가 알아차린 것 같다고 하며 이 상황에서 어떻게 대처해야 하는지 물었다.

이샨의 부모는 말더듬 가족력은 없다고 하였다.

부모는 부부간 큰 문제는 없다고 하였다. 이샨의 출생과 발달 과정 역시 큰 문제를 보이지 않았다고 하였다. 식사 시간과 취침 시간에 대한 규칙이 잡혀 있고 아이의 건강 상태, 섭식, 그리고 수면에 문제가 없다고 하였다.

사례 연구: 제이크(만 6세)
사례 면담

제이크의 어머니는 아이가 연장과 막힘을 보인다고 하였다. 어머니는 아이의 말더듬이 점점 길어지고 말을 힘들게 내뱉는다고 하였다. 어머니는 아이가 얼굴을 찡그리고, 머리를 움직이거나 몸 전체를 움직이며 말을 내뱉으려고 한다고 하였다. 아이가 점점 말더듬 때문에 좌절하는 것 같다고 하였다. 그리고 아이는 말을 더듬을까 봐 하려던 말을 바꾸기도 한다고 한다. 어머니는 말더듬 인해 아이의 말수가 줄어들기 시작할까 봐 걱정이 된다고 하였다. 예를 들어, 아이는 수영강사가 하는 질문에 엄마를 쳐다보며 대신 답하라고 하거나, 식당에서 원하는 메뉴를 말하기보다 손으로 가리키려고 한다고 하였다. 어머니는 아이가 말더듬을 감추려고 하는 것 같다고 하였다.

어머니는 제이크가 말을 빨리 시작하였고 말더듬은 아이가 긴 문장을 말하기 시작하면서 나타났다고 하였다. 어머니는 제이크의 형이 어릴 적에 말을 더듬었고 언어가 발달하면서 말더듬이 저절로 없어졌기 때문에 제이크의 말더듬에 대해서도 최근까지 크게 걱정하지는 않았다고 하였다. 제이크의 어머니는 말을 더듬는 사촌이 있었고, 말더듬 때문에 사촌이 인생에서 하려던 일을 못하는 일은 없었다고 한다. 어머니는 아이의 말더듬이 아이에게 영향을 미치는 것 같아 걱정이 된다고 하였다. 제이크는 자신감 있는 아이이고 말더듬이 아이의 자신감을 낮추지 않기를 바란다고 하였다.

페일린 부모평가척도(Palin PRS) 평가

	아동에게 미치는 영향	말더듬 정도와 부모에게 미치는 영향	지식과 자신감
어머니	중간	중간	낮음

페일린 부모평가척도 검사에서 제이크의 어머니는 말더듬이 제이크에게 미치는 영향을 중간 정도로 평가하였고, 아이의 말더듬 정도와 말더듬이 어머니에게 미치는 영향을 '중간', 그리고 어머니의 지식과 자신감은 '낮음'으로 평가하였다.

어머니는 제이크가 피곤할 때 말을 더 더듬는다고 하였고, 아이가 충분한 수면을 취하는 것 같지 않아 걱정이라고 하였다. 어머니는 아이가 늦게 잠자리에 들며, 침대에서도 뒤척이다 늦게 잠이 든다고 하였다. 아이는 축구, 수영, 유도를 좋아하는 활동적인 아이로 방과 후와 주말에는 항상 운동을 한다고 하였다. 제이크는 말하는 것을 좋아해 하고 싶은 말이 많고, 말할 때 빨리 말하는 경향이 있으며, 어머니는 이것이 아이의 말더듬을 증가시키는 것 같다고 하였다.

아이는 충분히 쉬거나, 차분하거나 말할 시간이 충분할 때 말더듬이 줄었으나, 이런 경우는 흔하지 않다고 하였다.

제이크의 어머니는 아이가 자신의 말에 대해 좌절하고 걱정하지만, 자신의 말더듬을 언급한 적은 없다고 하였다. 어머니는 1년 전 즈음에 아이가 말을 더듬을 때 충분한 시간을 가지고 말하기 전에 생각을 하고 말하라고 조언하였는데, 아이가 화를 내 그만두었다고 하였다. 어머니는 이러한 것을 지금은 말해도 되는지 모르겠고, 아이를 화내게 하고 싶지 않다고 하였다. 그래서 지금은 그냥 놔두고 있다고 하였다.

제이크의 어머니는 아이가 자신감이 넘치고 친구가 많은 활발한 아이라고 하였다. 그리고 아이가 자기 뜻대로 되지 않을 때 빨리 화를 내거나 좌절하는 경향이 있고 이럴 때 아이의 감정을 통제하기 어렵다고 하였다. 아이는 형을 좋아하며, 형과의 사이는 좋다고 하였다. 형은 아이에게 인내심을 갖고 대하며 아이의 말이 나올 때까지 기다린다고 하였다.

제이크의 어머니는 가족과 친구로부터 충분한 지원을 받고 있다고 한다. 어머니는 제이크가 만 1세 6개월부터 혼자가 되었으며 전 남편과의 관계도 나쁘지 않다고 하였다. 제이크의 아버지 역시 아이의 말더듬에 대해 걱정하고 도와주려고 한다고 하였다. 제이크는 아버지를 일주일에 한 번씩 본다고 하였다. 어머니는 한부모 가정에서 두 명의 활동적인 남자 아이를 키우기 때문에 매일이 바쁘지만, 아이들이 말을 잘 듣고, 아이를 훈육하는 데 큰 어려움은 없다고 하였다. 제이크의 출생과 발달 과정에 특이 사항이 없다고 하였다.

어머니는 제이크의 선생님과 최근 말더듬에 대해 이야기를 나누었는데, 선생님은 말더듬이 제이크의 자신감에 영향을 주고 있으며, 예전만큼 학급활동에 참여하지 않아 걱정이라고 하였다. 선생님은 제이크의 말더듬이 점점 심해지기 때문에 언어치료 받기를 권하였다고 한다.

진단과 추천 시간 준비하기

사례 면담을 끝내고 잠시 쉬는 동안 부모가 제공한 정보와 아동 검사 결과를 바탕으로 어떤 요인이 아이의 말더듬의 시작과 발달에 영향을 주었는지 살펴보고 어떤 치료를 권고할지 결정한다. 이 요인들은 사례 면담지의 '생리적, 말운동적, 언어 및 의사소통적, 심리적, 환경적 요인'이라는 제목 밑에 기록한다.

사례 연구: 이샨(만 4세)
이샨의 부모를 위한 진단과 추천 시간 준비하기

생리적 요인

♠ 유전

♠ 뇌 차이

말운동 요인

♠ 전체 낱말 반복, 부분 낱말 반복, 연장 및 막힘과 부수 행동을 동반하는 중도의 말더듬. 이샨은 말을 더듬을 때 눈맞춤을 피하고 다른 곳을 보았다.

언어 및 의사소통적 요인

♠ 이중언어

♠ 문장을 만드는 데 시간이 더 필요함–말더듬과 함께 정상적 비유창성이 관찰됨

심리적 요인

♠ 말더듬에 대한 반응– 포기하거나, 화내거나 도움을 청함

♠ 아이의 민감한 성격–다른 사람들의 말더듬에 대한 반응에 민감함

♠ 유치원에서 자신감이 부족함

환경적 요인

♠ 다섯 아이 중 막내–형제들과 서로 말하려고 경쟁함

♠ 빠른 생활 속도

♠ 형의 수준에 맞추려고 함

♠ 아이를 어떻게 도와줘야 할지에 대한 부모의 걱정, 특히 어머니

♠ 새로운 학교의 시작

사례 연구: 제이크(만 6세)
제이크의 부모를 위한 진단과 추천 시간 준비하기

생리적 요인

♠ 유전

♠ 뇌 차이

말운동 요인

♠ 연장 및 막힘과 부수 행동을 동반하는 중도/심도의 말더듬. 제이크는 말을 길게 더듬을 때 눈맞춤을 피하고 다른 곳을 보았다.

♠ 빠른 말속도

언어 및 의사소통적 요인

♠ 말하는 것을 좋아하고 할 말이 많다.

♠ 또래에 비해 언어 발달이 빠르다.

환경적 요인

♠ 생활 속도–방과 후 활동이 많음

♠ 피곤함–취침 시간이 늦고 잠이 드는데 오래 걸림

♠ 어머니의 걱정–아이의 말더듬에 대해 어떻게 반응해야 할지 모름

♠ 제이크의 감정 다스리기

♠ 한부모 가정

심리적 요인

♠ 자신감 있고, 사회성이 좋은 아이

♠ 말더듬에 대해 점점 신경 쓰고 있음–단어를 바꾸거나 하려던 말을 줄이거나 어머니가 자신을 대신해서 말하게 함

♠ 개방성–제이크는 말더듬에 대해 말하지 않는다.

♠ 감정–쉽게 화내거나 좌절한다.

요약지

관련 정보는 아동 평가에서 얻은 정보와 함께 요약지 윗부분에 옮겨 적는다. 이것은 아이 말더듬과 관련된 문제들을 알려 준다.

요약지의 중간 부분에는 아이의 치료 목표를 적어 놓고, 부모와 함께 이 목표가 적절한지 살펴본다.

사례 연구: 이샨(만 4세)

이샨은 다음과 같은 것이 필요하다.

♠ 충분히 말할 시간을 주기

♠ 말더듬에 대해 공개적으로 인정하기

♠ 가족 내 교대로 말하기 규칙 만들기

사례 연구: 제이크(만 6세)

제이크는 다음과 같은 것이 필요하다.

♠ 충분히 말할 시간을 주기

♠ 말더듬에 대해 좀 더 열린 자세를 갖기

♠ 감정을 조절하기

요약지의 마지막 부분을 작성하여 어떤 전략을 치료에서 목표로 삼을 것인지 정한다.

상호작용 전략

아동 검사 후, 상호작용 비디오를 분석하여 어떤 상호작용 전략이 아이의 유창성에 도움이 되는지 확인하고, 부모가 이미 그 전략을 사용하고 있는지 살펴보고, 어떤 전략을 더 발전시킬 필요가 있는지 살펴본다. 사례 면담을 통해 이외에 다른 상호작용 전략이 필요한지 알아본다. 예를 들어, 부모가 아이의 자신감이 부족하다고 서술한다면, 도움이 되는 상호작용 전략은 대화와 놀이의 주도권을 아이에게 주고, 아이 스스로 문제를 해결하도록 하며, 칭찬과 격려를 하는 것이 될 수 있다.

가족 전략

이 전략은 가족 요인 중 아이의 말에 영향을 미치는 것으로 확인된 특정 요인들을 바탕으로 선택된 전략들이다. 예를 들어, 부모가 아이의 충분한 수면 후 말더듬이 감소하지만 밤에 아이를 재우기가 힘들다고 보고한다면, 가족 전략 중 '수면' 요인을 체크한다.

아동 전략

이 전략은 페일린 상호작용 치료의 간접치료(상호작용 전략 및 가족 전략)를 한 후 시도한다. 이것 역시 아이의 특징 중 아이의 말에 영향을 미치는 것으로 확인된 특정 요인들을 바탕으로 선택한다. 예를 들어, 아이가 음운 발달 지연인 경우 조음치료가 필요할 수 있다.

이 요약지를 완성하고 나면, 우리는 어떤 요인이 아이의 말더듬에 영향을 미치며 아이와 가족을 위해 어떤 치료 계획이 필요한지 아이디어를 얻을 수 있다. 우리는 진단과 추천 시간에 이 정보를 부모와 공유한다.

이샨과 제이크 요약지는 부록 3에 나와 있다.

자주 하는 질문들

"우리 언어치료 실장은 페일린 부모-아동 상호작용 접근법을 이용한 검사가 오래 걸리지 않느냐고 걱정합니다."

"저희 치료실에서는 평가를 제한된 시간 내에 끝내야 합니다."

우리의 평가는 일반평가보다는 시간이 더 걸리는 것은 사실이다. 하지만 임상 경험상 초기 평가에 좀 더 투자한 시간이 결국에는 최종 비용을 줄이는 방법이었다. 우리는 이 평가를 통해, 아이의 말더듬의 원인이 되는 요인들을 파악할 수 있고, 가장 적절한 치료를 제공할 수 있게 된다.

"부모들이 자신의 모습이 녹화되는 것을 싫어하지 않나요?"

언어재활사들은 종종 부모들이 영상 녹화에 어떤 반응을 보일지 걱정한다. 가끔은 부모들이 녹화에 대한 걱정을 내비치기도 하지만, 이런 경우는 흔하지 않다. 언어재활사가 부모에게 영상이 어떤 도움이 되는지 있는 그대로 설명을 하면, 대부분의 부모들은 별 문제없이 참여한다. 우리는 다양한 문화적인 배경을 가지고 있는 가족들과 함께 일해 왔으며 평가와 치료 모두에 비디오 녹화를 사용해 왔다.

제6장 어 린 말 더 듬 아 동 을 위 한 페 일 린 부 모 - 아 동 상 호 작 용 치 료

페일린 모델에 근거한
진단과 추천

본 평가에서는 아동 말더듬의 시작과 진전에 영향을 미치는 요인뿐만 아니라 말더듬 지속과 관련된 위험 요인에 대한 정보를 얻을 수 있다. 요약지(부록 3)에는 이러한 요인들과 함께 치료 계획에 도움이 되는 전략들이 기록되어 있다.

'진단과 추천(Formulation)'[1]은 관련된 정보를 통합하여 부모에게 아이의 말더듬에 대한 명확하고 논리적인 설명을 해 주는 과정이다. 이것은 다중 요인 모델(Multifactorial Model)에 근거하여 우리가 권고하는 이유를 설명해 주는 것이라 할 수 있다.

우리는 말더듬과 아이에게 도움이 되는 방법에 대한 부모의 이해도가 클수록 치료 참여도 역시 더 커진다는 것을 알고 있다. 또한 부모가 말더듬을 더 잘 이해하면 말더듬으로 인한 불안도 좀 더 감소하게 된다.

---

1) 역자 주: Formulation을 어떻게 번역을 할지 고심을 하였다. 직역을 하자면 공식화 또는 형성화하기 정도가 되겠으나 이 과정 자체가 아동 각자의 상태를 페일린 모델에 비추어 진단하고 이에 따른 치료 방법을 제안하는 과정이므로 '진단과 추천'으로 번역하였다.

부모에게 진단과 추천 시간을 어떻게 설명할 것인가

진단과 추천 시간을 부모가 긍정적이고 기억에 남는 시간으로 잘 받아들이게 하는 것은 중요하다. 이를 위해 다음의 전략이 도움이 된다.

전문용어가 전문인들에게는 유용하지만 부모와 대화할 때는 불필요하다. 우리는 부모와 대화할 때 쉬운 용어로 설명할 책임이 있다.

> 쉬운 말을 사용하라.

❖ 부모가 사용하는 단어를 사용하라.

사례 면담 시간에서 얻은 정보에 대해 부모와 이야기할 때 부모가 사용한 단어를 그대로 쓰는 것이 효과적이다. 이것은 부모의 의견 및 통찰력에 대해 인정하게 되는 것이기 때문이다. 그리고 부모가 사용하는 단어를 쓰면 더 명확하게 부모와 소통을 할 수 있다.

> 부모가 쓰는 단어를 사용하라.

예

어머니께서 이렇게 말씀하셨죠…….

"아이가 생각하는 것이 말하는 것보다 빠른 거 같아요."

"아이 생각이 미처 준비되기 전에 말부터 해요."

"아이는 굉장히 민감해요."

"아이는 완벽주의자에요. 항상 모든 일들이 완벽하게 잘 되어 있어야 해요."

❖ 긍정적인 피드백을 포함시켜 균형을 맞춘다.

잘못하면 진단과 추천 시간이 아이와 가족이 처한 어려움과 힘든 순간에 대해서만 이야기하는 우울한 시간이 될 위험이 있다. 따라서 우리는 아동과 가족에 대한 솔직하면서도 긍정적인 피드백을 줄 필요가 있다.

긍정적인 피드백을 주어라.

예

"아이에게 신경을 많이 써 주시네요."

"매우 힘든 시간을 보냈지만 아이를 위해 최선을 다하셨군요."

"아이를 위해 적극적으로 전문적인 도움을 구하고 도움을 잘 활용하시는군요."

"아이가 재미있고 붙임성이 있어서 빨리 적응하고 집중력이 좋은 것 같아요."

"아이가 잘 잘 수 있도록 이미 잠자기 습관을 잘 만드신 거 같아요. 이것은 아이의 유창성에 도움이 됩니다."

❀ 설명을 부모가 잘 알아듣고 있는지 확인하라.

부모에게 설명할 때 부모의 표정을 보면 우리는 대체로 그들이 우리의 말을 이해하는지 또는 동의하는지 알 수 있다. 부모의 표정이나 제스처는 우리의 설명을 이해하고 있는지 아니면 부연 설명이 필요한지 알려 준다. 따라서 수시로 다음과 같이 부모의 이해를 확인하는 것이 좋다. "제가 한 말이 맞나요?", "이런 말이 이해되시나요?", "더 자세한 설명이 필요하세요?"

제 말이 이해되시나요?

❀ 부모가 질문하도록 격려하라.

만일 부모가 우리가 한 말을 이해하지 못하거나 동의하지 못한다면 바로 알려 달라고 부모에게 말한다. 그리고 부모가 정확히 이해하지 못했다면, 편하게 질문하도록 하는 것이 좋다. 하지만 만일 부모가 중심 주제를 벗어나는 질문을 한다면, 먼저 이 문제에 대해 이야기한 다음 그 질문을 다시 다루겠다고 답한다.

하고 싶은 질문 있으신가요?

부모를 위한 유인물은 부록 7에 있다.

진단과 추천 시간의 형식

1. 말더듬에 관한 일반적인 사실들

우리는 부모에게 제공하는 유인물에 나열된 몇 가지 일반적인 정보부터 이야기하기 시작한다.

- 🍀 반드시 기억해야 하는 것은 부모가 자녀의 말더듬을 일으키지 않았다는 것이다. 지금 이 평가는 현재 아이를 말더듬에 취약하게 만드는 요인과 우리가 아이를 지지할 수 있는 방법을 이해하는 데 도움이 된다.
- 🍀 약 5%의 어린 아이들이 말을 더듬으며, 대부분은 스스로 또는 치료를 통해 말더듬을 멈춘다. 어떤 아이들은 성인이 되어서까지 말을 더듬는데, 우리는 아직 누가 말더듬을 멈추게 되고 누가 계속 말을 더듬게 될지를 정확하게 예측하지 못한다.
- 🍀 말더듬에 대한 하나의 요인으로 간단히 설명할 수 없을 뿐 아니라, 하나의 방법으로 간단하게 치료될 수 없다(Manning & DiLollo, 2018, p. 84).
- 🍀 조지 6세, 매릴린 먼로, 윈스턴 처칠 그리고 최근엔 에드 시런과 에밀리 블런트까지 많은 유명인들이 말을 더듬었다. 하지만 말더듬은 이들의 성공을 가로막지 못했다.

2. 페일린 모델

우리는 다중 요인 페일린 모델(Multifacotiral Palin Model)을 사용하여 부모가 아이의 말더듬을 이해하도록 돕는다. 우리는 부모에게 페일린 모델 유인물을 주며 다음과 같이 설명한다.

아이 평가와 사례 면담 분석을 통해 우리는 아이의 말더듬을 이해할 수 있는 몇 가지 요인들을 알아냈습니다. 지금부터 우리가 말더듬을 다중 요인적(multifactorial)이라고 하는 이유를 설명하겠습니다. 당신의 아이는 이 모델의 중심에 있고 아이는 말더듬에 취약한 내재적 요인을 갖고 있습니다. 이 부분은 조금 있다 다시 이야기하죠. 그리고 여기에 말더듬에 영향을 미치는 말운동 요인들, 언어 및 의사소통 요인들, 심리적 요인들(삼각형으로 표현됨) 그리고 환경적 요인들(바깥의 원으로 표현됨)이 있어요. 말을 더듬는 각각의 아동은 개인마다 다른 요인들이 조합을 이루어 아동의 말더듬에 영향을 주거나 말더듬을 이겨낼 수 있는 힘을 주기도 합니다.

　다음은 우리가 지금까지의 말더듬 관련 연구 결과를 어떻게 부모에게 설명할 것인지, 그리고 그 연구 결과를 우리가 평가와 사례 면담을 통해 알아낸 아이의 강점 및 취약점과 어떻게 연결 지어 설명하는지 보여 준다.

생리적 요인

'생리적 요인은 아이에게 내재된 요인이며 말더듬을 일으키는 기본 요인입니다.'

✤ '유전적 요인: 연구에 의하면, 말더듬은 유전성이 있습니다. 말더듬는 사람 세 명 중 두 명 정도가 말을 더듬는 친척이 있습니다. 그래서 어떤 아이들은 말더듬에 대한 취약함을 갖고 태어나기도 합니다. 그러나 유전만으로 말더듬을 모두 설명할 수는 없습니다. 아이의 말더듬은 아이의 기질이나 언어 요인과 같은 다른 요인들이 함께 작용해야 시작됩니다.'

　우리는 말더듬 가족력에 대해 부모와 다음과 같이 이야기를 할 수 있다.

✤ '뇌 구조와 기능: 연구에 따르면, 말을 더듬는 아동은 뇌의 발달과 사용에서 말을 더듬지 않는 아동과 약간의 차이를 보인다고 합니다.'

✤ '말하기는 복잡한 과정이고 말을 하기 위해 뇌는 여러 가지 일을 동시에 해야 합니다. 예를 들어, 말을 하려면 우선 무엇을 말할지 생각해야 하고, 우리의 생각을 표현하기 위해 적절한 단어를 골라야 하고, 문법에 맞게 말을 이어야 합니다. 그리고 호흡과 입과 혀와 입술의 움직임을 잘 조화시켜 각 단어의 소리를 내고 발음해야 합니다. 이를 위해 다양한 부분의 뇌가 함께 일해서 여러 조음기관이 협응할 수 있게 해야 합니다. 연구에 따르면 말을 더듬는 아동의 뇌는 유창한 말에 필요한 속도로 조음기관의 협응 운동을 수행하는 데 비교적 덜 효율적입니다. 따라서 아이들은 말을 할 때 더 많은 시간이 필요하다고 합니다. 그래도 좋은 소식은 사람의 뇌는 일생을 통해 끊임없이 변하며 이것을 소위 '뇌의 가소성(plasticity)'이라고 부릅니다. 즉, 뇌 구조의 차이는 영원한 것이 아닙니다. 이것이 왜 어떤 아이들은 말더듬이 자연적으로 회복되며 조기 언어 중재가 더 효과적인 이유입니다.'

✤'신체적 건강: 말더듬에 취약하게 만드는 아동의 내재적 요인만큼 아이의 신체적 건강 상태는 아이의 말더듬에 영향을 미칩니다. 좋지 않은 건강 상태나 피곤함은 아이의 다른 기능뿐 아니라 말에도 영향을 줍니다.'

우리는 부모가 묘사한 아이의 건강 또는 수면습관과 관계되는 강점이나 약점에 대해 설명한다.

말운동 요인

'말운동 요인은 아이의 말더듬과 말더듬 진전에 영향을 미칩니다.'

✤'말더듬 행동: 저에게 묘사하신 아이의 말 행동은 말더듬이라고 볼 수 있습니다. 그리고 평가 시간 동안 아이는 일반적인 말더듬 행동을 보이기도 했습니다.'

우리는 부모에게 아이의 말더듬 평가 결과와 그에 대한 피드백을 준다. 즉, 치료실에서 관찰된 아이의 말더듬의 유형과 빈도를 부모가 페일린 부모평가척도(Palin PRS)와 사례 면담을 통해 보고한 것과 연결 지어 설명한다.

✤'말운동 능력: 어떤 연구에서는 말을 더듬는 사람의 말운동 능력이 말을 더듬지 않는 사람과 차이를 보인다고 합니다. 이렇듯 말운동의 협응력이 덜 발달되어 있어서 말을 더듬는 아동이 말을 계획하고 산출하는 데 더 많은 시간이 필요합니다.'

우리는 부모가 보고한 아이의 말운동 기술과 식사습관을 아이가 평가 시간 동안 보인 말운동 능력과 연관시켜 설명한다.

✤'말속도: 말더듬은 말속도가 빨라지면서 증가하는 경향이 있습니다. 어떤 아동은 다른 아동보다 자연적으로 더 빨리 말을 하기도 하고 아동이 흥분하거나, 걱정이 있거나 다른 아이와 말하기 경쟁을 할 때 말속도가 더 빨라질 수 있지요. 말을 더듬는 아동이 말을 더듬지 않는 아동보다 더 빨리 말하는 경향이 있는 것은 아니지만 일반적인 말속도라도 그것이 아동의 말운동 및 언어 능력에 비해 빠른 것일 수 있습니다.'

우리는 부모가 보고한 아이의 말속도와 아동 평가 시간 동안 관찰된 아이의 말속도를 비교하고 그것이 아이의 말더듬에 영향을 미쳤는지 연결해 본다.

언어 및 의사소통 요인

'아이의 말더듬과 말·언어 발달 간에는 밀접한 관계가 있는 것으로 보입니다. 아동은 일반적으로 만 2세에서 4세 사이에 말을 더듬기 시작하며, 특히 아이의 말·언어 및 운동 발달이 유의미한 변화를 겪을 때(예를 들어, 어휘가 발달하거나 문장을 만들기 위해 단어를 조합하기 시작하거나 더 길고 복잡한 단어나 문장을 산출하기 시작할 때) 말더듬이 나타납니다.'

❀ '말을 더듬는 많은 아동들이 정상 언어 발달을 보이지만 어떤 아이들은 언어 발달이 뒤처지거나 더 발달된 언어 능력을 보이기도 합니다.'

❀ '종종 아이들은 언어의 여러 하위 영역이 다른 속도로 발달하기도 합니다. 예를 들어, 어휘 능력은 좋지만 단어를 조합해서 문장으로 만드는 능력은 아직 잘 발달되지 않았을 수도 있겠지요. 연구에 따르면 이러한 말·언어 능력의 불일치(mismatch)가 말더듬에 영향을 끼친다고 합니다.'

❀ '연구를 통해 우리는 어떤 아이들에게는 길고 복잡하게 말을 할수록 말더듬을 보일 확률이 높다는 것을 알 수 있습니다.'

❀ '말을 더듬는 아이들 중 일부는 단어 찾기 결함과 같은 언어의 특정 부분에 어려움을 보입니다.'

❀ '어떤 아동들은 발음과 명료도가 좋지 못한데, 그것이 말더듬에 영향을 주기도 합니다.'

우리는 사례 면담에서 부모가 아이의 말·언어 발달 과정을 어떻게 묘사했는지 살펴본다. 그리고 이와 함께 아이가 치료실에서 보인 긍정적인 부분(예를 들어, 적절한 사회적 기술, 집중도, 협조, 친밀감, 사회적 의사소통, 관심 등)에 대해 먼저 피드백을 제공한다. 그리고 아이의 수용 및 표현언어 능력, 말소리 발달과 관련된 강점과 취약점을 설명하고, 아이의 말·언어 발달이 다른 아이보다 느린지 혹은 더 빠른 발달을 보이는지, 아니면 다른 말·언어 영역 간 불일치가 있는지 설명한다.

심리적 요인

'많은 사람이 말더듬이 심리적 문제나 불안 그리고 걱정이 많아서 생긴다고 생각합니다. 하지만 우리가 연구를 통해 알고 있는 바는 사람들의 이러한 생각이 맞지 않다는 것입니다.'

❀ '성격: 말을 더듬는 아동은 각자 다른 성격을 가지고 있고 말더듬에 대해 모두 다르게 반응하고 또 극복하는 모습을 보여 줍니다. 말더듬과 관련된 성격이 따로 있는 것은 아니지만, 연구에 따르면 말을 더듬는 아동은 더 예민하고 자신의 감정 조절을 어려워하는 편이라고 합니다.'

우리는 부모가 묘사한 아동의 긍정적이거나 부정적인 성격에 대해 토의한다. 우리는 아동 평가 시 관찰한 아동의 성격에 대해서도 말해 준다.

❀ '아이에게 미치는 영향: 아이들은 자기의 말더듬에 대해 각각 다르게 반응합니다. 어떤 아이들에게는 말을 더듬는다는 사실이 크게 문제가 되지 않는 것으로 보입니다. 하지만 어떤 아이들은 자신이 말을 더듬는다는 것을 잘 인지하고 있으며 화가 나거나 부끄럽거나 좌절하기도 합니다. 그래서 말을 나오게 하려고 긴장하며 말하거나 말을 더듬지 않으려고 말을 적게 하기도 합니다.'

우리는 아동 평가 시간에 아이가 자신의 말더듬에 대해 어떻게 말하였는지 살펴보며 아이의 말더듬에 대한 인지 정도, 감정 그리고 열린 마음에 대해 논의한다. 우리는 또한 유아용 의사소통태도검사(KiddyCAT) 결과와 페일린 PRS 결과를 보면서 아이의 일상생활에서 말더듬이 아이에게 어떤 영향을 미치고 있는지에 대해 논의한다.

환경적 요인

'환경 요인은 생리, 말운동적, 의사소통 및 언어적, 그리고 심리학적 요인과 상호작용합니다. 아이의 가정과 학교 환경이 아이와 아이의 말더듬에 어떤 영향을 미치는지 생각하는 것은 중요합니다. 그렇지만 알아두셔야 할 점은 환경 요인이 말더듬의 원인은 아니라는 점입니다.'

❀ '가정 내 환경: 가정 내에서 우리들은 바쁘거나 평화롭거나 행복하거나 어렵거나 이를 지내면서 가정을 일으키기 위해 여러 일들을 하며 최선을 다합니다. 바쁘고 빠르게 돌아가는 가정일들 사이에서 각자 하고 싶은 말이 많은 게 정상입니다. 그러나 말더듬 아이에게는 이러한 환경이 도움이 되지 않을 수도 있습니다. 부모들은 아이의 말더듬에 대해 다른 감정을 가지고 있고 말더듬에 대해 다르게 반응합니다. 종종 부모들은 아이의 감정을 어떻게 도와주어야 할지, 아이의 행동을 어떻게 관리해야 할지 모릅니다. 이러한 점이 아이의 말더듬의 원인이 되지는 않지만

말더듬이 아이와 가족에게 끼치는 영향에 영향을 줄 수 있습니다.'

우리는 부모와 가족에 대해서 말할 때 긍정적으로 말하도록 한다. 예를 들어, 아이에 대한 부모의 헌신이라든지 아이에 대한 통찰력 그리고 아이를 도와주고자 하는 마음 등에 초점을 맞춘다. 그리고 가족 일상생활의 속도나 말하기 위한 경쟁과 같은 관련 주제에 대해 말한다. 그리고 아이의 자신감과 감정 그리고 행동을 지지하는 부모의 말더듬에 대한 열린 태도, 반응에 대해 언급한다.

✤ '어린이집/학교: 어떤 아이들은 어린이집이나 유치원/학교의 환경에서 어려움을 겪는데, 이 어려움이 아이의 말더듬에 영향을 미치기도 합니다. 따라서 선생님들에게 아이의 말더듬에 대해 알려 주고 아이를 어떻게 도와줄 수 있는지, 그리고 아이의 말더듬에 대한 다른 아이들의 반응을 어떻게 다루면 좋을지에 대해 알려 주는 것이 도움이 됩니다.'

우리는 부모와 함께 아이가 어린이집 또는 학교에서 자신의 말더듬을 어떻게 극복하고 있는지, 아이가 겪고 있는 긍정적이거나 부정적인 반응에 대해 논의한다.

이에 대해 어느 정도 이야기를 해야 할지는 가족에게 중요한 것이 무엇인지 그리고 어느 정도의 시간을 사용할 수 있는지에 따라 결정하면 된다. 이때 중요한 점은 부모가 말더듬 자체뿐 아니라 아이가 겪고 있는 말더듬에 대해 이해해야 한다는 것이다.

3. 추천과 관리

진단과 추천 시간에 치료가 추천되는 근거를 설명해야 한다. 아이의 말더듬에 관련된 요인들은 또한 치료 시 다루어야 할 분야가 될 수 있다.

각 아동은 개별 맞춤 치료를 받게 되는데, 치료는 상호작용 전략과 가족 전략으로 이루어지며, 필요하면 아동 전략이나 다른 전략을 추가할 수 있다.

쉬운 말로 부모에게 설명하여 부모가 자신의 역할과 책임을 이해할 수 있도록 한다.

오늘 논의한 점들을 바탕으로, 페일린 부모-아동 상호작용 치료를 진행하려고 합니다. 앞으로 부모와 아이가 함께 매주 한 번씩 총 6주간 치료실을 방문해야 합니다. 각 치료 회기는 한 시간 정도 소요됩니다.

치료 시간에 우리는 어떤 점이 아이의 유창성을 증진시키는지, 그리고 이를 바탕으로 어떻게 치료할 것인지 생각해 보게 됩니다. 우리는 비디오를 사용하여 어머니, 아버지께서 이미 하고 있는 상호작용 행동 중 어떤 행동이 아이의 유창성이 증가하는지 알아볼 것입니다. 이곳에서 배운 것을 가정에서도 연습하는 것이 중요합니다. 따라서 주중에 집에서도 치료실에서 배운 것들을 연습하시기 바랍니다. 그리고 우리는 가족이 아이의 말을 도와줄 수 있는 다른 방법들도 이야기할 것입니다.

6주가 지나면, 가정에서 안정화 기간을 6주간 갖게 될 것입니다. 이 기간 동안 보호자께서는 치료실에서 배운 것을 집에서 해 보게 되고, 저희도 정기적으로 연락을 드려 어떻게 진행되고 있는지 확인할 것입니다. 강화 기간의 마지막 주에 저희에게 다시 오셔서 아이의 유창성에 많은 발전이 있었는지, 추가적인 치료가 더 필요한지 논의할 것입니다.

진단과 추천 시간 이후 아이가 바로 치료 받을 수 있도록 하고, 부모는 관련 문제에 대한 분명한 이해를 가지고 치료관계를 정립한다면 도움이 될 것이다.

4. 임상 보고서

마이클 페일린 치료 센터에서 우리는 근거에 기반한(evidence-based) 보고서를 쓴다. 이 보고서에는 아동 평가와 사례 면담을 통해 얻은 관련 정보를 정리하고, 추천하는 치료 계획을 기술한다. 완성된 보고서는 부모에게 보내어 확인하게 한 후 부모가 동의한 관련 기관이나 전문가에게 보내진다.

진단과 추천 시간 동안 우리는 다음과 같이 말할 수 있다.

생리학적 요인

❖ 뇌 구조와 기능: 이전의 예를 참고하라.

❖ 유전: '당신의 아이의 경우는 아동기에 말을 더듬었던 삼촌이 있다는 사실을 볼 때, 아이가 말을 더듬을 수 있는 가능성을 갖고 태어났지만 말더듬이 자연회복될 수도 있다는 가능성 역시 갖고 태어난 것으로 보입니다.'

❖ '성인기까지 지속되는 말더듬 가족력이 있네요. 당신의 삼촌과 아버지가 모두 말을 더듬고, 당신도 (시간적·감정적) 압박이 있을 때 말을 더듬는다고 하셨지요. 그래서 당신의 아이 역시 이러한 경향을 갖고 태어난 것일 수 있습니다. 그렇다고 아이가 계속 말을 더듬을 거라는 말은 아닙니다. 왜냐하면 지금 단계에서 언어치료를 받도록 하는 것이 매우 효과적일 수 있기 때문이지요.'

❖ 신체적 건강: '밤에 아이를 재우기 힘들고 아이가 낮에는 매우 피곤해한다고 말씀

하셨지요. 그리고 아이가 피곤할 때 말을 더듬는 것 같다고 하셨으니, 아이의 피곤함에 대해 치료 시간에 다루어야 할 것 같습니다.'

말운동 요인

❀ '아이가 많이 흘리고 먹는다고 하셨고 아이의 발음이 정확하지 않다고 하셨어요. 우리도 평가 시간에 아이가 입을 움직이는 것을 조금 힘들어하는 것을 관찰하였습니다. 아이의 구강 능력이 아직 발달 중일 가능성이 있고 이것이 아이의 말더듬에 영향을 미칠 수도 있습니다.'

❀ '아이가 구강운동 능력에는 문제가 없는 것으로 보입니다. 잘 먹고 잘 씹고 발음도 매우 정확합니다.'

❀ '아이가 말을 빨리 하는 편이라고 하셨고 자기의 말속도를 따라가는 데 힘들어한다고 하셨지요. 그 점이 아이의 말더듬에 영향을 미칠 수도 있습니다.'

언어 및 의사소통 요인

❀ '평가 결과, 아이의 이해언어 능력이 잘 발달되어 있고 어휘력도 폭이 넓습니다. 하지만 아이의 발음은 여전히 발달 중인 것으로 보입니다. 또 아이가 말을 빨리 하는 것 같다고 하셨지요? 이러한 모든 요인이 아이의 말더듬에 영향을 끼쳤을 수도 있습니다.'

❀ '아이의 말이 늦었다고 보고하셨지만, 지금 평가에서는 아이가 언어 능력이 또래보다 높은 수준인 것으로 나타났습니다. 따라서 아이가 급격한 언어 발달 시기를 거친 것으로 보이고 이것이 아이의 말하기에 스트레스 또는 압력으로 작용했을 수도 있습니다.'

❀ '평가 시간에 우리는 아이가 자신의 의도를 표현하고자 할 때 적당한 단어를 찾기 어려워하는 것을 보았습니다. 이것이 아이가 급하게 말해야 할 때 말더듬이 심해지는 것과 관련이 있는 것으로 보입니다.'

❀ '아이가 말을 늦게 시작했다고 하셨고 많은 발전이 있었지만 아직 또래 아이들에 비해 언어가 늦은 것 같다고 하셨지요. 언어평가에서도 어머니의 생각과 비슷한 결과를 보였습니다. 이해언어 능력은 또래와 비슷하지만 어휘 발달에 있어서는 또래보다 6개월이 뒤처지고 있습니다. 자기가 하고 싶은 말을 자기가 원하는 속도로

할 수 있으려면 어휘력과 문법 능력이 받쳐 줘야 하는데 어휘 발달이 늦어지게 되면서 아이의 말더듬에도 영향을 준 것 같습니다.'

심리적 요인

❀ '아이가 행복하고 걱정이 없는 것 같다고 기술하셨지요. 그리고 아이는 특별히 민감하거나 걱정이 많지도 않다고 하셨어요. 이러한 성격으로 인해 아이는 자기의 말더듬을 덜 인식하고 부정적 반응을 덜 하게 될 수 있어서 말더듬 완화에는 도움이 됩니다.'

❀ '아이가 걱정이 많고 다른 사람이 화내는 것을 매우 싫어한다고 하셨지요. 저희가 보기에 아이는 아주 민감한 편이고, 이런 점을 고려했을 때 아이가 자기 말더듬을 이미 인식하고 있고 그에 반응하는 게 놀랍지 않아요. 그리고 아이가 말더듬 때문에 말을 하다가 그만두거나 말이 안 나올 때 아이는 기분이 아주 안 좋아진다고 하셨어요. 우리는 아이가 말을 더듬건 안 더듬건 간에 자신감을 가지도록 도와주고 싶습니다.'

❀ '아이는 말더듬을 인식하고 있고 가끔씩 하려던 말을 포기할 때가 있다고 하셨어요. 그리고 일이 잘못되는 것을 싫어한다고 하셨어요. 그래서 아이가 말이 자기 뜻대로 나오지 않으면 이에 대한 불안감이 아이의 말더듬을 증가시킬 수 있어요. 우리는 이러한 아이의 부정적인 감정이 더 이상 커지지 않도록 노력할 것입니다.'

❀ '아이가 매우 민감하고, 다른 사람들보다 더 깊이 느끼고 있는 것으로 보입니다. 최근에 동생이 태어나면서, 부모로부터 원래 받았던 것보다 적은 관심을 받게 되어 평소보다 불안함이 더 커졌을 수 있습니다. 이러한 민감성이 아이의 말더듬으로 표현될 수도 있습니다.'

환경적 요인

❀ '아이가 사랑이 많고 안정적인 가정환경을 가지고 있어서 아이의 말을 잘 지지해 주고 있습니다. 대가족이고 바쁜 생활을 하고 있다고 하셨습니다. 아이가 여동생과 서로 먼저 말하려고 경쟁하거나 급하게 서두를 때 말을 더 더듬는다고 말씀하셨지요. 이런 것들이 아이의 말에 압박을 주었을 것입니다. 우리는 치료에서 어떻게 이러한 점을 도와줄 수 있을지 이야기할 것입니다.'

❀ '부모님의 이혼 이후 양육권 분쟁을 하면서 힘든 시간을 보내셨습니다. 가족 모두에게 힘든 일이었을 텐데, 아이는 이 시기에 말을 더 많이 더듬은 것 같다고 하셨습니다. 스트레스는 아이의 말더듬에 영향을 줄 수 있습니다. 우리는 치료 시간에 아이가 어떻게 다시 안정을 찾을 수 있을지 알아보겠습니다.'

❀ '아이가 유치원에 적응하는 것을 힘들어한다고 하셨어요. 아마 아이가 어머니와 단둘이 있는 것이 익숙하기도 하고, 적응하는 데 좀 더 시간이 필요했을 수도 있습니다. 아이의 불안이 지금 시점에서 아이의 말더듬에 영향을 준 것 같습니다.'

❀ '지금 어머니는 아이의 말더듬을 많이 걱정하고 계시지요. 그리고 아이에게 도움이 되는 방법을 알고 싶지만 어떻게 반응하는 것이 좋은지 잘 모르겠다고 하셨어요. 아이가 자신의 말더듬을 인식하고 있는 것 같다고 하셨지만 아이의 말더듬이 더 나빠질까 봐 말더듬에 대해서는 아무 말도 안 하신다고 하셨어요. 아이는 어머니가 걱정하고 있다는 것을 알아차리지 않았으면 좋겠다고 생각하고 계시고요. 우리는 이런 어머니의 걱정을 도와드릴 수 있습니다. 예전에는 아이와 말더듬에 대해 말하지 않는 분위기였지만 지금은 말더듬에 대해 터놓고 아무렇지 않게 얘기하는 것을 권장하고 있어요. 우리는 어머니가 아이와 말더듬에 대해 잘 얘기할 수 있도록 도와드릴 것입니다. 그리고 자녀의 말더듬에 대한 어머니의 걱정도 도와드릴 수 있습니다.'

❀ '아이가 말을 더듬기 시작할 때부터 어머니는 아이가 상처받지 않도록 보호하려 하셨고, 심지어 아이가 잘못했을 때에도 크게 혼내지 않고 지나가게 하셨죠. 아이가 말을 더듬으면 부모는 매우 감정적이 됩니다. 다른 부모들 역시 아이가 화가 나면 말을 더듬을까 봐 걱정합니다. 치료 시간에 우리는 식사 시간이나 취침 시간에 대한 규칙을 세우는 것을 도와드릴 것입니다.'

❀ '모든 가족 구성원이 매일 스트레스를 경험하며 삽니다. 아침 일찍 바쁘게 출근하고 등교하고, 서로 말하려고 경쟁하기도 하고 바쁜 일상을 보내고 있습니다. 어떤 아이들은 이런 것들을 잘 받아들입니다. 하지만 말을 더듬는 아동은 이러한 일상생활의 어려움들을 받아들이기를 힘들어하기도 합니다. 어머니께서는 가족들이 일상생활을 전반적으로 바쁘게 보낸다고 하셨습니다. 그리고 이것이 아이의 말더듬에 도움이 되지 않을까 봐 걱정하고 계시지요. 항상 이곳저곳으로 바쁘게 다니고 아이를 보채서 준비시킨다고 하셨어요. 치료 시간 동안 우리는 반복적인 일과

의 계획을 세워서 생활이 덜 바쁘고 덜 서두르게 하는 방법을 알아볼 것입니다.'

부모들이 종종 묻는 중요한 질문

❖ 아이가 크면 말더듬이 멈출까요?

아직은 잘 모릅니다. 우리는 많은 아이들이 말더듬에서 회복되고 있으며 조기 중재가 가장 효과적이기 때문에 아이가 어릴 때 치료실을 방문하는 것이 도움이 된다는 것을 알고 있습니다. 그리고 언어평가를 통해 어떤 요인이 아이의 말더듬에 영향을 끼치고 있는지 알아내고 부모님이 아이를 도와줄 수 있는 방법을 알려드릴 것입니다.

❖ 말더듬을 완전히 고칠 수 있나요?

지금 단계에서는 완전한 치료방법은 아직 없습니다. 말을 더듬는 모든 사람에게 효과가 있는 치료법이 제안되지 않았습니다. 어떤 사람이 자신의 말더듬이 회복되었다고 말할 수는 있으나, 그 사람에게 효과적인 방법이 다른 사람에게도 효과적인 것은 아닙니다. 이것이 바로 우리가 자세한 평가를 통해 아이에게 도움이 되는 점이 무엇인지 알아보는 이유입니다.

❖ 아이에게 뇌 손상이 있는 건가요?

아닙니다. 말을 더듬는 아이가 뇌 손상이 있다는 증거는 없습니다. 하지만 연구에서는 말을 더듬는 아동과 말을 더듬지 않는 아동의 뇌 구조와 기능에서 약간의 차이를 보인다고 하지만, 크게 다르지는 않다고 합니다. 우리는 아이의 뇌가 아직 발달 중이고 가소성이 있다고 알고 있습니다. 따라서 많은 아이들은 자연적으로 회복되어 뇌 구조와 기능에서 차이가 없어진다고 합니다.

❖ 말더듬 정도가 왜 상황에 따라 달라지나요?

이것은 퍼즐과 같습니다. 언제는 아이가 매우 유창하다가 또 언제는 어떤 특별한 이유 없이 말을 더듬습니다. 어쩌면 이것은 학습과 성장에서 빠른 발달을 보이는 것과 관련 있을 수도 있습니다. 문제는, 종종 우리는 이 빠른 발달이 일어나기 전에 그 변화를 알아채지 못한다는 것입니다.

❀ 얼마나 오래 치료를 받아야 합니까?

6주간 매주 한 번씩 치료실을 방문하시고, 이후 6주간은 가정에서 강화치료를 진행하게 됩니다. 이 과정이 끝나면 다시 치료실을 방문하여 검토 회기를 갖고, 추가적인 치료의 필요성을 논의합니다. 이 단계에서 대부분은 특별한 치료 없이 가끔씩 아이의 말더듬을 지켜보게 됩니다. 만일 치료가 필요하다고 판단되면, 치료 스케줄을 잡습니다. 그러나 이러한 과정은 영원히 계속되는 것은 아닙니다. 치료는 정한 기한 내에 실시하고 변화를 관찰하여 정할 것입니다.

사례 연구: 이샨(만 4세)

진단과 추천

이샨의 부모에게 페일린 모델과 말더듬에 대한 정보가 담긴 종이를 주고 다음과 같이 설명했습니다. '평가와 사례 면담을 통해 이샨의 말더듬을 이해할 수 있게 하는 여러 가지 요인들을 파악했습니다. 이것이 우리가 말더듬이 '다중 요인'을 갖고 있다고 하는 이유입니다. 이샨을 이 모델의 중심에 놓고 봤을 때, 아이는 말을 더듬기 쉬운 타고난 생리적 요인을 갖고 있습니다. 이 외에도 말더듬에 영향을 주는 요인으로는, 말운동 요인, 언어 및 의사소통 요인, 심리적 요인 그리고 환경적 요인이 있습니다. 모든 아동이 같은 요인을 갖고 있는 것은 아닙니다. 모든 아동은 각자 다른 조합의 요인이 말더듬에 영향을 주고 있습니다. 이러한 요인의 조합은 아이의 말더듬 회복에 도움이 되는 강점에도 영향을 끼칩니다.

1. 생리적 요인은 아이가 타고난 요인으로 말더듬의 원인이 됩니다.

- ♠ 유전적 요인: 연구에 따르면 말더듬은 유전되는 경향이 있다고 합니다. 그러나 이샨의 경우 가족 중 말을 더듬는 사람이 없습니다.
- ♠ 뇌 구조와 기능: 우리는 연구를 통해 말을 더듬는 아동의 발달 중인 뇌에 미세한 차이의 가능성이 있다는 것을 알고 있습니다. 말은 여러 가지 일들이 한번에 일어나야 하는 복잡한 과정입니다. 먼저 무엇을 말할지 생각해야 하고, 우리의 생각을 표현하기 위해 적절한 단어를 선택해야 하고, 선택된 단어들로 문법적으로 올바른 문장을 만들어야 합니다. 그런 다음 하고자 하는 말을 발음해야 하고 이때 우리의 호흡 그리고 입, 혀, 입술을 잘 협응시켜 문장의 각 소리를 올바로 말해야 합니다. 우리는 이러한 과정을 위해 뇌의 다른 여러 부분이 연합하여 일해야 한다는 사실을 알고 있습니다. 연구에 따르면, 말을 더듬는 아동은 위와 같이 말하는 과정에서 유창한 말을 하기 위해 필요한 속도로 이 모든 과정을 이루어 내는 데 어려움을 보인다고 합니다.

따라서 이 아이들은 말할 때 조금 더 시간이 필요합니다. 어머니는 이샨이 역시 이렇게 원하는 말을 하기 위해 시간이 더 필요한 것 같다고 하셨지요. 좋은 소식은 사람의 뇌는 일생을 통해 계속 변화하며 매우 유연하다는 사실입니다. 이것이 바로 어떤 아이들은 말더듬에서 회복이 되고, 어릴 때 치료를 시작하면 치료가 더 효과적인 이유입니다.

♠ 신체적인 건강: 아이의 내적 요인만큼이나 아이의 신체적 건강, 즉 아프다거나 피곤한 아이의 신체 상태가 말에 영향을 줄 수 있습니다. 이샨이 잠을 푹 자는 편인지, 건강한 상태인지 알 필요가 있습니다. 지금까지 설명이 이해가 가시나요?

2. 말운동 요인이 이샨의 말더듬과 말더듬의 진전에 영향을 미칠 수 있습니다.

♠ 말더듬 행동: 이산의 평가 결과와 아이의 말더듬에 대한 어머니의 보고로부터 우리는 아이가 약 8% 정도의 말에서 말더듬을 관찰하였습니다. 그리고 아이의 말더듬은 중도로 판단되며, 아이는 전체/부분 낱말 반복, 연장과 막힘을 종종 긴장과 부수 행동을 보입니다.

♠ 말운동 능력: 어떤 연구에서는 말을 더듬는 사람들의 말운동 능력이 말을 더듬지 않는 사람과는 다르다고 보고하고 있습니다. 이러한 기술의 협응력이 부족하여 말을 계획하고 실행하는 데 더 많은 시간이 필요합니다.

이산의 혀, 입술, 그리고 입의 운동 능력은 문제가 없어 보이고, 아이가 먹는 데 문제를 보이지 않습니다. 그렇지만 아이는 자기가 감당할 수 있는 것보다 빨리 말하는 편이라고 보고하셨습니다. 말더듬은 말속도가 증가하면서 더 빈번히 보일 수 있습니다. 어떤 아이들은 원래 다른 아이들보다 빨리 말하는 습관이 있기도 하고 어떤 아이들은 흥분하거나 걱정이 있을 때 다른 아이들보다 빨리 말하려고 경쟁할 때 말속도가 빨라집니다. 말을 더듬는 아동이 말을 더듬지 않는 아동에 비해 항상 말속도가 빠른 것은 아니지만, 자신의 말운동 및 언어체계에 비해 빠를 수 있으며 이샨이 바로 이 경우에 해당하는 것으로 보입니다.

3. 언어 및 의사소통 요인: 아이의 말더듬과 말·언어 발달 사이에는 강한 상관관계가 있어 보입니다. 아이들은 2세에서 4세 사이에 말을 더듬기 시작하며, 말더듬은 주로 아이의 말, 언어, 운동 발달이 눈에 띄게 발달하는 시기에 생깁니다. 이 시기에 아이들의 어휘력은 늘고, 말을 연결하여 문장을 만들거나 더 길고 복잡한 단어로 문장을 표현하기 시작합니다. 말을 더듬는 많은 아동들이 정상 언어 발달을 보입니다. 그러나 어떤 말더듬 아동들은 언어 발달 지연을 보이고 어떤 아이들은 또래보다 빠른 언어 발달을 보입니다. 종종 언어의 여러 하위 영역들이 다른 속도로 발달하기도 합니다. 예를 들어, 어휘력은 매우 높지만 문장을 만드는 능력은 부족할 수도 있습니다. 평가 결과 이샨은 치료가 진행될수록 말이 점점 많아지고 협조적이었으며 집중력도 좋았습니다. 이샨의 언어는 또래 아동과 유사하게 발달하고 있으며 다른 언어를 동시에 배우고 있습니다. 이것은 아이에게 큰 자산이 될 것입니다. 어머니가 아셔야 할 중요한 점은 이중언어를 말하는 것이 말더

들의 원인은 아니라는 것입니다. 아이와 대화할 때 어머니가 편한 언어를 사용하시기 바랍니다. 어머니께서는 아이가 말할 때 원하는 말을 하려고 노력한다고 하셨지요. 아이가 말을 빨리 하는 편이고 그래서 말하는 데 더 많은 시간이 필요하다고 말했습니다. 평가 중 아이가 구문 반복을 자주 보였고 발화를 여러 번 수정하기도 하였습니다. 이것은 말더듬이라고 할 수는 없지만 아이가 말하는 내용을 정리하여 이야기하고자 할 때 종종 관찰됩니다. "제가 한 말이 맞나요?"

4. **심리적 요인**: 많은 사람들이 말더듬이 심리적 요인으로 시작되었다거나 감정적일 때 말을 더듬게 된다고 생각합니다. 하지만 연구에 따르면 이는 사실이 아닙니다.

- ♠ **성격**: 말을 더듬는 아동의 성격은 모두 다르고 각자 말더듬에 대응하고 극복하는 방식도 모두 다릅니다. 말더듬으로 이어지는 특정 성격이 있는 것은 아니지만, 연구에서는 말을 더듬는 아동이 말을 더듬지 않는 아이보다 더 반사적으로 반응하고(reactive), 자기의 감정을 조절하는 데 어려움을 보인다고 합니다. 이산은 친절하고 사랑스럽고 말을 잘 듣는 아이라고 하셨지요. 아이는 매우 민감해서, 자기의 말더듬과 부모의 걱정을 잘 알아차립니다. 아이가 집에서는 자신감을 보이지만 유치원에서는 그렇지 않다고 하셨습니다.

- ♠ **말더듬이 이산에게 미치는 영향**: 아이들은 말더듬에 대해 다른 반응을 보입니다. 어떤 아이들에게 말더듬은 전혀 문제가 되지 않습니다. 어떤 아이들은 말더듬을 매우 잘 의식하고 있으며 부끄러워하고 좌절하기도 합니다. 이산은 자기의 말더듬을 인식하고 있습니다. 저도 이산이 말을 더듬을 때 제 눈을 피하는 것을 여러 번 목격하였는데, 이런 행동은 아마도 아이가 자기의 말더듬을 인식하고 있음을 보여 주는 것일 수 있습니다. 아이는 말하는 것이 힘들고 말이 막히면 슬프다고 했습니다. 말에 대한 태도를 묻는 질문에 아이는 말을 더듬는 다른 아동들처럼 부정적인 감정을 보였습니다. 어머니께서는 아이가 가끔 긴장하고 쉽사리 (말하는 것을) 포기한다고 하셨어요. 그리고 가끔 자기 말에 무슨 문제가 있는지 묻는다고 하셨어요. 아이가 말더듬에 대해 당신과 말할 수 있는 것은 말에 도움이 됩니다. 이러한 순간에 어떻게 대답하면 좋은지 이후에 다시 이야기해 보겠습니다.

5. **환경적 요인**: 이 요인은 생리적, 말운동적, 의사소통적 그리고 언어 및 심리적 요인과 상호작용을 합니다.

   이산의 집과 유치원의 환경은 아이와 아이의 말더듬에 영향을 미칠 수 있다는 점에서 중요하게 고려되어야 하지만 이것들이 말더듬의 원인은 아닙니다.

- ♠ **가정**: 가정에서는 바쁘거나 한가하거나, 행복하거나, 어려운 여러 가지 상황에서 부모님들은 최선을 다해 가정의 모든 일들을 관리하고 계시지요. 빠르고 바쁜 일상은 정상이지만, 말을 더듬는 아동에게는 부담이 되는 환경일 수 있습니다. 부모님들은 아이의 말더듬에 대해 서로 다른 생각을 가지고 있으며 각자 다르게 반응하기도 합니다. 때로는 아이의 말더듬 행동과 그에

대한 감정에 대해 어떻게 도움을 주어야 하는지 모를 때가 있습니다. 이러한 감정들이 말더듬의 원인은 아니지만 말을 더듬는 아이와 가족 모두에 영향을 줄 수도 있습니다.

두 분이 매우 좋은 부모이시고 아이를 잘 이해하고 계십니다. 그리고 아이와 함께 이곳에 방문하는 수고도 해 주셨습니다. 이샨의 가정이 다른 가정처럼 바쁘게 돌아가고 있고 가족 구성원들이 다들 하고 싶은 말들이 많을 것으로 생각됩니다. 이샨이 가족들과 함께 이야기를 할 때, 다른 형제, 자매들과 말을 서로 먼저 많이 하려 경쟁을 하는 것은 아이에게 때로는 스트레스가 될 수 있습니다.

- ♠ 이샨의 말더듬이 부모에게 미치는 영향: 어머니는 아이의 말더듬에 대해 확실히 걱정하고 계십니다. 그리고 아이의 말더듬에 어떻게 반응하고 도와주어야 할지 모르시는 것으로 보입니다. 아이에게 조언을 해 주었지만, 그게 도움이 된 것 같지 않다고 하셨어요. 아이의 말더듬에 어떻게 반응하면 좋은지, 어떤 도움을 주면 좋은지 얘기해 보도록 하죠.
- ♠ 유치원: 어떤 아이들은 학교나 유치원에서 받는 요구들이 어렵다고 생각하는데 이것이 아이의 말더듬에 영향을 끼치기도 합니다. 이샨은 유치원에서 자신감이 없는 것 같았고, 이 때문에 어머니는 아이가 유치원에서 잘 해낼 수 있을지 걱정하고 계십니다. 따라서 아이에게 자신감을 심어 줄 필요가 있습니다.

지금까지 말씀 드린 것 중 분명하지 않거나, 잘못 전달된 내용이 있으면 알려 주세요. 그리고 다른 질문이 있으신가요?

오늘 나눈 이야기에 근거해서, 부모님과 이샨을 위한 페일린 부모-아동 상호작용 치료를 계획하려고 합니다. 앞으로 부모님과 아이 모두 일주일에 한 번씩 총 6주간 참여하시게 됩니다. 각 치료 회기는 한 시간이 걸립니다.

치료 회기 동안, 우리는 이샨의 말에 도움이 된 것은 무엇인지, 그리고 이를 바탕으로 어떻게 치료를 할 것인지 살펴볼 것입니다. 우리는 비디오를 사용해서 부모님이 하고 계신 행동 중 아이의 말더듬에 도움이 되는 행동이 무엇인지 찾아볼 것입니다. 그리고 아이가 말을 더듬을 때 어떻게 반응을 하면 좋을지에 대해서도 알아볼 것입니다. 치료가 가정에서도 이루어지는 것이 중요하기 때문에, 매주 집에서 이러한 도움이 되는 행동을 연습하시기를 권고할 것입니다. 그리고 아이의 말에 도움이 되는 다른 방법에 대해 이야기를 나눌 것입니다. 어떤 치료 회기의 경우 가족 구성원 모두가 와서 참여해야 합니다. 6주간의 치료가 끝나면, 가정 안정화 기간(home consolidation period)을 6주 더 진행합니다. 이 기간에는 그때까지 배운 것들을 집에서 계속 연습할 것이고, 이것이 어떻게 진행되고 있는지 제게 보고해 주시면 됩니다. 이 기간이 끝나면 이샨과 함께 치료실을 다시 방문하셔서 아이의 진전 상황에 대해 이야기하고, 추가적인 치료를 결정할 것입니다. 어떠한 결정이 내려지든, 우리는 앞으로 1년간 이샨을 계속 지켜볼 것입니다.

사례 연구: 제이크(6세)
진단과 추천

제이크의 엄마는 '페일린 모델과 말더듬에 대한 일반적인 사실들'이란 제목의 유인물을 받았다.

평가와 사례 면담을 통해 우리는 제이크의 말더듬을 이해할 수 있는 많은 요인들을 찾아냈습니다. 이것이 바로 우리가 말더듬을 다요인적이라고 부르는 이유입니다. 제이크를 모델의 중심에 놓고 볼 때, 제이크는 말더듬을 타고난 생리적 요인이 있는데, 이것은 나중에 다시 설명 드리겠습니다. 그리고 말운동 요인, 언어 및 의사소통 요인, 심리적 요인(세모로 표현됨)과 환경적 요인(바깥 원으로 표현됨)이 있습니다. 말을 더듬는 아동은 각자 다른 조합의 말더듬 요인과 장점을 갖고 있는데, 이 점 또한 곧 말씀드리겠습니다.

1. 생리적 요인은 제이크가 갖고 있는 타고난 요인이며 말더듬의 근간을 이루고 있습니다.

♠ 유전적 요인: 연구에 따르면 말더듬은 유전된다고 합니다. 제이크의 경우 사촌이 약하게 말을 더듬었지만 아이에게 큰 영향을 미치는 것 같지는 않다고 하셨고 제이크의 형도 어릴 적에 말을 더듬었지만 점차 말더듬을 멈추었다고 하셨습니다.

♠ 뇌 구조 및 기능: 뇌 구조 및 기능 연구에 따르면 말더듬 아동은 언어와 관련된 뇌 발달과 뇌 구조에서 미세한 차이를 보인다고 합니다. 말은 복잡한 과정이며, 뇌가 한 번에 여러 가지 일을 처리해야 가능한 과정입니다. 먼저 우리는 무엇을 말할 것인지 생각해야 하고 그 생각을 표현할 단어를 찾아야 하며, 또 그 단어들을 문법에 맞게 배열하여 문장으로 만들어야 합니다. 그리고 우리가 말하고자 하는 것을 발음해야 합니다. 우리가 입, 혀, 그리고 입술을 움직이면서 호흡과 함께 협응하여 문장에 나오는 각 말소리를 발음해야 합니다. 우리는 뇌의 여러 부분들이 관여하여 이 과정을 만들어 낸다는 것을 알고 있습니다. 연구에 따르면 말을 더듬는 아동의 뇌는 유창한 말을 하기 위해 필요한 속도로 이 모든 과정을 이루어 내는 데 덜 효과적이어서 좀 더 많은 시간이 필요할 수 있다고 합니다. 어머니도 제이크에게서 이런 점을 관찰하셨다고 하셨죠. 제이크가 안정이 되거나 충분한 시간을 가지고 말할 때 말을 좀 더 잘한다고 하셨어요. 좋은 소식은 인간의 뇌는 일생 동안 끊임없이 변화하며, 가소성(plastic)이 크다고 합니다. 즉, 이러한 뇌의 차이는 고정된 것이 아닙니다. 이 때문에 어떤 아동은 말더듬에서 자연회복이 되기도 하고 언어치료를 일찍 시작하면 치료효과가 더 좋은 것입니다. 그래서 제이크를 지금 치료실에 데리고 오신 것은 잘하신 결정입니다.

♠ 신체적 건강: 아이가 피곤하거나 아프거나 하는 아이의 건강 상태 역시 아이의 말에 영향을 끼칠 수 있습니다. 제이크가 건강한 아이라고 들었습니다. 다행이네요. 어머니께서 제이크가 밤에 잠을 늦게 자고 잠들기까지 시간이 걸려서 충분한 수면을 취하지 못한다고 하셨죠. 아마, 아

이가 피곤할 때 말더듬이 심해지는 것을 보셨을 거예요. 말을 더듬는 아동에게는 충분한 수면이 도움이 될 수 있습니다. 그래서 이제 아이가 좀 더 일찍 잠자리에 들고 아이가 어떻게 하면 더 빨리 잠들 수 있을지 함께 생각해 보기로 해요. 지금까지 말씀드린 것을 다 이해하셨나요?

2. 말운동 요인이 제이크의 말더듬과 말더듬 발달에 영향을 미칠 수 있습니다.

- ♠ 말더듬 행동: 제이크의 평가와 부모님의 보고에 근거해서, 우리는 제이크 발화의 14%에서 말더듬을 관찰하였습니다. 그리고 이것은 중간에서 심도의 말더듬으로 평가되고, 아이의 말더듬은 주로 연장과 막힘, 그리고 얼굴과 몸에 부수 행동을 보이는 것으로 관찰되었습니다. 아이가 말이 막힐 때 하려던 말을 바꾼다고 하셨지요. 우리도 역시 평가에서 그 부분을 관찰하였습니다. 아이는 막힘이 있을 때 눈을 피하였고 그 말을 하기까지 시간이 오래 걸렸습니다.
- ♠ 말운동 능력: 연구에 따르면 말을 더듬는 사람들 중 일부는 말운동 능력에서 차이를 보인다고 합니다. 즉, 말운동 협응이 덜 되어서 말을 계획하고 실행하는 데 시간이 더 필요하다고 합니다.
- ♠ 우리는 제이크의 구강 운동 능력에서는 특이점을 발견하지 못했습니다. 먹는 것이 문제로 보이지 않으며, 혀, 입술, 그리고 입 운동 평가에서도 별다른 문제점을 찾지 못했습니다. 어머니께서는 아이가 말하는 것을 좋아하고 할 말이 많고 가끔 급하게 말한다고 하셨지요. 말더듬은 빠른 말속도로 말할 때 더 심해질 수 있습니다. 어떤 사람들은 다른 사람보다 원래 더 빠른 말속도를 가지고 있습니다. 어떤 아이들은 흥분하거나, 불안하거나 말하는 경쟁이 붙었을 때 빠른 속도로 말을 하기도 합니다. 말을 더듬는 모든 아이들이 빠르게 말하는 것은 아니지만 말을 천천히 하면 말을 더 잘 통제할 수 있습니다. 제이크 역시 이 경우에 해당합니다.

3. 의사소통 및 언어 요인: 아이의 말더듬과 아이의 말·언어 발달 사이에 강한 연관성이 있는 것으로 보입니다.

- ♠ 아이는 주로 만 2세에서 4세 사이에 말더듬을 보이기 시작합니다. 이때는 아이들이 말, 언어 및 운동 능력에서 빠른 발달을 보이는 시기입니다. 어휘는 빠른 속도로 늘고, 문장을 만들기 시작하며, 길고 더 복잡한 단어와 문장을 사용하기 시작합니다. 말을 더듬는 많은 아이들이 정상 언어 발달을 보입니다. 그러나 어떤 아이들은 언어 지연을 보이기도 하고 어떤 아동들은 빠른 언어 발달을 보입니다. 연구에 따르면 어떤 아이들은 말이 길고 복잡할수록 더 빈번하게 말을 더듬는다고 합니다. 우리의 평가에서 제이크는 집중을 잘 하고 자신 있게 의사소통하는 모습을 보였습니다. 또한 평가 중 제이크는 수용언어 능력이 제이크 나이 또래의 아이들보다 높고, 길고 복잡한 문장을 만드는 것으로 나타났습니다. 그런데 이미 말한 바와 같이 제이크는 빨리 말하는 편이고, 차분하고 느리게 말할 때 더 유창합니다. 그래서 제이크의 발달된 언어 능력과 아이의 빠른 말속도가 함께 아이의 말더듬에 영향을 줄 수도 있습니다. 지금까지 한 말에 동의하시나요?

4. 심리적 요인: 많은 사람들은 말더듬이 심리적 요인에서 시작되었다고 믿거나, 말을 더듬는 사람들이 감정적이기 때문에 더듬는다고 생각하지만 연구에 따르면 이것은 사실이 아닙니다.

♠ 성격: 말을 더듬는 아동은 모두 성격이 다르며, 말더듬에 다르게 반응하고 말더듬을 각기 다른 방식으로 극복합니다. 말더듬과 관련된 특정한 성격은 없지만, 연구에 따르면 말을 더듬는 아동은 말을 더듬지 않는 아동보다 좀 더 예민한 편이며 자신의 감정을 통제하는 것을 어려워합니다. 제이크가 자신감 있고 친구가 많다고 하셨습니다. 그리고 아이가 자기 뜻대로 되지 않을 때 쉽게 화를 낸다고 하셨어요. 그래서 아마도 제이크가 예민하고 가끔씩 진정하기 어려워하는 아이들 그룹에 속한다고 볼 수 있어요. 아이가 불안정하고 감정적인 모습을 보일 때 통제하는 것이 어렵고 하셨고 이러한 것이 말더듬에 영향을 미칠 수 있습니다. 우리는 치료 시간에 이 문제를 다룰 것입니다.

♠ 말더듬이 제이크에게 미치는 영향: 아이들은 말더듬에 대해 각각 다르게 반응합니다. 어떤 아이들은 말더듬에 아무런 영향을 받지 않습니다. 어떤 아이들은 말더듬을 인식하며 말더듬 때문에 실망하고 부끄러워하고 화를 내기도 합니다. 제이크는 말더듬을 인식하고 있고 말더듬에 대해 이야기하는 것을 불편하게 생각합니다. 우리는 이러한 상황에 어떻게 대응할지 이야기를 나눌 것입니다. 평가에서 아이는 말더듬 때문에 기분이 좋지 않다고 하였으며 친구들이 자기의 말더듬에 대해 어떻게 생각하는지 걱정하고 있었습니다. 의사소통 태도 평가 결과 아이는 말을 더듬는 다른 아이들처럼 말에 대해 부정적인 감정을 갖고 있었습니다. 제가 말씀드렸듯이, 아이는 말더듬이 길어질 때 다른 곳을 쳐다보았습니다. 제이크는 말을 더듬을 때 말을 적게 하기 시작하고, 가끔은 엄마가 자기를 도와주기를 바란다고 하셨어요. 그리고 말더듬이 아이의 삶에 큰 영향을 미치고 있을 것 같아 걱정한다고 하셨어요. 어머니의 사촌이 말은 더듬지만 말더듬이 삶에 큰 영향을 끼치지 않은 것과는 반대이죠. 어머니의 사촌은 제이크에게 좋은 롤모델이 될 거라 생각하지 않으세요?

5. 환경 요인: 이 요인은 신체, 말운동, 의사소통 및 언어, 그리고 심리적 요인들과 함께 상호작용합니다. 제이크의 가정 및 학교 환경이 아이와 아이의 말더듬에 어떤 영향을 미치는지 생각해 보는 것은 중요하지만, 이것이 아이의 말더듬의 원인은 아니라는 것을 알아야 합니다.

♠ 가정: 가정에서는 바쁘거나 한가하거나, 행복하거나, 어렵거나 하는 여러 가지 상황에서도 부모님들은 최선을 다해 가정의 모든 일들을 관리하고 계시지요. 빠르고 바쁜 일상은 흔하지만, 말을 더듬는 아동에게는 부담을 주는 환경일 수 있습니다. 부모님들은 아이의 말더듬에 대해 서로 다른 생각을 가지고 있으며 각자 다르게 반응하기도 합니다. 때로는 아이의 말더듬 행동과 그에 대한 감정에 대해 어떻게 도움을 주어야 하는지 모를 때가 있습니다. 이러한 감정들이 말더듬의 원인은 아니지만 말을 더듬는 아이와 가정에 영향을 끼칠 수도 있습니다. 어머니는 아이를 매우 사랑하고 또 잘 이해하십니다. 그리고 아이를 도와주는 데 최선을 다하고 계십니

다. 아이의 형이 아이를 지지해 주고 아이에게 말할 충분한 시간을 준다는 것은 매우 좋은 점입니다. 말을 더듬는 아이들은 이러한 시간과 지지가 필요하고 가족이 중요한 역할을 합니다. 현재 어머니는 두 아이를 키우고 계시고 가족생활은 확실히 바쁘게 돌아가고 있는 것으로 보입니다. 제이크의 아버지가 도움을 주고 있고 이 치료에도 함께 한다는 사실은 좋은 점입니다. 왜냐하면 제이크가 어머니와 아버지 두 분 모두로부터 지지를 받을 수 있기 때문이죠.

♠ 유치원: 어떤 아이들은 유치원이나 학교에서 받는 요구들을 어렵다고 생각하고, 이것이 아이의 말더듬에 영향을 끼치기도 합니다. 제이크는 자신감이 있는 편이나 아이의 말더듬이 유치원 생활에 영향을 미치고 있는 것으로 보입니다. 왜냐하면 선생님이 제이크가 반 활동 참여에 소극적이라고 했기 때문이죠. 선생님이 이러한 점을 알고 계시는 것은 도움이 됩니다. 앞으로 우리는 선생님과 함께 아이가 유치원에서 자신감을 갖도록 도와줄 것입니다.

♠ 지금까지 말씀드린 것 중 분명하지 않거나 제가 맞지 않다고 생각하신 부분이 있을까요? 다른 질문은 없으신가요?

오늘 나눈 이야기에 근거해서, 부모와 제이크를 위한 페일린 부모-아동 상호작용 치료를 계획하려고 합니다. 앞으로 부모님과 아이 모두가 일주일에 한 번씩 총 6주간 참여하셔야 합니다. 각 치료 회기는 한 시간이 걸립니다.

치료 회기 동안, 우리는 제이크의 말에 도움이 된 것은 무엇인지, 그리고 이를 바탕으로 어떻게 치료할 것인지 살펴보게 됩니다. 우리는 비디오를 이용해서 부모님이 하고 계신 행동 중 아이의 말더듬에 도움이 되는 것은 무엇인지 찾아볼 것입니다. 그리고 아이가 말을 더듬을 때 어떻게 반응을 하면 좋을지에 대해서도 알아볼 것입니다. 치료가 가정 안에서 이루어지는 것이 중요하기 때문에, 매주 집에서 이러한 도움이 되는 행동을 연습하시기를 권고할 것입니다. 그리고 아이의 말더듬에 가장 잘 반응하는 방법에 대해 이야기할 것이고, 어떻게 하면 말더듬에 대해 아이와 터놓고 이야기할 수 있을지 알아보게 됩니다. 이러한 활동을 통해 제이크와 부모님은 말더듬에 대해 좀 더 편한 마음을 갖게 될 거예요. 제이크의 피곤함에 대해서는, 아이가 제 시간에 잠자리에 들어 잠을 잘 수 있는 방법을 함께 생각해 보기로 해요. 그리고 아이의 감정적 반응에 대해서도 생각해 보는 것이 도움이 될 거예요. 어떤 것이 아이를 기분 나쁘게 하고, 좌절감을 느끼게 하고 화나게 하는지 알아내어 그것에 어떻게 반응하는 것이 좋은지 이야기해 볼 거예요. 6주 치료가 끝나면, 가정 안정화 기간(home consolidation period)을 6주간 더 진행합니다. 이 기간 동안, 그때까지 배운 것들을 계속 연습할 것이고, 이것이 어떻게 진행되고 있는지 제게 보고해 주시면 됩니다. 이 기간이 끝나면 제이크와 함께 다시 치료실을 방문하셔서 아이의 진전 상황에 대해 이야기하고 치료가 더 필요한지 결정합니다. 어떠한 결정이 내려지든, 우리는 앞으로 1년간 제이크를 계속 지켜볼 것입니다.

제7장 어린 말더듬 아동을 위한 페일린 부모-아동 상호작용 치료

상호작용 전략

상호작용 전략
아이의 주도 따르기
아이에게 충분한 시간 주기
쉼 두기와 말속도
눈맞춤
언어 자극
서술하기와 질문하기
기타 방법들

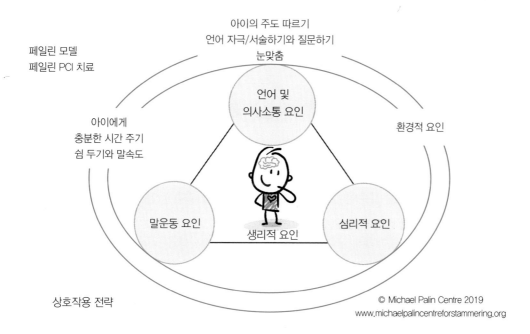

페일린 모델
페일린 PCI 치료

아이의 주도 따르기
언어 자극/서술하기와 질문하기
눈맞춤

언어 및 의사소통 요인

환경적 요인

아이에게 충분한 시간 주기
쉼 두기와 말속도

말운동 요인

생리적 요인

심리적 요인

상호작용 전략

© Michael Palin Centre 2019
www.michaelpalincentreforstammering.org

총체적 평가를 통해 우리는 아이의 능력과 취약점에 대한 전반적인 정보를 얻게 된다. 상호작용 분석을 통해서 알 수 있는 사실은 다음과 같다.

❖ 어떤 상호작용 전략이 아이의 의사소통과 유창성을 개선할 수 있을 것인가?
❖ 부모가 어떤 상호작용 전략을 이미 사용하고 있으며, 어떤 전략을 촉진하면 좋은가?

페일린 부모-아동 상호작용(PCI) 치료에서 부모들은 자녀와 놀고 있는 자신의 모습을 녹화한 비디오를 보게 된다. 이를 통해 부모들은 아이의 의사소통 능력과 유창성을 지원하기 위해 이미 사용하고 있는 전략들을 알게 되고 논의를 통해 더욱 발전시켜 나간다. 가정에서의 연습은 짧고 반복적인 '스페셜타임'이라는 형식을 통해 이루어진다.

페일린 상호작용 치료 과정에는 페이버와 매즐리시(Faber & Mazlish, 1980) 모델에 기반한 아이의 자신감 향상 프로그램이 포함되어 있다. 필요에 따라서는 총체적 평가를 통해 규명된 기타 가족 전략도 포함된다. 여기에는 가족 내 교대로 말하기, 잠자리 준비, 훈육 등이 포함될 수 있다.

페일린 상호작용 치료를 위해 언어재활사에게 필요한 것은 다음과 같다.

❖ 아이의 생활연령과 수준에 적절한 놀잇감이 마련되어 있는 방
❖ 최초의 부모-아동 상호작용을 녹화한 비디오
❖ 비디오카메라와 연결선
❖ TV 모니터
❖ 스페셜타임 안내문(1회기)(부록 9)
❖ 스페셜타임용 과제 기록지(모든 회기)(부록 10)
❖ 부모를 위한 유인물(부록 13, 부록 26)

각각의 치료 회기는 일주일에 1시간씩, 적어도 연속된 6주 동안 진행된다. 다음은 회기별 치료 프로그램 내용이다.

1회기

> ♠ 필요시 비디오 녹화
>
> ♠ 평가 내용 검토
>
> ♠ 치료에 대한 부모의 희망사항 이끌어 내기
>
> ♠ 치료에 대한 설명
>
> ♠ 스페셜타임 설계하기
>
> ♠ 필요시 이중언어 다루기에 대한 의견 나누기
>
> ♠ 말더듬 관련 유인물 설명

1. 부모-아동 상호작용의 비디오 녹화(필요한 경우)

만약 부모 중 한 명만 아이의 평가에 참여했다면, 이번 첫 회기에서는 다른 부모의 비디오를 녹화한다. 평가와 첫 치료 회기 사이의 간격이 5~6개월에 이른다면 양쪽 부모의 비디오 녹화를 다시 실시한다. 녹화 방법에 대한 안내는 제5장에 나와 있다.

2. 평가에서 발견된 내용에 대한 검토

우리는 부모와 함께 평가 내용을 다시 확인하는데, 부모가 궁금한 점이 있으면 질문할 수 있는 기회를 준다. 그리고 부모로 하여금 페일린 부모-아동 상호작용 치료의 근간을 이루는 아이의 능력과 취약성에 집중할 수 있도록 해 준다. 또한 진단과 추천(formulation) 과정에서 기타 추천 사항을 반영할 수 있는 기회가 되기도 한다.

만일 평가 받은 지 6주가 지났다면, 아이의 말더듬과 말더듬으로 인한 변화를 SSI-4(Riley, 2009), 유아용 의사소통태도검사(KiddyCAT; Vanryckeghem & Brutten, 2007) 그리고 페일린 부모평가척도(Millard & Davis, 2016) 등을 통해 기초 점수를 얻고 현재의 임상적 상태를 이해할 수 있다.

3. 부모의 희망사항을 이끌어 내기

해결중심단기치료(Solution Focused Brief Therapy; de Shazer, 1996; Ratner et al., 2012)의 질문들은 부모가 치료를 통해 이루고 싶은 것을 표현할 수 있게 해 준다. 이것은 어떤 것이 치료에 도움이 되고, 어떤 것이 잘 수행되고 있으며, 아이의 어떤 강점이나 능력을 키워 줄 것인지에 대해 초점을 맞추게 한다.

❖ 치료를 통해 가장 바라는 희망사항은 무엇인가요?

우리는 부모에게 "치료를 통해 가장 바라는 희망사항은 무엇인가요?"라고 질문하여 부모가 치료를 통해 얻고 싶은 것이 무엇인지 생각해 보게 한다. 이 질문에 대한 부모의 자연스러운 첫 반응은 "내 아이가 유창해지면 좋겠어요."이다. 이 대답에 대해 우리는 "그럼 어떤 점이 바뀌게 될까요?"라고 다시 질문함으로써, 부모의 초점이 유창성에서 아이로 옮겨지도록 도울 수 있다. 예를 들어, "만일 아이가 유창하게 되면, 어떤 점이 바뀌게 될까요?"라고 물으면 부모는 "아무래도 아이가 더 행복해지겠죠. /더 자신감 있는 모습을 보일 거 같아요./친구들과 말을 더 많이 할 거고요."라고 대답할 수 있다.

❖ '그 대신'

가끔 부모는 부정적인 단어로 자신의 희망을 표현하기도 한다. 예를 들어, "아이가 말더듬을 멈추겠죠."라고 하거나 "아이가 덜 부끄러워할 거예요."라고 말한다. 우리는 '그 대신에(Instead)'로 시작하는 질문을 함으로써 부모의 초점을 긍정적인 것에 둘 수 있게 도와준다. 예를 들어, '말을 덜 더듬거나 덜 부끄러워하는 거 말고 그 대신 무엇을 바라시나요?'

❖ 만일 희망사항이 이루어진다면 무엇이 달라질까요?

부모가 치료를 통해 무엇을 얻고 싶은지 알아냈다면, 그 희망사항이 이루어졌을 때 일상생활에 어떤 실제적인 변화가 일어날지 생각해 보게 한다. 예를 들어, "그래서 만일 아이가 더 자신감이 있어진다면, 그 사실을 어떻게 알 수 있을까요?"

❉또 다른 어떤 점이 있을까요?

다음으로 우리는 부모에게 "또 다른 어떤 점이 있을까요(What else?)?"라고 질문함으로써, 부모가 자신의 희망사항에 대해 더 자세히 말하도록 이끈다. 부모에게 만일 희망사항이 이루어지면 무엇이 달라질 것인가에 대해 여러 가지 예와 함께 설명하게 한다. 예를 들어, "아이에게 더 큰 자신감이 생기면 또 다른 어떤 점이 달라져 있을까요?"라고 질문할 수 있다.

❉평가척도

－한쪽 끝에는 숫자 0을, 다른 쪽 끝에는 숫자 10이 쓰인 선을 그린다.

－부모가 말한 희망사항을 적는다.

－부모에게 10은 모든 희망사항이 이루어진 상태를 말하며 0은 그와 반대의 상태를 의미한다고 알려 준다.

－부모에게 지금 상태는 이 평가선에서 어느 지점인지 표시해 보라고 한다.

－부모에게 만약 1점이 올라간다면 어떤 작은 징후들이 있지 묻는다(예 "이 평가선에서 1점 올라간 것을 어떻게 알게 될까요?", "무엇이 달라질까요?").

해결중심단기치료에서 부모의 희망사항을 말하게 하는 과정에 대한 더 자세한 설명은 부록 8을 참고한다.

4. 치료 프로그램의 설명

우리는 다음과 같은 방식으로 치료의 형식과 목적을 설명해 준다.

❉6주 동안 매주 한 시간씩 페일린 부모-아동 상호작용 치료 회기가 진행됩니다. 이 시간에 우리는 아이의 말에 도움이 되는 것이 무엇인지, 가족이 어떻게 아이를 도와줄 수 있을지 생각해 볼 것입니다.

❉이 시간에는 부모님 두 분 모두와 자녀가 함께 매주 참석합니다. 그리고 부모님은 가정에서 아이의 말과 자신감에 도움이 되는 것들을 아이와 함께 해 보게 됩니다.

❉집에서 연습도 해 와야 하며, 미리 작성해 오셔야 할 과제 기록지도 있습니다.

❖ 6주가 지나면 일주일에 한 번 치료실에서 만나는 일 없이, 이후 6주 동안 집에서 치료를 이어 갑니다.

❖ 그리고 우리는 검토 시간을 통해 아이가 잘 하고 있는지 확인할 것이고, 회기를 더 늘려야 할지 아니면 집에서 연습을 이어가며 지켜볼 것인지 결정합니다.

❖ 아이마다 조금씩 다른 상황이 전개될 수 있습니다. 예를 들어, 어떤 가족은 치료실에서의 첫 6주간 이미 아이의 말과 자신감에서 변화를 목격할 수도 있고, 어떤 가족은 안정화 기간(home consolidation period)에 변화를 볼 수 있습니다. 어떤 가족은 좀 더 오래 기다려야 할 수도 있습니다.

❖ 1년간 아이의 말더듬이 좋을 때도 있고 안 좋을 때도 있을 것입니다. 이럴 때 우리는 어떻게 다시 중심을 놓치지 않고 계획대로 이어 갈 것인지 연구할 것입니다. 자녀의 일상생활을 돕기 위해 집에서 해 볼 수 있는 다른 방법들에 대해서도 함께 이야기를 나눕니다.

5. 스페셜타임 설계하기

스페셜타임은 페일린 부모-아동 상호작용 치료(Palin PCI)의 핵심이다. 스페셜타임을 하면서 부모는 '목표' 상호작용 전략을 실시하여 아이의 의사소통 능력과 유창성을 개선하는 데 집중한다. 스페셜타임은 또한 아이와 부모에게 '함께 하는 좋은 시간'을 보낼 수 있는 기회를 제공한다. 첫 회기에서 우리가 스페셜타임에 대해 알려 주면, 부모는 이후 일주일 동안 이를 가족 일상의 일부로 이어 가도록 진행해야 한다.

스페셜타임 안내문

❖ 스페셜타임의 중요성: 우리는 부모에게 스페셜타임이 치료 과정의 핵심임을 설명하고 첫 회기에서 스페셜타임을 설계한다. 부모는 이후 일주일 동안 스페셜타임을 가정의 일상에 정착시키는 데 할애한다. 일단 정착이 되면 우리는 아이의 의사소통 능력과 유창성을 돕기 위한 전략들을 보태어 나간다. 우리는 부모에게 집에 가져 갈 수 있는 '스페셜타임 안내문'을 제공한 후, 스페셜타임의 형식을 설명한다.

❖ 얼마나 자주 하나?: 이어서 우리는 일주일에 3~5회의 스페셜타임을 가진다는 약

속을 부모에게서 받아낸다. 부모는 두 명 모두 각자 따로 아이와 함께 스페셜타임을 가져야 하는데 아버지와 어머니가 각각 몇 회를 할 것인지 스스로 정하도록 한다. 이후 각자의 책임하에 약속을 지키도록 한다. 우리는 부모가 스페셜타임 횟수를 정할 때 현실적인 입장을 고려하게 한다. 너무 많이 하려고 한다면 실천하는 데 어려움이 있을 수 있다. 반대로 일주일에 3회 이하의 스페셜타임은 효과적이지 않다는 것을 말해 준다. 아이가 하루에 1회 이상의 스페셜타임을 갖는 것은 괜찮지만, 같은 부모가 아니어야 한다. 어떤 가족은 하루의 정해진 시간에 스페셜타임을 갖고, 어떤 가족은 좀 더 융통성 있게 적용하기도 한다. 한부모 가정에 자녀가 여럿인 경우 우리는 부모와 머리를 맞대고 아이와 단독으로 스페셜타임을 가질 수 있는 방법을 찾아내야 한다.

❖ **무슨 놀이를 할 것인가?:** 말을 통한 상호작용을 부추기지 않는 비디오 게임, 독서 또는 실외 운동 등은 권장하지 않는다. 우리는 부모와 함께 집에 있는 장난감이나 놀잇감을 하나씩 살펴보며 스페셜타임에 적절한 놀이 활동을 찾아본다. 스페셜타임의 활동 결정권은 아이에게 있는데, 이를 통해 아이의 협조를 더 많이 끌어낼 수 있다. 어머니가 좋아하는 퍼즐놀이를 선택할 경우 아이가 싫어할 위험이 있다.

❖ **아이가 말하는 내용에 집중하라:** 스페셜타임을 하는 동안 우리는 부모에게 아이가 하는 말의 방식이 아니라 내용에 집중한 것을 권장한다. 우리는 부모가 온전히 자녀에게 집중하기를 원하며 요리나 청소 등의 다른 어떤 집안일은 동시에 하지 않아야 한다고 설명한다. 우리는 부모에게 주의가 산만해지거나 방해 받지 않고 스페셜타임을 할 수 있는 특정한 장소를 정하라고 권한다.

❖ **형제자매를 위한 스페셜타임:** 언어재활사는 또한 부모에게 다른 자녀들과도 스페셜타임을 가지라고 권한다. 말을 더듬는 자녀에게만 관심이 집중되는 것을 피하기 위해서이다. 이렇게 아이들이 말을 더듬든 안 더듬든 모두 부모와 함께 하는 좋은 시간을 가질 수 있다는 것을 보여 주는 것이 중요하다.

❖ **5분만 하기:** 부모와 자녀는 5분이 너무 짧다고 느끼기도 하지만, 일상에 정착시키기 위해서 첫 주 동안은 시간을 지키는 것이 중요하다고 강조한다. 5분이라는 시간의 길이에 대한 감각이 없는 아이의 이해를 돕기 위해 타이머를 사용해도 좋다. 5분이라는 제한을 두는 이유는 두 가지다.

  1. 길이가 짧으면 스페셜타임을 위한 시간을 만들기가 더 쉽다.

2. 부모 입장에서 5분 동안 상호작용에 집중하는 것은 쉽지만, 시간이 길어지면 유지하기가 어려워진다.

스페셜타임 과제 기록지

❀ 과제 기록지: 부모들이 일단 스페셜타임의 과제를 이해하고 각자 일주일에 몇 회 씩을 할 것인가 결정하고 나면, 우리는 '스페셜타임 과제 기록지'를 나누어 주고 집에서 작성해 다음 주에 가져오라고 부탁한다. 이 과제 기록지는 스페셜타임에 대한 기록임과 동시에 부모가 목표 달성을 위해 어떻게 해 나가고 있는지 알려 준다. 우리는 과제 기록의 목적이 아이의 유창성 측정이 아니라는 사실을 분명히 밝힌다. 우리는 과제 기록지에 각 부모가 몇 번의 스페셜타임을 하기로 했는지 적는다. 첫 주 동안 부모의 목표는 합의된 횟수만큼 스페셜타임을 진행하고 아이 말의 방식보다는 내용에 집중하는 것이라고 설명한다. 그다음 주에는 다른 목표가 주어진다.

❀ 스페셜타임 실행하기: 부모는 가정에서 스페셜타임 준비를 마치면 아이에게 5분 동안 시간을 내 줄 수 있는지 물어봐야 한다. 그리고 우리는 부모에게 이 시간을 '스페셜타임'이라고 따로 불러, 일상생활에서 아이가 부모와 일대일로 보내는 시간(예: 목욕 시간)과 구분하게 한다. 스페셜타임이 끝나면 부모는 잠깐 동안 과제 기록지 작성을 위한 시간이 필요하다고 아이에게 말한다. 과제 기록지 작성을 끝낸 부모는 시간이 있을 경우 다시 아이와 놀아 줄 수 있다. 하지만 더 이상 스페셜타임은 아님을 아이에게 알려 주어야 한다. 이 시간에는 형제자매도 참여해서 함께 놀아도 된다.

❀ 아이에게 설명하기: 부모가 스페셜타임을 하면서 해야 할 일을 이해하고 나면, 우리는 아이에게 스페셜타임은 5분밖에 걸리지 않으며 끝나면 부모는 과제 기록지를 작성해야 한다고 말해 준다. 이때 아이에게 놀이나 장난감을 직접 고를 수 있다는 사실을 강조한다.

"내가 엄마 아빠한테 숙제를 하나 해 달라고 부탁했단다. 엄마 아빠가 숙제를 할 수 있게 도와줄 수 있을까? 엄마 아빠가 너랑 5분 동안 놀아주실 거야. 5분은 아주 짧은 시간이란다. 너랑 일주일에 (   )번 이 놀이를 하실 거야. 무슨 놀이를 할지는 네가 직접 정하도록 해(책 읽기, 컴퓨터, 텔레비전, 야외 스포츠 제외). 5분이 지나면 엄마 아빠는 이 종이에다 너랑 무엇을 했는지 적어야 해. 어때? 엄마 아빠가 숙제를 할 수 있게 도와줄 수 있을까?"

6. 가족 전략

❀ 만약 평가 과정에서 가족 전략 중 '이중언어 관리'가 필요한 것으로 나오면 우리는 부모와 함께 첫 치료 회기에서 이 전략에 대해 논의할 수 있다(제8장 가족 전략 참조).

❀ 만약 평가 과정에서 가족 전략 중 '말더듬에 대해 이야기하기'가 필요한 것으로 나오면 우리는 해당 유인물을 부모에게 나누어 주고 2회기에서 이것에 대해 논의하게 된다(제8장 가족 전략 참조).

사례 연구: 이샨(만 4세)

1회기

1. 이샨이 아버지 또는 어머니와 함께 노는 비디오를 다시 찍을 필요는 없었다.

2. 평가 결과를 검토하였다.

3. 이샨의 부모에게 "이 치료에서 가장 바라는 점이 무엇인가?"라고 질문하였고, 부모는 아이가 말더듬을 멈추길 원한다고 대답하였다. 좀 더 긍정적으로 희망사항을 말하도록 하기 위해 "말더듬 이외에 바라는 점이 있을까요?"라고 질문하였고, 부모는 아이가 '유창하기'를 바란다고 하였다. "그렇게 되면 어떤 변화가 있을까요?"라는 질문에 이샨의 어머니는 아이에 대해 항상 걱정하지는 않을 것이라고 대답하였다. 그 대신 어머니는 좀 더 긴장을 풀고 아이와 함께하는 시간을 즐길 것이라고 하였다. 아이는 막내였고 그래서 관심을 더 받으려고 하거나 다른 형제와의 경쟁을 통해 자신이 말할 시간을 확보할 수 있었을 것이라고 하였다. 이샨의 아버지는 아이가 말더듬에서 자연적으로 회복될 것이라고 생각했고, 아이가 설사 계속 말을 더듬게 된다고 할지라도 아이는 괜찮을 것이라고 하였다. 아버지는 아이 어머니가 이샨에 대해 그만 걱정하고 아이와 함께 하는 시간을 즐기면 좋겠다고 하였다.

이샨의 부모는 만일 희망사항이 이루어지면 일상생활에 어떤 변화가 있을 것인지에 대해 자세히 말했다. 식사 시간이 좀 더 편안해질 것이고, 모든 가족이 번갈아 가며 말하고 서로의 이야기를 잘 들어줄 것이고, 이샨은 끼어들거나 자기 말을 듣지 않는 것에 대해 불평하기보다는 말할 시간을 충분히 가질 것이고, 집에 오는 길에 유치원에서 있었던 일이나 함께 놀았던 친구들의 이름을 말할 것이라고 하였다. 어머니의 희망사항이 이루어지게 되면 어머니는 아이를 유치원에 데려다주고 뽀뽀를 하고 재미있게 잘 보내라고 말한 후 미소 지으며 헤어질 수 있다고 하였다.

지금은 어떤지 0에서 10사이의 숫자(10은 희망사항이 이루어진 상황, 0은 그 반대의 상황)로 나타내 보라고 부탁하였을 때, 아버지는 6으로, 어머니는 4로 대답하였다. 지금 하고 있는 행동 중 아이에게 도움이 되는 행동이 무엇인지 질문하자, 부모는 아이에게 말할 수 있는 충분한 시간을 주고 있고 아이가 말을 할 때 끼어들지 않는다고 했으며, 아이의 잠자리 준비 일과가 잘 정착되어 아이가 충분한 수면을 취하고 있다고 하였다.

이 점수는 "위의 척도에서 눈금 한 칸이 올라갔다고 생각하는 이유가 무엇인가요?"와 같은 질문을 이샨의 부모에게 하였을 때 부모 스스로 진전의 작은 징후를 식별하는 데 도움이 된다.

4. 페일린 부모-아동 상호작용 치료에 대해 논의하였다. 우리는 부모에게 가족 내 교대로 말하기 주제를 다룰 때, 이샨의 형제자매가 치료에 참여할 수 있을지 물었다.

5. 스페셜타임이 소개되었다. 이샨의 어머니는 다섯 번의 스페셜타임을 하겠다고 하였고, 아버지는 세 번을 하겠다고 하였다. 어머니는 스페셜타임을 하는 동안 모국어인 구자라티(Gujarati)어를 사용해도 되는지 물었고, 우리에게 그것이 도움이 될 것이라고 동의를 하였다. 부모는 스페셜타임 설명서와 과제 기록지를 받았고 다음 회기에 가져오기로 하였다.

6. 가족 전략이 논의되었다. 이중언어 다루기(제8참조)

7. 가족 전략이 소개되었다. 말더듬에 대해 터놓고 이야기하기(제8장 참조)

사례 연구: 제이크(만 6세)

1회기

1. 제이크가 어머니와 함께 상호작용 놀이하는 비디오를 다시 찍을 필요는 없었다.

2. 평가 결과를 검토하였다.

3. 제이크의 어머니에게 "이 치료에서 가장 바라는 점이 무엇인가?"를 질문하였고, 어머니는 아이의 말더듬이 아이의 자신감에 영향을 주지 않으면 좋겠다고 대답했다. 그리고 아이가 자신감이 있는 아이지만 말더듬이 조금씩 아이에게 영향을 주는 것 같다고 하였다. 어머니에게 만일 어머니의 희망사항이 이루어진다면 아이의 생활에서 어떤 점이 달라질 것 같은지 물었을 때, 어머니는 말을

조금 더듬더라도 아이가 하고 싶은 말을 다 할 수 있고, 완전한 문장으로 말할 수 있으며, 말하는 데 시간이 오래 걸리지 않을 것 같다고 하였다. 그리고 제이크가 축구 경기나 수영교실에 다녀와서 그 시간에 있었던 일들을 다 말할 것 같다고 하였다. 그래서 어머니도 아이가 말을 더듬는지 살피기보다 아이가 하는 말의 내용에 더 집중하여 들을 것이고 아이에게 질문도 많이 할 것 같다고 하였다. 지금은 어떤지를 0에서 10 사이의 척도(10은 희망사항이 이루어진 상황, 0은 그 반대의 상황)로 평가해 달라고 부탁하였을 때, 제이크의 어머니는 5로 대답하였다. 어머니에게 아이가 어떤 점에서 벌써 5점을 받았는지 묻자, 어머니는 제이크가 원래 말을 하는 것을 좋아하고 자신 있게 말하는 편이라고 하였다. 그리고 아이가 항상 말을 더듬는 것은 아니고, 특히 형과 이야기할 때 긴장하지 않아서인지 말을 더듬지 않는다고 하였다.

4. 페일린 부모-아동 상호작용 치료에 대해 논의하였다.

5. 스페셜타임이 소개되었다. 제이크의 어머니는 다섯 번의 스페셜타임을 하겠다고 하였다. 어머니는 스페셜타임 안내문과 과제 기록지를 받고 다음 회기에 가져오기로 하였다.

6. 가족 전략이 소개되었다: 말더듬에 대해 터놓고 솔직하게 이야기하기

2회기

1. 어떤 점이 잘 되었는가?
2. 스페셜타임 검토하기
3. 아이에게 도움이 되는 것이 무엇인지 논의하기
4. 상호작용 비디오 보기
5. 과제 기록지에 스페셜타임 목표 기입하기
6. '말더듬에 대해 터놓고 이야기'에 대해 논의하기
7. 다음 가족 전략을 소개하기 위한 유인물 주기

이 회기는 부모와 협력하는 방식을 정하는 중요한 회이다. 여기서 사용되는 질문들은 앞으로 있을 회기에서 계속 반복될 것이다. 이 질문들은 부모가 아이를 돕기 위한 준비를 할 수 있게 한다.

1. 무엇이 잘 되었는가?

해결중심단기치료에 근거하여, 각 치료 회기는 "지난번 치료 시간 이후로 어떤 점을 새롭게 발견해서 기쁘셨나요?" 또는 "이번 주에는 어떤 것이 잘 되었나요?"라고 질문하는 것으로 시작한다.

비록 부모에게 질문하지만 아이가 방 안에 함께 있으므로, 아이 역시 이 질문에 대답해도 좋다.

"제 생각엔 이번 주에 아이가 말을 많이 한 것 같아요."

우리는 부모가 관찰한 것을 말해 달라고 하면서, 좀 더 긍정적인 것, 강점 그리고 이러한 작은 진전이 미치는 영향을 말할 수 있도록 유도한다.

"아이가 말이 많아지는 것을 느낀 상황을 좀 더 자세히 말해 주세요.", "아이가 어떻게 그렇게 해 낼 수 있었던 것 같으세요?", "그런 모습이 아이가 어떠하다는 것을 의미하나요?", "아이가 말이 많아졌을 때 어떻게 반응하시나요?", "어떤 변화로 이어질까요?"

다시 말하자면, '또 다른 어떤 점이' 질문으로 부모와 아이가 지난 시간 이후 무엇이 좋아졌는지 다양한 예를 들어 말할 수 있게 한다. 해결중심단기치료에 대한 더 자세한 설명은 부록 8을 참고한다.

2. 스페셜타임 검토하기

> 스페셜타임이 준비될 때까지 부모-아동 상호작용을 시작하지 않는다.

각 회기를 시작할 때 우리는 부모에게 과제 기록지를 참고하여 각자의 스페셜타임에 대해 말해 달라고 요구한다. 만약 부모가 과제 기록지를 작성해 왔다면 치료는 다음 단계로 진행된다. 하지만 만약 이 단계에서 문제가 발생하면 먼저 문제를 논의한 후, 목표를 설정하지 않은 채로 다시 스페셜타임을 가져 보게 한다.

이 장의 마지막에 있는 '문제 해결하기' 부분 참고.

3. 무엇이 아이에게 도움이 되었는지 논의하기

비디오를 보기 전에 다음을 생각해 보자.

♠ 아이에게 필요한 것은 무엇인가?

♠ 당신이 이미 하고 있는 것 중에서 아이에게 도움이 되는 것은 무엇인가?

♣ 질문 1: 아이에게 필요한 것은 무엇인가?

비디오를 함께 보기 전에 우리는 부모에게 아이의 의사소통과 자신감에 도움을 주는 것이 무엇인지 묻는다. 부모는 종종 아이에게 도움이 되는 행동을 이미 하고 있었다는 것을 깨닫지 못하고 우리가 이러한 정보를 주기를 기대한다. 우리는 평가 그리고 희망 사항에 대한 대화를 해 보면 부모는 아이에게 도움이 되는 것에 대한 직감이 있다는 것을 알게 된다. 예를 들어, 아이에게 천천히 말하라고 하거나 무엇을 말할지 생각해 보라고 하거나 차분하게 해 보라고 말할 것이다. 이러한 전략들은 덜 더듬기 위해 필요한 전략일 수 있지만 우리의 임상 경험에 의하면 아이는 이러한 전략을 실행에 옮기는 것을 어려워하는 것으로 보인다. 페일린 부모-아동 상호작용 치료는 부모가 아이에게 필요한 것을 해 줄 수 있도록 도와준다.

예를 들어, 부모는 이렇게 우리에게 말한다.

"아이가 더 천천히 말해야 해요. 말할 때 충분한 시간을 갖고 말해야 해요."

"충분한 시간을 주어야 해요."

"집에서 좀 더 차분한 분위기를 만들어 줘야 해요."

"집에서 말할 때 교대로 말하기를 더 잘 지켜야 해요."

♣ 질문 2: 당신이 이미 하고 있는 것 중에서 아이에게 도움이 되는 것은 무엇인가?

이 문제는 부모가 다시 한번 자신의 전문성과 지식을 되돌아보고, 아이가 유창해지도록 돕기 위해 본능적으로 했던 행동이 무엇인지 다시 생각해 보도록 한다. 다음의 예에서 보듯이, 부모는 아이가 해야 할 일이 무엇이라고 생각하는지, 그리고 아이가 말을 덜 더듬도록 하기 위해 어떻게 아이를 지지해 줄 것인지 이야기를 나눌 것이다.

예

"아이가 말을 끝까지 하도록 놔둬요."

"아이가 허둥대지 않도록, 제가 침착함을 유지하려고 해요."

"시간을 가지라고 말해 줘요."

4. 부모-아동 상호작용 비디오 보기

우리는 부모와 비디오를 보기 전에 아이에게 함께 비디오를 봐도 좋고 잠시 동안 혼자 놀아도 된다고 말해 준다. 부모에게는 우리가 비디오를 함께 볼 것이고 영상 속 아이와의 놀이가 평소에 부모가 아이와 노는 전형적인 모습인지 말해 달라고 한다. 그리고 부모에게 아이를 돕기 위해 한 행동을 찾아보라고 부탁한다. 한쪽 부모의 비디오를 보고 먼저 논의한다. 이어서 다른 한쪽 부모의 비디오에 대해서도 똑같이 진행한다. 부모들은 상대방의 비디오에 대해 논평하지 않는다.

비디오 시청 후 할 질문

♠ 이것이 전형적인 모습인가?(비디오에서 보여지는 모습이 일상생활의 모습과 같은가?)

♠ 당신은 아이를 돕기 위해 무슨 행동을 했는가?

♠ 그것이 어떤 도움을 주었는가?

♠ 어떤 행동을 더 하면 좋았을까?

❖ 질문 1: 비디오 속의 모습이 얼마나 전형적인가?

비디오를 다 보고 나면 우리는 각자의 비디오가 얼마나 전형적인 모습이었는지 묻는다. 이를 통해 부모는 비디오를 찍는 것이 불편했는지 또는 녹화 당시 어떻게 느꼈는지를 우리에게 알려 줄 수 있다. 일반적으로 부모들은 비디오 속의 모습이 상당히 일상적인 것이라고 말한다. 만약 부모가 비디오 속의 모습이 실제 생활과 다르다고 한다면 우리는 어떤 점이 다른지 물어본다.

❖ 질문 2: 비디오 속에서 아이를 돕기 위해 당신은 무엇을 하고 있나?

우리는 부모의 이야기를 듣고 지금 언급한 행동들이 아이를 도왔다고 말해 준다.

예

"말을 끝까지 하도록 해요."

"아이가 허둥대지 않도록, 제가 침착함을 유지하려고 해요."

"시간을 가지라고 말해 줘요."

이어서 각 부모에게 자신이 비디오에서 이러한 전략을 이미 사용하고 있다는 것을 알아차렸는지 물어본다.

예

❀ 비디오에서 아이에게 도움이 되는 어떤 행동을 하고 있었나요?

❀ 아이가 말을 끝내도록 기다리던 순간을 봤나요? 당신이 어떻게 하던가요?

❀ 아이가 시간을 가질 필요가 있다고 하셨어요. 아이가 침착해질 수 있도록 도왔던 순간에 대해 말해 주세요. 어떻게 하셨나요?

❀ 아이가 침착할 수 있도록 어떻게 도와주었나요?

비디오는 유용한 전략을 사용하는 부모의 모습에 대한 예를 제공할 것이다. 우리는 부모-아동 상호작용(PCI) 비디오를 분석하는 과정에서 이 부분에 대해 이미 알고 있어야 한다. 만약 부모가 잘하고 있는 것에 대한 예를 찾아내지 못한다면 우리는 그 부분만 다시 재생해 보여 주기도 한다.

많은 부모가 자신이 잘하고 있는 것에 대해 이야기하는 것을 꺼리며 주로 부정적인 논평을 한다. 우리는 그들이 다시 긍정적인 상호작용에 주목할 수 있도록 돕는다. 우리는 부정적인 관찰을 다음과 같이 역이용할 수 있다.

예

부모: "내가 질문을 너무 많이 하네요."

언어재활사: "우리 모두 질문을 합니다. 특히, 아이가 말을 하도록 유도할 때는 더욱 그렇죠. 어머니가 질문하지 않고 다른 방식으로 아이에게 말하는 순간을 보셨나요? [필요하다면 그 부분을 다시 본다.] 아이에게 질문을 하는 대신 무엇을 하셨나요?"

❀ 질문 3: 그것이 어떻게 도움이 될까?

우리는 각 부모에게 특정 전략이 아이의 유창성에 어떤 도움이 될지 물어본다. 예를 들어, "이미 알아차리셨겠지만 어머니는 느긋한 태도로 말을 하면서 아이가 시간을 가질 수 있도록 돕고 있었습니다. 이러면 아이의 유창성에 어떤 도움이 될까요?"

상호작용 전략을 사용하는 이유와 그것이 어떻게 아이를 도와줄 수 있는지 언어재활사가 이해하는 것이 중요하다. 연구 및 임상 경험에 근거한 정보는 이 장의 마지막에서 찾아볼 수 있다.

❀ 질문 4: 무엇을 더 하면 좋을까?

이번 토론에서 우리는 각 부모와 함께 목표로 삼을 수 있을 만한 하나의 전략을 정한다. 이 전략은 부모가 이미 하고 있는 행동 중 더 하면 좋을 행동을 고른 것이다. 부모는 각자의 목표를 따로 정한다. 우리는 부모와 함께 목표를 달성하는 구체적인 방법과 이 것이 어떻게 아이에게 도움이 되는지 자세히 논의한다. 아래와 같은 전략을 위한 부모 용 유인물(부록 13~부록 18)을 나누어 주면 논의를 위한 가이드로 유용하게 사용할 수 있다.

유인물을 나누어 주는 이유는 부모가 정한 목표가 아이에게 도움이 되도록 고민해 보고 이를 어떻게 자신의 스페셜타임에 적용할 수 있을지 다시 한번 생각해 보기 위해 서다.

5. 스페셜타임 목표 정하기

부모에게는 집에서 각자가 선택한 목표를 아이와의 스페셜타임 상황에서 연습해 보 라고 부탁한다. 이 단계에서는 오직 스페셜타임에만 목표를 사용할 것을 강조한다. 하 루 종일 목표에 집중하는 것은 너무 힘들기 때문이다.

부모는 과제 기록지에 각자의 목표와 한 주간 실시하기로 합의한 스페셜타임의 횟수 를 적는다. 이 횟수는 변할 수 있지만 한 주에 세 번에서 다섯 번 사이로 정한다. 우리는 각 스페셜타임에 무엇을 했는지 과제 기록지에 적고 목표의 실천과 관련하여 하고 싶 은 말을 적으라고 부탁한다.

6. '말더듬에 대해 터놓고 이야기하기'에 대해 토론하기

제8장의 가족 전략을 읽어 보라.

7. 다음 가족 전략을 소개하기 위해 적절한 유인물을 나누어 준다.

사례 연구: 이샨(만 4세)

2회기

1. 치료는 이샨의 부모에게 다음과 같은 질문을 하는 것으로 시작한다. "지난번 우리가 만난 이후 어떤 점이 좋아졌나요?" 처음에 부모는 특별히 다른 점이 없었다고 말했다. 그렇지만 곧 이샨의 어머니는 치료가 시작되어 아이를 도와줄 수 있어서 기쁘다고 말했다. 이 치료가 어떤 변화를 가져왔는지 물으니, 어머니는 이샨과 이샨의 말더듬을 덜 걱정하게 되었다고 대답하였다. 어머니는 걱정하고 있기보다, 매일매일 아이들과 이야기하면서 함께 있어 주려고 노력한다고 말하였다. 이샨의 아버지에게 어떤 점을 관찰하였는지 물어보았다. 아버지는 이샨의 어머니가 아이의 말더듬을 덜 언급했는데, 이것으로 어머니의 마음이 편해졌다는 것을 알 수 있었다고 말하였다.

2. 이샨의 부모는 각자 스페셜타임을 실천하였고, 과제 기록지에 간략하게 기록하였다. 이샨의 어머니는 처음에 스페셜타임을 많이 할 수 있을 것으로 잘못 생각했다고 하였다. 막상 해 보니 스페셜타임을 할 수 있는 시간이 많지 않았다고 하였다. 한 주에 다섯 번을 하기보다는 세 번을 하기로 하고, 더 하게 될 경우 보너스로 생각하자고 하였다. 이샨의 부모는 스페셜타임을 15분 정도 하였다고 하였는데, 이에 대해 5분의 시간을 지켜주기를 부탁하였다. 그리고 왜 5분이 중요한지 생각해 보라고 말했다. 부모는 이번 주부터 타이머를 사용하기로 했다. 스페셜타임이 끝나고 그 놀이로 다시 돌아가도 되지만 이때에는 스페셜타임에서 하는 전략들을 사용할 필요는 없다는 것을 상기시킨다.

3. 이샨의 말에 어떤 것이 도움이 될 것 같은지 물으니, 부모는 이샨이 시간을 갖고 이야기하면 좋을 것 같다고 대답하였다. 그리고 가족이 교대로 말하거나 아이에게 충분히 말할 시간을 주고 하려던 말을 끝까지 하도록 기다려 줘야 한다고 말하였다. 그리고 부모는 이샨이 좀 더 자신감이 생기면 좋겠다고 말하였고, 이샨의 말더듬에 대해 자신들이 어떻게 반응하면 좋은지 질문하였다.

4. 평가 시 녹화한 상호작용 비디오를 재생하였는데, 이샨의 아버지는 아이와 일대일 시간을 잘 보내지 못했지만, 그 영상이 아이와 자신이 함께 있을 때의 전형적인 모습을 보여 주는 것 같다고 말하였다. 이샨의 어머니는 평가 당시 비디오를 찍는 것이 불편하고 신경이 쓰이긴 했지만, 영상 속 모습은 평상시와 크게 다르지 않다고 하였다. 어머니는 비디오를 보면서 이샨이 일대일 시간을 좋아하는 것처럼 보이고, 그 시간 동안 차분하고 편안해 보여서 기분이 좋다고 하였다. "이샨이 시간을 충분히 갖도록 어떤 행동을 하였나요?"라는 질문에 어머니는 그 점에 대해서는 자신이 도움을 준 것이 없는 것 같다고 하였고, 이샨이 말하는 것보다 자신이 말하는 시간이 더 많은 것을 걱정하였다. 비디오를 다시 재생하여, 어머니가 이샨의 말에 귀를 기울이고 아이 자신이 하려던 말을 끝낼 때까지 기다린 후 반응하는 모습을 보여 주었다. 그리고 어머니의 이런 행동이 아이에게 충분한 시간을 주게 하였는지 논의하였다. 어머니는 스페셜타임 동안 이샨의 말을 더 잘 듣고 아이에게

충분한 시간 주기로 목표를 세웠다. 그녀에게 '아이에게 충분한 시간 주기'라는 유인물을 주었다. 이산의 아버지는 평가 시 비디오를 보고 자신이 아이에게 장난감을 어떻게 갖고 놀아야 한다고 지시하는 등 아이를 자신의 뜻대로만 움직이게 한 것 같다고 하였다. 여러 비디오 클립을 다시 재생하였고, 아버지는 자신이 종종 이산이 하는 것을 지켜보고 이산의 의견을 듣고 있는 것을 보게 되었다. 이산의 아버지는 자신이 이산에게 관심을 갖고 아이가 하고 있는 행동을 지켜볼 때 아이가 더 차분해지는 것을 알아차렸다. 그는 이산을 더 자주 보기를 스페셜타임 목표로 정하였다. 아버지에게는 '아이의 놀이 주도 따르기' 유인물을 주었다.

5. 스페셜타임 과제 기록지에 목표를 적고 부모에게 주었다.

6. 가족 전략이 논의되었다: 말더듬에 대해 터놓고 이야기하기(제8장 참조)

사례 연구: 제이크(만 6세)

2회기

1. 제이크의 어머니에게 다음 질문을 하였다. "지난번에 우리가 만난 이후 어떤 점이 좋아졌나요?" 어머니는 특별히 다른 점이 없었다고 말했다. 어머니는 아이와 한 주에 다섯 번의 스페셜타임을 가졌고, 약속을 지켜낼 수 있어서 기쁘다고 하였다. 어머니와 제이크는 스페셜타임을 즐겼고, 어머니가 보기에 아이는 이 시간을 통해 도움을 받고 있는 것 같았다고 하였다. 평상시 생활이 바쁘게 돌아가기 때문에 이러한 차분한 시간 동안 하던 일을 멈추고 서로에게 집중한 것이 큰 도움이 되었다고 했다. 그리고 어머니는 제이크가 스페셜타임에 대한 설명을 듣고 그것이 자신의 말에 도움이 된다는 것을 알게 되어 기쁘다고 말하였다. 바라건대 이것이 아이가 말더듬에 대해 이야기 하는 첫 시작이 되면 좋겠다고 하였다.

스페셜타임 과제 기록지에 적힌 내용을 보면서, 우리는 일상적인 일대일 시간과 스페셜타임의 차이에 대해 논의하였다. 이번 주에 기록된 스페셜타임은 제이크의 형이 축구 연습을 하는 동안 차 안에서 기다리며 말하기, 수영이 끝난 후 카페에서 음료수를 마시면서 말하기 등이 포함되었다. 제이크의 어머니는 이 시간 동안 둘만 있었기 때문에 그것을 스페셜타임으로 생각했다고 말하였다. 그러나 이 시간은 일대일 시간이지 스페셜타임은 아니라는 사실을 상기시켰다. 스페셜타임에서는 아이에게 스페셜타임을 할지 먼저 물어야 하고, 아이가 스스로 장난감이나 활동을 고를 수 있어야 하기 때문이다.

2. 제이크의 어머니에게 무엇이 제이크의 말에 도움이 되는 것 같은지 묻자, 어머니는 말을 천천히 하는 것과 말할 때 시간을 충분히 갖는 것이라고 대답하였다. 그리고 어머니는 아이가 좀 더 휴식을 취하고 충분한 수면을 취해야 한다고 하였다. 평가 이후 어머니는 제이크의 말더듬에 대해 좀

더 열린 태도를 가지려고 노력하였고 아이가 말더듬에 대해, 그리고 말더듬으로 인해 어떤 감정이 드는지 편하게 말할 수 있도록 도와주었다. 어머니는 이러한 행동이 아이에게 부담을 덜어 주고 자신감을 높여 주어 아이에게 도움이 되었다고 생각했다.

3. 평가 시 녹화한 비디오가 재생되었고, 제이크의 어머니는 영상 속 모습이 아이와 자신이 함께 있을 때의 전형적인 모습을 보여 주는 것 같다고 말하였다. "비디오에서 제이크의 말을 도와주기 위해 한 행동이 무엇이었나요?"라는 질문에 대해 어머니는 놀이가 편한 분위기로 진행되었고, 아이가 말할 때 경청하였으며 아이에게 충분히 말할 시간을 주었다고 대답하였다. 어머니는 이러한 행동이 아이를 차분하게 하고 급하게 말하지 않도록 했기 때문에 도움이 된 것 같다고 하였다. 그리고 어머니는 자신이 아이가 놀이를 이끌도록 놔두었고 아이에게 자신의 생각을 마음껏 제안하게 한 것을 알아차렸다. 아이에게 놀이의 주도권을 준 것이 어떤 변화를 가져온 것 같은지 묻자 어머니는 잘 모르겠다고 하였다. 그러나 곧 그러한 행동이 아이의 자신감에 영향을 준 것 같다고 하였다. 왜냐하면 아이가 여러가지 다른 놀이 시나리오를 계획하는 동안 어머니는 그 모습을 계속 지켜보았기 때문이다. 그리고 어머니는 제이크가 놀이를 주도하는 동안 아이 자신의 속도로 놀았으며 이것이 시간을 충분히 갖고 말할 수 있게 한 것 같다고 하였다. 어머니는 스페셜타임을 하는 동안 아이가 계속 놀이를 주도하도록 놔두기로 하였고, '아이의 놀이 주도 따르기' 유인물을 받았다(부록 13 참조).

4. 스페셜타임 과제 기록지에 목표를 적고 부모에게 주었다.

5. 가족 전략이 논의되었다: 말더듬에 대해 이야기하기(제8장 참조)

3, 4, 5회기

페일린 부모-아동 상호작용 치료의 3회기, 4회기, 5회기는 동일한 형식을 따른다.

1. 어떤 것이 잘 되었나?

2. 스페셜타임과 과제 기록지 검토하기

3. 이전 가족 전략 검토(필요시)

4. 상호작용 비디오 녹화(필요시)

5. 비디오 시청 후 해당 목표 검토 및 추가 목표 설정하기

6. 스페셜타임 목표를 정하고 과제 기록지 주기

7. 가족 전략 토의하기

8. 다음 주 가족 전략과 관련된 유인물 나누어 주기(필요시)

---

1. 어떤 것이 잘되었는가? 어떤 차이를 발견하고 기뻤는가?

이 회기는 한 주간 부모가 알아차린 작은 진전에 대해 해결중심적으로 논의하면서 시작한다.

2. 스페셜타임과 과제 기록지 검토

우리는 스페셜타임에 대해 질문한다. 특히, 부모가 목표를 위해 어떻게 노력했는지 물어본다. 우리는 과제 기록지를 읽는다.

3. 지난주 가족 전략 검토

우리는 가족 전략에 대해 물어보고 질문이 있으면 함께 의논한다.

4. 상호작용 비디오 녹화(필요시)

3회기에서 우리는 각 부모와 아이에게 목표를 알려 주고 치료실에서 직접 스페셜타임을 잠깐 해 보라고 부탁한다. 우리는 이를 2~3분 동안 녹화하여, 함께 보면서 목표를 어떻게 실행하였는지 그 목표가 어떠한 변화를 가져왔는지 논의한다. 4회기와 5회기에서 상호작용 비디오 녹화는 선택 사항이다.

5. 비디오 시청 후 해당 목표 검토 및 추가 목표 설정하기

우리는 부모와 함께 녹화된 비디오를 보고 각 부모에게 목표를 어떻게 사용하고 있었는지 얘기해 달라고 부탁한다. 아주 부정적인 시각으로 관찰하는 부모들도 있는데, 우리는 그들이 목표를 성공적으로 사용한 때를 더 집중하도록 도와줄 필요가 있다.

부모들이 여러 주 동안 동일한 목표를 유지하는 것이 일반적이다. 하지만 목표를 사용하는 것이 상대적으로 쉽다고 느끼는 부모들도 있으며 이들은 스페셜타임뿐만 아니라 하루 종일 목표를 사용하기 시작했다고 보고하기도 한다. 이 경우 부모에게 다른 목표를 찾아 추가할 수 있도록 한다. 사용 과정은 앞과 동일하지만 다음 목표로의 전환을 너무 급작스럽지 않게 진행하도록 유의한다. 일반적으로 첫 6주의 회기 동안에는 한 회기당 2개의 목표를 다루는데, 최대 세 가지를 넘지 않도록 한다.

참고 사항: 4회기와 5회기에서 상호작용 비디오 촬영은 선택 사항이다. 예를 들어, 한 회기에서 교대로 말하기가 모든 가족이 참여해야 하는 가족 전략이라면 이 회기 동안 상호작용 비디오는 녹화하지 않는다.

6. 스페셜타임 목표 정하고 과제 기록지 나누어 주기

각 부모는 스페셜타임의 목표(들)에 동의하고 그 주의 과제 기록지에 이를 기입한다. 목표가 하나 이상인 경우 모든 목표를 일지에 적는다. 만일 그 회기 동안 상호작용 비디오를 녹화하지 않았다면, 부모에게 지난주에 동의한 상호작용 목표를 계속 진행하도록 하고 다음 주를 위한 과제 기록지를 나누어 주고 작성하게 한다.

7. 가족 전략에 대한 토론

필요한 경우 가족 전략에 대해 토론한다(제8장 참조).

8. 다음 주 가족 전략 관련 유인물을 나누어 주기

3회기에서 우리는 보통 다음 회기에서 토론할 내용인 '자신감 기르기' 유인물(부록 21)을 나누어 준다. 자세한 사항은 제8장을 참고한다.

사례 연구: 이샨(만 4세)

3회기

1. 치료는 이샨의 부모에게 다음 질문을 하는 것으로 시작한다. '이번 주에는 어떤 점이 좋아졌나요?' 부모는 스페셜타임이 잘 진행되었다고 하였다. 이제 스페셜타임이 일상의 일부가 되었고, 이샨은 그 시간을 기다리게 되었으며 즐거워한다고 하였다. 그 시간이 어떤 변화를 가져왔는지 물

으니, 부모는 이샨이 부모로부터 온전히 관심 받을 수 있었고 다른 형제와 말하기 경쟁을 할 필요가 없어 충분히 시간을 갖고 말할 수 있었다고 했다. 이러한 측면에서 이샨에게 이 시간이 큰 도움이 되었다고 하였다. 이 외에 또 어떤 점을 보게 되어 기쁜지 물었을 때, 이샨의 어머니는 이샨이 치료 시작 이후 말더듬에 대해 짜증 내지 않는 것 같고, 그게 좋은 점 같다고 말하였다.

2. 이샨의 부모는 각각 세 번의 스페셜타임을 가졌다. 이샨의 아버지는 아이가 장난감을 갖고 노는 것을 좋아하여, 아이가 놀고 싶은 대로 놀 수 있게 주도권을 주려고 노력했다고 하였다. 어머니는 스페셜타임 시간 동안만 목표 행동을 하고, 그 외의 시간엔 그걸 지키지 못하는 것 같아 걱정이라고 하였다. 이에 대해 우리는 스페셜타임을 할 동안만 목표 행동을 하는 것이 맞는 방법이라고 다시 상기시켰다. 만일 하루 종일 목표 전략을 사용하려 했다면, 실행하기 매우 어려웠을 것이라고 설명하였다.

3. 부모가 각자 이샨과 노는 모습을 비디오로 촬영하였다.

4. 이샨의 아버지는 비디오를 보면서 이샨이 놀이를 이끌게 놔두는 자신의 모습에 만족해하였다. 아버지는 아이가 주도권을 가지고 노는 모습과 이샨이 아버지에게 무언가 지시하는 것을 좋아하였고, 이것이 아이의 자신감 향상에 도움이 된 것 같다고 하였다. 아버지는 놀이 중 길게 침묵하는 시간도 가졌고, 이샨이 말할 시간도 더 많이 주었다. 아버지는 아이가 도움이 필요할 때 자신이 나서서 해결해 주고 아이에게 무엇을 하라고 가르쳐 주는 것 같다고 하였다. 이에 대해 언어재활사는 아버지에게 비디오 영상 중 아버지가 이 행동을 이미 하고 있다는 것을 보여 주고, 이 행동을 조금 더 하면 좋을 것 같다고 조언하였다. 다음 목표는 '아이의 놀이 주도 따르기'와 '아이가 스스로 문제 해결하게 하기'로 정하였다. 이샨의 어머니는 전반적으로 아이에게 말할 시간을 충분히 주었다고 생각한다고 하였다. 어머니는 목표에 집중함으로써, 아이의 말을 더 잘 들어주었고, 놀이 시간 동안 아이가 주로 말을 한다고 하였다. 다음 주에도 같은 목표로 스페셜타임을 하기로 결정하였다.

5. 스페셜타임 과제 기록지에 목표를 적고 부모에게 주었다.

6. 가족 전략 유인물을 나누어 주었다—자신감 기르기

4회기

1. 이샨의 부모는 이번 주가 잘 지나갔다고 하였다.

2. 부모는 스페셜타임을 하였으며 이샨의 아버지는 스페셜타임 이외의 시간, 예를 들어 아이가 옷을 입을 때나 저녁을 먹을 때도 목표 전략인 아이의 주도 따르기를 실행하였다고 하였다. 그것이 어떤 변화를 일으켰는지 질문하니, 아버지는 이샨의 자신감이 올라간 것 같으며 일상생활이 더 차분해진 것 같다고 하였다. 어머니는 이샨이 이번 주에는 말을 덜 더듬었다고 보고하였다. 어머니는 자신이 아이의 말을 덜 걱정하는 것을 느꼈다고 하였다. 부모는 이샨이 전반적으로 차분해지고 말을 더 많이 한다고 하였다. 이샨의 아버지는 일을 잠시 제쳐 두고 아이와 더 자주 대화하려

고 노력하였다고 하였다.

3. 부모는 다음 주에도 같은 목표를 진행하기로 하였고, 과제 기록지를 받았다.

4. 가족 전략이 논의되었다: 자신감 기르기(제8장 참조)

5. 가족 전략 유인물을 나누어 주었다: 교대로 말하기

5회기

1. 부모는 스페셜타임을 완성하였고, 과제 기록지를 가져와서 함께 논의하였다.

2. 다음 주를 위한 과제 기록지를 주었다.

3. 이산의 형제자매가 치료에 참여하였고 가족 전략을 함께 논의하였다: '교대로 말하기'(제8장 참조)

사례 연구: 제이크(만 6세)

3회기

1. 치료는 제이크의 부모에게 "이번 주에는 어떤 점이 좋아졌나요?"라고 질문하는 것으로 시작하였다.

2. 어머니는 이번 주에 스페셜타임이 일상의 일대일 시간과 다른 특별한 시간으로 만들려고 노력하였다고 한다. 시작하기 전에 아이에게 스페셜타임을 할 것인지 물어보았고, 아이가 그 시간 동안 함께 놀고 싶은 것을 정하게 하였다. 어머니는 제이크가 특히 스페셜타임을 하는 동안 좀 더 편안해했고 말도 많았다고 하였다. 어머니 역시 아이가 놀이를 주도하게 하는 것을 즐겼고, 아이가 장난감으로 다양한 이야기를 만들며 풍부한 상상력을 보여 주었다고 하였다. 어머니는 아이의 상상력을 칭찬하였다고 한다. 어머니는 가끔씩 놀이가 재미있을 때 조금 더 길게 놀아 주기도 하였는데, 이런 경우 5분이 지나고 나서 아이에게 이 놀이가 추가 시간임을 말해 주었다고 한다.

3. 치료실 내에서 각 부모와 아이가 놀이하는 모습을 녹화하였다.

4. 어머니는 영상 속에서 자신이 아이로 하여금 놀이를 주도하게 하는 모습에 만족해하였다. 어머니는 이 전략을 스페셜타임 이외의 시간에도 조금 더 하였다고 한다. 예를 들어, 아이가 과제를 할 때, 스페셜타임의 목표를 고려해서 아이가 스스로 하도록 지켜봤다고 하였다. 이것이 어떠한 변화를 만든 것 같냐는 질문에, 어머니는 아이가 자신감이 더 생긴 것 같고 아이에게 긍정적인 메시지를 준 것 같다고 하였다.

어머니는 제이크에게 사용한 자신의 언어에 대해서도 말하였다. 아이가 또래보다 높은 수준의 조숙한 언어를 사용해서, 자신도 예전에는 어른에게 말하듯 아이에게 말을 하였다고 하였다. 어머니는 이러한 자신의 행동이 아이가 말을 어른처럼 길고 복잡한 문장을 사용하도록 해서 아이의 말더듬이 더 심해진 것은 아닌지 걱정하였다. 언어재활사가 영상을 재생해서 보여 주자, 제이크의

어머니는 자신의 문장의 길이가 제이크와 비슷하거나 조금 긴 정도임을 깨달았다. 어머니는 때때로 아이의 질문에 필요 이상으로 자세하게 대답할 때가 있는데, 그 점을 바꿔야 하는지 물었다. 언어재활사는 어머니에게 '도움이 되는 언어 자극(Helpful Language Input)' 유인물을 주었다. 어머니는 또한 자신의 말속도가 빠르지는 않은지 질문하였다. 언어재활사는 지금으로선 아이 주도를 따르는 것과 도움이 되는 언어 자극을 주는 것에 집중하고, 이 두 전략을 어머니의 상호작용 방식에 적용하는 것이 새로운 전략을 도입하는 것보다 나을 것이라고 말하였다.

5. 두 개의 전략이 적힌 과제 기록지를 제이크의 어머니에게 주었다.

6. 가족 전략(자신감 기르기와 피곤함) 유인물을 나누어 주었다.

4회기

1. 제이크의 어머니는 이번 주는 문제없이 잘 지냈다고 하였다. 어머니는 제이크와 주말에 쇼핑을 갔는데, 제이크가 가게 점원인 한 10대 소년과 풋볼게임에 대해 이야기하며, 어떤 팀을 응원하는지, 어떤 선수를 좋아하는지 대화를 나누었다고 하였다. 제이크는 이때 아주 자신 있는 모습이었고, 어머니는 그걸 지켜보며 흐뭇한 마음이 들었다고 하였다. 제이크는 말하는 동안 조금 더듬기는 했지만, 개의치 않았다고 하였다. 제이크가 말더듬을 신경 쓰지 않았던 또 다른 경우가 없는지 언어재활사가 질문하자, 어머니는 아이가 어느 날 저녁 시간에, 그리고 화요일에 학교에 가면서 특히 말을 많이 하였는데, 이때 아이는 말을 더듬을 때 하려던 말을 바꾸지 않고 하고 싶은 말을 다 하였다고 하였다. 제이크의 어머니는 아이의 이런 모습을 볼 때 치료가 도움이 되고 있다는 희망을 갖게 되었다고 하였다.

2. 스페셜타임과 과제 기록지를 검토하였다. 두 개의 전략을 목표로 유지하는 데 동의하였고, 새로운 과제 기록지가 주어졌다.

3. 논의된 가족 전략: 자신감 기르기, 피곤함(제8장)

4. 가족 전략 유인물: 감정 다루기

5회기

1. 지난주 어떤 점이 잘 진행되었는지 질문하자, 어머니는 특별할 것 없는 평범한 한 주였다고 말하였다.

2. 어머니는 네 번의 스페셜타임을 했으며, 다 잘 진행되었다고 하였다. 제이크는 스페셜타임 시간을 항상 기다렸으며, 어머니가 하자고 하지 않으면 스페셜타임을 해야 하지 않냐고 먼저 말했다고 하였다. 어머니는 '도움이 되는 언어 자극' 유인물을 읽었고, 이제는 아이의 언어를 발달시키고 말더듬을 지지해 줄 수 있는 적절한 언어 자극을 주는 데 자신감이 생겼다고 하였다. 어머니는 아이의 말에 대답할 때 짧은 문장으로 말하려고 노력하였고, 제이크가 자신의 간단한 대답을 더 잘 듣는 것 같다고 하였다.

3. 비디오 녹화를 하였다. 제이크의 어머니는 아이가 놀이를 주도하도록 하였고, 자신의 언어 수준이 제이크에게 적절한 것 같다고 하였다. 제이크가 긴 대답을 요구하는 질문을 하지 않아서 대답을 짧게 하는 것을 연습할 기회는 없었다고 하였다. 그리고 어머니는 영상 속 자신의 모습을 보는 것이 도움이 되었다고 하였다. 이번 주에는 조금 적게 말하고 여유롭게 천천히 말하였다고 하였다. 어머니는 이것이 어떤 변화를 가져왔는지 돌아볼 수 있었고, 제이크와 하는 스페셜타임이 얼마나 편하고 안정적이었는지 그리고 제이크가 시간을 충분히 갖고 서두르지 않게 하는 데 도움이 되었는지 이야기하였다. 스페셜타임을 하는 동안 제이크의 말더듬이 줄어들었다고 한다.

4. 어머니는 두 개의 전략을 목표로 유지하는 데 동의하였고, 새로운 과제 기록지를 나누어 주었다.

5. 논의된 가족 전략: 자신감 기르기, 피곤함(제8장)

6. 가족 전략 유인물: 감정 다루기

6회기

6회기 역시 이전 회기들과 같은 형식으로 시작한다(아래 참조). 우리는 페일린 모델을 바탕으로 그동안 소개되었던 다양한 전략을 부모와 함께 검토한다. 이어서 우리는 안정화 기간에 대해 논의하고 검토를 위한 약속을 잡는다.

1. 무엇이 잘 되었는가?

2. 스페셜타임과 과제 기록지 검토

3. 칭찬 일지 검토(제8장 참조)

4. 필요시, 이전 가족 전략 검토

5. 상호작용 비디오 녹화

6. 비디오 시청 후 목표 검토 및 추가 목표 설정하기

7. 스페셜타임 목표 정하고 과제 기록지 나누어 주기

8. 칭찬 일지 주기

9. 필요시, 가족 전략에 대한 논의

10. 안정화 기간에 대한 토론('안정화 기간' 참조)

11. 재방문 약속 정하기

6주 뒤로 부모와 자녀의 재방문 일정을 잡는다.

사례 연구: 이샨(만 4세)

6회기

1. 이번 주는 어떻게 지냈는지 묻는 질문에 이샨의 부모는 집안 분위기가 전체적으로 차분해졌다고 하였다. 이샨의 어머니는 치료실을 다니는 것만으로도 큰 짐을 던 느낌이라고 말하였다. 어머니는 이샨을 돕기 위해 무언가 하게 되면서, 아이의 말더듬에 대해 좀 더 편해졌다고 하였다. 이것이 어떤 변화를 가져온 것 같느냐는 질문에 어머니는 여유가 생겼고 집 안에서 덜 서두르게 되었다고 하였다. 어머니는 이 변화가 아이뿐 아니라 가족 구성원 모두에게 영향을 미친 것 같다고 하였다. 어머니는 이샨의 아버지를 치료에 참여하게 한 것이 큰 변화를 준 것 같다고 하였다. 왜냐하면 아버지의 참여로 어머니는 큰 지지를 받게 된 느낌이 들었기 때문이라고 하였다. 이샨의 아버지는 처음에는 치료의 필요성을 느끼지 못했지만, 이제는 치료에 참여하게 되어 기쁘다고 하였다. 아버지는 이샨의 어머니가 더 편안해진 것 같고 이샨에 대한 걱정을 덜게 된 것 같다고 하였다. 어머니의 어떤 점이 달라진 것 같은지 물어보니, 아버지는 어머니의 대화의 주제가 더 이상 이샨이 아니고, 다른 자녀와 일상생활에 대해서 이야기하는 것을 발견했다고 하였다. 아버지는 이샨이 집에서뿐만 아니라 집 밖에서도 자신감 있게 행동하는 것으로 보인다고 하였다. 부모는 아이가 더 많이 친구들과 이야기하고 놀이터에 가면 아이들과 조금 더 많이 함께 노는 것 같다고 하였다.

2. 이샨의 어머니는 세 번의 스페셜타임을 끝냈고, 아버지는 일이 바빠서 한 번의 스페셜타임을 가졌다고 하였다. 이샨의 아버지 일이 바쁜 시기라서 우리는 아버지가 스페셜타임을 할 수 있는 방법에 대해 논의하였다. 아버지는 주말에 두 번의 스페셜타임을 갖고, 주중에 출근하기 전이나 퇴근 후에 나머지 한 번을 하기로 약속하였다.

3. 비디오 녹화를 하였다. 이샨의 어머니는 자신의 비디오에 만족하였다. 어머니는 영상에서 이샨이 원하는 것을 생각하고 말할 수 있도록 충분한 시간을 주었고, 놀이 동안 자주 쉼을 두며, 천천히 말하는 것을 발견하였다. 어머니는 이것이 이샨을 더 차분하게 하였고 서둘러 말하지 않게 함으로써 이샨의 말을 도와주는 것 같다고 하였다. 또한 어머니는 자신이 아이에게 자주 질문하는 경향이 있다고 하였다. 아이가 대답할 시간을 충분히 주기는 하지만, 질문을 많이 하는 것이 아이에게 스트레스를 주는 것은 아닌지 걱정하였다. 이샨의 어머니에게 아이와 어머니의 놀이 영상에서 어머니가 서술하기(comments) 전략을 사용하는 모습을 보여 주었고, 이어서 서술하기와 질문하기에 대한 논의를 하였다. 어머니는 질문하기와 서술하기를 신경 쓰는 것을 목표로 하기로 하고 '서술하기와 질문하기의 균형' 유인물을 받았다.

아버지는 이번 주에 한 번의 스페셜타임만을 했지만, 비디오 속의 자신의 모습에 만족하였다. 아버지는 이샨이 놀이를 주도하게 하고 아이의 뜻대로 하는 것이 훨씬 쉬워졌다고 하였다. 아버지는 오늘 아이가 레고놀이를 할 때 어려워하자 도와주고 싶은 마음이 들었지만 가만히 있었다고 하였다. 그러자 이샨이 스스로 문제를 해결하였고, 그 모습을 보고 기쁘고 자랑스러웠다고 하였다. 아버지는 아이가 시간을 가지고 자신이 원하는 레고 조각을 찾는 모습에 뿌듯하였다고 하였다. 이샨의 아버지는 아이에게 말할 때 더 천천히 말할 수 있지만 가끔은 여전히 빨리 말하기도 해 걱정이라고 하였다. 언어재활사가 아버지가 천천히 말하는 비디오를 보여 주자, 아버지는 생각했던 것보다 영상에서 더 천천히 말하는 것 같다고 인정하였다. 천천히 말하기 위해 쉼 두기 전략을 사용할 것을 논의하였고 아버지는 '말속도와 쉼 두기' 유인물을 받았다.

4. 아버지와 어머니는 이번 주의 목표 전략을 이후 이어지는 6주간의 안정화 기간 동안 계속 연습하기로 하였다. 그리고 매주 완성한 과제 기록지를 치료실에 보내주기로 동의하였다.

어머니-이샨에게 충분한 반응 시간을 주고 서술하기와 질문하기 의식하기

아버지-이샨이 놀이를 주도하도록 하며, 아이에게 충분히 생각할 시간을 주어 아이 스스로 문제를 해결을 하게 하고, 쉼을 이용하며 말속도 의식하기를 목표로 하였다.

5. 검토한 가족 전략: 자신감 기르기

6. 검토한 가족 전략: 교대로 말하기

사례 연구: 제이크(만 6세)

6회기

1. 제이크의 어머니는 제이크에게 이번 주에 어땠는지 직접 말하게 하였다. 제이크는 스페셜타임을 재미있게 하였다고 말했다-"엄마랑 단둘이 노는 게 좋았어요." 아이는 또한 언어재활사에게 수영 레슨에서 처음으로 전체 트랙을 다 돌았고 새로운 수영법을 배웠다고 말하였다. 어머니는 제이크가 치료 시간에 언어재활사와 대화하는 데 자신감을 보였고 풋볼 코치와 이야기할 때도 자신감을 보였다고 말하였다.

2. 제이크의 어머니는 이번 주에 네 번의 스페셜타임을 하였다. 어머니는 지난 두 주간 다섯 번이 아닌 네 번만 하게 된 것에 대해 미안하다고 하였다. 어머니는 제이크가 주말에 아버지와 시간을 보낼 때 스페셜타임을 하기 어려웠다고 하였다. 일주일에 네 번의 스페셜타임을 하는 것이 더 현실적인 목표라는 데 언어재활사와 어머니 모두 동의하였고 제이크의 어머니에게, 치료가 효과적이기 위해서는 일주일에 최소 세 번 스페셜타임을 해야 한다는 것을 상기시켰다.

3. 비디오 녹화를 하였고 제이크의 어머니는 자신의 영상 속 모습에 만족하였다. 어머니는 영상에

서 자신이 아이가 놀이를 주도하게 한 것을 알아차렸다. 어머니는 제이크가 놀이를 촬영하는 동안 매우 수다스러웠기 때문에, 아이의 말을 경청하고 아이의 말과 행동에 반응하는 것이 쉬웠다고 하였다. 어머니는 또한 제이크가 자신이 주도하는 경험을 통해 자신감이 커진 것 같다고 하였다. 어머니는 자신의 언어 자극과 말속도에 만족하였다. 어머니는 제이크의 숙제를 도와줄 때 어느 정도 자세히 설명해야 하는지 신경 쓰려고 노력했다고 한다. 어머니는 이제 아이에게 정보를 알려 줄 때 긴 설명보다는 짧게 말하려고 한다고 했다.

4. 어머니는 이번 주 목표 전략을 이후 이어지는 6주간의 안정화 기간 동안 계속 연습하기로 하였다. 그리고 매주 완성한 과제 기록지를 치료실에 보내주기로 동의하였다.

5. 검토한 가족 전략: 자신감 기르기

6. 검토한 가족 전략: 피곤함

7. 검토한 가족 전략: 감정 다루기

안정화 기간

안정화 기간은 부모 주도하에 가정에서 이루어지는 6주 동안의 치료 기간이다. 이 6주 동안 가족은 치료실을 방문하지 않지만 가정에서 아이와 함께 치료를 이어 나간다.

1. **스페셜타임은** 같은 목표와 빈도로 계속 진행된다. 부모는 과제 기록지를 작성해 매주 한 번씩 우리에게 보낸다.

2. 날마다 아이를 칭찬하고 매주 '칭찬 일지'(제8장에서 나온 대로)를 보낸다.

3. 이 시기 동안 부모는 그동안 논의되었던 다른 가족 전략도 계속해서 진행한다.

우리는 긍정적인 피드백을 주기 위해 또는, 과제 기록지를 받지 못했거나 문제가 발생했을 때에도 부모에게 연락을 취한다. 부모에게 과제 수행이나 자녀의 진전과 관련해서 걱정이 있을 때 언제든지 우리에게 연락해도 좋다고 알려 준다.

우리의 임상 경험과 연구(Millard et al., 2008, 2009, 2018)에 따르면, 아이의 유창성은 페일린 부모-아동 상호작용 치료의 초기 6주 동안이나 안정화 기간에 개선될 수 있고, 어떤 아동은 몇 달 더 기다려야 개선되기도 한다. 혹시 아이가 초기 6주 치료 후 말더듬에 변화가 없으면, 부모는 걱정하게 되는데, 이럴 때 아동마다 말더듬 변화의 시기가 다르다는 사실을 알려 주는 것이 부모에게 도움이 된다. 많은 가족들은, 초기 6주를 준비하는 기간으로 사용하고 '안정화' 기간에 모든 전략을 연습한다.

부모는 안정화 기간 동안 아이의 말더듬이 증가하면 때때로 우리에게 연락을 하기도 한다. 이때 언어재활사가 부모의 감정을 수용하고, 부모에게 염려되는 내용을 말할 수 있도록 기회를 주는 것이 중요하다. 종종 부모는 아이를 포함한 가족 구성원이 아프거나, 힘들거나, 지나치게 흥분한 일, 가족의 일상에 일어난 큰 변화, 심지어 학교나 가정에서 일어난 사건들까지 아이의 말더듬과 연관 짓게 된다. 이때 우리는 부모에게 어린 아동에게 말더듬의 정도 변화(variability)는 흔한 일이며 말더듬 감소를 지속하는 것은 어려운 일이라고 알려 주어 안심시킨다.

부모가 아이의 말더듬이 증가한 것을 걱정할 경우, 우리는 문제 해결을 위한 질문을 할 수 있다. 예를 들어, "그래서 아이의 증가된 말더듬을 어떻게 극복하셨나요?", "아이의 말더듬의 변화에도 불구하고 어떻게 이 과정을 잘 이겨내셨어요?" 또는 "아이의 말더듬에 변화가 있기 전에 어땠는지 말해 주세요. 그때 도움이 된 것이 무엇이었나요?"와 같이 질문하며, 부모가 이전에 아이의 말더듬을 다룰 때 적용했던 효과가 있었던 방법들을 다시 생각하게 할 수도 있다.

부모는 종종 아이나 가족의 삶에 변화가 있을 때, 스페셜타임을 하는 것이 어렵다고 말하기도 한다. 그러나 부모는 스페셜타임을 다시 시작하고, 목표와 관련된 가족 전략들을 사용하는 것이 필요하다는 것을 (상담 중) 깨닫게 된다.

사례 연구: 이샨(만 4세)
안정화 기간

이샨의 부모는 스페셜타임 과제 기록지와 칭찬 일지를 첫 3주간 보냈는데, 일지에는 스페셜타임과 칭찬하기가 잘 진행되었다고 보고되었다. 이샨의 어머니는 아이를 칭찬하는 다양한 방법들을 연습할 것을 기억하라는 피드백이 주어졌다. 어머니는 또한 스페셜타임을 하는 동안 이샨의 말더듬이 어땠는지 말하는 경향을 보였는데, 이에 대해 언어재활사는 아이의 말더듬에 집중하기보다 어머니의 전략 목표에 집중할 것을 상기시켰다. 네 번째 주에는 어떤 일지도 제출하지 않았는데, 언어재활사가 연락하자 이샨의 부모는 그 한 주 동안, 가족의 결혼식 참석 차 인도를 방문하여 너무 바빴다고 하였다. 어머니는 많은 가족 모임이 있었고, 가족들은 모두 구자라티어로만 이야기하여 이샨이 힘들어했다고 하였다. 그래서 이 기간 동안 아이의 말더듬이 증가하였다고 보고하였다. 어머니는 스페셜타임과 다른 가족 전략을 다시 시작하였다고 하였다. 그리고 이제 다시 예전 일상으로 돌아와 아이가 말더듬이 줄어들었다고 하였다. 나머지 2주 동안 부모는 과제 일지를 보내왔다.

사례 연구: 제이크(만 6세)
안정화 기간

제이크의 어머니는 스페셜타임 과제 기록지와 칭찬 일지를 안정화 기간 첫 주에 제출하지 않았다. 치료실에서 연락을 드렸을 때, 제이크의 어머니는 스페셜타임을 진행하였고, 제이크를 칭찬해 주었지만 과제 기록지에 적지는 않았다고 말했다. 제이크의 어머니는 일지에 적어서 제출하는 것이 왜 중요한지 이유에 대해 다시 설명을 들었다. 어머니는 여전히 칭찬 일지를 적는 것이 어렵다고 하였는데, 그 이유는 칭찬을 주로 집 밖에서 하게 되고 이때 칭찬 일지를 갖고 있지 않는 경우가 많기 때문이라고 했다. 그래서 앞으로는 칭찬 일지를 가방에 가지고 다니거나 휴대전화에 메모하여 나중에 칭찬 일지에 옮겨 적는 방법을 논의하였다. 이후 어머니는 안정화 기간 내내 과제 기록지를 보내왔다. 어머니는 안정화 기간 동안 스페셜타임 목표에 집중하였고 자신이 칭찬한 말에 대해 피드백을 받았다.

리뷰 약속

6주간의 안정화 기간이 끝나면 부모와 아이가 함께 치료실을 방문해서 그동안의 진전 상황을 이야기하고 앞으로의 계획을 세운다.

재방문 약속
- ♠ 페일린 부모평가척도
- ♠ 무엇이 잘 되었는가?
- ♠ 아동 평가
- ♠ 임상적 결정 내리기

1. 페일린 부모평가척도(Millard & Davis, 2016)

우리는 다시 만나기 며칠 전에 부모에게 미리 연락하여 재방문 전에 페일린 부모평가척도(Palin Parent Rating Scales)를 온라인으로 작성하도록 상기시켜 준다. 만일 부모가 온라인 버전을 사용할 수 없다면, 서면 양식을 보내드리고 재방문 시 가지고 오게 한다. 이 설문을 통해 우리는 아이의 말더듬 정도에 대한 부모의 인식, 말더듬이 아이와 부모에게 미치는 영향, 그리고 말더듬을 관리하는 것에 대한 부모의 지식과 자신감을 알 수 있다. 어린 아동의 말더듬은 정도에 있어 변화가 많다는 점을 고려하면, 페일린 부모평가척도(Palin PRS)는 치료실 이외의 장소에서 전반적으로 아이의 말더듬이 어땠는지 알려 주기 때문에 특히 유용하다.

2. 무엇이 잘 되었는가

6주차 방문은 이전의 치료 시간과 동일하게 다음의 질문으로 시작한다. "지난번 만난 이후로 어떤 점을 발견하게 되어 기뻤나요?" 또는 "지난번에 본 이후로 무엇이 잘 되었나요?"

아무리 작더라도 발전이 있다면, 발전에 영향을 끼친 점이 무엇인지 논의한다. "어떻게 하셨는지요?", "아이에 대해서 무엇을 새로 알게 되셨나요?"

그 외엔 또 뭐가 있을까?

우리는 부모와 아이가 안정화 기간 동안 좋았던 점을 가능한 많이 설명해 주기를 바란다. 그래서 우리는 "그 외에 또 뭐가 있을까요?"라고 여러 번 질문한다("그 외에 또 어떤 것이 잘 되었나요?", "또 어떤 점을 발견하서서 기쁘셨나요?"). 우리는 다른 사람의 시각으로 보았을 때도 어떤 것이 잘 되었는지 생각해 본다("어머니 외에 또 누가 이렇게 달라진 점을 알아차렸을까요?", "만일 할머니에게 어떤 점이 잘 되었는지 물어본다면, 할머니는 어떻게 대답하실까요?", "아이의 선생님은 어떤 달라진 점을 발견하였을까요?").

문제나 잘못된 점에 집중하게 되는 것은 자연스러운 일이다. 그래서 부모에게 이러한 시각을 바꾸어 좋은 점을 보라고 하는 것은 어려운 일이다. 긍정적인 신호를 지나치거나 대단하게 생각하지 않는 것은 당연하다. 우리의 질문은 의도적으로 어떠한 작은 변화라도 알아차리게 도와준다.

척도

치료 시간에 부모가 진전 상황을 볼 수 있도록 도와주는 새로운 척도를 사용할 수 있다.

❖ 우리는 부모에게 0에서 10점까지의 척도가 있는데, 10점은 희망사항이 이루어진 상태이고 0점은 그렇지 않은 상태라고 가정해 보라고 한다.

❖ 우리는 부모에게 이 척도에서 지금 상태는 몇 점 정도인지 표시하라고 한다.

❖ 부모가 표시하면, 왜 거기에 표시했는지, 어떻게 그 상태에 이르게 되었는지에 대해 질문한다.

❖ 만일 그 척도에서 1점이 올라가면 어떤 작은 변화가 생길 것인지 물어본다.(예 "척도에서 1점이 올라갔다는 걸 어떻게 알 수 있을까요?", "무엇이 달라질까요?")

예

"저는 아이가 예전보다 더 자신감이 생긴 것 같아서 7점에 표시했어요."

"학교에서 말을 더 많이 한 대요.", "집에 친구를 초대해서 놀았어요.", "그리고 입학 후 처음으로 지난주에 아이가 방과 후 축구 클럽에 가도 되는지 묻더라고요."

"칭찬이 정말 도움이 된 것 같아요.", "너무 보호하려고 애쓰지 않았고, 아이가 실수를 하게 놔두고 아이를 위해 너무 다 해 주지 않으려 노력했어요."

3. 아동 평가

우리는 '이상한 그림 찾기' 그림('What's wrong?', Speechmark, 2007)을 사용하여 발화 샘플을 얻는다. 최초의 아동 평가에서와 같이, 이 발화를 녹음하고 전사한 후 분석한다(제5장 평가 참조). 그리고 우리는 아이의 말더듬 비율을 치료 이전의 수준과 비교하고 말더듬에 어떠한 질적인 변화가 있는지 살펴본다. 또한 우리는 아이에게 유아용 의사소통태도검사(KiddyCAT; Vanrycheghem & Brutten, 2007)를 실시하고 아이가 자신의 말에 대해 어떻게 생각하는지 알아본다.

4. 임상적 결정 내리기

❖ 말더듬의 양과 말더듬이 아동과 부모에게 미치는 영향의 감소

만약 부모 보고서와 평가서 모두에서 아이의 말하기가 개선되고 부모의 걱정이 줄어들고 있는 것으로 나타나면 우리는 부모에게 스페셜타임, 칭찬 그리고 기타 가족 전략의 틀을 계속해서 유지하라고 격려한다. 어떤 부모는 아이의 말하기에 대한 걱정이 줄어들면 이러한 과제를 계속해 나가는 것을 어렵게 느끼기도 한다. 우리는 아이의 유창성은 아직 흔들릴 수 있기 때문에 부모들은 계속 이러한 전략을 유지해 나가야 한다고 강조한다.

❖ 아이의 말더듬이나 부모의 걱정 정도에 변화가 없는 경우

이 시기에 아이의 말더듬에 변화가 없을 수도 있다. 만약 아이의 말더듬이 나아지지 않았으면 우리는 상호작용 전략 또는 가족 전략을 세우기 위한 회기를 다시 잡는다. 이렇게 된 데에는 새로운 문제가 발생했을 수도 있고 총체적 평가에서는 밝혔듯이 처음 6주간의 치료에서는 다루어지지 않은 전략이 필요할 수도 있다. 우리는 페일린 모델을 사용하여 평가 결과를 검토하고 어떤 다른 전략이 도움이 될지 생각해 본다. 한편, 부모는 안정화 기간 동안 스페셜타임, 칭찬하기, 그리고 다른 가족 전략을 지속하여 실행하는 데 어려움을 보일 수도 있다. 이 경우, 6주를 더 추가하여 집에서 전략을 연습할 수 있도록 안정화 기간을 연장할 수 있다. 만약 밝혀진 상호작용 및 가족 전략이 모두 제대로 운영되고 있는데도 아이의 말더듬이 여전히 우려할 만한 수준이라면 일종의 직접 치료법을 사용할 수도 있다. 이것은 제9장에서 심도 있게 논의될 것이다.

사례 연구: 이산(만 4세)

3개월 후 재검토

1. 약속 일주일 전에 이산의 부모에게 페일린 부모평가척도(Palin PRS)를 온라인으로 작성하게 하였다.

페일린 부모평가척도(Palin PRS)

	아동에게 미치는 영향	말더듬 정도와 부모에게 미치는 영향	지식과 자신감
어머니	낮음	중간	중간
아버지	낮음	낮음	높음

2. 한 주간 무엇이 잘되었는지 물으니, 이샨의 부모는 날마다 아이의 말더듬이 줄어드는 것 같다고 하였고, 아이는 전체 낱말 반복이나 부분 낱말 반복을 주로 보인다고 하였다. 이샨이 여전히 연장이나 막힘을 보이기도 하지만 빈도는 많이 줄었다고 하였다. 그리고 예전에는 말이 막힐 때 얼굴에 긴장이 많이 보였는데, 요 몇 주 동안에는 긴장하는 것을 보지 못했다고 하였다.

이것이 어떤 변화를 만들어 낸 것 같으냐 하는 질문에 이샨의 부모는 아이가 더 이상 포기하지 않았고, 자신의 말에 대해 더 이상 부정적인 표현을 하지 않았다고 하였다. 그리고 지난주에는 아이가 말이 점점 더 쉬워진다라고 말하기도 하였다고 한다. 부모는 이샨이 더 행복하고 자신감 있어 보인다고 하였다. 어떤 점에서 아이가 좀 더 자신감이 생긴 것 같냐는 질문에, 이샨의 부모는 이샨이 옷을 입거나 장난감을 갖고 놀 때 자기 스스로 하는 일이 많아졌다고 하였다. 이샨이 유치원에서도 말이 더 많아졌고, 친구도 사귀었다고 하였다.

0에서 10까지의 척도에서 10은 모든 희망사항이 이루어진 상태를 의미하는데, 이샨의 아버지와 어머니는 모두 8점을 주었다. 이샨의 진전은 무엇 때문인 것 같은지 묻자, 부모는 치료가 아이의 자신감을 키우는 데 도움이 되었고, 이샨의 말에 대해 덜 걱정하게 되었다고 하였다. 그리고 자신감을 기르는 프로그램이 매우 도움이 되었다고 하였다. 부모는 이샨을 정기적으로, 그리고 구체적으로 자연스럽게 칭찬을 하였다고 한다. 부모는 가족 구성원 전원이 참석한 교대로 말하기 과제가 특히 도움이 되었다고 하였다. 이샨의 어머니는 이 과제를 하는 동안 오히려 이샨이 주로 말하고 다른 형제들이 말할 때 방해하였다고 하였다. 이제는 교대로 말하기 시간에 가족 구성원 모두 공평하게 말할 기회를 가지게 되었으며, 이 과제는 이샨이 급하게 하지 않고 천천히 시간을 갖고 말하는 데 도움이 되었다고 하였다. 이샨의 아버지는 스페셜타임이 이샨과 자신에게는 차분한 오아시스 같은 역할을 하였다고 하였다. 아버지는 이샨을 칭찬하였고, 아이가 더 많이 말을 하도록 장려하였으며, 이것이 이샨의 자신감을 높인 것 같다고 하였다.

3. 이샨의 말더듬에 대한 재평가가 이루어졌다. 말더듬 음절 비율은 3.2%였고, 말더듬은 전체 낱말 반복 및 부분 낱말 반복이 주로 나타났고, 간혹 연장이 관찰되었다. 막힘은 보이지 않았다.

유아용 의사소통태도검사(KiddyCAT; Vanryckeghem & Brutten, 2007)가 다시 실시되었고, 이샨은 2점을 받았다. 말을 더듬는 아동과 말을 더듬지 않는 아동의 평균점수와 비교하였을 때, 이샨의 말에 대한 태도는 비교적 긍정적이었으며 말을 더듬지 않는 아이들이 보이는 태도와 비슷하였다.

4. 가족은 스페셜타임을 계속하여 가족 전략을 연습하였고, 다음 3개월 동안 일지를 언어재활사에게 정기적으로 보내기로 하였다. 그동안 만일 아이의 유창성과 태도에 관한 걱정이 생기면 언제든지 언어재활사에게 연락하기로 하였다. 그리고 언어재활사는 만일 아이의 말더듬이 증가하더라도, 부모에게 그것을 있는 그대로 담담히 받아들여도 괜찮으며, 말더듬이 증가했다 감소하는 것이 매우 일반적인 것이니 크게 걱정할 필요가 없음을 알려 주었다.

6개월/12개월 재검토

이샨의 유창성과 의사소통 태도가 잘 유지되는지 다음 두 번의 회기에서 페일린 부모평가척도(Palin PRS), 말더듬 평가, 유아용 의사소통태도검사와 이샨과 부모의 피드백을 통해 모니터를 하였다. 말더듬에 대한 걱정은 없었다. 따라서 1년이 지나고 나서 언어치료를 종료하였고, 만일 이후 이샨의 말더듬에 관한 걱정이 다시 생기면 언어재활사에게 연락하라고 하였다.

사례 연구: 제이크(만 6세)

3개월 재검토

1. 약속 일주일 전에 제이크의 부모에게 페일린 부모평가척도(Palin PRS)를 온라인으로 작성하게 하였다.
2. 페일린 부모평가척도(Palin PRS)

	아동에게 미치는 영향	말더듬 정도와 부모에게 미치는 영향	지식과 자신감
어머니	낮음	낮음	높음

3. 지난 회기 이후 한 주간 무엇이 잘되었는지 물으니, 제이크의 어머니는 옛날의 제이크로 다시 돌아왔으며, 자신감도 회복이 되었다고 하였다. "아이가 자신감을 갖게 된 것을 무엇을 보고 아셨나요?"라는 질문에, 어머니는 아이가 아직 낯선 사람에게는 조심하는 경향이 있지만, 매일 만나는 사람들과 대화할 때는 말이 많아졌다고 하였다. 이제는 수영 선생님의 질문에 어머니한테 부탁하지 않고 자신이 직접 대답하였고, 제과점에 가서 케이크도 직접 주문하였다. 학교 생활기록부 내용은 매우 긍정적이었고, 선생님 역시 아이가 자신감이 생긴 것 같다는 말씀을 적어 주었다. 그리고 아이가 교실에서 매우 수다스러워졌고, 학급 회의에 적극적으로 참여하였고, 대답을 하기 위해 손을 들었으며, 학급 반장선거에 나갔다고 하였다. 반장선거에서 아이는 자신이 왜 좋은 학급

반장이 될 수 있는지 세 가지 이유를 말하였다고 한다. 어머니는 아이가 적극적으로 참여하는 모습이 좋았으나, 만일 반장이 되지 못했을 때 그것이 아이의 자신감에 나쁜 영향을 미칠까 걱정하였다고 한다. 그러나 제이크는 반장으로 선출되었고, 제이크와 어머니는 크게 기뻐하였다. 진전의 조짐에 대해 묻자, 제이크의 어머니는 아이가 아직 말을 더듬고 가끔씩 말이 힘들게 나온다고 한다. 그렇지만 예전처럼 그것이 아이를 크게 신경 쓰게 만드는 것 같지는 않다고 하였다. 아이는 말을 더듬을 때 단어를 바꾸려 하지 않고 하고 싶은 말을 끝낼 수 있다고 하였다. 어머니는 또한 말더듬이 제이크에게 덜 영향을 미치고 있고, 아이도 말을 덜 더듬기 때문에, 말더듬에 대한 걱정이 줄어들었다고 말하였다.

0에서 10까지의 척도에서 10은 모든 희망사항이 이루어진 상태를 의미하는데, 제이크의 어머니는 8점을 주었다. 제이크의 진전은 무엇 때문인 것 같은지 묻자, 부모는 말더듬에 대해 이야기할 수 있게 되고, 말더듬에 대해 조언하기보다 인정하게 된 것이 도움이 되었다고 하였다. 이것이 어떤 변화를 일으켰는지에 대한 질문에, 제이크와 어머니는 말더듬에 대해 이야기하는 것이 더 편해졌다고 하였다. 어머니는 제이크와 가끔 말더듬에 대해서 이야기를 나누었고, 제이크는 대수롭지 않게 여기는 것 같았다고 한다. 몇 주 전에 제이크는 며칠 동안 말더듬이 증가한 적이 있었다고 한다. 어머니 말로는 제이크가 며칠간 늦게 잠을 자서 피곤해했다고 하였다. 어머니는 제이크와 함께 말더듬이 증가한 이유에 대해 이야기를 나누었고, 늦게 자서 피곤한 것과 관련이 있을 수 있다고 말해 주었다고 하였다. 그래서 앞으로는 좀 더 일찍 잠을 자자고 의견을 모았다고 한다.

어머니는 아이에게 구체적인 칭찬을 한 것이 도움이 되었다고 하였다. 예전에도 제이크에게 많은 칭찬을 해 주었지만, 이제는 구체적으로 칭찬하기 때문에 제이크가 자기가 왜 칭찬을 받는지 알게 되었다고 하였다. 그래서 어머니의 칭찬에 대해 제이크는 의문을 제기하기보다 받아들이게 되었고, 이것이 제이크의 자신감을 높이는 데 일조한 것으로 보인다고 하였다.

어머니는 또한 제이크가 덜 감정적인 것처럼 보이고 자신을 몰아세우지 않는 것 같다고 하였다. 그리고 어머니는 제이크가 대체로 차분해진 것 같고, 화가 났을 때에도 스스로 잘 조절하여 빨리 평정심을 찾는 것 같다고 하였다. 예전에는 불안정한 감정이 아이의 말더듬에 영향을 미치는 것 같았지만, 지금은 아이의 말이 예전처럼 감정에 휘둘리지 않는 것 같다고 하였다.

4. 제이크의 말더듬에 대한 재평가가 이루어졌다. 말더듬 음절 비율은 7%였고 중간 정도의 말더듬을 보였다. 말더듬 유형으로는 연장과 막힘이 주로 나타났지만, 지속시간은 짧았고 투쟁 행동(struggle behavior)은 보이지 않았다. 제이크는 재평가 당시 많은 말을 하였고 질문에 거리낌 없이 대답하였으며, 대화를 먼저 시작하는 경우도 많았다. 지난번에 만났을 때보다 어떤 점이 더 좋아진 것 같은지에 대한 질문에, 제이크는 말하기가 더 쉬워졌다고 대답하였다. 그리고 제이크가 예전만큼 말을 많이 더듬지 않았고, 말막힘이 사라졌으며, 학교생활과 축구시간에 더 많은 말을 하게 되었다고 하였다.

유아용 의사소통태도검사(KiddyCAT, 2007)를 다시 실시하였고, 제이크는 4점을 받았다. 제이크의 점수가 처음보다 줄어들었지만, 말을 더듬는 아동과 말을 더듬지 않는 아동의 평균점수와 비교하였을 때, 제이크의 말에 대한 태도는 계속 부정적인 것으로 나타났으며, 말을 더듬는 아동의 평균점수와 비슷했다.

5. 가족은 스페셜타임을 계속하여 가족 전략을 연습하였고, 다음 3개월 동안 과제 일제를 언어재활사에게 정기적으로 보내기로 하였다. 그동안 만일 아이의 유창성과 태도에 대해 걱정이 생기면 언어재활사에게 연락하기로 하였다.

사례 연구: 제이크(만 6세)

6개월 재검토

1. 약속 일주일 전에 제이크의 부모에게 페일린 부모평가척도(Palin PRS)를 온라인으로 작성하게 하였다.

2. 페일린 부모평가척도(Palin PRS)

	아동에게 미치는 영향	말더듬 정도와 부모에게 미치는 영향	지식과 자신감
어머니	중간	낮음	중간

3. 지난 회기 이후 한 주간 무엇이 잘되었는지 물으니, 제이크의 어머니는 아이가 계속 진전되는 모습에 기쁘다고 하였다. 어머니는 아이의 말더듬에 큰 변화는 없었다고 답했고, 언어재활사는 어머니에게 이전의 진전을 유지하기 위해 어떤 일을 하였는지 물었다. 제이크가 계속 자신감 있는 모습을 보여 주었는데, 아이는 친구들과 수다를 떨었고, 학급 회의에서 자기가 해야 할 말을 크고 분명하게 말한다고 하였다. 제이크와 어머니는 말더듬에 대해 터놓고 이야기할 수 있게 되었고, 제이크도 종종 스스로 자기 말에 대해 이야기한다고 하였다.

4. 0에서 10까지의 척도에서 10은 모든 희망사항이 이루어진 상태를 의미하는데, 제이크의 어머니는 8점을 주었다. 점수를 어떻게 유지할 수 있었는지 묻자, 어머니는 여러 가지 이유를 말해 주었다. 우선, 자신이 제이크의 말더듬에 큰 영향을 받지 않게 되었다고 하며, 제이크 역시 크게 신경 쓰지 않게 되었다고 하였다. 그리고 제이크가 새로운 상황에서 뒤로 물러서기보다, 적극적으로 부딪혀 보는 태도를 갖게 되었으며, 제이크는 언제나 수다스럽고, 질문이 많고, 자진해서 나서는 모습을 보여 주었다고 한다. 제이크는 최근에 어머니에게 말이 쉽게 나올 수 있게 하는 다른 방법은 없는지 물었다고 하였다. 제이크에 따르면, 자신이 여전히 말이 막혀 안 나오는 경우가 가끔씩 있

어서, 말을 쉽게 하는 방법을 알고 싶다고 하였다. 어머니는 아이가 말더듬에 대해 감정적이 될 때 말더듬이 증가하는 것으로 보인다고 하였다. 하지만 어머니는 이제 자신이 아이의 감정을 잘 다룰 수 있게 되었고 제이크도 덜 감정적이 되었으며, 아이가 감정적이 되었다가도 빨리 회복하는 모습을 보여 기쁘다고 말했다.

5. 제이크의 말더듬에 대한 재평가가 이루어졌다. 말더듬 음절 비율은 6.5%였고 약함에서 중간 정도의 말더듬을 보였다. 말더듬은 전체 낱말 반복, 부분 낱말 반복 및 연장과 막힘이 나타났지만, 지속시간은 첫 평가에 비해 짧았고 투쟁 행동(struggle behavior)이 덜 보였다. 지난번에 만났을 때보다 어떤 점이 더 좋아진 것 같은지에 대한 질문에, 제이크는 축구 경기를 잘했고 대부분의 경기에서 이겼다고 하였다. 그리고 자신의 말이 '괜찮다'고 하였다. 낯선 사람 앞에서는 여전히 부끄러워한다고 하였다. 잘 아는 사람과의 대화에서는 어떤 변화가 생겼는지 질문하자, 제이크는 "사람들은 제가 말을 더듬어도 상관 안 해요.", "그냥 제가 말이 끝날 때까지 기다려 주죠.", "저는 그냥 말해요."라고 대답하였다. 제이크는 가끔 말이 막힐 때도 있어서 말을 쉽게 할 수 있는 방법을 더 배우고 싶다고 하였다.

유아용 의사소통태도검사(KiddyCAT; Vanryckeghem & Brutten, 2007)를 다시 실시하였고, 제이크는 4점을 받았다. 말을 더듬는 아동과 말을 더듬지 않는 아동의 평균점수와 비교하였을 때, 제이크의 말에 대한 태도는 계속 부정적인 것으로 나타났고, 말을 더듬는 아동의 평균점수와 비슷하였다.

6. 임상적 결정: 어머니와 제이크의 보고를 토대로, 제이크가 일주일에 60분씩 총 6회기의 직접치료를 받기로 결정하였다. 이 치료에서는 제이크의 자신감을 높이며, 제이크의 감정에 대해 다루고, 말 수정 전략을 가르쳤다(제9장 참조).

사례 연구: 제이크(만 6세)

9개월 재검토

1. 약속 일주일 전에 제이크의 부모에게 페일린 부모평가척도(Palin PRS)를 온라인으로 작성하게 하였다.

2. 페일린 부모평가척도(Palin PRS)

	아동에게 미치는 영향	말더듬 정도와 부모에게 미치는 영향	지식과 자신감
어머니	낮음	낮음	높음

3. 지난 회기 이후 한 주간 무엇이 잘되었는지 물으니, 제이크의 어머니는 제이크의 진전된 모습을 보고 기뻤다고 하였다. 어머니는 제이크가 치료 시간에 자신의 말에 대해 배우는 것을 좋아하였다고 한다. 그것이 어떤 변화를 만들었는지에 질문하니, 어머니는 제이크가 좀 더 자신감이 생기고 남들에게 편안하고 차분하게 보이는 것 같다고 말했다. 그리고 어머니는 최근 가족 모임에서도 다른 가족으로부터 제이크가 자신감이 더 붙고, 차분해졌다는 얘기를 들었다고 하였다. 제이크는 전반적으로 말더듬이 줄고, 말을 더듬더라도 지속시간이 짧아졌다고 한다. 어머니가 보기에 제이크는 막힘은 예전보다 덜 보이지만, 반복 유형의 빈도가 증가했다고 하였다.

0에서 10까지의 척도에서 10은 모든 희망사항이 이루어진 상태를 의미하는데, 제이크의 어머니는 9점을 주었다. 무엇이 점수를 높게 만들었는지 질문하자, 어머니는 제이크와 자신이 이제는 말더듬에 대해 더 편안하게 생각하게 되었고, 자신감도 생겼기 때문이라고 대답하였다. 어머니는 제이크가 말더듬을 완전히 멈추게 될지는 잘 모르겠다고 하였다. 그렇지만 제이크가 잘해 나갈 것이란 믿음이 있으며 어머니 역시 아이를 어떻게 지원해야 할지 알게 되었고, 다 잘 될 거란 자신이 있다고 하였다. 어머니는 제이크가 버스 말하기의 도움을 많이 받았다고 하며, 제이크가 가끔 말하기 전에 생각할 시간을 갖고 천천히 말하는 것을 보게 된다고 하였다. 그리고 어머니가 치료에 참여할 수 있었던 것이 도움이 되었다고 하였다. 가족들도 감정에 대한 이해가 더 깊어졌고, 아이는 전반적으로 더 차분해졌다고 하였다. 어머니는 매일 아이에게 구체적인 칭찬을 하였고, 말에 집중하기보다 아이와 스페셜타임을 가지며 함께 놀았다고 하였다.

4. 제이크의 말더듬에 대한 재평가가 이루어졌다. 말더듬 음절 비율은 5%였고 약함 정도의 말더듬을 보였다. 말더듬은 주로 전체 낱말 반복과 부분 낱말 반복이었고, 가끔 연장과 막힘이 짧게 나타났다. 제이크 역시 10점 만점 중 9점을 주었고, 이에 대한 여러 가지 이유를 말했다. 우선, 자신이 말을 많이 더듬지 않았고, 말이 잘 나왔으며, 말을 천천히 하기 때문이라고 하였다. 그리고 제이크는 사람들이 자기의 말더듬을 알아채지 못하였고, 사람들이 알아차렸더라도, 상관없기 때문이라고 말했다. 제이크는 친구에게 자신이 치료실에 다닌다는 것을 말했고, 친구에게 '어떻게 말소리를 만드는가' 그림을 보여 주었다고 하였다.

유아용 의사소통태도검사(KiddyCAT; Vanryckeghem & Brutten, 2007)를 다시 실시하였고, 제이크는 2점을 받았다. 말을 더듬는 아동과 말을 더듬지 않는 아동의 평균점수와 비교하였을 때, 제이크의 말에 대한 태도는 이제 긍정적으로 나타났고, 말을 더듬지 않는 아동의 평균점수와 비슷했다.

5. 임상적 결정: 가족은 스페셜타임을 유지하며 가족 전략을 연습하였고, 다음 3개월 동안 과제 일지를 언어재활사에게 정기적으로 보내기로 하였다. 그리고 다음 방문 약속을 잡았다.

사례 연구: 제이크(만 6세)

12개월 재검토

1. 약속 일주일 전에 제이크의 부모에게 페일린 부모평가척도(Palin PRS)를 온라인으로 작성하게 하였다.
2. 페일린 부모평가척도(Palin PRS)

	아동에게 미치는 영향	말더듬 정도와 부모에게 미치는 영향	지식과 자신감
어머니	낮음	낮음	높음

3. 지난 회기 이후 무엇이 잘되었는지 물으니, 제이크의 어머니는 제이크의 지속적인 진전에 기쁘다고 하였다. 어머니는 구조화된 활동과 덜 구조화된 활동을 하며 버스 말하기를 계속 연습해 왔다고 하였고, 제이크도 좋아하였다고 하였다. 어머니는 등교 시간이나 식사 시간에 버스 말하기 시간을 가졌다고 하였다. 제이크는 이제 이 시간 동안만큼은 천천히 말하고 쉼을 두며 생각하고 말하는 것을 더 쉽게 할 수 있게 되었다고 한다. 그리고 제이크가 종종 버스 말하기를 자발적으로 사용하였는데, 그걸 발견했을 때 아이를 칭찬했다고 하였다. 어머니가 느끼기에 제이크는 전략을 써서 말더듬을 통제할 수 있게 되면서, 자신감이 생긴 것 같다고 하였다. 어머니는 최근의 학교 모임에서 제이크의 선생님으로부터 제이크가 최근 자신감도 생기고 말더듬이 줄어들었다는 이야기를 들었다고 하였다. 어머니는 또 이제는 아이의 말더듬이 걱정이 아니라고 하였다. 제이크는 여전히 가끔씩 말을 더듬지만, 어머니는 더 이상 그것을 알아차리지 않게 되었고, 아이 역시 자신의 말더듬에 큰 반응을 보이지 않는다고 하였다. 어머니는 제이크의 감정을 읽어 말해 준 것이 도움이 되었다고 하였다. 제이크는 덜 감정적이 되었고, 아이가 좌절하거나 화가 났을 때에도 그것이 오래가지 않았다고 한다. 0에서 10까지의 척도에서, 제이크의 어머니는 9점을 주었다.

4. 제이크의 말더듬에 대한 재평가가 이루어졌다. 말더듬 음절 비율은 3.5%였고 약함 정도의 말더듬을 보였다. 말더듬은 전체 낱말 반복과 부분 낱말 반복을 주로 보였고, 가끔 연장이 짧게 나타났다. 막힘은 보이지 않았다. 제이크 역시 10점 만점 중 9점을 주었고, 이에 대한 여러 가지 이유를 말했다. 우선, 자신이 '하루에 한 번 정도' 말을 더듬고, 친구들과 이야기도 잘하고, 수업 시간에 손을 들고 대답도 하고, 카페에서 음식 주문하는 것을 꺼리지 않으며, 마트에서 점원에게 물건을 찾아달라는 부탁도 잘하기 때문이라고 하였다. 제이크는 버스 말하기를 연습하는 것을 좋아하였고, 천천히 말하는 것이 말더듬을 줄어들게 했다고 말했다. 이제 제이크는 자신의 말에 더 이상 도움이 필요 없다고 하였다.

유아용 의사소통태도검사(KiddyCAT; Vanryckeghem & Brutten, 2007)를 다시 실시하였고, 제이

크는 2점을 받았다. 말을 더듬는 아동과 말을 더듬지 않는 아동의 평균점수와 비교하였을 때, 제이크의 말에 대한 태도는 계속해서 긍정적으로 나타났고, 말을 더듬지 않는 아동의 평균점수와 비슷했다.

5. 임상적 결정: 제이크에 대한 치료를 종료하였고, 어머니에게는 앞으로 제이크의 말더듬과 관련해 걱정이 있으면 언제든지 언어재활사에게 연락을 하라고 하였다.

지속적인 모니터링

우리는 적어도 1년 동안 아이의 진전 상황을 계속 관찰한다. 일반적으로 3개월, 6개월, 그리고 1년째 되는 날에 재검토 약속을 잡는다. 우리는 부모에게 아이의 말하기에 걱정거리가 생기면 언제든지 연락하라고 독려한다.

치료 종료

12개월 추적 관찰에서 만약 부모들이 아이의 말하기에 대해 더 이상 걱정이 없다고 하면 우리는 일반적으로 아이의 치료 종료를 논의한다. 하지만 지난 수년 동안 우리는 유창성 문제가 완전히 해결된 것처럼 보였다가 여러 해가 지난 후 다시 상태가 나빠져 찾아오는 아이들을 보아 왔다. 따라서 우리는 부모에게 아이의 치료를 종료하더라도 미래의 어느 순간 아이의 유창성이 다시 걱정되기 시작한다면 언제든지 연락하라고 말한다. 이렇게 우리는 '열린 문' 정책을 유지하여 말더듬의 예측 불가능하고 재발하는 경향에 대비한다.

전문가의 조언

말더듬은 복잡한 문제이며, 어떤 말더듬 아동은 자폐스펙트럼장애, 언어장애, 다운증후군, 난독증과 같은 동반장애를 보이기도 한다. 또 다른 말더듬 아동은 불안장애 또는 선택적 함구증과 같이 심리적 요인과 관련된 문제가 있을 수도 있다. 또한 가족 간의 관계 문제나 주요한 건강 문제가 있을 수도 있다.

앞에서 제시된 바와 같이 추가적인 문제가 있거나 치료 진전이 보이지 않을 경우 우리는 언어재활사에게 관련 전문가의 조언을 들을 것을 권한다.

문제 해결하기

아이가 부모의 관심에 집착해서 치료 시간에 부모가 상호작용 영상을 보기 어렵게 만드는 경우

대부분의 경우 아이들은 자신이 노는 모습을 녹화한 영상을 보는 것을 즐거워하거나 부모와 시작한 놀이를 계속하고 싶어 한다. 만약 아이가 활동을 지루해하면 우리는 다른 놀이를 고르게 하는데 이때 아이 스스로 할 수 있는 놀이인지를 체크한다. 우리는 아이에게 10분 동안 우리끼리 이야기하게 해달라고 양해를 구하고, 보상으로 그 후 놀이 시간을 더 준다고 한다. 아이와 별 차트를 만들고 어른들이 이야기하는 동안 기다린 보상으로 별을 주는 것도 도움이 될 수 있다(자세한 내용은 제8장의 별 차트 만드는 법 참조).

부모가 선택한 목표와 언어재활사가 정한 목표가 서로 다른 경우

부모-아동 상호작용의 최초 분석에서 우리는 아이의 의사소통 능력과 유창성을 증진시키기 위하여 필요한 상호작용 전략은 무엇이며, 부모가 언제 이를 사용해야 하고, 앞으로 더 발전될 수 있는 전략은 무엇인지 밝혀낸다. 따라서 치료를 시작할 때 이미 우리는 아이에게 도움이 될 만한 여러 가지의 상호작용 방식을 염두에 두고 있는 상태이다. 하지만 우리는 부모에게도 자신의 목표를 정하게 만드는데 가끔은 우리와 전혀 다른 목표에 집중하는 경우가 있다. 임상 경험에 따르면 이는 전혀 문제가 되지 않는다. 상호작용의 방식은 서로 매우 밀접하게 연결되어 있어서 한 가지 측면을 바꾸면 다른 많은 측면에도 '영향을 미치는' 효과를 볼 수 있기 때문이다. 예를 들어, 만약 부모가 좀 더 느긋해지고 일단 아이에게 맡겨 보겠다고 결정하면, 결과적으로 아이에게 말할 시간을 더 주게 되고, 부모는 더 많은 서술하기를 사용하며 아이의 수준에 맞는 언어를 구사하게 되는 경우가 종종 있다. 우리는 또한 부모들의 표현 방식이 우리와 다를 수 있다는 것을 알게 되었다. 예를 들어, 이샨의 아버지는 이샨에게 쉼이 필요하고 생각할 시간이 더 필요하다는 것을 '머릿속으로 소화할' 시간이 필요하다고 표현했다.

부모 중 한 사람은 목표를 달성하여 새로운 목표를 시작하는 반면 다른 한 부모는 아직 첫 번째 목표에 머물러 있는 경우

부모가 똑같은 치료 속도를 보이지 않을 수도 있다. 한쪽 부모가 같은 목표를 6주 동안 지속하는 경우도 있었다. 그리고 종종 부모가 서로 다른 전략을 목표로 삼는 경우도 보았다. 이렇듯 치료는 개인별로 맞추어 진행된다. 우리는 유연하고 유머 있게 두 부모 사이에 경쟁심이 발생하는 것을 방지하면서, 부모에게 현재의 목표가 완전히 정착되고 난 후에 다음 목표로 넘어가야 도움이 된다는 것을 숙지시킨다.

부모가 아이와의 놀이에 익숙하지 않을 경우

우리는 여러 가지 문화적 또는 사회적 이유로 아이와 놀아 본 경험이 거의 없는 부모들과도 일한 적이 있다. 하지만 이것이 아이가 노는 법을 모른다는 것을 의미하지는 않는다. 아이에게서 힌트를 얻기만 하면 된다는 점을 부모들이 이해하는 것만으로도 도움이 될 수 있다. 어떤 부모는 기회가 될 때마다 아이를 가르치려고 한다. 일반적으로 부모들은 비디오를 통해 아이와 노는 자신의 모습을 보면 놀이에 더 적극적으로 참여하게 된다. 많은 놀이 활동이 실생활을 흉내 내게 되는데, 소꿉놀이, 병원놀이, 자동차 놀이 등이 그 예이다. 상상의 놀이에 익숙하지 않은 부모들은 이러한 장난감을 갖고 하는 놀이를 더 쉽게 받아들일 것이다.

비디오카메라가 없는 경우

비디오카메라는 언어재활사가 평가를 하고 다양한 장애를 관리하는 데 꼭 필요한 도구다. 부모-아동 상호작용 치료는 다양한 말·언어 문제를 다루는 임상 현장에서 광범위하게 사용되고 있다. 우리 자신이 실제 치료하는 모습을 비디오로 녹화하는 것 또한 스스로를 점검하고 임상 감독을 받을 때 매우 유용하다. 비디오도 임상 자료이기 때문에, 영상 기록의 보안 역시 중요하다. 만약 언어재활사에게 비디오가 없다면 우리는 구입할 것을 권한다. 시중에는 저렴하고 품질 좋은 카메라도 많다. 아니면 현재 담당하고 있는 가정에 치료 시 사용할 수 있는 카메라가 있을 수도 있다. 이러한 경우, 가족이 그 비디오를 소유한 것이므로 영상 기록을 안전하게 보관하는 책임은 가족에게 있다.

치료에 한쪽 부모만 참여하는 경우

만약 양쪽 부모를 위한 치료 시간이 준비되었는데 한쪽 부모만 약속에 나타난다면, 우선 다른 부모가 오지 않은 이유를 알아내는 것이 중요하다. 만약 그 부모가 자신의 참여가 필수적이라는 확신이 없었기 때문이라면 우리는 양쪽 부모 모두 참여했을 때의 장점에 대해 이야기해 볼 수 있다. 우리는 치료 과정에 대해 의구심을 가진 부모는 실제로 참여하는 부모 측이 아니라는 사실에 유의해야 한다. 그렇지 않으면 참여하는 부모를 곤란하게 만들 수 있다. 우리는 참석한 부모만을 대상으로 회기를 진행할 것인지 아니면 다시 약속을 잡을 것인지 결정해야 한다. 우리는 앞으로 만약 한 사람이 오지 못하게 되면 두 사람 모두가 참여할 수 있는 약속을 새로 잡을 수 있도록 미리 전화로 알려 달라고 부탁한다. 필요한 경우 우리는 다른 한쪽 부모에게 전화를 걸어 치료 과정에서 자신의 역할에 대한 의구심에 대해 논의해 볼 수 있다.

부모가 영상 속 자신의 모습에 대한 질문에 스스로 답하지 못하고 언어재활사가 대신 말해 주기를 바라는 경우

우리는 가끔 비디오 시청 후 질문에 대답하기 어려워하는 부모를 만나게 된다. 임상 경험에 따르면 이것은 부모의 통찰력이나 아이에 대한 이해 수준과 상관이 없다. 오히려 우리가 특정한 대답을 바라고 있다고 생각해서 '잘못된' 대답을 할까 봐 걱정하고 있기 때문일 가능성이 높다. 부모들은 가끔 '전문가'가 자신에게 말해 주기를 원한다. 이번 장의 앞부분에서 말했듯이 우리는 이러한 정보를 부모로부터 끌어내는 것이 우리가 그냥 말해 주는 것보다 더욱 효과적이라는 것을 알게 되었다. 하지만 부모가 이러한 과정을 어려워하거나 스트레스로 받아들이면 우리는 특정한 비디오 장면을 보여 주고 힌트를 주기도 하고, 필요한 경우 부모에게 직접적으로 정보를 제공할 수도 있다.

부모가 두 번째 목표를 시작하면서 첫 번째 목표를 신경 쓰지 않는 경우

습관을 바꾸는 것은 어려운 일이다. 두 가지를 동시에 변화시키는 것은 너무 힘든 일일 수 있는데, 특히 첫 번째 변화가 확실히 안정화되지 않은 경우 그렇다. 우리는 부모에게 두 번째 목표를 소개하기 전에, 첫 번째 목표를 자신의 상호작용 방식 안에 완전히 정착시켰는지 세심하게 살펴보아야 한다.

아이와 함께 있는 상황에서 부모가 자녀에 관한 언급을 불편해하는 경우

부모는 아이가 보는 앞에서 자녀에 대해 이야기하는 것을 거북해할 수도 있다. 특히, 아이가 귀 기울여 듣고 있거나 아이의 이해 수준이 높은 경우 더욱 그러하다. 우리는 가족들이 아이와 말더듬에 관해 공개적으로 이야기하도록 권장한다. 하지만 만약 다른 민감한 주제에 대한 이야기라면 우리는 아이가 없는 자리에서 이야기할 수 있도록 약속을 따로 잡을 수 있다.

스페셜타임과 관련된 문제

한 부모가 약속한 횟수의 스페셜타임을 해내지 못할 경우

5분짜리 과제를 받으면, 대부분의 사람들은 쉽게 할 수 있을 거라고 생각한다. 하지만 아무리 좋은 의도라도 바쁜 생활과 예기치 않은 사건들로 인해 과제를 못하게 될 수 있다. 우리는 "스페셜타임을 하는 데 방해가 될 만한 것은 무엇입니까?"라는 질문을 통해 부모에게 도움을 준다. 이러한 질문은 어떤 일이 일어나고 있는지에 대한 우리의 관심을 보여 주며, 부모와 함께 잠재적인 해결책을 찾아갈 수 있다. 부모가 목표로 하는 스페셜타임의 횟수를 줄여야 할 경우도 있다. 예를 들어, 처음에 다섯 번을 계획했다면 세 번으로 줄이는 것이 현실적일 수 있다. 어떤 부모에게는 한 주 동안 스페셜타임을 실행할 수 있는 날을 정해 시간표를 짜는 것이 도움이 되겠다.

만약 한 부모가 최소 횟수인 세 번도 해내지 못했다면 우리는 두 번째 주에 그 어떤 상호작용 목표도 포함시키지 않고 치료를 진행하도록 한다. 만약 부모 중 한 명은 스페셜타임의 목표 횟수를 달성하고 다른 한 명은 그렇지 못했다면, 우리는 두 사람 모두의 과제를 재조정한다. 중요한 것은 치료를 진행시키기 전에 부모가 스페셜타임을 안정적으로 정착시키는 것이 필수라는 점이다.

어떤 경우, 특히 다른 스트레스 요인이 있을 경우 부모가 페일린 부모-아동 상호작용 치료(Palin PCI)를 시작하기 어려운 경우도 있을 수 있다. 어떤 경우에는 부모가 좀 더 집중할 수 있을 때까지 치료를 미루는 것이 더 나을 수도 있다.

스페셜타임이 5분 이상 지속되는 경우

5분을 정확히 지키는 게 어려울 수도 있다. 특히, 활동이 마무리되지 않은 경우는 더욱 그러하다. 우리는 부모에게 5분보다 더 걸리는 이유가 무엇이라고 생각하는지 묻고 활동이 너무 복잡하지 않아야 한다고 말해 준다.

어떤 경우에는 타이머를 사용하여 활동을 중단한 후 일단 과제 기록지를 작성하고 다시 활동으로 돌아가는 방법을 제안할 수도 있다.

어떤 부모에게는 스페셜타임의 시간을 제한하는 것이 아이에게 지켜야 할 선(boundaries)을 가르치는 중요한 단계가 되기도 한다.

아이가 스페셜타임을 하기 싫어할 경우

드문 일이지만, 만약 아이가 스페셜타임을 하고 싶어 하지 않는다고 부모가 알려 온다면 누가 활동을 선택하는지 그리고 언제 어떤 방식으로 아이를 놀이로 이끄는지 확인해 볼 필요가 있다. 아이가 특별히 좋아하는 일을 하고 있을 때, 예를 들어 좋아하는 텔레비전 프로그램을 보고 있을 때 부모가 스페셜타임을 하자고 제안하였을 수도 있다. 우리는 가끔 아이에게 부모가 과제를 할 수 있도록 협력하기로 한 약속을 상기시키기도 한다.

부모가 아이의 유창성에 관해 기록한 경우

우리는 부모에게 아이가 말하는 방법에 신경 쓰지 말고, 즐거운 시간을 가지면서 아이가 하는 말의 내용에 귀 기울기 위해 스페셜타임을 활용할 것을 상기시킨다.

부모가 다른 일을 하면서 동시에 스페셜타임을 진행하는 경우

생활이 바쁘다 보면 부모가 스페셜타임과 목욕, 과제, 여행 등과 같은 다른 활동을 결합시키는 경우가 있다. 이러한 경우 우리는 부모와 함께 이것이 이상적이지 않은 이유를 탐구해 본다. 예를 들어, 아이가 부모로부터 완전한 관심을 받기 힘들어진다. 다른 사람들의 방해를 받을 수 있다. 또는 아이가 초점의 중심이 되지 못할 수도 있다.

형제자매가 스페셜타임을 방해하는 경우

부모로부터 형제자매가 스페셜타임을 방해한다는 이야기를 들을 수 있다. 우리는 부모와 함께 이를 방지할 수 있는 방법을 모색하면서, 그 형제자매와도 스페셜타임을 하는지 체크한다. 우리는 아이들과 교대로 스페셜타임을 하는 것을 제안하고 누가 먼저 스페셜타임을 할 것인지 결정하게 한다. 우리는 스페셜타임을 하는 장소를 바꿀 경우 다른 형제자매의 방해가 줄어드는지 알아보아야 한다. 형제자매가 잠을 자거나 다른 일에 몰두하고 있을 때 스페셜타임을 하는 것이 도움이 되기도 한다.

상호작용 목표에 대한 이유

제1장에서도 논의하였지만, 지금까지의 연구 결과는 부모의 상호작용 방식과 아이의 말더듬 간의 관계에 대한 유의미한 증거가 많지 않거나 일관적이지 않다고 보고한다(Nippold & Rudzinski, 1995; Nippold, 2018; Bernstein Ratner, 2004; Sawyer et al., 2017). 그 이유에 대해서 여러 가지 설명을 할 수 있다. 예를 들어, 말더듬은 원래 다양한 이유로 발생할 수 있고(heterogeneous nature of stuttering), 아이들은 제각각 다른 반응을 보일 수 있기 때문에 부모의 상호작용 방식이 자녀의 말더듬에 어떠한 영향을 미치는지 종단적으로 연구할 필요가 있다.

페일린 부모-아동 상호작용 치료를 하면서 부모들에게 자녀가 유창성과 의사소통에 자신감을 갖도록 하려면 어떻게 해야 하는지 생각해 보게 한다. 우리의 경험에 따르면, 대부분의 부모는 아이가 무슨 말을 할지 충분히 생각할 시간을 주고 천천히 말하는 것이 아이의 유창성과 자신감에 도움이 된다고 대답한다. 그리고 아이를 도와주기 위해서는 아이의 말을 경청하고, 아이에게 대답할 충분한 시간을 주어 원하는 말을 할 수 있도록 하며, 외부의 방해 없이 자신의 생각을 표현할 수 있게 해야 한다고 대답한다. 그리고 부모는 비디오에서 아이의 의사소통과 유창성을 위해 자신들이 이미 하고 있는 행동들이 무엇인지 발견한다. 우리는 부모에게 스스로 한 행동이 아이에게 도움이 되었다는 사실을 상기시켜 주면서 부모의 관찰을 도와준다. 예를 들어, "좀 전에 아이가 말하고 싶어 하는 것에 대해 생각할 시간을 가져야 한다고 말씀하셨지요. 아이에게 충분한 시간을 주기 위해 비디오에서 어머니가 하신 행동이 무엇인가요?" 또는 "아이가 자신감을 갖는 것이 도움이 될 것이라고 말씀하셨지요. 비디오에서 어머니가 아이의 자신감을 높이기 위해서 어떤 행동을 하셨나요?"와 같이 질문할 수 있다. 부모가 도움이 되는 전략의 실례들을 발견하게 되면, 우리는 그 특정 전략이 어떻게 아이에게 도움이 되는지 생각해 보게 한다. 언어재활사는 다양한 상호작용 전략이 아이의 유창성과 의사소통에 도움이 되는 이유와 원리에 대해 알고 있어야 할 것이다.

다음에 나열하는 내용은 치료 중 부모가 찾아낸 다양한 상호작용 목표들이며, 개별 치료 프로그램에서 목표로 다루어질 가능성이 아주 높다. 여기에는 말더듬에 미치는 영향에 대해 연구되어 온 상호작용 목표도 있지만, 임상적 경험에 의해 정해진 목표도 포함되어 있다.

각 목표의 목적은 아이에게 말하고 싶은 것을 계획하고 실행할 수 있는 충분한 시간을 주고 자신의 능력만큼 기능을 다하도록 도와주는 데 있다.

아이의 놀이 주도 따르기

이 목표는 부모가 사용할 수 있는 핵심 상호작용 중의 하나이다. '아이의 놀이 주도 따르기'는 다양한 상호작용 목표를 포함하는 표현이다.

부모가 해야 할 일은
* 부모가 먼저 장난감을 가지고 나서면서 놀이를 시작하기보다, 아이가 하는 것을 관찰하기
* 아이에게 질문이나 지시를 하는 대신, 아이가 관심을 보이거나 집중하고 있는 것에 대해 서술하기로 반응하기
* 아이가 선택한 활동에 참여하고 아이가 하는 대로 따라 하기

❖아이가 스스로 문제를 풀 수 있도록 기회 주기

놀이하는 동안 부모가 아이의 주도를 따를 때, 아이는 놀이와 대화의 속도 및 언어 내용을 조절할 수 있게 되고, 많은 도움이 되는 전략들이 자연스럽게 따라오게 된다. 아이의 초점에 부모가 함께 하게 될 때, 부모가 하던 대로 하기보다는 부모의 눈맞춤이나 자세와 같은 비구어 행동들도 변하게 된다.

이 목표에 대한 도움말

우리는 부모가 놀이에서 아이가 주도하는 대로 따르면 놀이의 흐름이 부모의 수준보다는 아이의 수준에 맞게 자연스럽게 진행되기 쉽다는 것을 알게 되었다. 따라서 아이는 자신이 하고 싶은 말을 계획하고 시작하기 위한 시간을 좀 더 가질 수 있게 된다. 이것은 또한 아이가 상상력과 창의력을 발휘하여 여러 가지 놀이 시나리오를 발전시키고 스스로 문제를 해결할 수 있는 기회를 주어 아이의 자존감을 높여 준다. 부모가 아이로 하여금 놀이를 주도하도록 할 때, 부모는 아이와 공동 주목하기를 할 수 있고, 아이가 말하고 행동하는 것에 대해 더 자주 반응하게 된다. 부모의 이러한 행동은 어린 아동의 언어 발달, 특히 어휘 발달을 촉진하는 것으로 알려졌다(Girolametto & Weitzman, 2006; Tamis-LeMonda, Kuchirko, & Song, 2014). 아이의 주도를 따르는 행동이 아이의 말더듬에 미치는 영향에 대한 최근의 연구는 없지만, 안드로니코와 블레이크(Andronico & Blake, 1971)는 부모가 비지시적인 놀이 진행에 대한 훈련을 받으면 아이의 말더듬이 줄어드는 것을 발견했다.

아이가 말을 시작하고, 반응하고, 마무리할 시간을 주기

비디오에서 종종 부모는 아이가 말을 시작하고, 반응하고 마무리할 수 있는 시간을 주는 데 초점을 맞춘다. 부모에게 아이가 충분한 시간을 갖도록 하기 위해 부모가 한 행동이 무엇인지 물어보면, 부모의 대답은 다음과 같을 수 있다.

❖침묵을 허용하고, 침묵을 깨기 위해 질문하거나 의견을 말하거나 지시하려고 하지 않는다.
❖말하기 전과 말하는 중간에 좀 더 길게 쉼을 둔다.

❖ 아이의 말을 경청하고 아이가 할 말을 끝냈는지 확인한 후 부모가 다시 말을 시작하며, 아이의 말을 방해하거나 아이를 위해 말을 대신 끝내주지 않는다.

이 목표에 대한 도움말

❖ 말을 시작하는 시간

말을 더듬는 아이들의 경우 하고 싶은 말을 계획하고 조직하는 데 더 많은 시간이 걸리기 때문에, 놀이를 하는 동안 아이에게 말을 시작할 시간을 주는 것은 아이의 의사소통과 유창성에 도움이 될 수 있다.

❖ 말에 반응하는 시간

길고 복잡한 반응이 요구될 때, 아이에게 충분한 시간을 주는 것이 도움이 된다. 뉴만과 스밋(Newman & Smit, 1989)은 어른이 아이에게 반응하기 전에 더 길게 쉼을 가지면 아이도 반응하는 시간을 길게 가진다는 것을 발견하였다. 그리고 제브로우스키, 와이즈, 사브코울 그리고 해머(Zebrowski, Weiss, Savelkoul, & Hammer, 1996)에 의하면 어머니가 아이와 대화 시 말속도를 줄이거나 아이에게 대답하기 전에 충분히 기다리는 것을 훈련했을 때, 아이의 유창성이 향상되는 것이 어머니의 느린 말속도 때문인지 증가된 반응 시간 때문인지 분명하지 않다고 하였다.

❖ 말을 마무리하는 시간

우리는 말을 더듬는 아동의 부모가 말을 더듬지 않는 아동의 부모보다 아이의 말을 방해하는 경향이 더 크지 않다는 것을 안다(Kelly, 1994; Meyers & Freeman, 1985a; Ryan, 2000). 연구에 따르면 말더듬은 부모의 상호작용 방식, 특히 끼어들기 행동에 영향을 준다. 말을 더듬는 아이의 어머니와 말을 더듬지 않는 아이의 어머니 모두 아이가 유창하게 말할 때보다 덜 유창할 때 끼어드는 경향이 있다고 한다(Meyers & Freeman, 1985a). 또한 어떤 연구는 말을 더듬는 아동과 말을 더듬지 않는 아동 모두 말을 방해받거나 다른 사람의 말을 방해할 때 더 더듬게 된다고 하였지만(Livingston, Flower, Hodor, & Ryan, 2000; Meyers & Freeman, 1985b), 켈리와 컨투어(Kelly & Conture, 1992)는 어머니들이 아이의 말에 끼어들지도 않을뿐더러, 어머니들이 아이의 말에 끼어들 때도 아이가 말을 더 많이 더듬지 않는 것을 발견하였다. 그러나 켈리와 컨투어(Kelly & Conture, 1992)는 어머니의 '중첩 발화 시간'(Simultalk; 즉, 어머니와 아이가 동시에 말하는 시간의 길이)이 아이의 말더듬 정도와 관련이 있다고 보고하였다. 말을 심하게 더듬는 아이들은 어머니 발화와 중첩되는 시간이 더 길었다. 따라서 저자들은 아이가 말을 더듬을 때 어머니들은, 아이를 도와주기 위해 아이의 말을 대신 끝내 주느라 아이의 말에 끼어드는 것 같다고 해석하였다. 메이어와 프리만(Meyers & Freeman, 1985b) 역시 아이가 말을 더듬을 때 어머니들이 아이의 말에 끼어드는 것을 발견하였다.

최근의 연구인 스베코울, 제브로우스키, 펠드스타인 그리고 콜 하딩(Savelkoul, Zebrowski, Feldstein, & Cole-Harding, 2007)은 '협응된 대인관계 시간(Coordinated Interpersonal Timing)'(Welkowitz, Cariffe, & Feldstein, 1976) 측정 방식을 사용하여 자기 차례에서 부모와 아이의 발화 시간, 쉼과 방해하기의 길이, 그리고 동시 발화(중첩 발화) 횟수 및 차례 변경 시 반응 시간의 길이가 서로 어떤 영향을 주고받는지 연구하였다. 저자들은 말을 더듬는 아동의 부모가 말을 더듬지 않는 아동의 부모보다 서로의 대화의 타이밍 관련 행동(conversational timing behaviors)—특히, 동시 대화(simultaneous speech)—에 대해 더 민감하다는 것을 알아냈다. 대체적으로 말을 더듬는 아동의 부모들이 아이의 말에 끼어들 때 아이도 똑같이 다음 차례에서 부모가 말을 할 때 끼어드는 경향이 있고, 또 반대로 아이가 부모의 말에 끼어들면, 다음에 부모 역시 아이의 말에 끼어드는 경향이 있다고 한다. 또한, 말을 더듬는 아동은 어머니보다 아버지의 끼어들기 행동에 더 쉽게 영향을 받는다고 한다. 저자들은 말을 더듬는 아동이 민감한 성격을 가지고 있다면 이러한 끼어들기와 관련된 행동을 더 자주 할 것이 예상되기 때문에 부모가 말속도를 줄이거나 반응 시간 조절하기에 중점을 둔 치료가 많은 도움이 될 수 있다.

몇몇의 연구는 아이의 말을 방해하지 않고, 말을 끝낼 수 있는 충분한 시간의 주면서 아이의 발화와 중첩되지 않도록 주의하는 부모에 대해 조사하였다(Newman & Smit, 1989; Winslow & Guitar, 1994; Zebrowski et al., 1996). 윈스로우와 기타(Winslow & Guitar, 1994)의 사례 연구에서, 5세 말을 더듬는 아동의 부모들은 7주간 식사 시간 동안 구조화된 대화 중 차례 지키기 일과를 실천하도록 교육받았다. 이 기간 동안 끼어들기를 자제시켰고, 적절한 교대로 말하기에 대해서는 칭찬을 했다. 교대로 말하기 규칙이 사용되는 동안 아이의 말더듬이 감소하는 것으로 밝혀졌다.

이러한 연구 결과를 종합해 볼 때, 부모가 아이에게 말을 시작하고 반응하고 끝낼 수 있는 충분한 시간을 주는 것이 어떤 아이들에겐 도움이 된다고 말할 수 있다.

부모의 말속도와 쉼 두기

많은 부모들이 자신의 아이가 느리게 말하면 말더듬이 줄어든다고 본능적으로 알고 있다. 그 결과 부모들은 자신의 말속도를 조절하거나 쉼 두기를 하면서 이것이 아이의 말속도와 말더듬에 어떤 영향을 미치는지 생각하기도 한다.

이 목표에 대한 도움말

지금까지 말을 더듬는 아동의 부모는 아이와 말을 할 때 천천히 말하라는 조언을 들어 왔다. 아이가 말을 더듬기 전(Kloth et al., 1998)과 말을 더듬기 시작한 이후에 부모의 말속도를 측정하였을 때, 말을 더듬는 아동의 부모가 말을 더듬지 않는 아동의 부모보다 말을 더 빨리 한다는 증거는 없다(Jones & Ryan, 2001; Kelly, 1994; Kelly & Conture, 1992; Ryan, 2000; Yaruss & Conture, 1995). 그러나 부모의 말속도가 아이의 말더듬에 반응하여 변할 수 있다는 연구 결과는 있다. 메이어와 프리마(Meyers & Freeman, 1985a)는 말을 더듬는 아동의 어머니와 유창한 아동의 어머니가 유창한 아동보다 말을 더듬는 아동에게 말할 때 더 빨리 말하는 것을 발견하였다. 연구자들은 아마도 부모가 말을 더듬는 아동과 말할 때 불편한 감정이 들어, 그 결과 말을 빨리 하게 되는 것이 아닌가 추측하였다.

연구에 따르면, 부모들은 자신의 말속도를 줄이는 것을 배울 수 있으며, 모두 그런 것은 아니지만 대부분의 말을 더듬는 아동은 부모가 더 천천히 이야기하면 유창해진다(Cardman & Ryan, 2007; Guitar & Marchinkoski, 2001; Stephenson-Opsal & Bernstein Ratner, 1988; Guitar et al., 1992; Sawyer et al., 2017; Zebrowski et al., 1996). 하지만 부모의 느린 말투가 어떻게 아이의 유창성을 도와주는지는 아직 불분명하다. 소이어와 동료(Sawyer et al., 2007)는 이 연구 중 어떠한 연구도 부모의 느린 말속도와 유창성의 직접적인 연관성을 보여 주지 않았다고 주장하였다. 따라서 어른의 상호작용 방식에 따라 아이의 말더듬이 어떻게 줄어드는지 원리를 이해할 수 있는 연구가 더 필요하다고 제안하였다. 부모가 천천히 말하는 모습을 보이면 결과적으로 아이도 천천히 대응하게 되는 것으로 추측할 수도 있을 것이다. 하지만 연구 결과는 일관적이지 않다(Bernstein Ratner, 1992; Guitar et al., 1992; Sawyer et al., 2017; Stephenson-Opsal & Bernstein Ratner, 1988; Zebrowski et al., 1996). 그러나 기타와 마르친코스키(Guitar & Marchinkoski, 2001),

그리고 카드만과 라이언(Cardman & Ryan, 2007)은 어떤 아이들은 어머니들이 말속도를 현저히 줄였을 때 어느 정도 자신의 말속도를 줄인다고 하였다. 번스타인 래트너(Bernstein Ratner, 1992)는 천천히 말하라는 요구를 받은 어머니들이 더 짧고 단순한 문장을 사용하고, 말을 주고받을 때 사이를 더 길게 둔다는 사실을 발견했다. 따라서 단순히 말을 천천히 해서가 아니라 부모의 이러한 상호작용의 특징이 유창성을 도와주는 것으로 보아야 할 것이다.

부모는 자신의 말속도 줄이기를 상호작용 목표로 선택하면서, 얼마나 느리게 말해야 하는지 알고 싶어 한다. 연구에 따르면, 부모는 자신의 속도를 자녀의 속도와 비교함으로써 자녀의 유창성을 지원할 수 있다고 한다. 켈리(Kelly, 1994)와 야루스와 컨투어(Yaruss & Conture, 1995)는 부모와 아이의 말속도 차이가 클수록 아이의 말더듬이 심해진다는 것을 발견하였다. 따라서 우리는 부모가 아이의 말속도와 비슷하거나 그보다 약간 더 느린 속도로 말하도록 장려한다. 우리는 부모들에게 말을 천천히 하되 가능한 자연스럽게 들리도록 하고, 적절한 억양을 사용해 로봇이 말하는 것처럼 '뚝뚝' 끊어지지 않도록 유의할 것을 부탁한다. 비디오 피드백을 이용하면 부모들이 자신의 마음에 드는 방식으로 천천히 말할 수 있도록 도움을 줄 수 있다. 그러나 어떤 부모들은 자신의 말속도를 줄이기 위해서 모든 단어를 천천히 말하기보다, 말하기 전이나 발화 간 쉼을 두는 방법을 선호한다.

눈맞춤

부모들은 아이의 눈맞춤 기능을 발달시키거나 부모가 아이의 말을 경청하고 있다는 것을 알게 하고 아이의 관심거리를 공유하고 싶을 때, '눈맞춤 횟수 늘리기'를 상호작용 목표로 선택할 수 있다. 우리의 경험상, 아이는 놀이를 하면서 계속해서 부모와 눈맞춤을 하지는 않지만 (놀이하고 있는 대상을 볼 때), 가끔 말하기를 시작할 때 눈맞춤을 한다. 이때 부모는 아이를 보면서 적절한 눈맞춤을 모델로 보여 주어야 한다. 부모는 놀이 중 장난감에 시선을 두면서 아이와 의미 있는 눈맞춤의 기회를 쉽게 놓치기도 한다. 아이와 같은 높이로 위치를 바꾸어 적당한 거리에서 얼굴을 맞댈 수 있는 자세를 취하면 눈맞춤에 도움이 된다.

이 목표에 대한 도움말

아이와 눈맞춤을 하는 것은 아이가 놀이와 말하기에 집중하도록 하고, 이것은 아이의 의사소통과 유창성에 도움이 될 수 있다. 부모가 아이와 눈맞춤을 하기 위해 하던 일을 멈출 때, 부모는 아이에게 부모가 적극적으로 아이의 말을 듣고 있고 아이가 행동하고 말하는 것에 온 관심을 기울이고 있다는 사실을 알려 줄 수 있다.

아이의 수준에 적절한 언어 사용하기

부모에게 단순한 언어를 사용하고 질문 횟수를 줄이도록 권장하는 치료 프로그램에 대해, 여러 연구자들은 걱정을 표현해 왔다. 이는 그러한 변화들이 잠재적으로 아이의 언어 발달에 부정적인 영향을 끼칠 수 있기 때문이다. 특히, 말·언어 발달 지체가 있는 말더듬 아동의 경우 더욱 그러하다(Bernstein Ratner, 2004; Bernstein Ratner & Guitar, 2006). 이러한 우려는 부모 언어 자극의 어떠한 측면이 자녀의 언어 발달에 결정적이고 유익한 도움이 되는지 알아보는 아동 언어 분야의 연구 결과에서 비롯되었다. 언어 자극의 양, 부모가 사용하는 어휘의 다양성, 질문의 횟수, 그리고 이야기하기와 설문하기와 같은 탈맥락화된 언어의 사용이 아이의 언어 발달에 긍정적인 영향을 미치는 것으로 나타났다(Hoff, 2006; Rowe, 2012 참고).

덧붙여서, 아버지가 아이와 이야기할 때 복잡한 언어를 사용하는 것이 아이의 언어 발달에 중요한 역할을 한다고 한다(Conti-Ramsden, Hutcheson, & Grove, 1995; Rowe, Coker, & Pan, 2004; Pancsofar & Vernon-Feagans, 2006; Tamis-LeMonda, Shannon, Cabrera, & Lamb, 2004). 부모-아동 상호작용 프로그램은 아이의 언어 발달을 지원하는 데 목표를 두기 때문에 부모에게 아이와 대화할 때 언어를 단순화하지 말라고 권장한다. 차라리 말을 더 많이 하고 풍부한 어휘를 사용하고 더 복잡한 언어 자극을 제공하라고 한다.

어떤 연구는 말더듬 치료가 아이들의 언어 발달에 미치는 영향에 대해 조사하였다. 밀라드와 동료들(Millard et al., 2009)은 페일린 부모-아동 상호작용 프로그램(Palin PCI)의 효과를 연구하던 중, 원래 중간 이상의 언어 능력을 갖고 있던 아이들이 시간이 지나면서 표현언어 점수가 상대적으로 낮아진다는 것을 발견하였다. 그러나 아이들의 수용언어 능력에는 변화가 없는 것으로 나타났으며, 이로써 아이들이 언어를 이해하는 능력은 시간이 지나면서 계속해서 발달하는 것으로 보아 부모의 언어 자극이 적절한 것으로 보인다고 하였다. 비슷한 연구로, 보넬리 등(Bonelli, Dixon, Bernstein Ratner, & Onslow, 2000)은 리드콤 프로그램(Lidcombe Program)을 조사하였는데, 치료 초기에는 매우 높은 표현언어 능력을 보인 아동들이 치료 후 또래 수준의 표현언어 능력을 보였고, 이후에도 그 수준에 머물렀다. 이에 대해 번스타인 래트너와 기타(Bernstein Ratner & Guitar, 2006)는 평균 이상에서 유창성 치료 후 평균 정도의 표현언어 능력을 보이는 것이 언어 능력의 소실을 의미한다기보다 아이들이 더 유창해지기 위해 사용하는 전략일 수 있고, 이것은 유창성-언어 간 거래(trade off)를 의미하는 것일 수 있다고 하였다(Anderson, Pellowski, & Conture, 2005). 다양한 치료 전략에 따라서 자발적으로 단순한 발화를 사용하거나 문장의 길이와 문법적 복잡성을 줄여 말하는 것은 아이들의 유창성 증진에 도움이 될 수 있다. 그럼에도 불구하고, 보넬리 등(Bonelli et al., 2000)의 결과는 리드콤 프로그램 이후 아동의 언어 발달을 조사한 최근의 연구에서 지지를 받지는 못하였다(Lattermann, Shenker, & Thordardottir, 2005; Imeson et al., 2018). 이 연구에서 참여한 아이들은 시간에 지나면서 말더듬이 현저히 줄어들었지만, 표현언어 발달에서 큰 변화가 없었다.

우리의 임상 경험상, 부모들은 본능적으로 자신의 언어 사용에 대해 인식하여 말하고, 아이의 언어 능력에 적절한 수준으로 말하는 경향이 있는 것으로 보인다. 마일즈와 버스타인 래트너(Miles & Bernstein Ratner, 2001)는 아이가 처음 말을 더듬을 때 부모가 아이에게 말하는 언어 자극이 아이들의 언어 발달수준과 비슷하다는 것을 발견하였다. 이는 말을 더듬는 아동의 부모가 자녀의 언어 발달을 잘 이해하고 있으며 아이의 언어 발달 측면에서 강점과 약점을 잘 파악하고 있음을 의미한다. 덧붙여서, 대부분의 연구에서는 말을 더듬는 아동의 부모와 말을 더듬지 않는 아동의 부모가 아이와 대화할 때 사용하는 언어가 복잡성 측면에서 다르지 않다는 것을 발견하였다(Kloth et al., 1995b; Yaruss & Conture, 1995; Miles & Bernstein Ratner, 2001; Ryan, 2000).

부모들은 종종 아이가 복잡한 것을 설명하려고 할 때 말을 더 더듬는 것 같다고 말한다. 따라서 아이에게 복잡한 문장으로 이야기하는 것이 아이의 유창성을 방해하지 않을까 걱정한다. 이러한 걱정은 아이들이 더 길고 복잡한 문장으로 말할 때 말을 더 더듬는 경향이 있다고 보고한 연구에 근거한 것일 수 있다(Bernstein Ratner & Sih, 1987; Weiss & Zebrowski, 1992; Yaruss, 1999). 또한 아이들이 자신의 언어 능력 내에서 말할 때, 더 유창해지기 쉽다는 연구 결과도 있다(Bernstein Ratner, 1997a; Zackheim &

Conture, 2003).

따라서 우리는 아이의 언어를 발달시킬 수 있는 언어 자극의 필요성과 복잡한 언어 자극을 소화할 수 있는 언어 능력에 대한 인식을 잘 조화시킬 필요가 있다. 상호작용 전략을 목표로 치료할 때, 개별화된 접근 방식을 취함으로써 우리는 아이의 필요성에 부합하는 목표를 추천을 할 수 있다. 우리는 아이의 말더듬에 긍정적이든 부정적이든 영향을 끼치는 요인을 이해하고, 부모의 상호작용 방식의 변화가 아이의 말더듬과 언어에 미치는 영향을 자세히 모니터할 필요가 있다. 그리고 아이의 반응에 따라 우리의 접근 방식을 조정해야 한다.

대화 중 질문보다 서술하기를 더 많이 사용하기

비디오 관찰에서 우리는 부모들이 자연스럽게 서술하기보다 질문하기를 더 자주 사용하는 것을 발견했다. 부모들은 종종 질문을 너무 많이 하는 것은 아닌지, 자신의 질문이 아이에게 스트레스를 주는 것은 아닌지 걱정한다. 질문이 전형적인 상호작용의 방식 중 하나이지만, 우리는 부모가 놀이시간에 질문보다 서술하기를 더 자주 사용하는 것이 어떤 아이들에게는 더 큰 도움이 될 수 있다는 것을 발견하였다. 서술하기는 아이가 원하면 대답할 수도 있지만, 아이에게 대답을 요구하지는 않는다. 만일 아이가 조용한 편이라면, 부모는 자연스럽게 아이에게 질문을 하게 된다. 하지만 서술하기 역시 질문하기만큼 대화를 이끌어 내는 데 효과적이다. 부모가 질문하는 것이 괜찮은지 우리에게 물어본다면, 우리는 서술하기와 질문하기의 차이점을 알도록 도와준다. "우리는 아이가 말하게 하기 위해 질문하기를 자주 사용합니다. 어머니의 말 중에 질문이 아닌 말을 하는 경우를 관찰하셨나요? 질문하기 대신 무엇을 하셨나요?"(우리는 필요하면 부모에게 녹화된 영상을 보여 준다.)

이 목표에 대한 도움말

아이들은 질문을 이해하고 또 질문을 할 수 있어야 한다. 부모의 질문은 아이의 표현 및 수용언어 능력과 관련이 있는데, 어떤 연구에서는 2세와 3세 아이들이 의문사 질문을 더 많이 듣게 될수록 질문을 더 잘 이해하고 표현할 수 있게 되며 더 다양한 어휘력을 갖게 된다고 한다(Leech, Salo, Rowe, & Cabrera, 2013; Valian & Casey, 2003). 따라서 우리는 부모가 질문하는 것을 막기보다 질문하기와 서술하기의 균형을 조화롭게 맞추는 것을 장려한다.

비록 아이들이 대답할 때보다 질문할 때 말을 더 많이 더듬는다는 연구가 있지만 (Weiss & Zebrowski, 1992; Wilkenfeld & Curlee, 1997; Bernstein Ratner, 2001), 아이들이 길고 복잡한 대답을 요구하는 질문에 답할 때 더 많이 더듬는다는 보고도 있다(Weiss & Zebrowski, 1992). 따라서 부모들은 여러 수준의 복잡성을 가진 질문이 있을 수 있고 각기 다른 수준의 복잡성을 가진 대답을 요구하는 질문이 있을 수 있다는 걸 이해하는 것이 도움이 된다. 질문하기는 단순한 단어 수준의 대답을 요구하는 질문에서부터 복잡한 정보를 요구하는 질문도 있을 수 있다.

❀ 예/아니요 질문
❀ 선택형 질문
❀ 무엇
❀ 어디
❀ 누가
❀ 언제
❀ 왜/어떻게
❀ 열린 질문(서술형 질문)(예 '~에 대해 말해 줄래?')

일반적으로, 한 낱말 대답이나 비구어 제스처(예 끄덕이기)로 대답이 가능한 예/아니요 질문보다 두 개 이상의 낱말로 된 대답을 요구하는 의문사 질문이나 열린 질문이 더 어렵다. 따라서 어떤 부모는 질문보다는 서술하기를 더 자주 사용하려고 하며, 너무 복잡한 내용이 되지 않도록 질문할 때 주의한다. 우리의 경험에 따르면, 스페셜타임을 하면서 질문하기와 서술하기의 균형을 맞추려고 노력한다면, 일상생활에서까지 아이에게 질문을 줄일 필요는 없다. 따라서 아이들은 부모의 질문에 의해서 제공되는 풍부한 언어 자극에 노출되게 된다.

제8장 어린 말더듬 아동을 위한 페일린 부모-아동 상호작용 치료

가족 전략

가족 전략	
이중언어 다루기	높은 기대수준
말더듬에 대해 이야기하기	훈육
자신감 기르기	반복적인 일상
교대로 말하기	생활의 속도
감정 다루기	기타 문제들
피곤함	

페일린 모델
페일린 PCI 치료

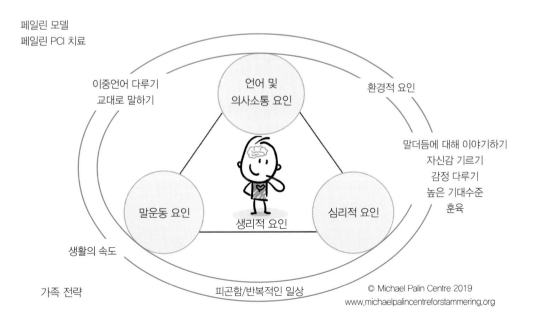

이중언어 다루기
교대로 말하기

언어 및 의사소통 요인

환경적 요인

말더듬에 대해 이야기하기
자신감 기르기
감정 다루기
높은 기대수준
훈육

말운동 요인

심리적 요인

생리적 요인

생활의 속도

가족 전략

피곤함/반복적인 일상

© Michael Palin Centre 2019
www.michaelpalincentreforstammering.org

평가를 통해 부모들은 자녀의 일상과 말더듬에 영향을 미치는 여러 가지 영역들에 대해 알게 된다. 이 중 대부분은 일상적인 양육 문제이며, 우리는 이것들을 말더듬의 발생 원인이라고 생각하지는 않는다. 하지만 이러한 영역에 대해 우려를 표명하는 부모들이 있다면 우리가 직접 도움을 제공하거나, 더 적절한 도움을 받을 수 있도록 지원하고자 한다. 언어재활사로서 부모의 양육 방식을 지적하는 것은 쉬운 일이 아니다. 따라서 이 장에서는 언어재활사들이 부모를 돕는 과정에서 지침이 될 만한 간단한 아이디어들을 소개하고자 한다. 이 방법으로 부모들은 자녀의 의사소통과 자신감을 지지하도록 조금씩 변화할 수 있을 것이다. 자녀 양육과 관련해서 우리가 절대적 권위자는 아니기에 이는 다른 전문가들의 몫으로 남겨두고자 한다.

이 장에서 우리는 말더듬 아동의 가족들과 함께 사용했던 기술과 접근법들을 설명하려 한다. 이 장에는 부모를 위한 상호작용 유인물이 포함되어 있는데, 우리는 해당 주제에 대해 논의하기 한 주 전에 부모에게 이 유인물을 주고 읽어 오게 한다. 이를 통해 부모는 가정에서의 문제들과 부모 자신이 자녀에게 미치고 있는 영향에 대해 생각해 볼 수 있다. 또한 부모들은 유인물을 통해 이미 알고 있는 내용을 상기해 볼 수 있을 뿐 아니라 도움이 될 만한 실용적인 아이디어들도 얻을 수 있다. 유인물에 적힌 내용은 부모가 동의하거나 동의하지 않을 수도 있는데, 그럼에도 이 유인물을 통해 부모는 해당 주제를 우리와 함께 생각해 보는 기회를 가질 수 있다. 어떤 부모들은 우리가 제안한 방법 중 몇 가지를 이미 시도해 보고 난 후 치료 회기에 오기도 한다.

전반적인 평가 후 우리는 가족 전략 중 어떤 것이 치료 프로그램에 포함되어야 하는지 결정하였고 각 전략은 요약지에 표시되어 있다.

* 필요한 경우 첫 번째 가족 전략은 '이중언어 다루기'이며, 첫 회기나 두 번째 회기에서 논의하게 된다. 우리는 이미 앞(제6장 참조)에서 이 내용을 이야기한 적이 있다.
* 만약 부모가 자녀의 말더듬에 대해 터놓고 말하기 어려워한다면 우리는 첫 회기에서 유인물, '말더듬에 대해 이야기하기'를 미리 주고 읽어 본 후 두 번째 회기에서 논의한다.
* '자신감 기르기'는 치료 프로그램 내에 필수적으로 포함되는 가족 전략으로서 우리는 일반적으로 세 번째 회기에서 해당 유인물을 부모에게 제공하고 네 번째 회기에서 논의한다.

❇ 이어서 우리는 상황에 따른 주제를 다룰 수 있는데 만약 주제가 여러 개라면 부모들에게 우선순위를 정하도록 요구할 수 있다. 새로운 전략과 관련해서 부모에게 과도한 부담을 주지 않는 것이 중요하다. 도움이 될 만한 가족 전략 중 일부는 유지 기간 이후 진행되는 치료에 포함될 수 있기 때문이다.

❇ 치료 회기가 진행되는 동안 아이들은 혼자 놀기도 하고, 언어재활사와의 대화에 귀를 기울이거나 대화에 낄 수 있다. 우리는 적절한 방법으로 그들을 참여시킬 수 있다.

> 가족 전략은 언어재활사로 하여금 부모가 자녀의 의사소통과 자신감을 지지하도록 조금씩 변화할 수 있게 돕는다.

때로는 치료가 진행되어 가는 동안이나 후반부에서 새로운 문제점이 나타나기도 한다. 예를 들어, 아이가 유치원이나 학교에 입학하거나 가족과 사별하게 되는 경우들이다. '그 밖의 문제들'에서는 우리가 때때로 직면했던 문제들을 다루고 있다.

언어재활사로서 우리는 언어재활사협회와 같은 전문기관의 지원과 감독을 받는 것이 중요한데, 특히 새로운 기술을 개발하고 있거나 민감한 문제를 다루고 있을 때는 더욱 그러하다. 이를 통해 우리의 전문성을 발전시킬 수 있을 뿐만 아니라 자신이 가지고 있는 전문성의 한계를 정확히 인식해 이후 필요한 조치에 대해 책임 있는 결정을 내릴 수 있게 된다.

이중언어 다루기

두 가지 이상의 언어가 사용되는 가정에서 자라는 많은 어린이 중 일부가 말을 더듬는다. 한 가지 이상의 언어를 배우는 것이 어떤 아이들에게는 과도한 부담으로 작용하여 말에 영향을 줄 수 있다. 우리는 부모가 이에 잘 대처할 수 있도록 도울 필요가 있다.

이중언어를 다루는 부모 지원하기

부모와 함께 자녀의 이중 또는 다중언어 사용에 대해 이야기하고, 다음과 같은 정보와 조언을 제공한다.

이중언어사용은 말더듬의 원인이 아니다

전반적인 평가 과정에서 어떤 부모들은 가족이 두 가지 이상의 언어를 사용하기 때문에 아이가 말을 더듬는 건 아닌지 하는 우려를 표시한다. 진단과 추천(formulation)(제6장 참조)에서 우리는 이중언어가 문제의 원인이라는 부모의 두려움을 완화시키기 위해 페일린 모델(Palin Model)을 사용한다.

치료 회기에서는 자녀가 처한 언어 환경 때문에 말을 더듬는 게 아니라는 사실을 부모에게 설득력 있게 전해 주기 위해 말더듬의 진행 과정과 관련된 다양한 요인들을 알려 줄 수 있다.

우리는 이중언어를 사용하는 아동들도 약 3세 즈음에 급격한 언어 발달을 이룬다는 사실을 부모들에게 알려 준다. 이러한 급격한 언어 발달과 함께 아동의 말더듬이 처음 나타날 수도 있다. 아동의 언어 능력이 조음 운동 능력을 앞질러 가고 있을 수 있기 때문이다.

언어 전환/언어 혼용을 해도 괜찮다

이중언어 사용자는 자주 두 가지 언어를 섞어 말하는데 이러한 언어 전환(code switching) 혹은 언어 혼용(language mixing)은 자연스러운 현상이다. 모국어이든 영어든 상관없이 사람들은 가장 먼저 떠오르는 단어를 사용하기 때문이다. 대신 이들은 한 언어를 말할 때 우세언어의 문법을 적용하느라 어순을 바꿀지도 모른다. 자녀가 두 가지 언어 모두를 좀 더 능숙하게 사용하게 되면 언어 전환은 없어지기 마련이다.

한때는 언어재활사가 부모에게 말을 더듬는 자녀에게 사용하는 언어의 수를 제한하거나 언어 전환을 피할 것을 권했지만, 이제는 불필요한 조언이 되었다. 이제는 부모에게 자신이 선호하는 언어로 자녀들에게 말을 건네라고 권하고 있다. 이것이 부모–자녀 간 소통의 질과 자연스러움을 보존하고, 자녀에게 풍성하고 온전한 언어 모델을 제시할 수 있는 방법이다.

♠ 이중언어사용은 말더듬의 원인이 아니다.

♠ 언어 전환(code switching)을 해도 괜찮다.

♠ 부모는 자신이 선호하는 언어로 말하는 것이 좋다.

사례 연구: 이샨(4세)
이중언어 다루기

1회기

우리는 페일린 모델에 근거한 진단과 추천을 다룬 6장에서 가정 내 구자라트어(인도 서부의 '구자라트'라는 주에서 사용되는 언어)와 영어의 혼용에 관해 이야기를 나눈 적이 있다. 이샨의 부모는 가족들의 이중언어(구자라트어와 영어) 사용이 이샨의 말더듬의 원인이 되지는 않는다는 사실에 안심하였다. 또한 이샨의 말더듬의 시작과 발달에 여러 가지 요인들이 영향을 미칠 수 있다는 것을 확인시켜 주었다. 이샨의 부모에게 선호하는 언어를 사용하며 최대한 자연스럽고 편안한 방법으로 이샨과 대화를 해야 한다는 것을 다시 한번 말해 주었다. 이샨의 어머니는 자신이 언어를 혼용하는 경향이 있다고 했으며, 한 언어에서 다른 언어로 전환하는 것이 문제가 되지 않는다는 것을 알고 걱정을 덜었다. 또한 스페셜타임과 치료 시간에도 어머니가 이샨에게 구자라트어로 말을 건네도 된다는 말에 안심하였다.

말더듬에 대한 열린 태도와 말더듬에 대해 이야기 나누기

부모의 반응

부모는 종종 자녀의 말더듬에 어떻게 반응해야 하는지 잘 모른다.
무슨 말이라도 해 줘야 할까? 아니면 아무 말도 하지 말아야 할까?

어떤 사람들에게는 말을 더듬는 아이의 말에 귀 기울이기란 쉽지 않은 일이다. 말더듬을 들을 때 사람들은 스트레스, 동정심, 걱정, 충격, 당혹감, 절망, 혼란스러움 등을 느낀다. 해당 어린이의 부모라면 이러한 감정들을 매우 강력하게 느낄 것이며 (Zebrowski & Schum, 1993; Plexico & Burrus, 2012), 부모 자신이 말을 더듬는다면 더욱 복잡한 감정에 사로잡히게 된다. 일반적으로 자녀가 처음에는 말더듬 없이 말을 하다가 서서히 또는 갑자기 말을 더듬기 시작하는 경우, 부모들은 이를 더욱 어렵게 받아들인다. 자녀가 말을 더듬는 것을 들을 때 부모가 겪는 생각과 감정은 주로 속상함이다. 당연히 부모는 자녀의 말더듬에 어떻게 반응해야 할지, 무슨 말을 해야 하는지 아니면 하지 않아야 하는지 잘 모를 수 있다. 자녀의 말더듬에 대한 부모의 예민함은 더듬는 말을 듣거나 반응할 때 부모의 행동 변화로 나타날 수 있다. 또한 이러한 예민함은 아이들이 알아챌 수 있어서 자기 말에 대한 아이의 감정적 반응을 증가시키기도 한다. 결국 도움이 되지 않는 상황을 초래할 수 있다.

침묵의 공모(불리한 일에 대해 침묵하자는 공모)

말더듬 치료 분야에서는 부모가 말을 더듬는 자녀에게 어떻게 반응해야 하는가에 대해 역사적으로 다양한 조언을 해 왔다. 존슨의 진단기인론(Johnson, 1942)과 같은 아주 초기 이론은 어린이가 말을 할 때 더듬거나 주저하는 것에 주목하는 것은 해롭다고 여겼다. 부모는 말더듬에 전혀 반응하지 말고, 자신의 걱정과 두려움을 드러내지 말아야 하며 마치 아무런 일이 없는 것처럼 듣고 반응하라는 조언을 받았다. 그러다 보니 자신이 말을 더듬는다는 사실을 정확히 인식하고 있는 어린이의 경우 이러한 반응을 의아하게 여기게 되고, 자신의 말더듬에 대해 얘기하는 것이 금기이며 말을 꺼내서는 안 되는 주제라고 생각할 수도 있다. 이것이 말을 더듬는 성인 중 많은 사람들이 이제 와서 자신의 말더듬에 대해 누구에게도 얘기해 본 적이 없다거나, 이를 감추기 위해 모든 노력을 기울였다고 말하는 이유일 수 있다.

> 자녀의 말더듬에 대해 아이와 터놓고 솔직하게 이야기하는 것은 중요하다.
> 우리는 침묵의 공모를 권장하고 싶지 않다(Gould & Sheehan, 1967).

인정해도 괜찮다

초기 말더듬에 대한 간접적 접근법이 이러한 '침묵의 공모'를 영구화시킨다는 오해가 있었던 적도 있다. 반면에 부모–아동 상호작용 치료에 관한 초기 출판물들은 말더듬에 대한 공개적인 인정과 토론을 지지하고 있었다. 1991년 보테릴(Botterill, Kelman, & Rustin) 등은 부모가 자녀와 함께 말더듬에 대해 터놓고 대화를 나누라고 조언하고 있다. 리드콤 프로그램(Onslow et al., 2003)과 같은 치료법도 자녀의 말더듬에 대해 열린 태도를 유지하며, 체계적인 피드백을 통해 자녀의 유창성을 개발할 것을 권하고 있다.

부모가 공개적으로 말더듬에 대해 말하도록 돕기

평가를 통해 가족이 자녀의 말더듬에 대해 과연 아이와 터놓고 말해야 할지 또는 어떻게 말해야 할지 잘 모른다는 것이 밝혀지면, 이 문제에 대한 논의는 치료 프로그램 초기부터 다루어져야 한다.

1. **유인물**: 첫 회기 마지막에 각 부모에게 '말더듬에 대해 이야기하기'(부록 19) 유인물을 나누어 준다. 집에서 읽고 질문에 답하고 제안들에 대해 생각해 본 후 다음 회기에 가져와 달라고 부탁한다.
2. **피드백**: 두 번째 회기에서 유인물에 대한 부모의 생각을 물어보고 작성한 내용을 함께 검토한다.
3. **논의**: 말더듬에 대해 아이와 터놓고 이야기하는 것이 왜 도움이 될까? 아이와 말더듬에 대해 솔직하게 이야기해야 하는 이유에 대해 부모와 얘기한다. 이때 다음과 같은 질문을 던질 수 있다.
   ❦ '자녀의 말더듬에 대해 자녀와 이야기하는 것이 왜 자녀에게 도움이 될까요?'
   ❦ '만약 자녀가 스스로 말하기가 힘들다는 사실을 알고 있는데도 아무도 그 어려움에 대해 언급한 적이 없다는 사실을 깨닫는다면 과연 어떤 생각을 하게 될까요?'

우리는 부모가 자녀의 말더듬을 알아차리고 수용해 준다면, 말더듬에 대한 대화의 가능성을 여는 것이며, 이를 받아들이거나 거부하는 것은 자녀의 선택이 될 수 있다고 조언한다. 이것은 특히 자신의 말더듬을 인식하고 있는 자녀에게 적절한 방법이다. 문제가 없는 척하는 대신 자신의 말더듬에 대해 이야기해도 괜찮다는 신호를 보내는 것이다. 유연하고 자연스러운 방식으로 문제를 인정하는 것은 자신의 말하기에서 벌어지고 있는 일에 대한 두려움을 덜어 줄 수 있으며, 이는 결과적으로 자녀의 말을 개선할 수도 있다. 말더듬을 인정하는 것은 또한 자녀와 부모 모두에게 둔감화 과정의 시작이 될 수 있다.

우리가 이 논의에 아이를 참여시켜 말더듬에 대해 대화를 나누는 것이 왜 도움이 될 수 있는지에 대한 의견을 물어볼 수도 있다.

4. 아이디어 나누기: 무슨 말을 할까?

> 자녀의 말더듬을 수용하라.
> "그건 말하기 힘들었겠다.", "어떤 말은 잘 안 나오기도 해. 괜찮아. 이야기 들어 줄게."

유인물에 부모는 자녀가 다른 문제(예 신발끈 묶기)로 어려움을 겪을 때 어떻게 자연스럽게 반응하는지를 기록한다. 이를 이용해 부모가 자녀와 말을 더듬는 것에 관해 대화할 수 있는 방법을 찾게 돕고, 가능한 반응 방식에 대해 아이디어를 나눈다.

❀ "그건 말하기 힘들었겠다, 그렇지?"

❀ "말이 좀 막혔네, 그렇지? 잘했어, 결국 말이 나왔어!"

❀ "어떤 말은 잘 안 나오기도 해. 괜찮아. 계속 들어 줄게."

❀ "그 말을 하기가 어려웠겠다. 어려운 단어도 잘 쓰네."

어떤 아이들의 경우 다음과 같이 부모가 좀 더 길게 설명해 줘도 좋다.

예

❀ "너 그거 알지? 아이들이 말을 배울 때는 종종 말을 시작하기가 힘들단다. 말이 막히기도 하고, 같은 말을 여러 번 반복해서 말하기도 하지. 그런데 이런 건 모두 말을 배우는 과정일 뿐이야. 그러니까 괜찮아. 나는 네가 말을 시작할 때까지 기다렸다가 네가 하는 얘기를 들을 거야. 그리고 나는 네가 말하는 것을 듣는 것을 정말 좋아한단다."

❀ "너의 머릿속은 생각들로 가득 차 있어서 어떨 땐 입이 그 생각들을 따라가지 못하

기도 하고 말이 그냥 막히기도 해. 이것을 말더듬이라고 한단다. 네가 말하는 데 아무리 오랜 시간이 걸리더라도 난 네가 하는 이야기를 듣고 싶어. 너의 멋진 생각들을 듣는 건 정말 즐거운 일이란다."

우리는 또한 부모에게 자녀와 이야기를 나눌 때 '말더듬'이라는 용어를 사용해도 된다고 말해 준다. 아이에게 '말더듬'이라는 용어를 사용하는 것이 오히려 아이가 말을 더 더듬게 한다는 오랜 믿음은 이제 더 이상 신빙성이 없다. 반대로 말더듬에 대해 공개적으로 말하고, '말더듬'이라는 용어 및 말더듬 자체에 대한 민감성을 감소시키는 것이 치료의 중요한 부분이다. 일부 부모들은 '말막힘'이나 '울퉁불퉁한 말'이라는 표현으로 이미 자녀의 말더듬을 부르고 있을지도 모른다. 우리는 이러한 표현의 사용을 권장하지 않는다. 오히려 특히 자녀가 커 갈수록 오히려 '말더듬'이라는 용어를 사용할 것을 권장한다.

부모에게 자녀와 어떤 표현을 사용하는 것이 편한지 물어보고 집에서 사용해 볼 수 있게 한다. 또한 말더듬에 대해 자녀와 터놓고 이야기하기를 장려하면서도 자녀가 말을 더듬을 때마다 모든 비유창성을 부모가 인정할 필요는 없다고 말한다. 종종 아이들이 자신의 말더듬에 대한 부모의 언급에 대해 반응하기도 하지만, 설령 자녀가 아무런 반응을 하지 않더라도 우리는 여전히 부모들에게 말더듬에 대해 아이와 이야기하라고 독려한다.

여기서 중요한 것은 부모가 말더듬에 대해 이야기하는 것을 도와주려면 우리 스스로 언어재활사로서 말더듬에 대해 이야기하고 '말더듬'이라는 용어의 사용을 편안하게 생각해야 한다는 것이다.

5. 논의: 부모가 어떻게 하면 누구나 말하는 것이 항상 쉬운 일만은 아니라는 것을 자녀가 이해하도록 도와줄 수 있을까?

우리는 부모에게 자녀의 말더듬을 인정하는 데서 그치지 않고 그들 자신도 말할 때 주저, 반복, 수정을 하는 경우가 있다는 사실을 깨닫고 자신의 말에 대해 이야기하도록 권한다.

❖ "너도 알지, 오늘 내가 말 엄청 더듬었잖아."

❖ "순간적으로 내 말이 꽉 막힌 것 같더라고."

❖ "그 말이 잘 안 나오더라, 그랬지?"

❖ "이 말은 정확히 발음할 수가 없네."

우리는 아이가 '모든 사람들이 때때로 말을 더듬는다'는 것보다는, 많은 사람들이 말을 할 때, 특히 서두르거나 무슨 말을 해야 하는지 확신이 없을 때, 말을 더듬는다는 것을 아이가 이해하기를 바란다.

아주 민감한 아이인 경우 모든 사람이 때때로 말할 때 주저한다는 것을 알게 되면 자신의 기준을 약간 낮출 수 있다. 이는 자녀의 자신감 회복에 도움이 될 뿐만 아니라, '정상적인' 유창성에 대한 부모들의 기대를 조정할 수 있게 해 준다. 부모로 하여금 자기 자신과 말을 더듬지 않는 다른 사람들의 유창성에 주목하도록 이끌어 주기 때문이다.

말더듬에 대해 조언하기

자녀에게 조언하는 것이 당연하다고 생각될 수 있겠지만, 주의를 기울여 말해야 한다.

부모들은 "천천히 말해", "멈추고 다시 말해 봐", "숨을 쉬어 봐" 등의 말로 충고하고 싶어 한다. 물론 이러한 말들이 어떤 어린이에게는 도움이 될 수도 있겠지만, 자녀에게 하는 충고의 양에 세심한 주의를 기울여야 한다. 이러한 조언들에 대해 충고를 듣는 자녀는 자신이 말을 잘못하고 있다는 뜻으로 받아들일 수 있기 때문이다. 그러다 보면 말을 더듬지 않기 위해 더욱 애를 쓰게 되어 결국 상황이 더 나빠질 수 있다.

만약 부모가 뭔가 조치를 취해야 한다고 느낀다면, 우리는 우선 자녀의 말하기에 대해 뭐라고 하기 전에 자신의 말하기를 돌아보라고 제안 한다. 말더듬의 초기 단계에서는 자녀에게 천천히 말하라고 요구하는 대신 부모 자신이 천천히 그리고 쉬어 주면서 말하는 모범을 보이는 게 더 도움이 될 수 있다. 이를 통해 아이는 천천히 말하고, 단어 간 적절한 쉼(pause)을 보일 수도 있다. 부모 자신이 그러한 충고를 따르는 것이 얼마나 어려운지 체험하는 것도 도움이 된다. 부모는 또한 자녀가 말을 더듬을 때 어떻게 반응하기를 원하는지 자녀에게 물어볼 수 있다.

말더듬에 대해 말할 때 부모가 사용하는 언어

> 자녀의 말더듬에 대해 이야기할 때 언어 사용에 주의하라.
> '좋거나 나쁜 것' 또는 '끔찍하거나 멋진 것'이라는 표현보다는 중립적인 언어를 사용하는 것이 좋다.

　자녀의 말더듬에 대해 이야기할 때 부모가 이를 '좋다' 또는 '나쁘다', 혹은 '끔찍하다' 또는 '대단하다'라는 식으로 말하는 것은 드문 일이 아니다. 우리의 목표는 모든 아이들이 말을 더듬는지 아닌지 여부에 상관없이 자신감 있게 효과적으로 의사소통을 할 수 있게 하는 것이기 때문에, 부모가 자녀의 말더듬을 언급할 때 그들의 용어 사용에 대해 조언을 해 줄 필요가 있다. 우리는 아동의 말더듬을 논의할 때 '좋은', '나쁜', '훌륭한' 또는 '끔찍한'과 같은 단어의 사용에 관련된 가치 판단과 그러한 용어로 언급되는 말을 듣는 아동에게 미칠 잠재적 영향에 대해 논의한다. 아이는 부모가 자신의 말더듬에 대해 이런 식으로 말하는 것을 들으면, 자신의 말에 대해 비슷한 가치 판단을 할 가능성이 크다. 이것은 스스로 높은 기대수준을 설정하는 경향이 있는 민감한 자녀에게 특히 중요한 문제가 된다. 우리의 목표는 아이가 말을 더듬거나 말거나 관계없이 의사소통자로서 긍정적인 자아상을 갖게 하는 것이다. 우리는 부모에게 보다 중립적인 언어를 사용하여 자녀의 말더듬을 설명할 수 있는 대안을 생각해 보도록 권장한다. 예를 들어, '아이가 이번 주엔 더 많이 혹은 더 적게 더듬었어.', '아이가 이번 주엔 더 쉽게 혹은 더 힘들게 말했어.'와 같이 말이다.

사례 연구: 이샨(만 4세)
말더듬에 대해 아이와 터놓고 대화하기

1회기

이샨의 부모에게 '말더듬에 대해 이야기하기'(부록 19) 유인물을 주었다. 집에서 읽어 보면서 질문에 답을 적어 보고 제안된 방법들에 대해 생각해 보도록 요청했다.

2회기

유인물에 대해 이야기를 나누었다. 부모는 아이가 말을 더듬을 때 조언을 하는 것이 실제로 도움이 되지 않는다는 것을 이미 알고 있었지만 어떻게 대처해야 할지 모른다고 하였다. 충고하기보다 말을 더듬는 것을 인정하고 나서 기분이 나아졌다고 했다. 아이가 단어를 말하면서 막혔을 때 부모는 이미 가끔 말더듬에 대해 언급하기 시작했고 아이가 이를 괜찮다고 여기는 것 같다고 말했다. 부모는 또한 아이와 말더듬에 대해 이야기할 때 사용하는 언어에 대해 이야기하는 것이 도움이 된다는 것을 알게 되었다. 이샨의 어머니는 아이의 말더듬을 언급할 때 '좋다'와 '나쁘다'를 사용하는 것을 알고 조금 죄책감을 느꼈다고 말했다. 우리는 대부분 이와 같은 방법으로 언급한다는 것을 말씀드리며 어머니를 안심시켰고, 보다 중립적인 언어를 사용하여 아이의 말더듬에 대해 이야기하는 방법들을 논의하였다.

4회기

이샨의 부모는 이제 아이의 말더듬을 인정하는 것이 더 자연스러우며, 말 막힘을 눈치 채고 종종 그것을 언급하는 것이 아이와 부모 모두에게 상당한 안도감으로 느껴진다고 했다. 또한 자신들의 말에서 주저, 반복 또는 수정을 알아차렸을 때 이에 대해 서로 이야기를 나눈다고 했다.

또한 부모는 아이의 말더듬에 대한 좀 더 열린 태도를 취하는 것과 이러한 접근법이 아이가 자신의 말더듬에 대해 괜찮다고 여기게 하는 것이 좋았으며, 아이가 말하기를 포기하지 않고 하고 싶은 말을 해내는 것이 큰 도움이 되었다고 말했다.

사례 연구: 제이크(만 6세)
말더듬에 대해 이야기하기

1회기

제이크의 어머니에게 '말더듬에 대해 이야기하기'(부록 19) 유인물을 주었다. 집에서 읽어 보면서 질문에 답을 적어 보고 제안된 방법들에 대해 생각해 보도록 요청했다.

2회기

유인물에 대해 이야기를 나누었다.

어머니는 제이크의 말더듬을 인정하고 그것에 대해 더 솔직하게 말할 수 있게 되어 기쁘다고 말했다. 그녀는 일주일 동안 상황을 살피며 한번 제이크의 말더듬에 대해 제이크와 이야기해 봤다고 했다. 어머니의 말더듬에 대한 언급에 아이가 부정적인 반응을 보이지 않았다는 사실에 기뻤으나 한편으로는 아이가 화를 낼 수도 있어서 너무 자주 그렇게 하고 싶지 않았다고 한다.

어머니는 아이의 말더듬에 대해 말할 때 사용하는 언어에 대한 글이 유용했지만 이미 알고 있는 내용이었다고 했으며, 자신은 아이의 말더듬을 언급할 때 사용하는 언어 선택에 신중했다고 말했다. 하지만 제이크의 할머니와 할아버지는 아마 말더듬을 '좋음'과 '나쁨'의 관점에서 말할 가능성이 높아, 이 유인물을 공유하면 좋을 것 같다고 하였다.

4회기

어머니는 아이들이 말하기를 배우는 것이 얼마나 어려운 일인지, 특히 말하기를 좋아하고 훌륭한 아이디어가 많은 제이크와 같은 아이인 경우 때로는 입이 뇌를 따라가지 못할 수도 있다고 제이크에게 말해 주었는데, 다행히 제이크가 이 설명을 꽤 좋아하는 것 같았다고 말했다. 또한 어머니는 항상 아이에게 말할 시간을 충분히 주고 아이의 말더듬을 받아들이는 태도를 갖고 있지만, 이러한 생각을 아이에게 알리는 것도 중요한 것 같다고 하였다. 그래서 아이에게 말 더듬어도 괜찮다고 말하든지, 아이의 말을 들을 시간이 많이 있다고 알려 주든지, 아이의 멋진 생각을 다 듣고 싶다고 알려 왔다고 하였다. 어머니는 제이크의 말더듬에 대해 아이와 이야기하였으며, 아이 역시 아무렇지 않게 받아들이는 것 같다고 했다.

이번 주에 제이크의 조부모님이 유인물을 읽었으며, 말더듬에 대해 말할 때 어떤 단어를 선택하느냐에 따라 손자에게 긍정적이거나 부정적인 영향을 미칠 수도 있다는 사실을 알게 되었다고 했다.

자신감 기르기

말더듬과 자신감

> 자녀의 자신감을 기르는 것은 이 치료 프로그램의 핵심이다.

말을 더듬는 어린이의 부모는 종종 자신의 자녀를 자신감이 많은 아이로 묘사한다. 하지만 말더듬이 계속될 경우 자신감을 잃어 가지 않을까 걱정하기도 한다. 또 어떤 부모는 자녀가 자신감이 없으며, 말더듬이 자녀의 자신감 형성에 미치게 될 영향에 대해 큰 걱정을 보고하기도 한다. 말을 유창하게 할 수 있다면 확실히 자신감이 생길 것이라고 말하는 부모들도 있다. 따라서 자신감 길러 주기는 우리 치료 프로그램의 핵심이기 때문에, 이 전략을 모든 가족에게 적용시킨다.

칭찬과 자신감

서술적 칭찬 vs 일반적 또는 평가적 칭찬

아이에게 '너는 훌륭해', '너는 정말 똑똑해', '너는 정말 영리해', '너무 예뻐'라고 말해 주고, '훌륭하다', '잘생겼다', '끝내준다'와 같은 일반적인 칭찬으로 아이의 자신감을 키우는 것이 자연스러워 보일 수 있지만, 이런 방식의 칭찬은 아이들에게 자신이 평가되거나 판단되고 있다고 느끼게 할 수 있으며, 스스로의 능력을 의심하기 시작할지도 모른다. 그러므로 우리는 아이의 자신감을 키우기보다는 우리 의도와는 반대의 결과를 초래할 수 있다. 따라서 부모가 자녀의 행동과 칭찬받을 만한 행동을 설명할 경우 평가적 칭찬보다는 다음의 예시와 같이 서술적 칭찬을 사용하는 것이 좋다. "형이 넘어져 다쳤다고 데리러 왔구나", "장난감을 모두 가져다가 상자에 정리했네"(Faber & Mazlish, 1980; Faber & King, 2017).

과정 칭찬하기 vs. 사람 칭찬하기

교육 분야에서 드웩의 연구(Dweck, 2006)는 아동의 학습을 지원하는 데 있어 칭찬의 역할을 강조했다. 그녀는 과정에 대한 칭찬과 사람에 대한 칭찬을 구별한다. 평가적 칭찬과 마찬가지로 사람에 대한 칭찬(예 "너 정말 똑똑하구나", "정말 예의가 바르구나")은 아이의 개인적 자질, 특성이나 능력에 초점을 맞추지만, 과정에 대한 칭찬은 아이가 과제를 해내기 위해 들인 노력이나 전략에 대한 언급을 수반한다(예 "집중해서 퍼즐을 모두 맞췄네", "그림에 여러 가지 색깔을 썼구나", "정말 열심히 그렸다"). 연구에 따르면 아이가 잘하려는 동기, 독립심, 좌절이나 실패 후의 인내심, 자신감에 긍정적인 영향을 미치는 것은 사람에 대한 칭찬이 아니라 과정에 대한 칭찬이라고 한다(Dweck, 2006; Henderlong & Lepper, 2002; Gunderson et al., 2013; Zentall & Morris, 2010). 또한 이러한 유형의 피드백은 '성장형 사고방식(growth mindset)'을 개발하는 데 도움이 되는데, '성장형 사고방식'이란 태어날 때부터 고정된 자질을 소유한 것이 아니라 우리 스스로 능력을 개발할 수 있다는 믿음이다. 고정된 사고방식을 갖는 것은 자존감과 자신감에 부정적인 영향을 미칠 수 있다.

자녀의 자신감을 기르는 방법

'우리가 얼마나 많은 칭찬을 하느냐의 문제가 아니라,
우리가 칭찬하는 방식이 차이를 만든다'(Faber & King, 2017, p. 135).

자녀의 자신감을 키우기 위해서는 부모가 자녀를 칭찬하는 방식과 자녀를 칭찬할 때 사용하는 표현에 대해 신중해져야 한다. 페이버와 동료들(Faber & Mazlish, 1980; Faber & King, 2017)의 칭찬 모델, 드웩 등(Dweck et al.)의 연구 결과뿐 아니라 우리의 임상 경험을 바탕으로 아이들을 칭찬하는 방법에 대한 가이드라인을 개발했다.

1. 아이가 한 일을 서술하라.

여기에는 자녀가 칭찬을 받을 자격이 있는 일을 구체적으로 설명하는 것이 포함된다.
예

❀ "여동생이랑 사탕을 나눠 먹었구나." ('양보할 줄 아는 착한 아이'가 아니라)
❀ "네 접시에 있는 완두콩과 감자, 소시지를 모두 먹었네." ('잘 먹었어'가 아니라)
❀ "우와, 어려운 퍼즐을 혼자서 다 맞췄구나." ('진짜 똑똑하다'가 아니라)
❀ "엄마가 차 끓이는 걸 도와주는구나. 네가 찬장에서 차를 꺼내서 컵에 넣고, 우유까지 따라줬어." ('잘 도와줬어'가 아니라)

부모는 자녀가 한 일을 구체적으로 설명하기 위해 시간을 들여 세심히 보고 경청하고 주의를 기울여야 한다. 또한 우리는 부모에게 자녀가 잘한 것에 대해 설명하도록 권장한다. 이는 자녀한테 "이번엔 잘못하지 않았네."라는 말을 하여 칭찬이 힘을 잃게 하는 것을 방지하기 위해서이다. 예를 들어, "잘했어. 혼자 하려고 욕심 부리지 않고 사이좋게 레고를 했구나."라고 말하는 것이 상당히 자연스럽게 느껴지겠지만, 이보다는 "오늘 아침에 레고 블록을 서로 사이좋게 나눠 가며 놀던데."라고 할 것을 제안한다. "장난감을 잘 치워서 엄마가 세 번씩 물어볼 필요도 없었잖아."라기보다는 "엄마가 장난감 정리해 달라고 말했지. 자, 얼마나 정리가 잘 됐는지 한번 보렴. 잘했어."라고 하는 것이 바람직하다.

2. 칭찬을 요약하라.

다음은 칭찬을 요약하는 두 가지 방법이다.

1) 아이의 칭찬받을 만한 행동을 칭찬하는 단어로 요약한다.

예

구체적인 서술: "여동생이랑 사탕을 나눠 먹었구나."

요약: "마음이 따뜻하네." 또는 "다른 사람과 나누는 건 따뜻한 행동이야."

서술: "그 큰 개를 쓰다듬어 줬구나."

요약: "용감했어." 또는 "그런 건 용감한 행동이야."

부모가 이런 식으로 요약하면 자녀를 부정적으로 낙인찍지도 않고, 평가나 판단도 하지 않게 된다. 다시 말하면 '착하네' 또는 '넌 항상 친절하구나'라는 식으로 표현하는 것은 아니라는 것이다. 또한 부모는 '끝내준다', '최고', '완전 훌륭해'와 같은 최상의 표현을 사용하지 않는 것이 좋다.

2) 아이의 노력이나 아이가 해낸 과정을 언급하며 요약한다.

부모는 자녀의 노력이나 자녀가 그것을 어떻게 성취했는지를 알아차리고 얘기해 줘야 한다.

예

서술: "너 혼자서 그 까다로운 퍼즐을 다 맞췄네."

과정에 대한 언급: "모든 조각을 찾을 때까지 네가 계속한 거야."

서술: "여러 가지 색깔로 그림을 그렸네."

과정에 대한 언급: "시간이 오래 걸렸겠다."

성격적인 측면보다는 노력과 성취에 대해 칭찬하는 것이 아이가 도전하고, 실수를 배움의 기회로 생각하고 또 어려움에 직면했을 때 문제를 해결할 기회로 여기게 한다. 이것은 성장형 사고방식을 개발하고 자신감을 키우는 데 도움이 된다.

진정성

진심 어린 칭찬만이 자녀가 정확한 자아상을 만들어 나가는 데 도움이 된다. 만약 자녀가 하지 않은 일에 대해 칭찬을 한다면 아이는 혼란에 빠질 것이다. 또한 과장된 칭찬은 아이가 받아들이기 어려워할 뿐 아니라 심지어 의심하기 시작할지도 모른다. 아이들은 자신이 얼마나 잘하고 있는지 또는 남들이 자신에 대해 어떻게 생각하는지를 정확히 가늠할 수 있는 현실주의자들이다. 또한 아이들은 우리가 진심이 아닌 순간을 너무나도 잘 안다. 다시 말해, 진심 어린 구체적인 칭찬은 아이들이 자신이 무엇을 잘하고 있는지 정확히 아는 데 도움이 된다.

일관성

아이의 긍정적인 행동에 관심을 기울이다 보면, 그 아이가 언제나 그렇지는 않다는 우리의 인식 또한 강화된다. 자칫하면 이 점을 아이에게 강조하는 일이 벌어질 수 있다. "엄마가 '잘 시간'이라고 말했더니 네 방으로 가서 잠옷으로 갈아입고, 벌써 침대에 누웠네. 제시간에 잠자리에 드니까 엄마는 너무 좋다. 잠자기 전에 한참 동안 장난치지 않고 말이야. 왜 맨날 이렇게 못 하는 거니?" 아이가 느끼기 시작하던 따뜻한 격려, 그리고 자신의 행동이 다른 사람에게 미친 영향으로 인해 생겨난 자신에 대한 긍정적인 이미지는 마지막 문장과 함께 순식간에 날아가 버릴 수 있다. 방금 해 주었던 칭찬을 단숨에 빼앗아 버린 것이다.

칭찬의 말

아이가 자기 자신에 대한 긍정적인 표현을 배우고 습득하기 위해서는 우선 그러한 말을 자주 들어야 한다. 부모의 언어도 적절한 수준을 갖춰야 아이가 잘 이해할 수 있다. 어린 자녀의 경우 '도움이 된다', '친절하다', '다 컸다', '조심성 있다', '생각이 깊다', '똑똑하다', '열심히 했다'와 같이 간단한 표현을 사용하는 것이 좋다. 아이의 언어 수준이 높아질수록 '믿음직하다', '공감할 줄 안다', '성실하다', '양심적이다', '헌신적이다', '독립적이다', '열성적이다', '용감하다', '모험심이 강하다'와 같은 좀 더 세련된 용어들이 사용될 수 있다.

칭찬에 대한 반응

칭찬에 대한 반응은 매우 흥미롭다. 칭찬을 받고 단순히 '고맙습니다'라고 반응한다면 이는 칭찬에 대한 수용과 감사를 나타낸다(칭찬을 받는 사람이 자신을 향한 칭찬에 대해 동의하지 않는다 하더라도). 어떤 사람들은 칭찬받는 것을 노골적으로 불편해하며 마치 자신이 칭찬받을 자격이 없는 것처럼 칭찬의 의미를 지우려 든다. 예를 들어, "바지 예쁘다", "뭐, 이 낡은 게? 얼마나 오래 입었는데. 이거 말고는 입을 옷이 있어야 말이지." 이런 식의 자기부정적 반응은 왠지 칭찬에 대한 동의와 수용을 거부해야 겸손한 것처럼 느끼는 어른들 사이에서 흔하다.

하지만 이런 반응은 칭찬한 사람에게 자신의 말이 묵살 또는 부정되었다는 실망감을 안겨 줄 수 있다. 결국 더 이상 칭찬을 하지 않도록 만들 수도 있다. 하지만 아이들은 칭찬을 거부하는 경우가 드물다. 특히, 정확하고 진심이 담긴 칭찬의 경우 더욱 그러하다. 아이들은 칭찬에 동의하는 반응을 자주 보인다. "머리를 혼자 빗었구나. 다 컸네.", "알아, 나 이제 다 컸거든." 게다가 아이들은 "얼마나 열심히 편지 쓰는 연습을 했는지 알겠다. 'A' 쓴 것 좀 봐."라는 칭찬에 대해 다음과 같이 공감하는 경우가 많다. "네, 연습하니까 점점 좋아지더라고요. 맞죠?" 부모가 '고맙습니다'라는 말로써 칭찬을 받아들이는 모습을 자녀에게 모범을 보이는 것이 중요하다. 칭찬을 선물로 설명함으로써 부모가 그것을 받아들이고 '고맙습니다'라고 말하는 것이 얼마나 중요한지 아이가 이해하도록 돕는다.

부모가 자녀의 자신감을 키울 수 있도록 돕기

대부분의 부모는 자녀를 칭찬한다. 그런데 칭찬하기가 말하기와 언어치료 프로그램의 일부라는 사실에 놀라는 부모도 있다. 앞에서 논의된 이유를 근거로 우리는 모든 어린이 대상 프로그램에 칭찬하기를 포함시키고 치료 전 과정에 걸쳐 계속 적용한다.

1. 유인물: 세 번째 회기의 마지막에 각 부모에게 '자신감 기르기'(부록 20) 유인물을

나누어 준다. 부모에게 집에서 읽고, 질문에 답을 적고, 제안들에 대해 생각해 본후 다음 회기에 가져오라고 한다.

2. 피드백: 다음 회기에서 부모에게 유인물의 내용 중 동의하는 것과 동의하지 않는것에 대해 물어본다. 유인물에 적어 온 다른 내용도 살핀다.

3. 논의: 칭찬 모델의 단계를 다시 정리해 본다.

❀ 긍정적인 부분을 유심히 살핀다.

❀ 관찰한 것을 서술한다.

❀ 아동의 행동을 다음과 함께 요약한다.

  1) 칭찬의 표현 또는

  2) 자녀의 노력이나 자녀가 그것을 해낸 과정에 대한 언급

우리는 칭찬을 하고 이를 다시 빼앗을 위험에 대해, 그리고 칭찬의 진정성과 다른사람의 칭찬을 받아들이는 데 있어 모범을 보이는 것의 중요성에 대해 토의한다 (앞의 내용 참조).

4. 과제: 부모에게 앞으로 일주일 동안 적어도 하루에 한 번은 칭찬법을 사용해 달라고 부탁한다.

5. 각 부모에게 '칭찬 일지'를 나누어 주고 매일 이루어진 칭찬의 말과 자녀의 반응을 기록해 달라고 요청한다. 다음 회기에 빠짐없이 기록된 '칭찬 일지'를 가져오게 한다.

6. 다음 회기에서 우리는 '칭찬 일지'를 읽고, 부모에게 자신의 경험에 관해 이야기해달라고 요청한다. 어린 자녀를 둔 부모들은 적절한 형용사를 사용한 다양한 칭찬의 표현을 생각해 내기 어렵다고 말하기도 한다. 이때 '브레인스토밍'은 새로운 아이디어를 찾는 데 도움이 될 수 있다.

7. 만약 칭찬하는 것을 어려워하는 부모가 있다면 치료 회기 동안 연습할 수도 있다. 예를 들어, 부모들에게 최근에 자녀가 한 일 중에 칭찬할 만한 것을 떠올리게 한다. 이어서 이를 묘사할 수 있는 문장을 생각하게 한 후, 자녀의 행동을 여러 가지방법으로 요약해 볼 수 있다.

  • 칭찬의 표현: "너 어제 방 청소할 때 바닥에 있던 장난감들 다 정리해서 제자리에 넣어 놨더라. 큰 도움이 됐어/도움이 될 만한 일을 했어."

  • 아이의 노력: "방 청소를 열심히 했구나. 많이 힘들었겠다."

치료가 진행되는 동안 부모들은 날마다 자녀를 칭찬하고 이를 '칭찬 일지'에 기록한다.

자신감 길러 주기

♠ 긍정적인 부분을 세심히 살핀다.

♠ 관찰한 것을 서술한다.

♠ 자녀의 노력과 과정을 언급하거나, 칭찬 표현을 사용한다.

♠ 진심을 담는다.

♠ 일관성을 지킨다.

♠ 칭찬을 수용하는 법을 직접 보여 준다.

사례 연구: 이샨(만 4세)
자신감 기르기

3회기

이샨의 부모에게 '자신감 기르기' 유인물을 주었다. 집에서 읽어 보면서 질문에 답을 적어 보고 제안된 방법들에 대해 생각해 보도록 요청했다.

4회기

부모 모두 유인물을 읽어 왔다. 부모는 아이의 자신감이 말더듬에 영향을 받는 것을 우려하여 자녀의 자신감을 키우는 방법을 배우고 싶다고 하였다. 어머니는 이샨을 꽤 자주(가끔은 너무 많이!) 칭찬하고 있지만 아이가 칭찬받을 만한 일을 구체적으로 설명하지는 않았다고 썼다. 진심을 다해 칭찬하되 지나친 칭찬은 피하는 것이 중요하다는 이야기를 나눴다. 이샨의 아버지는 자신이 원래 칭찬을 잘하는 사람이 아니라면서 모든 자녀들에게 어떤 장점이 있는지 알려 주면 되겠다고 말했다. 우리는 칭찬하는 것이 모든 사람에게 쉬운 일은 아니라고 안심시켰고, 칭찬의 이점에 관해 얘기했다.

우리는 각 부모에게 이샨이 최근에 잘한 일 중 칭찬할 만한 것이 있는지 물어보았다. 그런 다음 그것을 어떻게 설명할지 문장을 생각해 보고 이샨이 한 일을 다양한 방식으로 요약하는 연습을 했다.

아버지는 이샨이 그날 아침에 형제 중 한 명과 레고를 잘 가지고 놀았다고 말했다. 아버지는 당연히 "우와, 너희 둘이 싸우지 않는 것을 보니 좋구나!"라고 말했을 거라고 하였다. 하지만 칭찬 모델을 적용시켜 "오늘 아침에 형이랑 같이 레고를 했구나. 정말 착하다."라고 표현할 수 있었다.

어머니는 이샨이 아침밥을 잘 먹어서 "정말 멋져."라고 말했다고 한다. 칭찬 모델을 사용해 보도록 하자, "부지런히 아침을 먹었구나. 시리얼이 싹 없어졌네."라고 말할 수 있었다. 각 부모는 칭찬 일지를 건네받았고, 매일 칭찬 모델을 적용하여 이샨을 칭찬하고 칭찬 일지에 기록하도록 요청받았다.

5회기

두 부모 모두 이샨을 칭찬하는 연습을 했고, 칭찬 일지에 몇 가지 예를 써 왔다.

어머니는 이샨의 칭찬받을 행동을 서술하는 것이 쉽다는 것을 알고 있었지만, 한 낱말의 칭찬 표현으로 칭찬을 완성하려는 경향이 있었다. 이샨의 어머니는 아이의 행동을 잘 묘사하여 칭찬을 받았으며, 아이가 어떻게 성취해 냈는지 여러 가지 방법으로 요약하는 연습을 했다.

"저녁을 다 먹었네. 밥그릇에 밥알이 한 톨도 안 남았어."

"급하게 서두르지 않고 천천히 배를 채웠구나."

칭찬하기를 힘들어한 이샨의 아버지도 다양한 방식으로 칭찬을 요약해 낼 수 있었다. 이샨을 칭찬할 때 좀 더 구체적으로 묘사하는 연습이 필요했고, 대부분 괜찮았지만 한 가지씩 부족한 부분이 있어서 조심해야 한다는 얘기를 들었다.

우리는 각 부모에게 매일매일 이샨을 칭찬하고 칭찬 일지에 그 내용을 기록할 것을 부탁했다.

6회기

이샨의 부모는 매일 이샨을 칭찬했다고 했으며, 칭찬하는 것을 녹음해 왔다. 이번 주의 경우 칭찬하는 것이 좀 더 쉬웠으며, 점점 구체적으로 서술하고 요약하는 데 훨씬 익숙해졌다고 했다. 게다가 이샨이 부모의 칭찬을 즐기는 것처럼 보였으며, 단지 칭찬을 듣기 위해 몇몇 다른 행동을 하기도 했다고 한다. 또한 부모는 같은 방식으로 다른 자녀들을 칭찬하기 시작했다고 보고하였다.

사례 연구: 제이크(만 6세)
자신감 기르기

3회기

제이크의 어머니에게 '자신감 기르기' 유인물을 주었다. 집에서 읽어 보면서 질문에 답을 적어 보고 제안된 방법들에 대해 생각해 보도록 하였다.

4회기

제이크의 어머니는 유인물을 읽어 왔고, 이미 자주 제이크를 칭찬하고 있다고 썼다. 어머니는 좀 더 구체적으로 칭찬하는 것을 배우는 것이 좋았다고 한다. 제이크가 어머니의 칭찬을 항상 받아들이는 것은 아니라는 것을 알게 되었는데, 제이크는 칭찬이 필요 없는 것처럼 행동하거나 칭찬에 대해 의문을 가졌다고 한다. 어머니는 아이가 한 일에 대해 좀 더 구체적으로 말하는 것이 제이크의 이러한 반응에 도움이 될 수 있다고 느꼈다고 했다. 어머니가 칭찬할 때 구체적으로 표현하는 것을 잊을까봐 걱정하였으며, 우리는 잘 기억하도록 냉장고에 메모 붙이기를 제안하였다.

어머니는 제이크가 최근에 잘한 일 중 칭찬할 만한 일을 얘기해 주었다. 그런 다음 그 행동을 묘사하는 문장을 생각해 보고 요약하는 연습을 했다. "네가 드리블하면서 선수 두 명을 제쳤고, 경기장 옆쪽으로 달려가 공을 바로 네트 뒤쪽으로 차던걸."

어머니는 처음엔 "넌 훌륭했어."라고 칭찬을 끝내려고 하였지만, 우리는 이러한 방식의 잠재적인 문제점들에 대해 논의했으며, 결국 어머니는 다음과 같이 칭찬을 끝낼 수 있었다.

"공을 아주 능숙하게 다루더라."

"완전 집중하는 네 얼굴을 봤어."

또한 어머니 스스로 칭찬을 받아들이는 데 아주 서툴렀다고 했으며, 칭찬은 집어치우라는 식의 반응을 할 때 칭찬을 하는 사람에게 미치는 영향을 생각해 보는 것이 얼마나 필요한지 이야기했다. 어머니는 '고맙습니다'라고 말하는 것을 연습하기를 원했고 제이크가 자신이 하는 칭찬은 받아들이지 않을 것 같다고 했다. 정말 원했던 선물을 주는 사람에게 '고맙습니다'라고 말하는 것이 당연한 도리인 것처럼 다음에 어머니 자신이 칭찬을 받게 되면 이 상황을 떠올리겠다고도 했다.

우리는 어머니께 칭찬 일지를 드렸고, 앞으로 매일 칭찬 모델을 적용하여 제이크를 칭찬한 후 이 일지에 그 내용을 기록할 것을 부탁했다.

5회기

어머니는 계속해서 제이크를 칭찬하는 연습을 하고 있다고 했으며, 칭찬 일지에 여러 가지 예들을 적어 왔다. 어머니는 이제 아이의 칭찬받을 행동을 묘사하는 것이 어렵지 않다고 보고하였다.

어머니에게 계속해서 매일 제이크를 칭찬하고 내용을 칭찬 일지에 기록하도록 요청하였다.

6회기

제이크의 어머니는 매일 아이를 칭찬했지만, 모든 칭찬을 녹음하는 것은 어려웠다고 했다. 종종 집 밖의 장소에서 제이크를 칭찬하면 칭찬 일지에 기록할 수 없었다고 말했다. 우리는 칭찬 일지를 어머니 가방에 넣어 두는 것을 제안했으며 어머니도 이에 동의했다. 어머니의 칭찬이 점점 더 구체적으로 표현되면서 제이크가 칭찬을 더 많이 받아들이고 있다고 말했다. 또한 '고맙습니다'라는 말에서 느끼는 활력을 즐기기 시작했다고 한다. 어머니는 제이크가 칭찬으로부터 많은 혜택을 보는 것 같다고 말했다. 제이크는 자신이 이룬 성과에 대해 어머니가 칭찬하게 하려고 학교 수업, 수영 레슨, 축구 시간에 자신이 잘 해낸 것들에 대해 어머니에게 더 많이 얘기해 주고 있다고 한다.

교대로 말하기

'정상적인' 교대로 말하기

사회적으로 숙련된 대화 참가자는 차례를 주고받는다고 한다. 이는 한 사람이 말하는 동안 다른 사람은 듣고, 하고자 하는 얘기를 마치면 다른 사람이 말할 차례라는 신호를 주는 것을 뜻한다. 하지만 관찰에 따르면 거의 모든 사람이 남 이야기에 끼어들고, 동시에 말하고 다른 사람의 말을 끊거나 문장을 이어받아 자신이 마무리하는 등의 특징을 보인다. 어른이나 어린이를 막론하고 어느 정도까지는 이런 것이 사회적으로 용납할 만하며 전형적인 것이라고 받아들여지는 것으로 보인다.

> 말을 더듬는 자녀의 부모는 가족끼리 대화하는 동안 교대로 말하도록 어떻게 도와줄지 잘 모를 수 있다.

교대로 말하기와 말더듬

평가 중 면담 시간에 부모들은 종종 가족들과 대화 시 교대로 말하기에 대한 걱정을 표현한다. 말더듬 아동과의 교대로 말하기에 있어서는 몇 가지 중요한 문제가 고려되어야 한다. 우리가 논의할 내용은 다음과 같다.

말을 더듬는 자녀가 이야기하는 동안 말을 끊어서는 안 된다는 사람들이 있다.

사람들은 말을 더듬지 않는 아이에게는 그만하고 다른 사람에게 말할 기회를 주라고 쉽게 말하는 반면, 말을 더듬는 아이에게는 차마 그런 말을 하지 못하곤 한다. 실제로 많은 조언서들이 부모에게 자녀의 말을 끊거나 말을 대신 끝내지 말라고 한다. 자녀에게 자기가 하고 싶은 만큼 계속 말하게 하고 다른 사람들은 끼어들지 말라는 것이다. 이것은 자녀에게 듣는 사람이 흥미를 느낄 수 있을 한계보다 훨씬 더 길게 이야기하는 버릇을 심어 줄 위험이 있다. 점점 더 많은 말을 할수록 자녀의 말은 말더듬 위험에 노출되기가 쉬워지고, 자칫 지루해질 수 있으며, 결국 교대로 말하는 사회적 규칙을 배우지 못하게 될 수도 있다.

말을 더듬는 아이가 남의 말에 끼어들 경우, 더 쉽게 말할 차례를 가질 수 있다.

자녀가 말을 더듬는다면, 부모는 자녀에게 끼어드는 것을 허락하기 쉽다. 물론 이해할 만한 반응이지만 이것이 과연 공정한 것인지 의심스럽다. 이때 말을 더듬는 아이는 두 가지 메시지를 받게 된다. 첫째, 끼어들어도 된다, 둘째, 말을 더듬으면 더 쉽게 끼어들 수 있다. 아이가 말더듬을 이용해 의도적으로 끼어드는 것은 아니지만, 이를 통해 말더듬이 긍정적으로 강화된다. 무의식적 행동 패턴이 각인될 수 있는 것이다.

자기가 말할 때 남이 끼어드는 것이 익숙한 말더듬 아동이라면 남이 말을 끊고 끼어들기 전에 자신이 하려는 말을 끝내야 한다는 생각에 말을 빨리 하게 된다.

이 경우 아이가 미리 계획하고 말할 시간적 여유가 없기 때문에 말더듬이 더욱 심해질 수 있다.

말을 더듬는 아이는 대화에서 말할 순서를 얻지 못할 수도 있다.

말을 잘하는 사람들에 둘러싸여 있는 어린이는 대화의 흐름을 깨고 들어갈 능력이 없을 것이고, 다른 사람들도 일부러 대화에 초대해서 압박감을 주는 일은 하고 싶어하지 않을 것이다. 결국 어린이는 대화에 참여하지 못하게 될 수 있다.

말을 더듬는 아이는 자기 차례를 기다리기 힘들어서 서두르기 때문에 당연히 꽤 충동적일 수 있다.

이것은 또한 아이가 말을 계획하고 실행할 시간이 줄어들기 때문에 말더듬을 증가시킬 수 있다.

> 말을 더듬는 아이에게 교대로 말하기는 힘든 과제이다.
> 아이는 말하기 차례를 지키지 않거나 자기 차례 기다리기가 힘들다고 생각할 수 있다.

교대로 말하기를 개선하도록 부모에게 도움 주기

1. 유인물: 한 회기 전에 부모에게 '교대로 말하기'(부록 22) 유인물을 나누어 준다. 부모에게 집에서 읽고, 질문에 답을 적고, 제안들에 대해 생각해 본 후 다음 회기에

가져오라고 한다. 또한 다음 회기에는 세 살이 넘은 자녀의 형제자매와 함께 와 달라고 부탁한다.

2. 피드백: 다음 회기에 부모에게 유인물에 대한 의견을 들어 보고 미리 써 온 내용에 관해 이야기를 나눈다. 우선 우리는 누가 가장 많이 말하는지, 듣는지, 방해하는지 관찰한 것에 대해 그들의 반응을 살핀다. 그다음 대상 아동과 형제자매에게 다음의 질문을 공통으로 던진다. 우리 가족이 함께 있을 때,

☘ 누가 가장 말을 많이 하나요?

☘ 누가 가장 많이 듣나요?

☘ 누가 가장 많이 끼어드나요?

부모, 대상 아동, 형제자매에게 세 가지 질문이 적힌 종이와 펜을 준다. 가족이 함께 있을 때 가장 많이 말하고, 가장 많이 듣고, 가장 방해가 된다고 생각하는 사람을 다른 사람이 알지 못하도록 비밀리에 적도록 한다. 어린 형제자매는 도움을 받을 수 있다. 한 사람의 이름을 한 번 이상 적을 수 있고 자신의 이름을 쓸 수도 있다고 알려 준다. 모두가 각 질문에 이름을 적으면 종이를 걷는다. 우리는 플립 차트에 표를 준비한 다음 각 가족 구성원에게 차례로 질문을 하면서 대답으로 표를 채운다.

〈표 8-1〉 **가정에서 교대로 말하기**

	어머니	아버지	말을 더듬는 자녀이름	형제자매 이름
누가 가장 말을 많이 하나요?	✔✔✔		✔	
누가 가장 많이 듣나요?		✔✔		✔✔
누가 가장 많이 끼어드나요?	✔		✔✔✔	

3. 토론: 가족 내에서 교대로 말하는 패턴은 다양할 수 있다. 말을 더듬는 자녀가 주로 대화를 독점하기도 하고, 아예 말할 기회를 얻지 못하는 경우도 있다. 어떤 방식이든 가족 내에서 교대로 말하는 방법을 들여다보는 것은 유익하다.

4. 아이디어 나누기: 대화에서 교대로 말하기가 중요한 이유에 대해 가족들과 함께 자유롭게 생각을 적어 본다.

5. 토론-교대로 말하기와 말더듬: 우리는 가족들이 교대로 말하기와 말더듬의 관계에 대해 생각해 볼 수 있도록 다음과 같은 질문을 던졌다.

❖말을 더듬는 사람이 누군가 끼어들 것을 예상하면서 말을 한다면, 말이 어떤
영향을 받을까요?

❖말을 더듬을 때나 그렇지 않을 때 끼어드는 방식에 차이가 있나요?

❖말을 더듬는 자녀가 그만하고 다른 사람에게도 말할 기회를 주라는 얘기를 한
번도 들은 적이 없다면 무슨 일이 벌어질까요?

이러한 토론은 가족들에게 교대로 말하기가 자녀에게 중요한 이유를 이해시키는
데 도움이 될 것이다.

6. 마이크 게임

대상 아동과 다른 가족 구성원들에게 마이크 게임을 통해 교대로 말하는 방법을
가르쳐 준다. 가족들에게 집에서도 할 수 있는 게임을 치료실에서 모두 함께 해 볼
것이라고 설명한다.

❖마이크를 정한다. 장난감 마이크, 연필, 숟가락 등 마이크를 대신할 물건이면
무엇이든 상관없다.

❖모두 동그랗게 둘러앉는다. 마이크는 중앙에 내려놓는다.

❖마이크를 가진 사람만 말할 수 있으며, 누구나 한 번씩 마이크를 가지게 될 거
라고 이야기해 준다.

❖어린아이들의 경우, 언어재활사가 먼저 마이크를 잡고 한 낱말이나 문장을 말
하는 것으로 시작한다. 물건이나 동작을 나타내는 그림 등을 사용해서 낱말
이나 문장 말하기를 촉진할 수도 있다. 또한 '내가 제일 좋아하는 음식은……'
과 같이 일정한 문장 틀을 사용하기도 한다. 언어재활사가 말을 끝내고 마이
크를 내려놓으면 다른 사람이 말할 차례가 된다. 각자 몇 번의 발언 기회를 가
질 때까지 이런 식으로 진행한다.

❖좀 더 큰 아이들에게는 이야기를 만들어 보라고 한다. 언어재활사가 먼저 마
이크를 잡고 이야기를 시작한다. 예를 들어, '옛날에 초코라는 이름을 가진 말
썽꾸러기 강아지가 있었대……' 언어재활사가 마이크를 내려놓으면, 이야기
를 이어 가고 싶은 사람이 마이크를 잡는다. 둘러앉은 순서대로 말하기보다
는 위치에 상관없이 무작위로 이야기를 이어 간다.

❖이어서 언어재활사는 규칙을 깨기 시작한다. 다른 사람의 마이크를 빼앗는

다. 아주 오래 이야기한다. 또는 마이크가 손에 없는데도 말을 계속한다.

❀가족들에게 마이크 게임과 적절한 교대로 말하기 규칙을 생각해 보라고 한다. 그 내용을 적어 집에 가져가게 한다. 다음은 규칙에 포함되어야 할 내용이다.

① 마이크를 가진 사람만이 이야기할 수 있다.

② 모두가 말할 기회를 가져야 한다.

③ 다른 사람이 말할 때는 서로 귀 기울여 듣는다.

④ 다른 사람이 말할 때 끼어들면 안 된다.

⑤ 공정해야 한다. ─남들보다 너무 길게 말해서는 안 된다.

교대로 말하기를 도울 수 있는 또 다른 방법은 가족이 마이크 게임을 하는 모습을 비디오로 녹화하는 것이다. 언어재활사는 가족 중 한 명에게 마이크를 들고 이야기를 시작하게 한다. 이야기가 끝나고 마이크를 제자리에 두면 이야기를 계속 이어 가고 싶은 다른 사람이 마이크를 잡는다. 한 번에 한 사람씩, 마이크를 잡은 사람만 말할 수 있다는 설명을 한다. 가족들은 동그랗게 둘러앉은 순서에 상관없이 무작위로 돌아가며 이야기를 이어 간다. 약 5분 동안 게임을 하는 가족을 비디오로 녹화한다. 그 다음 가족과 함께 녹화한 영상을 보면서 교대로 말하기에 대해 의견을 듣는다.

❀마이크 게임을 하면서 어떤 규칙들을 신경 썼는지 말해 주세요.

❀자기 차례가 되었을 때 잘했다고 생각하는 한 가지만 얘기해 주세요.

우리는 교대로 말하기가 잘 이루어지도록 만든 규칙들을 상기시켜 준다.

"나에게 좋은 생각이 났어요."

"나는 다른 사람들의 의견을 잘 들었어요."

"나는 내 차례를 기다리면서 가만히 앉아 있어요."

가족 구성원들이 교대로 말하기 게임에서 무엇을 잘했는지 말하기 어려워한다면, 교대로 말하기가 잘 지켜진 부분을 영상으로 다시 보면서 도움을 줄 수 있다. 또는 "차례를 기다리는 동안 무엇을 하고 있었나요?", "다른 사람들 차례일 때 무엇을 하고 있었나요?", "모두 차례를 잘 지켰나요?"

각 가족 구성원이 교대로 말하기의 긍정적인 측면을 확인했으면 각자에게 더 발전시키고 싶은 측면을 확인하도록 요청한다.

"무엇을 더 할 수 있을까요?"

"더 자주 차례를 가져올 수 있을 거 같아요."

"내 차례일 때 좀 더 짧게 말하는 게 좋겠어요."

"다른 사람들 차례일 때 나는 더 많이 들어야겠어요."

언어재활사 또한 가족의 교대로 말하기의 긍정적인 부분을 이야기해 줄 수 있다. 특히, 부모가 자기 차례를 시작하기 전 생각하느라 아주 잠시 멈추는 순간을 언급하는 것은 큰 도움이 된다. 마찬가지로 부모가 자기 차례에 느린 속도로 말하거나, 자기 차례를 너무 길거나, 반대로 너무 짧지도 않게 함으로써 차례의 길이에 대해 사려 깊게 임하는 모습들 역시 언급하는 것이 좋겠다.

그런 다음 우리는 교대로 말하기의 이러한 부분들이 아이의 말더듬에 어떤 도움이 되는지 물어본다. 예를 들어, "어머니는 어머니의 차례를 시작하기 전에 무엇을 말할 것인지 생각하기 위해 잠시 멈추셨지요. 이것이 아이의 말에 어떤 도움이 될까요?"

자녀의 형제자매가 너무 어려서 마이크 게임에 참여할 수 없는 경우, 우리는 좀 더 쉬운 수준의 교대하기 게임을 제안하고 적절하게 교대로 말하기로 바꾸어 시도해 볼 수 있다.

7. 집에서 차례 지켜 말하기

집에 돌아간 후에도 부모의 판단에 따라 차례 지켜 말하기를 다시 한번 제대로 이해

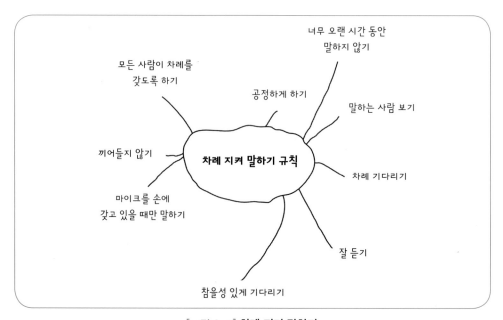

[그림 8-1] **차례 지켜 말하기**

시킬 필요가 있으면 집에서 마이크 놀이를 하며 목표 규칙을 연습한다. 일단 가족 구성원들이 교대로 차례 지켜 말하기를 잘 알게 되면, 부모는 일상의 대화 상황에서 교대로 말하기에 대해 주의를 환기시키기 시작한다. 예 "끼어들지 말아라. 톰이 마이크를 쥐고 있잖니."(실제로 '마이크'가 있는 것은 아니지만) 한 가족은 식사 시간에 차례 지켜 말하기 습관을 기르기 위해 케첩 병을 마이크로 사용하기도 했다.

사례 연구: 이샨(만 4세)
교대로 말하기

4회기
부모에게 각각 유인물을 주고 집에서 읽어 보면서 질문에 답을 적어 보도록 했다. 부모는 다음 회기 때 이샨의 네 형제자매를 데려오는 데 동의하였다.

5회기
각 가족 구성원에게 펜과 종이를 주고 가족의 교대로 말하기에 관한 질문에 답을 적도록 했다. "누가 가장 많이 말하고/듣고/끼어드나요?"

작성된 표를 보면 대부분의 가족 구성원은 이샨과 여자 형제 중 한 명인 레야가 대부분의 대화를 했다고 생각한다는 것이 확인되었다. 또한 이샨과 레야가 대부분의 방해를 했다고 응답했다. 어머니는 가장 많이 말하고, 가장 많이 듣고, 가장 많이 끼어드는 사람으로 각각 한 표씩 받았다. 아버지는 이샨의 맏형인 패샤와 함께 주로 듣는 것으로 투표되었다.

	어머니	아버지	이샨	네하	레야	데브	패샤
누가 가장 말을 많이 하나요?	✓		✓✓✓		✓✓✓		
누가 가장 많이 듣나요?	✓	✓✓✓				✓	✓✓
누가 가장 많이 끼어드나요?	✓		✓✓✓		✓✓		

이샨의 부모와 함께 유인물에 있는 내용을 살펴보면서 말더듬과 교대로 말하기와의 역학적인 관계에 대해 간략하게 토론했다. 어머니는 이샨이 어떻게 말하기 차례를 독점하고 다른 사람들을 방해하는지 아는 것이 큰 도움이 되었다고 한다.

가족은 적절한 주고받기를 위한 규칙을 정하고 마이크 게임을 했다. 가족들은 녹화된 마이크 게임 영상을 보면서, 교대로 말하기와 관련해 잘한 것과 앞으로 해야 할 것을 확인할 수 있었다.

예

♠ 이샨-차례 돌리기, 좋은 아이디어를 내고 나면 다른 사람에게 차례 넘기기

♠ 어머니-다른 사람의 말을 경청하고 아이디어 내기

♠ 아버지-자신의 차례에 아이디어를 내는데 시간을 좀 더 할애하고 다른 사람 경청하기

가족들 모두 게임을 즐겼고 집에서도 하기로 했다.

6회기

가족들은 지난주 몇 차례나 마이크 게임을 했는데, 항상 모두가 함께 할 수는 없어서 부모와 형제자매의 다양한 조합을 구성하여 게임을 했다고 한다. 이샨의 부모는 가족 모두가 서로 방해하지 않고 교대로 말하는 것을 점점 더 잘 알아 가고 있으며, 특히 식사 시간에는 눈에 띄게 잘 수행하고 있다고 보고했다. 이제 교대로 말하기를 알리는 신호로서 마이크가 수저와 함께 식탁에 놓인다고 한다. 또한 냉장고에 교대로 말하기 규칙을 붙여 항상 기억할 수 있도록 했다고 한다. 부모는 이샨이 식사 시간에 더 차분해 보일 뿐 아니라 서두르지 않고 차례를 지켜 말하는 것 같다고 보고했다. 이샨은 자기가 오랫동안 말하기 시간을 독점하기 위해 스스로 부담을 주기보다는 다른 사람들이 말할 수 있도록 하면서 더 많이 듣고 있었다. 그 결과 이샨은 말을 덜 더듬는다고 한다.

가족들은 필요에 따라 수시로 마이크 게임을 지속하고, 게임 상황이 아닌 자발적인 가족 대화 시에도 모두에게 '마이크'에 대해 계속 상기시키는 것에 동의했다.

감정 다루기

감정과 말더듬

많은 부모가 자녀의 유창성이 감정 상태의 영향을 받는다고 보고한다. 그들은 대부분 자녀가 좌절, 흥분, 공포, 걱정 또는 분노 상태에 있을 때 말더듬이 심해지고, 차분할 때 덜 더듬는다고 생각한다. 흥미로운 것은 분노 문제에 있어서는 '일치된 의견이 없는 것'처럼 보인다. 화가 났을 때 훨씬 유창한 아이들이 있는가 하면 오히려 말더듬이 심해지는 아이들도 있는 것이다.

모든 아이가 이러한 다양한 감정을 경험하지만, 그 감정의 깊이나 이를 표현하는 방법은 개개인에 따라 다를 것이다. 우리는 말을 더듬는 아이들 중 일부가 모든 종류의

유발 요인에 감정적으로 반응할 가능성이 더 크다는 것을 알고 있다. 일부 아이들이 자신의 감정을 관리할 수 있는 반면, 나머지 아이들은 감정을 조절하는 것이 더 어렵고 자제력이 떨어지며, 일단 무언가에 대해 감정을 갖게 되면 스스로를 진정시키는 데 더 오랜 시간이 걸린다. 마찬가지로 부모들이 자녀의 감정 표현에 반응하는 방식 또한 다양한데, 이는 부모 자신이 어릴 때 감정 표현을 마음대로 하며 살았는지 여부와 관계되어 있을 수 있다. 문화적으로 감정에 대해 드러내 놓고 대화하지 않는 가족들도 있다. 우리는 어떻게 해야 자녀가 자신의 감정을 다룰 수 있도록 도울 수 있는지 잘 모르겠다고 말하는 부모들을 자주 본다.

> "아이가 무슨 생각을 하고 있는지 어떤 걱정이 있는지 내가 알았더라면!"

자녀가 감정을 다룰 수 있도록 부모가 돕는 법

본 모델은 어린이가 자신의 감정을 다룰 수 있도록 돕는 방법으로서 페이버와 마즈리시(Faber & Mazlish, 1980)와 페이버와 킹(Faber & King, 2017)이 제안한 방법을 응용한 것이다.

1. 유인물: 한 회기 전에 각 부모에게 '감정 다루기'(부록 23) 유인물을 나누어 준다. 부모에게 집에서 읽고, 질문에 답을 적고, 제안들에 대해 생각해 본 후 다음 회기에 가져오라고 한다.
2. 피드백: 다음 회기에서 유인물에 대한 부모의 생각을 물어보고 작성한 내용을 함께 검토한다.
3. 유인물의 첫 페이지에 있는 차트는 자녀의 감정을 불러일으키는 요인, 자녀가 감정을 드러내는 방식 그리고 이에 대한 부모의 반응에 대해 생각해 보도록 한다.

> 그냥 내버려 두자.

4. 토론: 그냥 내버려 두기: 자녀가 짜증내거나, 좌절하거나, 화낼 때 부모의 자연스러운 반응은 자녀가 느끼고 있는 감정을 되도록 빨리 중단시키거나, 자녀가 부정

적인 감정을 경험하지 않게 하려고 문제를 해결하려는 것이다. 부모는 아이의 기분을 낮게 하려고 최선의 조치를 취하겠지만, 이것이 자녀의 감정에 대한 이해를 표현하는 길은 아닐 것이다. 자녀가 그렇게 느끼고 있다는 사실 자체를 받아들이기 어려운 때도 있을 것이다. 만약 부모가 자녀의 감정에 대해 "화내면 안 돼"와 같이 그렇게 느끼면 안 된다고 말한다면, 우리는 이러한 부모에게 자녀가 자신의 감정을 표현하도록 허락하라고 조언한다. 이를 통해 자녀는 자신의 감정을 더 잘 다루게 될 수 있다. 아이가 우는 동안 기다려 주는 것은 자녀가 느끼는 감정을 부모가 이해하고 있다는 것을 보여 주고, 끌어안고 울게 해 주는 것은 부모가 염려하고 수용한다는 것을 나타낸다. 아이가 뭔가를 할 수 없어서 좌절하고 자신에게 화가 나 있으면, 이를 보는 부모는 아이에게 "걱정하지 마", "별것 아니야", "언젠가는 해낼 수 있단다"와 같은 말을 해 주고 싶은 유혹을 느끼겠지만, 오히려 자녀가 느끼는 이러한 감정을 표출할 수 있도록 허락하고 그 좌절감을 인정하는 것이 좋다. 이는 아이가 자신의 감정을 경험할 수 있도록 하고 감정을 지지해 주는 것이 중요하기 때문이다. 연구에 따르면 스트레스를 받는 아이가 어른의 지지를 받지 못할 경우 그 스트레스는 발달에 부정적인 영향을 미칠 수 있다고 한다(Weber, 1993). 어른이 아이가 자신의 감정을 처리하도록, 또 보호받고 있으며 안전하다고 느끼도록 지지해 준다면 아이는 '긍정적'이거나 감당할 수 있는 스트레스를 경험할 수 있으며, 이는 어려움에 대처하는 기술을 발달시키는 데 도움이 될 수 있다. 아이들은 강한 감정을 경험할 때 바로 자신의 감정을 말하거나 말로 전달할 준비가 되어 있지 않을지도 모른다. 따라서 아이가 감정을 얘기할 준비가 되지 않았다면, 자신의 감정에 대해 상의하고 해결책을 이야기해 볼 준비가 되었을 때 감정에 대해 말하는 것이 더 효과적일 수 있다.

관찰하고 묘사하자.

---

5. 관찰하고 서술하기: 부모는 자녀가 감정을 나타내는 법을 표에 기록해 왔다. 여기에는 자세, 표정, 목소리 톤, 위치 또는 행동 등이 포함된다. 자녀는 자신이 그러한 감정을 표현하고 있다는 사실을 모르고 있거나 이를 말로 표현할 의사나 능력이 없을 수 있다. 이러한 경우 우리는 부모에게 자녀를 주의 깊게 관찰하여 이를 묘

사해 보라고 조언한다.

✤ "화난 얼굴을 하고 있구나. 두 손으로 마룻바닥을 심하게 두드리고 있네."

✤ "방금 벌어진 일에 아주 실망한 모양이구나. 슬픈 얼굴을 하고 화가 난 목소리
　를 내고 있네."

묘사를 통해 부모는 자녀가 느끼는 감정을 이해하고 있으며, 이를 허용한다는 사
실을 자녀에게 알릴 수 있고 그러한 감정을 말로 표현할 수 있는 어휘를 제공해 줄
수 있다.

아이의 감정을 부정하지 말고 자녀가 느끼는 감정을 그대로 받아들이자.

---

6. 자녀가 느끼는 감정을 그대로 받아들이기─아이의 감정을 부정하지 말자: 부모들
　은 또한 자신의 전형적인 반응을 유인물에 기록했다. 그들은 아이의 감정을 부정
　함으로써 자녀를 도우려고 한 적이 있다는 사실을 깨달았다.

아이: "난 아기가 싫어요."

부모: "아니, 그렇지 않아. 그런 말이 어디 있어? 아기가 얼마나 귀엽고 너를 좋아하는데."

아이: "오늘은 유치원에 가기 싫어요."

부모: "바보 같은 소리 마. 거기 좋아하면서. 막상 가면 괜찮아질 거야."

아이: "난 깜깜한 게 무서워요."

부모: "무서울 거 하나 없어. 내가 아래층에 있으니까 아무것도 널 해칠 수 없어."

　부모가 자녀의 감정을 부정하면, 자녀에게 그렇게 느끼지 않는다고 말해 주는 동시
에 그 감정이 사라지기를 바라는 셈이 된다. 우리는 부모들에게 자녀가 감정을 표현할
수 있도록 하려면 자녀를 믿고 자녀의 감정을 부정하지 말라고 조언한다. 마찬가지로,
아이의 감정을 인정할 때 '하지만'을 추가하고 싶을 수 있다. "화가 많이 났구나. 하지만
지금은 밖에 나갈 수 없어."라고 말하는 대신 그냥 아이의 감정을 인정하거나 '하지만'
대신 "문제는……"이라고 말해 보자. "화가 많이 났구나. 문제는 너무 어두워서 정원에
갈 수 없다는 거야."

> 감정을 말로 표현해 보자.

7. 감정을 말로 표현하기: 부모는 자녀의 감정을 말로 표현해 줌으로써 자녀에게 부모가 아이의 말을 경청하였으며, 아이의 입장을 이해하고 있다는 것을 알려 줄 수 있다. 이것은 아이의 화를 누그러뜨리고 자신의 감정을 더 잘 다룰 수 있도록 돕는다.

아이: "난 아기가 싫어요."

부모: "아기한테 익숙해지기가 정말 힘든 모양이구나. 너를 화나게 만들지. 스페셜타임에 어떻게 하면 좋을지 같이 생각해 보자."

아이: "오늘은 유치원에 가기 싫어요."

부모: "유치원에 가는 생각만 해도 기분이 나빠져서 집에 그냥 있고 싶을 때가 있지."

아이: "난 깜깜한 게 무서워요."

부모: "어둡고 앞이 잘 보이지 않으면 무서울 수 있지. 어떻게 하면 더 나아질 수 있을지 생각해 보자."

---

8. 아이가 느끼는 감정을 보여 주기: 선천적으로 슬픔, 분노, 공포를 직접 표현하지 않고 감추는 경향을 가진 아이들이 있다. 우리는 부모가 어떻게 하면 자녀가 감정을 표현하도록 유도할 수 있는지 그 방법을 찾도록 도울 수 있다.

> 아이가 감정을 말로 표현할 수 있도록 방법을 찾아보자.

예

* 할 수 있는 한 오래 고함치거나 비명 지르기(적절한 환경에서!).
* 할 수 있는 한 오랫동안 베개를 있는 힘껏 주먹으로 때리기.
* 낙서를 하고 찢어도 되거나, 자신이 얼마나 화가 났는지/걱정이 많은지/슬픈지 그림을 그려도 되는 스크랩북이나 '분노/걱정/슬픔의 책'을 특별히 정해 놓고, 아이가 원할 때 같이 이야기해 보기.
* "울어도 돼. 실컷 울어."라고 말해 주기.

❖ 함께 슬픈 동영상을 보거나 슬픈 이야기를 읽으면서 아이의 슬픔 풀어 주기.

❖ 아이가 그림을 그리거나 고민을 적어서 넣을 수 있는 '감정 상자'나 '걱정 상자'를 사용하기. 그다음 이 고민들을 매주 부모와 나누고, 자신을 계속 괴롭히는 것들에 대해 이야기하면 고민 중 일부는 이제 아이의 걱정거리가 아니라는 것을 알게 된다.

❖ 매주 15분씩 아이가 자신의 걱정거리에 관해 이야기할 수 있는 '걱정 시간' 갖기.

❖ 걱정, 따돌림, 차별 등 아이의 어려움과 관련된 책 읽기.

❖ 부모가 자신의 감정을 보여 주고 또 그 감정에 대해 이야기함으로써 적절한 본보기 보여 주기. 예 "엄마는 강아지가 아파서 속상하단다." 이렇게 하는 것은 사람이라면 모두 감정이 있고, 그 감정을 다른 사람과 나누는 것을 정당화할 뿐 아니라 감정 어휘를 사용하여 표현하는 본보기를 보여 줄 수 있다. 부모들은 가끔은 아이 앞에서 우는 것을 두려워할 필요가 없다.

♠ 감정을 느낄 수 있도록 내버려 두자.

♠ 관찰하고 묘사하자.

♠ 자녀가 느끼는 감정을 그대로 받아들이자-부정하지 말자.

♠ 자녀의 감정을 말로 표현해 주자.

♠ 감정 표출에 도움이 되는 방법을 찾아보자.

---

9. 아이에게 스스로 차분해지는 법을 알려 주기: 부모는 아이가 감정을 표현한 후 다시 차분해지는 것을 도울 수 있다. 부모는 숨을 들이마시고 내쉬는 것을 보여 주고 아이에게 따라 하라고 할 수도 있다. '숨쉬기 친구'(곰 인형 같은)를 아이의 배 위에 놓고 아이가 숨을 쉴 때마다, 그것이 함께 움직이는 것을 보게 한다. 처음에는 아이가 차분할 때 연습을 하면 아이가 나중에 감정적이 될 때에도 비교적 쉽게 이 방법을 사용할 수 있게 된다. 때때로 부모가 따뜻하게 안아 주거나 만져 주는 것만으로도 충분히 아이의 감정을 가라앉힐 수 있다. 부모는 아이가 지나치게 흥분할 때를 알아차리고, 발견한 단서를 해석하고, 다음에 그 단서를 볼 때 적절히 반응하는 법을 배운다.

분리불안

부모와 헤어지는 데 아무 문제가 없는 아이도 있지만, 이를 너무 힘들어해서 다른 모든 사람들에게 스트레스를 줄 수도 있다. 보모 또는 아기 돌보미와 홀로 남겨지는 것이 최초의 분리 경험이 될 수도 있고, 나중에 유치원이나 학교를 처음 시작할 때 이를 최초로 경험할 수도 있다.

분리불안이 있는 자녀를 둔 부모에게 도움이 될 만한 내용에 관해 부모와 이야기 나눈다.

❀ 예를 들어, 다음과 같이 아이가 헤어지는 것을 준비할 수 있게 한다. "엄마가 널 유치원에 데려다줄 거야. 엄마랑 헤어지기 싫어한다는 거 알아. 문제는 엄마가 일하러 가야 한다는 거야. 엄마가 점심시간에 데리러 올게." 부모는 아이가 힘들어하는 것을 보지 않기 위해 '몰래 빠져나가려는 유혹'을 느낄 수 있지만, 이 방법은 장기적으로 봤을 때 더 많은 문제로 이어질 수 있다.

❀ 부모는 아이의 감정을 있는 그대로 받아들임으로써 침착함을 유지하고 이해심과 인내심을 보여 주어야 한다. 예 "아빠가 가는 게 너무 슬프구나. 괜찮아."

❀ 반복적인 행동을 통해 아이가 헤어짐을 좀 더 잘 받아들이게 할 수 있다. 안아 주기, 입 맞추기, 아이에게 특별한 의미가 있는 비밀 신호를 주고받기 등이 그 예이다.

❀ 부모의 물건을 지니거나 가장 좋아하는 부드러운 장난감을 꼭 껴안으면 위로를 받는 아이들이 있다.

❀ 시계를 보여 주며 언제 부모가 돌아오는지 알려 주거나, 스토리 타임이나 목욕 시간이 지나면 돌아오겠다는 식으로 부모가 돌아올 상황을 묘사해 주는 것도 좋은 방법일 수 있다.

❀ 부모와 헤어져 있는 동안 뭔가 신나는 일을 놓치게 될까 봐 불안해하는 아이들도 있다. 따라서 부모가 슈퍼마켓에 가거나 침실을 정리하는 것처럼 자녀가 싫어하는 일을 하게 될 것이라고 알려 주면 헤어져 지내는 시간을 좀 더 매력적으로 느끼도록 만들어 줄 수 있다.

❀ 자녀보다 부모가 헤어짐을 더 힘들어하는 경우도 있다. 아이가 이러한 부모의 불편함을 알아차리면 아이는 결국 헤어짐을 불안해할 수도 있다. 부모와 함께 이 문

제를 탐구해 보면 좀 더 편안하게 다룰 수 있는 방법을 찾아낼 수 있을 것이다.

❀ 아이에 따라서 분노, 상황 회피, 또는 행동 문제로 자신의 불안을 숨기는 경우가 있으니 잘 살펴야 한다.

우리는 부모와 함께 자녀의 분리불안 이유를 찾아볼 수 있다. 부모가 돌아오지 않을 것이라는 두려움과 연관되어 있을 가능성이 있다. 부모가 예정보다 늦게 오면 이러한 두려움이 강화되고 걱정은 줄어들지 않게 된다. 우리는 부모와 함께 아이를 데리러 갈 때 늦지 않을 방법과 도저히 제 시간에 갈 수 없는 경우 아이가 이해할 수 있도록 다른 사람을 대신 보낼 수 있는 방법을 찾아볼 필요가 있다. 더불어 아이가 위에서 설명한 대로 자신의 감정을 표현할 수 있다면 두려움과 상대하는 데 어려움을 덜 겪을 것이다.

> 분리불안이 있는 자녀를 둔 부모에게 도움을 준다.

전문가의 도움 받기

만약 아이의 정서적인 부분이 불안의 주원인이라면, 아이를 심리 전문가에게 의뢰하는 것이 적절하겠다.

사례 연구: 제이크(만 6세)
감정 다루기

4회기

제이크의 어머니에게 '감정 다루기' 유인물을 주었다. 집에서 읽어 보면서 질문에 답을 적어 보고 제안된 방법들에 대해 생각해 보도록 하였다.

5회기

유인물 내용에 대해 논의했다. 제이크의 어머니는 유인물을 읽고 자신의 행동을 돌아본 것이 유용했다고 한다. 어머니는 아이에게 가장 도움이 되는 방법으로 항상 제이크의 감정을 다루기보다는 스스로 화를 내거나 좌절하는 경향이 있었기 때문에 약간의 죄책감을 느꼈다고 했다. 우리는 제이크의 감정에 대한 그녀의 대처 방법이 대부분 부모들의 전형적인 반응이라고 말해 주며 안심시켰다.

우리는 제이크의 감정을 지지해 줄 수 있는 대안에 관해 이야기를 나누었다. 어머니는 제이크의 감정을 인정하고 받아들이는 연습을 하기를 원했다.

6회기

어머니는 그 주에 제이크의 축구팀이 시합에 졌고 제이크는 자신이 골을 넣지 못해서 매우 화가 난 상태로 집에 왔다고 했다. 제이크는 자기 자신과 다른 팀원들에게 불만을 느끼고 있었다. 어머니는 예전이라면 "아이구, 힘내.", "이번 시즌에 네가 이겼던 경기가 얼마나 되는데.", "넌 분명히 늘 하던 대로 아주 잘했을 거야."라고 했겠지만 이번에는 이렇게 말하지 않았다고 한다. 오히려 제이크의 좌절과 분노를 인정했다고 한다. "져서 크게 실망했겠다. 점수를 못 내서 낙담이 크지." 어머니의 이러한 반응에 제이크가 조금 더 빨리 진정되는 것 같다고 말했다.

피곤함

많은 부모가 자녀가 피곤할 때 더 더듬는다고 얘기한다. 따라서 아이가 충분한 수면을 취하고 있는지 확인하는 것은 아이의 말하기에 도움이 되는 것으로 보인다. 하지만 이는 부모에게 특히 어려운 영역이기도 하다. 우리는 부모가 도움을 원할 경우 이 문제를 치료의 일부로 삼아 다루고 있다.

문제점들

많은 아이가 아무리 피곤해도 잠자리에 들기 싫어하기 마련이다. 특히, 어린아이에게 취침 시간이란 모든 재미를 끝내고, 나머지 가족들이 하는 일을 혼자서만 못 하게 되며, 홀로 어둠 속에 남아 이상한 소음을 들으며 걱정에 사로잡히는 것을 의미할지도 모른다. 취침 시간은 하필 부모가 외출에서 돌아왔을 때일 수도 있고 손님이 막 왔을 때일 수도 있다. 또한 침실은 일종의 벌을 받는 공간으로 인식되기도 한다. "그런 못된 짓을 하다니—침실(네 방)로 가 있어"라는 말을 하는 경우도 있고, 부모가 평화로운 시간과 공간을 필요로 할 때 아이를 일찍 재우기도 한다.

부모에게 아이를 자러 보내는 것은 엄청난 도전일 수 있다. 여러 가지 방법이 다 사용되어 왔다.—잠이 들 때까지 안아 주거나 쓰다듬기, 부모의 침대에서 같이 재우기, 또는 부모가 아이의 침대에서 같이 자기 등. 부모가 잠들도록 도와주는 단계에서 아이 스스로 잠자러 가는 단계로 넘어가기 매우 어려울 수 있다.

충분한 수면은 말을 더듬는 아이들에게 도움이 된다.

자녀의 취침 문제 돕기

1. 선의로 만들어진 취침 관리 프로그램에 착수하기 전에 먼저 우리는 문화적 측면을 고려해야만 하는데, 예를 들어 가족생활과 사회생활이 서로 다른 방식으로 작동하는지와 같은 측면들이다. 많은 문화에서 어린이들을 일찍 재우지 않는다. 특히, 낮 동안에 '시에스타(더운 날 낮잠을 자는 문화)'를 갖는 경우 그렇다. 따라서 우리는 부모들이 당연히 여기는 취침 시간과 일과가 무엇인지 먼저 알아내야 한다.

2. 유인물: 한 회기 전에 부모에게 '피곤함'(부록 24) 유인물을 나누어 준다. 부모에게 집에서 읽고, 질문에 답을 적고, 제안들에 대해 생각해 본 후 다음 회기에 가져오라고 한다.

3. 피드백: 다음 회기에 부모에게 유인물에 대한 의견을 들어 보고 미리 써 온 내용에 관해 이야기를 나눈다.

4. 토론: 아이가 잠드는 데 도움이 되지 않는 것들이 있다. 부모와 함께 자녀의 숙면을 방해할지도 모르는 요인들을 살펴본다.

   1) '있잖아요, 나 안 피곤해요!'

   우리는 부모들에게 아이가 충분히 피곤한 상태에서 재우러 보내는지 생각해 보게 한다. 어린아이들은 대부분 낮잠을 필요로 하지만 낮잠을 자고 난 후에도 일시적으로 아주 피곤해지는 순간이 있을 수 있다. 이때 낮잠을 자면 밤에 잠들기가 더욱 힘들어진다. 그 해결책은 낮 동안 재우지 않는 것이겠지만 이건 쉬운 일이 아니다. 아이들은 자동차나 유모차 안에서 쉽게 잠이 든다. 부모가 매 순간 아이가 졸고 있는지 감시할 수는 없는 노릇이다. 하지만 아이가 일찍 잠자리에 들게 하고 싶다면 낮잠 시간을 제한하는 것이 도움이 된다. 이따금 낮잠을 일찍 재울수록 밤에 아이를 재우기 쉽다고 생각하는 부모도 있다.

2) 취침 시간 전에 먹고 마시기

부모는 아이가 잠들지 못하는 이유가 직전에 먹은 푸짐한 식사 때문은 아닌지 또는 자극이 될 만한 식품첨가물이 들어간 음식이나 음료를 먹었기 때문은 아닌지 따져보아야 한다.

3) 신나는 일이 벌어지는 취침 시간

아이의 침실이 잠들기 어렵게 만들기도 한다. 아이의 침실에는 보통 장난감들이 보관되어 있다. 텔레비전, 게임기, 태블릿, 컴퓨터 등 아이가 잠드는 것을 방해하는 장치들이 놓여 있기도 하다. 어떤 아이들은 습관적으로 텔레비전을 보다 잠이 들기도 하는데, 이는 아이들이 무엇을 보느냐에 따라 매우 자극적일 수 있다. 날이 어두워지면 우리 몸은 멜라토닌이라고 불리는 수면 호르몬을 만들어 내는데, 이 호르몬은 우리 신체 시계를 작동시켜 잠들게 하고 졸리게 만든다. 짧은 시간 동안이라도 잠자기 전 텔레비전, 태블릿, 컴퓨터 화면 불빛에 노출되는 것은, 멜라토닌의 생성을 막아 결국 잠을 방해한다고 알려져 있다.

4) 취침 시간 전의 신나는 활동

우리는 부모에게 일상적인 취침 시간에 하는 활동 중에 잠들기를 더욱 어렵게 할 만한 것은 없는지 묻는다. 잠들기 전에 침대 위에서 펄쩍펄쩍 뛰는 것은 신나는 활동이고 아이와 함께 하루를 마무리하기에 좋은 방법이지만 아이가 '지나치게 업' 되어서 긴장을 풀고 잠드는 것을 더욱 어렵게 할 위험이 있다.

5. **함께 취침 시간을 정하고 정착시키기:** 부모가 자녀를 위한 적절한 취침 시간을 정하고 이를 정착시키도록 돕는다. 몇 살에는 몇 시에 잠들어야 하는지에 대한 정확한 규정이 있는 것은 아니다. 모든 아이와 가정은 서로 다르기 때문이다. 잠을 더 많이 자야 하는 아이들도 있다.

생일을 맞을 때마다 한 살 더 먹은 특권으로 취침 시간을 조금 더 늦춰 줄 수 있다. 동생은 이를 못마땅해하겠지만, 이렇게 하면 아이가 나이 먹은 것을 특별하게 느끼고 독립심을 기르는 데 도움이 된다. 어린 동생은 나이를 먹으면 취침 시간이 달라진다는 것을 배우게 될 것이다.

부모는 자녀들에게 취침 시간이 정해져 있는 이유를 설명할 필요가 있다. 부모는 자녀들에게 피곤하지 않게 지내는 것의 장점을 생각해 보도록 독려할 수 있다. 어떤 어린이들은 피로감이 말하기에 영향을 준다는 것을 알고 말하기에 도움이 된다면 일찍 잠자리에 들거나 일정한 취침 시간을 정하는 것에 동의하기도 한다.

6. 자녀가 잠들도록 돕기: 부모와 상의하며 아이가 잠들기 쉽도록 돕는 방법에 대해 이야기한다.

❖ 정해진 일과

정해진 일과는 아이가 신체적으로나 정신적으로 쉽게 잠자리에 들 수 있게 돕는다. 인체에는 시계와 같은 기능이 있어서 일정한 시간에 잠이 들고 일정한 길이의 수면을 기대한다. 부모가 일과를 정해 주면 자녀의 생활에 불확실성을 어느 정도 제거해 아이가 일어날 일을 미리 예상하고 이를 힘들이지 않고 자동적으로 받아들이는 데 도움이 된다. 우리는 부모와 함께 아이가 저녁을 먹고 목욕 후 잠자리에 들어 잠이 들 때까지 자연스럽게 흘러갈 수 있도록 일과를 정해 볼 수 있다. 어떤 부모는 상당히 엄격한 규칙을 선호하는 반면 어떤 부모는 느슨하지만 효과적인 일과를 만들고자 한다. 어떤 아이들의 경우 취침 시간에 무엇을 하는지 시간표를 만들어 시각적으로 제시한다면 큰 도움이 된다.

❖ 목욕 시간

우리는 자기 전에 따뜻한 물로 목욕을 하면 아이의 긴장을 풀어 주고 자연스럽게 잠자리에 들게 하는 데 도움이 된다고 부모에게 조언할 수 있다. 목욕은 아주 신나는 활동이 될 수 있으므로 부모는 이러한 흥분이 야단스러운 놀이로 이어지지 않도록 유의해야 한다.

> 잠자기 전 짧은 시간 동안이라도 텔레비전, 태블릿, 컴퓨터 화면 불빛에 노출되는 것은 수면을 방해한다고 알려져 있다.

❖ 조명과 화면 시간

특히, 해지는 시간이 늦어지는 여름철의 경우 침실에 암막 블라인드나 커튼을 치면 도움이 된다. 취침 전 한 시간 동안은 스크린을 사용하지 않는 것이 좋다.

❖ 음료

잠자기 전의 음료 한 잔은 아이들 일과의 한 부분으로 자야 할 시간을 알리는 신호이다. 우리는 부모에게 첨가물이 있는 음료는 잠드는 것을 어렵게 할 수 있고, 너무 많은 양의 음료를 마시는 것은 밤새 화장실을 들락거리게 해 자녀의 수면을 방해할 수 있다고 말해 준다. 우유는 숙면에 도움이 되는 필수 아미노산을 함유하고 있는 것으로 알려져 있으므로, 취침 시 우유 한 잔이 도움이 될 수 있다.

✤ 잠자리 이야기 시간

가능하다면 자녀가 긴장을 풀고 잠들 준비를 하는 데 도움이 되는 잠자리 이야기 시간을 추천한다. 부모는 읽어 주는 책의 내용에 주의를 기울여 자녀가 생생하거나 무서운 줄거리에 겁을 먹지 않도록 한다.

> 따뜻한 우유 한 잔과 잠자리 이야기 시간은 아이가 긴장을 풀고 잠잘 준비를 하는 데 도움이 된다.

✤ 분리불안 다루기

잠자는 시간에 혼자 남겨지기 싫어하는 아이가 있을 수 있다. 우리는 부모와 함께 곰 인형, 특별한 담요, 모조 젖꼭지, 손가락 빨기 등과 같이 아이에게 안정감을 주는 데 도움이 될 만한 것이 무엇인지 살펴본다. 아이가 커 갈수록 부모는 모조 젖꼭지나 손가락 빨기 등을 멈추게 하고 싶어 할 것이다. 만약 아이가 현재 말더듬 시기를 겪고 있다면 안정감을 얻기 위한 이러한 행동을 그만두게 하기에 최적의 시기가 아닐 수 있기 때문에 우리는 부모에게 조금 늦춰 보라고 부탁한다.

아이가 잠들 때까지 함께 누워 있다고 말하는 부모도 있다. 우리는 이것이 의미하는 바에 대해, 즉 아이가 부모 없이 잠이 들지 못하는 것인지, 예를 들어 베이비 시터와는 잠들 수 없는지 등을 논의해 본다. 우리는 또한 아이가 스스로 잠드는 법을 배우도록 격려한다. 아이가 매일 밤 여러 번 잠에서 깨는 것은 지극히 정상적인 일이지만, 아이가 한밤중에 깬다면 스스로 다시 잠들 수 있어야 한다. 만약 아이가 잠들 때까지 부모가 같이 누워 자기 머리를 쓰다듬어 주는 것에 익숙해져 있다면, 밤에 혼자 깼을 때, 부모가 누워 머리를 쓰다듬지 않는 한 아이는 다시 잠들기가 훨씬 더 힘들어질 것이다.

✤ 무서움 다스리기

자녀가 무서움 때문에 잠들지 못한다고 말하는 부모도 많다. 우리는 부모와 함께 이에 대한 해결책을 모색한다. 아이들은 어두움을 무서워하는데, 은은한 야간 조명 켜 두기, 방문 살짝 열어 두기, 불빛을 어둡게 하는 것도 유용하다. 소음이나 그림자를 무서워하는 아이들도 있다. 아이가 자신의 두려움을 터놓고 이야기하도록 하고 아이와 함께 소음이나 그림자의 근원을 찾는다면 무서움을 극복하는 데 도움이 된다. 탁탁 소리를 내는 것이 괴물이 아니라 보일러라는 것을 알고 나면 아이는 두려움을 덜 느낄 것이다. 소음에 예민한 아이라면, 잔잔한 배경음악을 트는 것도 방법이 되겠다.

7. 그 외 수면과 관련된 문제들: 부모들은 종종 자녀의 잠들기 및 수면과 관련해 겪게 되는 다른 어려움을 토로하기도 한다.

❧ 아이가 거실에서 잠들 경우

가족들과 함께 거실에서 텔레비전을 보다가 잠드는 것을 선호하는 아이도 있다. 우리는 아이가 혼자 자러 가는 습관을 기르지 못하는 문제에 대해 부모와 함께 상의하기로 한다.

❧ 밤에 손님이 방문할 경우

한밤중에 잠에서 깬 아이가 부모의 방으로 가는 경우가 있다. 습관적으로 부모의 침대로 들어가는 아이를 부모가 거부하는 것은 쉽지 않다. 모두가 다시 잠들기 위해서는 아이를 받아들이는 게 가장 편한 방법이기 때문이다. 우리는 부모에게 이런 습관에서 벗어나려면 아이를 다시 침대까지 바래다주고 아이 스스로 다시 잠들게 하라고 조언한다. 부모로선 며칠 동안 잠을 설칠 수도 있지만 장기적으로 보면 결국 모두에게 유익한 방법이다.

❧ 악몽과 야경증

악몽은 3세에서 6세 사이의 아이들에게 매우 흔한 일이다. 악몽에서 깨어난 아이는 대부분 위로와 안정감을 되찾아야 다시 잠들 수 있다. 우리는 부모에게 악몽의 원인을 찾아볼 것을 권한다. 이야기나 텔레비전 이미지 또는 자신의 경험으로부터 크게 영향을 받는 아이들이 있다. 원인을 찾고 나면, 부모는 자녀의 무서운 경험에 대한 잠재적인 노출을 줄여 줄 수 있다. 악몽의 일반적인 원인이 과로라는 점을 참작할 때, 취침 시간을 잘 지키고 아이가 충분한 수면을 취하게 하는 것은 매우 중요하다고 하겠다.

야경증은 3세에서 8세 사이의 아이들에게 비교적 흔하게 나타나는 현상으로, 약 3.5세에 가장 심한 양상을 보이는 경향이 있으며, 종종 어떠한 형태의 치료도 없이 없어지기도 한다. 야경증은 아이의 수면 초기에 나타나는 경향이 있는데, 특히 부모가 잠자러 가기 직전에 자주 일어난다. 아이는 엄청난 공포를 느끼면서 반쯤 잠에서 깨는데 주로 소리를 지르고 몸을 떤다. 일종의 몽유 상태에 놓인 아이는 완전히 잠에서 깬 상태가 아니라서 상황을 인식하지 못한다. 우리는 부모에게 아이를 즉각 깨우는 대신 달래고 안정감을 되찾아 줄 것을 권한다. 대부분의 경우 아이는 다시 잠들고 다음날 아침 무슨 일이 있었는지 기억하지 못한다. 야경증은 취학 전 아동에게 흔히 나타나는 현상으로 별다른 조치 없이도 그 시기가 지나면 사라져 버리는 경우가 많다.

♣ 일찍 일어나는 아이

어떤 아이들은 선천적으로 일찍 일어나는데, 그럼에도 불구하고 이미 충분한 수면을 취한 후일 수 있다. 하지만 아이가 너무 일찍 일어나서 낮에 상당히 피곤해한다면 부모는 아이를 다시 재우거나 늦잠을 자도록 도와주어야 한다. 만약 아침 햇살이 아이를 깨운다면 암막 커튼이 필요할 수 있다. 시간을 아는 것도 아이에게는 도움이 된다. 아주 어린아이도 시계가 7자가 되었을 때 7시가 된 것을 알아볼 수 있으며, 디지털시계로 아이에게 일어날 시간을 알려 줄 수 있다. 또한 시간이 되면 토끼의 귀가 쫑긋 올라간다든지 하는 방법으로 어린이에게 시간을 알려 주는 특별한 시계들도 있다. 아이를 다시 재우는 것이 힘들다고 하소연하는 부모에게 우리는 일어날 시간이 될 때까지 그냥 침대에서 쉬거나, 장난감을 가지고 놀거나, 책을 읽거나 녹음된 이야기를 듣도록 이끌어 볼 것을 제안한다.

8. **변화 강화하기**: 아이의 잠들기 시간 또는 취침 습관과 관련해 이전에 이를 따르면 보상이 있었을 것이다. 그래서 습관을 바꾸기 위해서는 또 다른 보상을 제시해 주어야 하는 아이도 있다. 예를 들어, 부모의 따뜻하고 편안한 침대로 기어오르는 것을 좋아하는 아이라면 이를 쉽게 포기하려 들지 않을 것이다.

보상 시스템은 변화를 강제하는 데 상당히 도움이 될 수 있다. 우리는 부모에게 자녀와 함께 별 차트를 만들어 보라고 제안한다. 부모는 아이가 자기 침대에서 잠을 자거나, 밤새 자신의 침대를 떠나지 않거나 7시 이전에 일어나지 않을 경우, 매일 밤 별 한 개를 받을 것이라고 아이에게 말해 준다. 때에 따라서는 별 다섯 개를 모을 때마다 공원으로 함께 놀러 가 준다든가 비싸지 않은 선물을 사준다든가 하는 등의 작은 선물을 약속하는 것도 하나의 방법이다. 하지만 별을 받는 것만으로도 충분한 보상을 받았다고 느끼는 아이들도 있다(별 차트 참조).

아이가 취침 습관을 바꾸도록 돕는 방법

♠ 잠자기 전에 자극이나 흥분을 피한다.

♠ 취침 시간에 대해 아이의 동의를 얻는다.

♠ 동일한 취침 일과를 만든다.

♠ 수면 방해 요인을 없앤다.

♠ 목표 행동을 달성하면 보상해 준다.

사례 연구: 제이크(만 6세)
피곤함

3회기

어머니에게 '피곤함' 유인물을 주었다. 집에서 읽어 보면서 질문에 답을 적어 보고 제안된 방법들에 대해 생각해 보도록 하였다.

4회기

'피곤함' 유인물 내용에 대해 논의했다. 어머니는 제이크가 충분한 수면을 취하지 않고 있으며 이것이 아이의 말더듬에 영향을 미치고 있다고 걱정했다. 제이크는 종종 늦게 잠자리에 들고, 침대에 눕더라고 안정을 취하고 잠들기까지 오랜 시간이 걸린다고 말했다. 어머니는 취침 시간에 화면을 보는 것이 아이들의 잠드는 능력에 미치는 영향을 알지 못했으며, 이제는 바꾸고 싶다고 했다. 좀 더 이른 취침 시간에 대해 논의 후 제이크의 동의를 얻어 별 차트를 만들었다. 이에 대한 보상은 축구 잡지로 결정했다. 우리는 제이크에게 제시간에 잠자리에 들기 위해 무엇을 해야 하는지 생각해 보도록 했고, 아이는 저녁에 일찍 목욕하기, 잠자기 전 책 읽기 등 마음을 진정시키기 위한 여러 가지 아이디어를 생각해 냈다. 어머니는 좀 더 일찍 저녁식사를 할 수 있도록 가족들이 일과를 마치고 돌아오기 전에 미리 저녁 준비를 하는 것이 좋겠다고 했다.

5회기

제이크와 어머니는 함께 컴퓨터로 별 차트를 만들었다. 침대 사진을 넣고, 요일을 표시한 다음, 하단에 '별 다섯 개 = 축구 잡지'라고 메모해 두었다. 이후 제이크는 세 개의 별을 얻었고 스스로 만족했다. 자신이 제시간에 잠자리에 드는지 확인하기 위해 한 일들을 이야기해 주었다. 여기에는 형에게 시간 말해 달라고 하기, 목욕 후 더러운 옷 세탁 바구니에 넣는 것 기억하기, 방문 닫기 등이 있었다.

어머니는 스크린 시간을 협상하는 것이 다소 힘들었다고 했다. 하지만 제이크가 주중에 놓친 스크린 시간을 모아서 주말에 사용하는 데 서로 동의했다고 한다. 또한 어머니는 좀 더 계획된 식사 시간이 필요하다고 했다. 우리는 한 주 동안의 식사 계획표를 미리 세우는 것이 어떤지 이야기를 나누었다.

6회기
이번 주 잠들기 일과는 대체로 순조로웠으며 제이크가 드디어 별 다섯 개를 얻어냈다고 한다. 이날 치료 회기가 끝나면 축구 잡지를 사러 간다고 했다. 제이크는 종종 형보다 일찍 잠자리에 드는 것을 힘들어했다고 한다. 이 문제를 논의했으며, 형이 가족 중 맏이의 영향력이 크다는 것을 느끼는 것이 얼마나 중요한지에 대해서도 이야기를 나누었다. 어머니는 제이크가 축구 연습이 있는 날이면 늦게 집으로 돌아와 자기 전까지 목욕을 하고 간식도 먹어야 하기 때문에 제시간에 잠자리에 드는 것이 어려운 일이라고 했다. 요즘은 제이크의 취침 시간이 조금 늦어질 수도 있다는 데 동의했다.

높은 기대수준

높은 기대수준과 말더듬

매우 높은 기대수준을 가진 부모 또는 자녀를 지원한다.

무엇이든 언제나 올바르게 해내고자 하는 경향을 가지고 태어난 아이들이 있다. 이러한 아이들은 경쟁심이 강하고 결코 2등에 만족하지 않는다. 지각하는 것, 윤곽선을 넘어 색칠하는 것, 게임에 지는 것, 뭔가 제대로 안 되어 있는 것, 단추를 끝까지 채우지 못하는 것, 이 중 단 한 가지만 벌어져도 아이는 엄청나게 분노하거나 좌절할 수 있다. 아이는 다른 사람들을 즐겁게 하고 모두를 행복하게 하기도 한다. 유난히 높은 기대수준을 가지고 있거나 경쟁심이 유난히 많은 아이는 말하기를 비롯한 모든 방면에서 어려움을 겪을 수 있다.

우리 사회는 매우 높은 기대수준을 가진 아이들을 독려하고 보상한다. 교사들은 깔끔하게 제출된 과제, 주의 깊게 그린 그림, 섬세함을 위한 집중력을 좋아한다. 부모들도 선천적으로 정리정돈을 잘하고 모든 과제를 완벽하게 해내려는 아이를 칭찬한다.

스포츠 경기 또는 학문적 성취 분야에서 경쟁심은 주로 칭찬의 대상이 된다. 그래서 자기 자신에 대한 기준을 높게 잡은 아이는 기가 죽지 않고 이런 점을 더욱 강화시키려 하기 쉽다. 그 결과 제대로 해내야 하고, 더 잘해야 하며, 실수를 하거나 2등을 해서는 안 된다는 엄청난 압박감 속에 스스로를 가두어 버린다.

말을 더듬는 아동 중에는 자신이 다른 아이들과 다른 식으로 말하고 있다는 것을 인식하는 아이도 있다. 예민한 아이라면 말더듬을 더 잘 인식하게 된다. 또 스스로 높은 기대수준을 설정하는 아이인 경우 말더듬의 순간을 더 참지 못하고 말더듬에 크게 반응함으로써 오히려 말을 더 더듬게 되는 결과를 가져올 수도 있고, 말더듬을 조절하려고 하거나 심지어 숨기려고 할 수도 있다.

부모는 스스로 높은 기대수준을 세우는 자녀를 돕는 데 결정적인 역할을 한다.

아주 높은 기대수준을 가진 자녀를 둔 부모 돕기

1. **유인물:** 한 회기 전에 부모에게 '높은 기대수준'(부록 25) 유인물을 나누어 준다. 부모에게 집에서 읽고, 질문에 답을 적고, 제안들에 대해 생각해 본 후 다음 회기에 가져오라고 한다.
2. **피드백:** 다음 회기에 부모에게 유인물에 대한 의견을 들어 보고 미리 써 온 내용에 관해 이야기를 나눈다.
3. **토론:** 완벽주의의 장단점. 우리는 부모에게 아이가 스스로 높은 기대수준을 가질 경우의 장점과 단점을 생각해 보게 하고, '그만하면 잘했다(good enough)'의 개념의 장점에 대해 같이 이야기를 나눈다.
4. **토론:** '완벽하지 않음의 본보기'

부모의 반응

자기 자신에게 높은 기대수준을 적용하는 아이는 부모 중 한 명 또는 두 사람 모두가 자신에 대해 높은 기대수준을 가지고 있는 경우가 흔하다. 이것은 성격일 수도 있고 교육에 의한 것일 수도 있는데, 두 가지 경우 모두 부모가 의식적으로 또는 무의식적으로 그러한 측면을 강화하고 있기 쉽다. 아이가 자신에 대해 약간 낮은 기준을 적용

하게 만들어야 한다면, 부모는 우선 스스로가 모범을 보여야 한다. 부모 또는 어른이 모든 일을 완벽하게 하는 것은 아니라는 사실을 배울 수 있도록 부모는 자녀를 도울 수 있다. 인생은 잘못될 수 있다. 직장을 잃을 수도 있고 자동차 사고를 낼 수도 있고, 시험에 떨어질 수도 있다. 아이들은 부모가 이런 문제와 씨름하는 것을 보면서 자신만의 기준을 마련할 뿐만 아니라 이런 것들을 성취하지 못했을 때 어떻게 반응해야 하는지 배우게 된다.

따라서 부모가 퇴근 후 집에 와서 힘든 하루였다고 말하거나 뭔가 잘 못 해낼 때, 부모는 자녀가 불완전한 것을 받아들일 만한 것으로 생각하도록 도울 수 있는 기회를 갖게 된다. 이것은 아주 소소한 방식으로도 이루어질 수 있다. 부모가 실수를 하거나, 뭔가를 떨어뜨리거나 잃어버리거나 잘 못 해내면 된다. 부모의 반응은 '실수'를 다루는 방식에 대한 모범이 될 수 있다. 그들의 자연스러운 반응은 분노, 스트레스, 심지어 무언가 잘못되었다는 참담함일 것이다. 하지만 부모가 불완전함을 보여 준다면, 아이는 좀 더 편안한 마음으로 이미 일어난 일을 인정하고 가끔 벌어지는 일로 받아들일 것이다. 또한 부모는 아이에게 자신이 과거에 겪었던 실수를 이야기할 수도 있다.

부모가 '완벽하지 않음의 본보기'를 보여 줄 수 있는 방법을 찾도록 도움을 주기 위해 다음과 같은 질문을 한다.

❀ 자기 실수에 대한 부모의 반응으로 어떻게 하면 자녀의 비현실적으로 높은 기대수준을 낮출 수 있을까요?

반대로, 점심을 잘 만들지 못했다고 짜증을 내는 부모의 모습을 자녀가 본다면 짜증을 내는 법을 배울 것이다.

실수에 대한 반응을 본보기로 보여 주기

하지만 부모가 자신의 단점을 인정하고 유머로 풀어낸다면 자녀는 다른 방식도 있다는 것을 알게 된다.

"아 이런. 아빠가 참 바보다. 오븐 켜는 것을 깜빡했네."

"이런. 칠칠치 못하게. 오늘 아침에만 벌써 두 번이나 물건을 떨어뜨렸네."

"열쇠를 또 잃어버렸네. 나도 참 바보다. 비상용 열쇠를 써야겠구나."

"나 좀 봐. 단추를 엉망으로 채웠네."

부모가 실수하고 이를 대수롭지 않게 여기는 모습을 자녀가 목격한다면 기준에 대한 인식의 변화가 일어나기 시작할 것이다. 또한 일이 잘못되었을 때 달리 반응하는 법을 경험하게 될 것이다.

❀ '자녀가 잘 해내지 못했을 때, 자신에 대한 기대수준을 낮추게 하려면 어떤 반응을 보여야 할까요?'

자녀의 시도에 대한 부모의 반응 또한 똑같이 중요하다. 실수보다는 잘한 것에 주목해야 한다. 예를 들어, "정말 여러 가지 색으로 그림을 그렸구나. 그렇게 열심히 하느라고 시간이 아주 많이 필요했겠네."

5. 또한 자녀에 대한 반응이 자신에게 높은 기대수준을 적용하는 자녀의 경향을 강화하고 있는 것은 아닌지 생각해 봄으로써 부모는 자녀를 도울 수 있다. 유치원에서조차 경쟁은 치열하고 사회는 승자를 축하하지만 패자는 무시하거나 심지어 처벌한다. 유치원 체육대회, 배지와 상장을 받는 수영 수업, 노래하거나 춤을 출 사람을 위한 선발, 최우수 그림이나 모범 사례의 전시 등 경쟁심과 상을 받는 '최고'의 예는 수도 없이 많다. 학교에서의 경쟁은 받아쓰기 시험, 읽기 수준 평가, 성적표, 학급별 점수, 국가 고시 등을 통해 더 치열해진다. 아이는 끊임없이 자신이 얼마나 성공적인지 또는 그 반대인지에 대한 메시지를 받게 될 것이고 부모는 이러한 의견을 강화하거나 무력화시킬 수 있도록 도와줄 수 있다.

예

❀ 아이: "받아쓰기 문제 10개 중에서 8개를 맞혔어요."

나올 수 있는 가능한 반응들

(바람직하지 않은 반응)

❀ 부모: "다른 애들은 몇 점 받았어?"

❀ 부모: "뭘 틀렸니?"

❀ 부모: "아이구. 그렇게 열심히 공부해 놓고는!"

(바람직한 반응)

❀ 부모: "점점 나아지고 있네. 다음 주에는 9개 맞힐 수 있을 거야."

❀ 부모: "잘했다. 이번 주에 새 단어를 많이 배웠겠구나."

부모는 또한 자녀를 칭찬할 때 결과에 집중하기보다는 아이가 한 칭찬받을 행동을 묘사하고 아이의 노력이나 사용한 전략을 언급하여 아이가 구체적으로 어떤 행동을 했는지 확인해 줌으로써 높은 기대수준을 세우는 아이를 도울 수 있다. 예를 들어, "훌륭해, 이제 혼자 양말 신을 수 있네."보다는 "집중해서 열심히 양말 신었구나. 신기 힘들었을 텐데. 계속 노력해서 결국 혼자서 양말을 신었네."라고 말해 줄 수 있다. 성취해야 한다는 압박감이 큰 아이들에게 '용감하다', '그림에 소질 있다', '재능 있다'와 같은 어휘를 사용해서 칭찬하게 되면 자기가 항상 스스로 그런 자질을 사람들에게 보여 주어야 한다고 생각할지도 모른다. 이 아이들이 커서 청소년이 되면 실패를 피하기 위한 목적으로 스스로 도전하지 않으려고 할 수 있다. 앞서 '자신감 기르기'에서 다루어진 칭찬 유형은 이러한 아이들에게 더 효과적일 수 있다.

부모가 자녀의 칭찬받을 행동을 명확하게 설명하면, 아이에게 훨씬 더 높은 기대수준을 설정하게 하는 '완벽하게'라는 말을 사용하지 않고도 자녀를 칭찬할 수 있다. 예를 들어, 부모는 "그림을 완벽하게 그렸네" 또는, "네가 그린 집이 정말 완벽하다"라고 말하기보다는 "네가 그린 집이 참 마음에 들어. 문과 창문이 완전 우리 집처럼 보이네. 대단한 집중력이다."라고 표현하면 되겠다.

만약 아이가 세운 높은 수준으로 인해 가족의 일상적인 행복이 깨지기 시작한다면 심리 치료의 도움을 받는 것도 적절한 방법이 된다.

훈육

행동과 말더듬

많은 부모들이 자녀의 행동 중 특정한 측면을 관리하기 위해 애를 쓴다. 우리는 말을 더듬는 아동이 그렇지 않은 아이들보다 더 많은 행동 문제를 드러낸다고 생각하지 않는다. 하지만 부모 입장에서는 자녀가 말더듬 문제를 가지고 있는 경우 최선의 훈육 방법이 무엇인지 알기 어려운 것은 사실이다.

자녀의 말더듬 때문에 걱정이 많고, 아이가 흥분하면 더욱 심하게 더듬는다는 것을 알고 있는 부모 입장에서는 슈퍼마켓에서 떼쓰기, 잠자러 가지 않고 버티기, '비사회적인 행동' 등에 직면했을 때 일반 부모와는 다른 어려움을 느끼지 않을 수 없다. 이때 부모는 평화를 유지하기 위해 최선을 다하면서 아이와의 정면충돌을 피하기 위해 평소에는 허락하지 않을 행동을 허락하기도 할 것이다. 이는 말을 더듬는 자녀에게 다른 규칙을 적용하는 결과를 낳아 이를 지켜보는 형제자매들을 당황하게 만들 수 있다. 또한 경계가 불분명해지면서 더 많은 행동 문제를 야기하기도 한다. 물론 의도적으로 일관성이 없거나 선이 불분명한 기준으로 자녀의 행동을 관리하는 부모는 없을 것이다. 대부분의 경우 이것은 말더듬과 이를 둘러싸고 벌어지는 당혹감에 대한 본능적인 반응이다.

　우리는 자녀를 훈육하는 데 어려움을 호소하는 부모와 함께 현재의 대처 방법을 살펴보고 다른 대안에 관해 같이 이야기를 나눈다.

> 하지만 문제는 야단치게 되면 말을 더 더듬을 수 있다는 것이다.

부모의 자녀 훈육 돕기

1. **유인물**: 한 회기 전에 부모에게 '훈육'(부록 26) 유인물을 나누어 준다. 부모에게 집에서 읽고, 질문에 답을 적고, 제안들에 대해 생각해 본 후 다음 회기에 가져오라고 한다.

2. **피드백**: 다음 회기에 부모에게 유인물에 대한 의견을 들어 보고 미리 써 온 내용에 관해 이야기를 나눈다.

3. **토론**: 우리는 부모와 함께 아이가 바르게 행동하지 않을 때 벌어지는 현 상황, 즉 아이의 행동, 부모의 반응, 아이의 반응에 대해 탐구한다. 우리는 만약 말을 더듬지 않은 다른 자녀가 비협조적인 태도를 보인다면 어떻게 대처하겠느냐는 질문을 부모에게 한다. 이를 통해 자녀를 관리할 수 있는 또 다른 전략을 발견할 수도 있을 것이다. 하지만 이를 실제로 적용하는 데 있어서는 확신과 지지가 더욱 필요할 수도 있다. 우리는 또한 말을 더듬는 자녀에게 선을 분명히 하지 않거나 서로 다른 기준을 적용할 경우 벌어질 수 있는 일에 대해 부모와 함께 알아본다. 나이가 든 아동들 중에는 말을 더듬는 게 더 유리한 경우가 있다고 말하는 아이들도 있었다. 선생님이나 부모님이 덜 엄격한 규칙을 적용하거나 예외를 허용해 준다는 것이다.

4. **아이가 협조할 수 있도록 격려하는 법**: 우리는 부모가 자녀의 까다로운 행동을 관리할 수 있도록 돕기 위해 페이버와 마즈리치(Faber & Mazlish, 1980), 페이버와 킹

(Faber & King, 2017)의 방법을 사용하는데 그 내용은 유인물에 나와 있으며 다음과 같은 단계로 이루어져 있다.

1) 문제 서술하기: 부모는 자녀에게 문제가 무엇인지, 또는 자신이 본 것은 무엇인지를 사실대로 말해 준다. 이를 통해 비난을 제거하고 해결책에 집중함으로써 아이가 스스로에게 무엇을 해야 하는지 말해 줄 기회를 마련할 수 있다.

예

"바닥에 온통 장난감이어서 지나다닐 공간이 없어."

"유치원에 늦겠다."

"오늘 아침엔 칫솔을 사용하지 않았구나."

2) 정보 주기: 아이가 할 일을 알아내는 데 도움이 된다.

예

"장난감 밟으면 부서질 텐데."

"유치원에 지각하지 않으려면 빨리 옷을 입어야겠다."

"칫솔질을 안 하면 이가 썩어."

3) 한 낱말로 표현하기: 한 낱말이 문단 전체보다 더 효과적인 경우도 많다. 아이는 긴 설명이나 훈계에 집중하지 않을 수 있다.

예

'장난감'

'유치원'

'이'

4) 자기 감정 말하기: 부모는 아이를 말로 공격하지 않으면서 자신이 느끼는 감정에 솔직할 수 있다.

예

"난 지저분한 걸 보기가 싫어."

"너한테 옷 입으라고 계속 말하니까 화가 나."

"네 이에 구멍이 생길까 봐 걱정이야. 왜냐하면 그러면 정말 아프거든."

5) 메모하기: 말로 하는 것보다 글로 적는 것이 더 효과적인 경우가 있다. 글을 읽을 줄 모르는 아이는 무엇이 적혀 있느냐고 물어올 것이다.

예

"위험. 들어오지 말 것. 장난감 사고 위험."

"옷을 입지 않은 사람은 유치원 출입 금지입니다."

"날 사용해 주세요."(칫솔 위에)

또는 부모는 아이를 위해 그림이나 메모를 그려 줄 수도 있다.

6) 장난치기: 어린아이들은 부모가 장난을 칠 때 긍정적인 반응을 보이는 경향이 있다.

예를 들어, 장난감이 우스꽝스러운 목소리로 이야기하는 것처럼: "제발 저 좀 구해 주세요. 저는 저 큰 발이 날 밟아 부숴 버릴까 봐 너무 무서워요."

• 연기하기: "우리가 예쁜 드레스 입는 걸 좋아하는 나비인 척하자. 먼저 속옷을 입고, 그다음에 드레스를 입으렴."

• 해야 할 일을 게임으로 바꾸기: "너 눈 감고 이를 닦을 수 있어?"

5. 문제 해결법: 부모들은 문제와 씨름하면서 벽에 부딪히는 느낌을 받는다고 종종 우리에게 호소한다. 가능한 방법을 다 썼는데 아무것도 소용이 없다고 느낄 수 있다. 우리는 부모에게 문제 해결법을 어떻게 사용하는지 알려 준다. 문제 해결법은 창의적인 사고를 자극하고, 잠재적인 해결책들을 마련해 주며, 이에 따라 새로운 방법들을 제시해 주기 때문에 도움이 될 수 있다.

문제 해결법은 부모가 자녀에게 문제를 묘사해 주고 어떻게 하면 좋을지 묻는 간단한 대화의 형태를 취할 수도 있다.

"문제가 있는 것 같구나. 나는 항상 너한테 장난감을 정리하라고 하는데 너는 하기 싫고, 그러면 내가 화를 내게 되는데 이건 우리 모두에게 끔찍한 일이지. 이럴 때 내가 어떻게 하는 게 좋다고 생각하니?"

이렇게 간단한 형태의 문제 해결법은 특히 나이가 어린 자녀에게 유용하다.

이 외에도 부모는 서면으로 된 문제 해결 연습을 할 수 있다. 가족 전원이 참여해도 좋고 아이와 단둘이 해도 좋은 방법이다.

방법이 유인물에 나와 있는데 그 내용은 다음과 같다.

1) 문제 선택하기

한 사람이 일상 속에서 문제를 확인한다. 이 문제는 다른 사람들의 거슬리는 행동이 아닌 자기 자신의 문제여야 한다.

예 어머니는 아침마다 피곤한 문제를 해결하기를 원한다. 어머니는 문제의 이유를 설명할 수 있다. "○○가 내 침대로 오면 나는 잠에서 깨요. 그럼 더워지고 너무 비좁아서 몸을 이리저리 뒤척이게 되지요." 그다음 문제를 적어 본다. 예 "내 문제는 밤에 잠을 잘 수 없어서 날마다 피곤하다는 것입니다."

2) 해결책에 대해 아이디어 나누기

어머니를 포함한 모든 가족이 문제의 해결책을 생각해 보고 돌아가면서 하나씩 제시하고 이를 종이에 받아 적는다. 참신한 해결책이 나오게 하려면 이 단계에서는 그 누구도 어떤 제안에 대해서든 반응하지 않도록 한다. 모든 아이디어가 나올 때까지 아이디어 나누기를 계속한다.

3) 아이디어 평가하기

문제의 장본인(이 경우 어머니)은 각각의 해결책을 간단히 고려해 보고 그것이 가져올 효과를 따져 본 후, 선택할 것인지 거절할 것인지 결정한다.

4) 아이디어 순위 매기기

어머니가 가장 먼저 시도해 보고 싶은 해결책을 선택한다. 이어서 나머지 아이디어들에 대해서도 선호도에 따라 순위를 매긴다. 첫 번째 방법에 성공하지 않으면 두 번째 방법을 시도해 보기 위해서이다. 순위에 따라 해결책을 적는다.

5) 시도하기

다른 가족들은 어머니가 선택한 해결책을 시도해 볼 수 있도록 격려하고 어머니는 결과에 대한 피드백을 공유한다.

문제 해결법의 장점 중의 하나는 문제를 해결하고자 하는 부모를 자녀들이 돕도록 독려한다는 것으로, 이는 관습적인 역할을 뒤집어 볼 수 있게 해 준다. 대부분의 사람들은 타인의 문제 해결을 위한 도움 요청에 긍정적으로 반응한다. 기분이 좋아지고, 자신의 의견이 존중되며 다른 사람에게 자신이 쓸모 있는 존재라는 느낌을 받는 것이다. 아이들은 상상력이 매우 풍부해서 부모가 '정해진 틀을 벗어나' 생각할 수 있도록 도와준다. 또한 상황에 대해 기대치 않았던 영감을 불러일으킬 수도 있다. 때로는 그들이 도와주고 싶어 한다는 사실 자체가 문제의 추세를 바꾸어 버리기도 한다. 아이 자신은 이런 방식을 통해 언제나 부모가 해결책을 제시하는 방식에서 벗어나 스스로의 문제해결 능력을 키울 수 있다

6. 관심 이동하기—잘 되는 것에 주목하기: '자신감 기르기'에서는 아동 행동의 긍정

적인 면에 주목하고 아동이 잘 해낸 것을 구체적으로 설명하는 모델을 제시하였다. 이것은 부모가 강화하고자 하는 행동을 아이가 했을 때 아이에게 긍정적인 피드백을 주고 문제 행동을 바람직한 행동으로 바꾸는 데 도움이 될 수 있다. 부정적인 행동에 주목하는 것은 모두에게 너무 쉬운 일이라서 우리는 그렇게 진행되고 있는 것조차 잘 알아차리지 못한다. 일정한 틀 안에서 칭찬하고 칭찬 일지를 작성하는 것은 초점의 대상을 변화시키는 데 유용한 프로그램이며, 결과적으로는 원하지 않는 행동 방식이 줄어드는 예도 있다.

별 차트 만들기

우리는 자녀 행동 교정을 위한 도구로써 부모에게 별 차트를 소개하고 유인물에 나온 방법대로 사용할 수 있도록 돕는다.

- 부모는 자녀와 함께 별 차트를 만든다. 이때 중요한 것은 목표와 보상에 대해 서로 합의하는 것이다.
- 우리는 부모, 자녀와 함께 목표에 대해 합의한다. 목표는 가능한 구체적이어야 한다. 예를 들어, 혼자서 옷 입기를 통해 아이는 자신에게 요구되는 것이 무엇인지 부모는 자녀에게 긍정적으로 강화해야 할 것이 무엇인지 정확히 알게 된다. '착해진다'와 같이 일반적인 목표는 각자에게 해석의 여지를 만들어 줄 뿐 아니라 측정하거나 성취하기도 어렵다.
- 우리는 부모에게 한 번에 단 1개의 목표만을 정하여 자녀가 분명히 이해하고 달성할 수 있도록 할 것을 당부한다. 별 차트가 도움이 되면, 부모는 '아침밥 먹기 전에 혼자 옷 입기'와 같이 추가 요소가 포함된 목표를 만들고 싶어 할 수 있다. 그러나 이 문제는 이 목표에 따르면 아이가 혼자 옷을 입는 것에서 끝나는 것이 아니라 아침 식사 전에 해내야 한다. 이것은 목표를 바꾸는 셈이 되는 것으로 아이가 목표의 일부만을 성취했을 경우 모두를 혼란스럽게 할 수 있다.
- 우리는 부모에게 목표를 적고 별을 붙일 수 있는 상자를 그리게 한다. 필요하다면 요일을 적어 넣을 수도 있다. 합의된 목표 달성 시 별(스티커, 도장, 체크 표시 등)을 받는 것으로 부모와 아이가 합의한다.
- 양쪽 부모가 다 있으면 우리는 두 사람 모두에게 별 차트 계획을 실천하도록 권한

다. 물론 누가 아이에게 상을 줄 것인가는 정해야 한다.

❖ 우리는 부모에게 행동에 대한 보상을 되도록 빨리 주어서 즉각적이고 우발적인 강화가 이루어질 수 있도록 한다. 보상을 미루거나 일관성을 잃으면 효과도 사라진다. 우리는 아이가 받은 별을 다시 빼앗지 않도록 부모에게 일러 준다.

❖ 어떤 부모는 일정 개수의 별을 모아야 '상'을 준다. 예를 들어, 5개의 별을 모으면 공원에 데리고 간다는 식이다. 이것은 분명 별을 얻기 위해 자신의 행동을 바꾸려는 아이의 동기를 높일 수 있지만, 우리는 부모들에게 낮은 수준의 실질적인 보상을 선택하도록 권장한다. 만약 나중에 또 다른 별 차트가 필요할 때 반려 강아지나 여행휴가 등을 보상으로 내세우면 실제로 이러한 보상을 해 주기가 힘들어질 것이다.

❖ 우리는 아이에게 다음 회기에 별 차트를 가져오라고 부탁한다.

❖ 별 차트는 일반적으로 단기간 안에 행동의 변화를 가져오는 방법이며, 남용하지 않는 것이 가장 좋다. 일단 변화가 정착되면 이를 강화하기 위해 특정한 강화를 덧붙일 필요는 없다. 하지만 우리는 부모에게 자녀의 긍정적 행동에 주목하고 칭찬하는 일을 계속해 달라고 때때로 상기시킬 필요가 있다.

반복적인 일상

반복적 일상과 말더듬

사례 면담을 할 때 우리는 부모들에게 자녀가 반복적인 일상을 갖는 걸 좋아하는지 물어본다. 어떤 아이들은 반복적 일상에 별로 개의치 않는 것 같지만, 많은 부모들은 자신의 자녀가 반복적인 일상을 좋아하는 것 같다고 말한다. 예를 들어, 특정한 취침 순서를 좋아한다는 것이다. 바쁜 삶을 영위하는 가족의 경우 반복적인 일상을 정착시키면 삶의 질서를 잡는 데 도움이 되는 것으로 보인다.

자녀의 말더듬이 시시때때로 변하는 이유를 반복적인 일상에서의 변화와 연결해 해석하는 부모들이 있다. 예를 들어, 가족들이 함께 멀리 휴가를 떠나 반복적인 일상의 틀이 깨졌을 때 자녀의 말더듬이 심해질 수도 있다는 것이다. 이것은 특히 변화에 적응하기 어려워하는 아이들에게 해당하는 경우이다.

또한 부모들은 우리에게 가족 내에 반복적인 일상이 많아지면 자녀의 말이 좋아질 거라고 생각한다고 말하기도 한다. 부모들은 아이가 무슨 일이 벌어질지 미리 알고 있으면 삶은 일정한 수준의 예측 가능성이 생기고 이로 인해 아이가 더 침착해진다면 결과적으로 말더듬이 줄어들 것으로 생각한다.

반복적 일상을 정착시키도록 부모 돕기

반복적 일상을 정착시키는 것이 늘 쉬운 것만은 아니다. 가정이란 일정 정도의 융통성을 가지고 운영될 필요가 있는데, 이것이 규칙적인 일상의 발전을 저해할 수 있다. 우리는 일단 부모가 이러한 점을 자녀에게 중요한 문제로 인식하고 나면 어떤 도움도 없이 해결해 내는 것을 종종 보아 왔다. 하지만 그들이 만약 도움을 청한다면 우리는 가정에서 반복적 일상을 정착시킬 수 있는 방법을 함께 찾아볼 수 있다.

- 다양한 일상의 활동에 대해 그리고 언제 어떻게 반복적 일상을 정착시킬 것인가에 대해 함께 논의한다.
- 유치원 등원 전이나 학교 등교 전의 일상, 또는 잠자리 들기 전의 일상을 반복적으로 정착시키면 뜻하지 않게 발생할 수 있는 위급함이나 긴장을 상쇄시킬 수 있다.
- 부모가 아이와 함께 어떤 규칙적인 일과를 정할지 미리 의논하면 도움이 된다.
- 부모는 또한 주말이나 휴가 때와 같이 변경이 필요한 경우도 가끔 있다는 것을 설명해 주어야 한다.

생활의 속도

> 부모는 때때로 가족의 일상생활 속도를 늦추기 위해 도움을 요청한다.

부모들은 종종 자신의 가족이 엄청나게 바쁜 생활방식을 가지고 있다고 말한다. 야간이나 주말 근무가 일상화되어서 부모 모두 장시간 근무를 하고 있을 수 있다. 아이들이 방과 후 교실, 놀이 계획, 축구, 수영강습, 보이 스카우트, 걸 스카우트, 댄스와 같은 교외 활동을 하고 있을 수도 있다. 학교 숙제에 따르는 독서 및 학습지 풀이는 부모와 아이에게 또 다른 시간 투자를 요구한다.

말더듬

비록 바쁜 생활과 말더듬 사이의 상관관계에 대한 연구는 없지만, 많은 부모들이 자녀가 스스로 또는 상황 때문에 서두르거나 급하게 말을 하려고 하면 말을 더 더듬게 되는 것 같다고 말한다.

어떤 아이들은 시간 관리에 큰 불안감을 보이기도 한다. ㅡ지각이나 무언가의 시작 시간을 놓치는 것에 대해 공포를 느낀다. 이러한 불안과 조급함은 아이의 취약한 부분에 부정적인 영향을 줄 수 있다.

부모의 속도를 늦추는 것 돕기

1. 부모는 아이가 시간적 여유를 갖게 하려고 상호작용 전략을 쓰고 있을 것이다(제7장 참조).
2. 부모가 가족 스케줄을 살펴보도록 도움을 줄 수 있다.
   - 가족의 주간 스케줄을 작성하면 부모가 일정을 계획하는 데 유용하다.
   - 부모는 속도를 늦추는 데 도움이 되는 활동을 적절한 시간에 배치할 수 있다.
   - 속도를 늦추기 위해 다시 책임을 할당하거나 차량 공유와 같은 추가 도움을 제공할 수 있다.
   - 가능한 경우 아이와 함께, 다양한 약속과 활동 중 더 이상 필요하지 않은 것이 있는지 살펴본다.
   - 전날 밤에 책가방 챙기기, 다음 날 입을 옷 골라 놓기, 도시락 준비하기와 같이 미리 조치를 취함으로써 마지막에 서두르게 되는 것을 방지할 수 있다. 부모 중 일부는 이른 아침 일과를 서두르지 않기 위해 부모 자신이 아이가 깨기 전에 일어나 미리 준비를 하는 것이 도움이 된다고 말한다.
   - 아이들은 일과 중 일부, 예를 들어 하루를 마치며 장난감을 정리하거나, 아침에 스스로 옷을 입기에 대해 책임을 맡을 수 있다. 아이가 자신의 일과에 대한 책임을 지도록 격려하기 위해 별 차트를 만드는 것이 도움이 될 수 있다.

기타 문제들

변화의 시기와 말더듬

많은 부모들이 자녀가 변화와 혼란의 시기에 말을 더 더듬는 경향이 있다고 한다. 기질 연구를 통해 알게 된 사실을 고려할 때 말을 더듬는 아이가 환경 변화 적응에 어려움을 겪을 수 있다는 것은 놀라운 일이 아니다. 우리는 부모와 함께 PCI 모델을 다시 살펴봄으로써 이러한 사실을 이해하는 데 도움을 준다. 말더듬의 시작과 발달에 영향을 미쳤을지도 모르는 요인들을 떠올려 본다면, 아이 삶의 변화의 결과로 작용했을지도 모르는 어떤 새로운 요인들이 아이의 말에 어떻게 영향을 미치는지 이해할 수 있다.

예

* 생리적 요인: 아이의 피로는 수면 부족이나 과도한 신체 활동에서 기인할 수 있다.
* 말, 언어, 의사소통 요인: 아이가 새로운 환경에서 말을 더 많이 했거나 다른 언어를 사용하고 있을 수 있다.
* 환경적 요인: 아이가 평소와 다른 일상 또는 부담이 큰 새로운 환경에 처했을 가능성이 있다.
* 심리적 요인: 특히 감수성이 예민한 아이라면, 흥분, 스트레스, 또는 불안이 아이의 말에 영향을 준다.

우리는 부모와 함께 이러한 요인들을 밝히고 그 영향을 최소화하기 위한 방법을 의논한다. 예를 들어, 변화를 겪기 전에 아이를 준비시키고 아이가 자기감정을 드러낼 수 있도록 격려하는 것처럼 말이다.

변화의 시기에는 반복적 일상을 유지하기 힘든 경우가 많고, 부모가 아이와 스페셜타임을 중단했을 수 있다. 아이가 부모의 집중적인 관심을 받고 아이의 말하기에 도움이 되는 상호작용 전략을 사용하는 데 집중할 수 있도록 스페셜타임을 다시 시작하도록 도울 필요가 있다.

유치원이나 학교 입학과 전학

우리는 부모에게 유치원이나 학교 입학을 앞둔 자녀의 잠재적인 불안이나 분리의 문제를 줄이기 위해 아이를 준비시킬 것을 제안한다.

🍀 입학 전에 한 번 이상 현장을 방문해 봄으로써 아이는 지리적 위치, 선생님들, 친구들, 활동, 그리고 일과에 익숙해질 수 있다.

🍀 유치원이나 학교 입학에 대한 동화책 역시 도움이 되며, 무슨 일이 일어날지 기대하면서 얘기를 나누어 보는 것도 좋겠다. 아이의 마음속에 새로운 시작에 대한 긍정적인 이미지를 심어 주는 것이 좋겠지만, 지나치게 큰 기대로 흥분하게 하는 것역시 도움이 되지 않는다. 기대에 못 미칠 경우 아이는 하루 만에 이 새로운 경험에 실망할 수 있으며, 이제 해 봤으니 다시 오고 싶지 않다고 할 수 있기 때문이다.

🍀 유치원에 이미 다니고 있는 다른 친구를 사귀는 것도 마음의 준비를 하는 데 좀 더도움이 된다. 입학 전에 '놀이 친구'를 만들어 주면 훨씬 쉬워질 수 있다.

🍀 유치원이나 학교에 가져갈 새 가방을 미리 구입하거나, 도시락이나 좋아하는 장난감 등 첫날 가방에 넣어가고 싶은 것을 골라 두는 것도 아이에게 도움이 된다.

각 학교나 유치원은 신입생을 잘 적응시키기 위한 방침을 가지고 있을 것이다. 어떤곳은 부모가 일정 기간 동안 아이와 함께 머물게 하면서 점점 그 시간을 줄여 나가기도하고, 어떤 곳은 첫날부터 부모를 가게 한 후에 선생님들이 아이들의 분리 문제를 다루기도 한다. 부모는 아이의 기질에 따라 어떤 방침을 가진 유치원이나 학교를 선택할 것인가 결정하게 된다.

♠ 방문

♠ 동화책

♠ 놀이 약속/놀이 친구

♠ 애착 장난감

♠ 교육기관의 방침

휴가 여행과 방학

많은 부모들이 아이의 말더듬이 집에 있을 때와 멀리 휴가를 갔을 때 다르고, 또 학기 중이나 방학일 때 서로 차이를 보인다고 한다. 아이가 학업에 대한 부담과 긴장감으로부터 자유로운 방학 기간에 덜 더듬을 것 같지만, 실제로 부모들은 학교를 쉬는 동안 자녀들이 더 더듬는다고 말한다. 이것은 아마도 아이의 하루 일과가 무너지고, 규칙적인 수면 습관이 깨지며, 식사 시간이 일관되게 정해지지 않아서 삶에 대한 예측 가능성이 적다는 사실 때문일 수 있다.

♠ 휴가 여행 일정
♠ 휴가 중 스페셜타임 갖기
♠ 아이와 미리 준비하기

♣ 가끔 우리는 부모와 함께 휴가를 보내는 동안 자녀의 말하기를 지원하기 위해 일관되고 예측 가능한 일과를 만드는 방법을 알아보기도 하는데, 그 예로는 규칙적인 식사 시간에 대해 생각해 보고, 아이가 충분한 수면을 취하도록 돕는 것이 있다.
♣ 많은 부모들이 휴가 여행 중에 스페셜타임을 갖는 것이 도움이 된다고 말한다.
♣ 부모들은 자녀에게 자세히 이야기해 주고, 사진을 보여 주며, 질문에 답함으로써 다가올 변화에 미리 준비했던 것이 큰 도움이 됐다고 말한다. 하지만 아이를 흥분시키는 것은 역효과를 가져올 수도 있다.

이사

이사는 인생의 가장 큰 스트레스 중의 하나라고 알려져 있는데, 어른에게만 그런 것은 아니다. 이사를 신나는 모험으로 보는 아이들도 있지만 두려움으로 느끼거나 예전대로 머물고 싶은 욕구를 불러일으킬 수도 있다. 아이의 말이 불안정하다면 이사는 더욱 큰 영향을 줄 수 있다.

♠ 이사 갈 새집 방문하기

♠ 일부분 아이에게 선택권 주기

♠ 예전의 집 기억하기

♠ 감정에 대해 이야기하기

우리는 부모와 함께 아이가 변화에 적응하도록 돕는 방법을 살펴본다.

♣ 아이를 이사 갈 집으로 데려가 일어날 변화에 대해 자세히 이야기하는 것은 아이에게 도움이 된다.

♣ 상황이 허락한다면, 아이가 자기 방을 직접 선택하고 가구와 자기 물건을 어떻게 배치할 것인지 계획하게 해도 좋다.

♣ 이전에 살았던 집, 정원, 방 등을 사진으로 찍어 간직하게 하는 것 또한 아이에게 안정감을 줄 수 있다.

♣ 아이가 이사에 대한 감정을 표현하도록 격려하는 것도 아이가 상황을 더 잘 받아들이는 데 유용하다.

별거와 이혼

부모의 관계가 깨지면 아이의 실제적인 삶뿐만 아니라 감정적인 측면도 영향을 받게 되는데, 이는 아이 말에도 영향을 주기 쉽다. 관계가 악화됨에 따라 가정에 긴장과 불화가 있을 수 있고, 이어서 두 집으로 갈라지고, 재산분할과 양육권 및 접근권을 위한 준비 작업으로 혼란을 겪게 된다.

♣ 우리는 부모가 이러한 일을 겪는 과정에서 친구나 전문가 등 적절한 도움을 받을 수 있도록 지원함으로써 아이에게 미치는 영향을 최소화할 수 있다. 곤경에 처한 부모는 자녀가 이 복잡한 상황을 헤쳐 나갈 수 있도록 돕는 것이 어려울 수 있다.

♣ 만약 부모가 우리에게 자기 자신의 감정뿐만 아니라 아이의 감정까지 돌보기에는 너무 화가 난 상태라고 말한다면, 아이가 이야기를 나눌 수 있는 누군가, 예를 들어 친구처럼 지내는 가족이나 선생님, 또는 우리와 같은 언어재활사를 찾아보라고

제안한다.

♣ 우리는 부모 중 한 사람의 편을 들어야 하는 것이 아이에게 얼마나 힘든 일인지 부모에게 이해시켜야 할 필요가 있다. 부부관계가 깨진다고 해서 각 부모가 아이와 가지고 있는 관계까지 함께 무너지는 것은 아니다. 아이와의 관계를 유지하는 것은 아이가 변화를 받아들이는 데 도움이 될 것이다.

♣ 아이의 말더듬이 심해지는 것은 자연스러운 일이며, 우리가 아동의 말더듬 악화를 예상하고 있다고 설명한다. 하지만 일단 상황이 안정되면 말더듬도 줄어들 가능성이 있다고 안심시킬 수 있다.

♠ 부모가 지원받을 수 있도록 돕기
♠ 아이가 이야기 나눌 수 있는 사람 찾기
♠ 각각의 부모가 아이와 관계 유지하기

사별

아이가 죽음을 받아들이게 하는 것을 어려운 일이다. 특히, 부모 자신이 슬픔에 사로잡혀 있을 때는 더욱 힘들다. 죽음이란 주제는 당연히 일정한 금기를 동반하고 부모는 아이를 상실이라는 혹독한 현실로부터 보호해야 한다고 생각할 수 있다. 아이의 첫 상실의 경험은 반려동물의 죽음일 수도 있다. 이때 부모는 아이가 죽음, 그리고 이와 관련된 감정을 이해하는 법을 배울 수 있도록 도울 수 있다. 가족의 일원이나 친구를 잃은 경우, 우리는 가족이 사별 상담과 같은 외부의 도움을 받을 수 있도록 지원한다.

♠ 정보 제공하기
♠ 아이가 감정을 표현할 수 있도록 도와주기
♠ 책이나 비디오 활용하기

우리는 부모와 함께 그들의 자녀가 죽음에 대처할 수 있도록 도울 방법을 살펴본다.

♣ 어떤 아이들은 무슨 일이 일어났으며, 앞으로 어떻게 될 것인지 잘 알고 나면 더

쉽게 받아들이기도 한다. 부모는 자녀에게 무슨 일이 일어나고 있는지 이야기할 준비가 되어 있다는 것을 보여 주면서, 아이가 물어볼 수 있도록 독려하게 한다.

❖ 부모는 아이가 자신의 감정을 보여 주거나 말로 표현하도록 허락하고, 질문에 대답하고, 부모 자신의 감정을 들려줌으로써 아이를 도울 수 있다.

❖ 우리는 종종 상실로 고통받는 아이들을 돕기 위한 책이나 만화영화를 추천한다. 〈밤비〉, 〈덤보〉, 〈니모를 찾아서〉와 같은 이야기를 통해서 아이는 자신의 감정에 대해 이야기할 용기를 낼 수도 있고 그냥 울어도 된다는 것을 알게 된다.

결론

이 장에서 우리는 말을 더듬는 자녀를 둔 가족이 함께 사용할 수 있는 다양한 가족 전략을 개략적으로 설명했다. 제7장에서 소개한 상호작용 전략과 함께 활용할 경우, 많은 아이들이 검토와 모니터링 정도만으로 더 이상의 치료 없이 도움을 받을 수 있었다. 하지만 여전히 아이의 말더듬이 걱정인 상황이라면 다음 장에서 소개되는 치료 프로그램의 추가 단계로서 아동 전략을 살펴보도록 한다.

제9장 어린 말더듬 아동을 위한 페일린 부모-아동 상호작용 치료

아동 전략

아동 전략	
개방성	쉼 두기
자신감 기르기	간략히 말하기
둔감화	언어치료
생각과 감정	조음/음운 치료
말속도 줄이기	

페일린 모델
페일린 PCI 치료

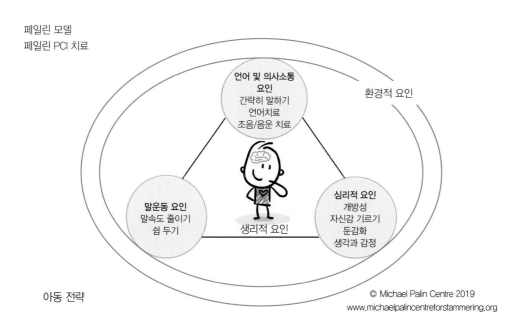

아동 전략

다시 정리하자면, 부모-아동 상호작용 치료법(이하 페일린 PCI)의 목표는 ① 아이가 말을 더듬든 안 더듬든 간에 자신감 있게 의사소통을 하는 것이고, ② 말더듬이 아이와 부모에게 미치는 영향을 줄이고, ③ 아이의 유창성을 증진시키며, ④ 부모가 아이의 말더듬을 이해하고 말더듬을 관리할 수 있도록 관련 지식을 넓히는 것이다. 우리가 상호작용 전략을 포함시킨 이유는 아이에게 도움이 되는 상호작용 방식을 부모가 더 자주 사용할 수 있게 하기 위함이다. 우리는 가족 전략을 통해 부모가 아이의 자신감과 감정을 다루는 능력을 키우고, 기타 관련 행동에 대한 관리 및 도움이 될 만한 가정 내 일과를 개발하도록 도와준다. 연구에 따르면, 대부분의 아이들은 상호작용 전략과 가족 전략만으로도 도움을 받을 수 있다고 한다(제1장 참조). 하지만 어떤 아이들은 계속 말을 더듬기도 하는데, 이러한 아동들의 의사소통 능력을 증진시키고, 자신감 및 긍정적 감정을 키우기 위한 더 진전된 지원 방안이 필요하다. 어떤 아이들은 말을 유창하게 하는 방법을 알려 달라고 요구하거나 도움이 되는 전략들을 스스로 발견하여 사용하기도 한다. 아동 전략은 아이들에게 유창하게 말하는 방법을 가르친다. 상호작용 전략 및 가족 전략은 아이가 아동 전략을 더 잘 사용할 수 있는 환경을 만들어 준다. 우리는 부모들이 스페셜타임을 하는 동안 상호작용 전략을 사용하고 기타 다른 가족 전략도 계속 유지하기를 기대한다.

임상적 의사 결정: 직접치료

아이에게 직접치료를 하는 것이 적절한지 신중하게 고려하는 것은 중요하다. 우리가 직접치료를 할지, 한다면 어떻게 그리고 언제 할지 결정할 때 여러 가지 고려해야 할 점이 있다. 즉, 시기, 성숙도, 인지 발달, 말더듬에 대한 인식, 기질 및 준비된 정도와 같은 점이다.

> 우리는 아이에게 직접치료가 적절한지 신중하게 생각해야 한다.

큰 맥락

첫째, 우리는 아이에게 직접치료가 필요한지 생각해 보아야 한다. 만일 아이가 다른 치료를 받고 있다면 직접치료는 아이에게 부담을 주기 때문에 도움이 되지 않을 수도 있다. 부모가 (필요시 아이와 함께) 우선순위가 무엇인지 (즉, 무엇을 먼저 중재할 것인지) 결정하는 것이 바람직하다.

성숙도와 집중력

아이의 성숙도와 집중력은 과제 수행력에 영향을 줄 수 있다. 특히, 아이가 안정적으로 착석하여 무언가에 집중하기 힘들어하는 상황에서 책상 위의 과제를 해야 하다면 더더욱 그러하다. 만일 아이가 집중할 수 있는 시간이 치료를 하는 동안 앉아서 과제를 할 만큼 충분히 길지 않다면 아이와의 직접치료를 다시 생각해 보아야 한다. 이 경우 말더듬에 대해 직접치료를 도입하기보다는 아이의 집중력을 키우는 일이 선행되어야 할 것이다. 그러나 우리는 또한 다양하고 재미있는 게임을 활용하는 등 창의력을 발휘하여 집중력이 부족한 아이의 집중을 유도할 수도 있다.

인지 및 언어 능력

아이의 인지적 · 언어적 · 메타언어적 능력은 말하기와 생각 및 감정 그리고 추상적인 개념을 아이가 얼마나 잘 이해하고 말할 수 있는지 결정한다. 인지 · 언어적 어려움이 있는 아동의 경우 상대적으로 언어적 부담이 큰 전략인 아동 전략에 대한 준비가 안 되어 있을 수 있다. 그러나 우리는 이러한 개념과 관련 용어들을 아이의 발달 수준을 고려해서 가르칠 수도 있다.

말 · 언어 장애를 동반한 아이는 새로운 생각을 떠올리거나 정보를 처리하는 데 더 많은 시간이 필요할 수 있다. 이러한 아이들에게 생각할 시간을 충분히 주는 것은 도움이 될 수 있으나 말 수정하기 전략(stuttering modification strategies)을 배우는 것은 상당히 어려울 수 있다. 말 장애를 함께 갖고 있는 아이는 조음치료를 위해 이미 정기적으로 언어치료실을 방문하고 있을 수 있다. 만일 아이가 언어치료 시간에 조음에 대한 직접적인 수정 요구를 이미 받고 있다면, 말더듬을 대상으로 하는 직접치료에 아이가 더 민감하게 반응할 수 있다.

인식 및 통찰

자신의 말과 말더듬에 관한 인식 및 통찰력은 아이가 직접치료를 받아들이는 데 영향을 줄 수 있다. 만일 아이가 말더듬을 걱정하지 않으며, 말더듬이 아이에게 아무 영향을 주지 않는다면, 우리는 직접치료가 적절하지 않다고 판단할 수도 있다. 만일 말더듬이 아이에게 영향을 미치고 있고, 아이가 말더듬에 대한 통찰력이 부족하다면, 우리는 다양한 활동으로 이 능력을 키울 수 있다.

기질

직접치료를 할 때 아이의 기질, 특히 민감성이 고려되어야 한다. 아이가 자신의 말더듬에 민감하게 반응하거나 스트레스를 받는다면 말 수정하기 전략을 도입하지 않기로 결정할 수도 있다. 이보다는 아이의 의사소통 자신감을 키우거나 말더듬을 감추지 않도록 도와주거나, 말과 말더듬에 대한 이해를 높이거나, 말더듬에 관한 감정을 조절할 수 있도록 지지하는 것이 더 적절할 것이다.

직접치료 받을 준비가 되어 있는지

마지막으로 우리는 아이가 직접치료를 받을 준비가 되어 있는지 고려해야 한다. 모든 행동 변화에는 노력이 필요하고, 말 수정하기는 특히 집중과 자기-모니터링 능력을 요구한다. 만일 아이가 직접치료를 받을 준비가 아직 되어 있지 않거나 전략을 사용할 수 없다면, 어른이 주도하는 활동을 넘어 일반화된 사용으로의 전이 과정에 어려움을 보일 것이다.

부모의 기대

부모 요인은 아이의 직접치료에서 중요한 고려 대상이다. 치료 전에, 많은 부모들은 우리가 제공하는 치료가 아이에게 유창하게 말하는 방법을 가르쳐 주면서 아이에게 초점을 맞출 것이라고 기대한다. 그러나 상호작용 전략과 가족 전략은 부모가 아이의 말뿐 아니라 아이 전체를 보게 하고 의사소통에 대한 아이의 자신감에 집중하도록 도와준다. 따라서 직접치료의 결과에 대한 부모의 기대를 잘 조정하는 것이 중요하다. 만약 부모와 아이 모두 말더듬에 관한 걱정이 많다면, 말 수정하기(speech modification)를 목표로 치료하는 것이 효과적이지 않을 수 있다. 이는 직접치료가 아이의 말더듬에 대한 부모의 민감한 반응을 강화시킬 수 있기 때문이다. 다만, 어떤 부모들은 말 수정하기 전략을 알게 되면서 아이의 말하기를 도와줄 수 있게 되어 안심하기도 한다. 특별히 걱정이 많은 부모는 유창성을 중요하게 생각할 수 있다. 이런 부모들과는 상호작용 전략과 가족 전략을 지속하면서 부모가 말더듬에 둔감해지도록 하는 것이 (직접치료보다) 더 도움이 될 수 있다.

부모의 우선순위

부모의 우선순위 역시 논의되어야 한다. 부모는 일과 가족, 그리고 건강에 관한 관심에 더해 아이의 언어치료를 지원해야 하는 부담을 가질 수 있는데, 그렇다면 직접치료가 시기에 적절하지 않거나 가능하지 않을 수 있다.

> 직접치료를 할 것인지, 만일 한다면, 언제, 어떻게 할 것인지 결정하기

유창성 목표?

아동 전략 회기에서 우리의 목표는 각 아동이 자신감 있고 능력 있는 의사소통 전달자가 되도록 하는 것이다. 우리는 아이가 계속 말을 더듬건 안 더듬건 간에 이 목표를 이룰 수 있다고 믿는다. 그러나 부모가 생각하는 최종 목표는 완전한 유창성 획득일 수

있으므로 우리는 이러한 부모의 목표를 지지하면서도 '말을 더듬어도 괜찮아'라는 태도를 갖는 것이 중요하다는 것을 부모가 이해하도록 도울 필요가 있다. 우리는 아동 전략 회기들이 유창성에만 중점을 두거나, 우리의 최종 치료 목표가 말더듬은 인정할 수 없다는 인상을 아이에게 주기를 원하지 않는다. 우리가 아이에게 전하고 싶은 메시지는 유창성이 좋고 말더듬이 나쁘다가 아니다. 우리가 아이의 의사소통을 지원하면서 아이의 감정적인 안정과 자신감을 함께 다루는 것이 중요하다.

> 우리의 목표는 각 아동이 자신감 있고 능력 있는 의사소통 전달자가 되도록 도와주는 것이다.

아동 전략에서 부모의 역할

> 부모는 직접치료를 하는 동안 아이를 지원하는 중요한 역할을 담당한다.

부모는 아이의 직접치료 과정에 깊이 관여한다. 부모는 페일린 부모-아동 상호작용 치료의 간접치료 기간 동안 훈련받은 상호작용 전략과 가족 전략을 계속 실행한다. 우리는 가능하다면 양 부모 모두와 함께 치료를 진행하지만, 그것이 여의치 않다면 한 부모와 진행할 수도 있다. 아동 전략이 소개되고 나서 아이에게만 말더듬을 조절하는 책임을 지우면 안 되고 부모는 아이가 그 전략을 항상 사용할 것이라는 기대를 가져서도 안 된다. 부모는 처음에는 치료 활동을 관찰하다가, 다음에는 치료실에서 연습 활동에 직접 참여한다. 부모는 치료 시간에 배운 전략들을 강화하고, 아이가 치료실에서 배운 전략을 집에서 연습할 수 있도록 기회를 제공한다.

말더듬에 대해 터놓고 이야기하기

만일 아이가 말더듬을 인식하고 있으나 면담 시 말더듬에 대해 말하기를 꺼린다면 이것을 치료 목표로 선택한다. 이 단계에서는, 아이가 말더듬을 인식하고 있을 가능성이 높다. 아이가 원래 말더듬을 인식하고 있었을 수도 있고, 아니면 간접치료 기간 동안 말더듬을 인식하게 되었을 수도 있다. 아이가 사용하는 단어(例 '막혀요', '말이 안 나와요')를 활용하여 아이의 말더듬 인식 여부를 알아볼 수 있지만, 우리는 아이에게 이러한 말이 '말더듬'이라고 알려 줄 수도 있다. 우리는 부모가 아이의 말더듬에 대해 터놓고 이야기할 수 있도록 하며, 적극적인 태도로 말더듬 순간을 받아들이도록 장려한다. 그리고 아이가 만일 간접치료 시간에 함께 있었다면, 아이는 언어치료실에 온 이유를 이미 알고 있을 것이고, 언어재활사와 부모가 아이의 말더듬에 관해 이야기하는 것을 들었을 것이다. 우리는 아이에게 부모가 말더듬에 어떻게 반응하고 있는지, 그리고 말을 더듬을 때 부모가 어떻게 말하거나 행동하면 좋을지 물어본다.

> 우리는 말더듬에 대해 터놓고, 있는 그대로 이야기한다.

우리의 목표는 치료 시간에 말더듬에 대해 터놓고 사실 그대로 말하는 것이다. 우리는 아이와 부모가 말더듬에 관해 말하는 것을 편하게 생각하길 바란다. 우리는 부모가 아이의 말더듬을 언급할 때, '좋은', '나쁜', '바른', '틀린', '더 나은', '더 안 좋은'과 같은 말더듬을 평가하는 말을 쓰지 않도록 도와준다. 우리는 부모와 함께 이러한 단어들에 내포된 가치 평가에 대해 이야기하고, 아이가 이러한 말을 들었을 때 그 결과가 어떻게 될지에 대해서도 논의한다. 우리의 목표는 아이가 자신의 말더듬 여부와는 상관없이 의사소통자로서 자신을 긍정적으로 바라보게 하는 것이다. 어떤 가족들은 처음에 말더듬에 대해 아이와 솔직하게 말하는 것을 어려워하지만, 우리의 경험상, 부모와 아이들은 점차 이러한 열린 대화를 할 수 있어서 다행이라고 생각한다.

자신감 기르기

부모는 간접치료 기간 동안 아이의 자신감을 키우기 위한 전략들을(예를 들어, 구체적인 칭찬, '한번 시도해 보자'라는 태도 장려하기) 계속 사용한다. 또한 직접치료 회기 동안 아이가 자신의 긍정적인 모습, 능력, 강점 및 성취를 발견하도록 도와준다. 우리는 아이의 유창성 증진을 위해 직접치료를 할 때 자신감 키우기에 더욱 집중하면서 아이의 강점을 끌어낸다. 다음은 우리가 직접치료를 할 때 사용할 수 있는 다양한 활동들이다.

이러한 치료 활동은 특별한 순서 없이 진행해도 무방하며, 아이의 필요와 치료의 초점에 따라 회기마다 다른 활동을 선택할 수 있다.

❀ 문제없는 말(Problem-free talk): 해결중심단기치료(SFBT; de Shazer, 1988; George, Iveson, & Ratner, 2010)에 따라 우리는 아이에게 취미나 관심이 있는 것, 좋아하는 것, 잘하는 것 등을 물어본다. 밀너와 베이트먼(Milner & Bateman, 2011, p. 25)이 강조하였듯이, 이것은 목적 없는 수다로 취급되어서는 안 된다. 이 대화의 목적은 아이에 대해 좀 더 알아가고, 말더듬보다는 아이 자체에 관심이 있다는 것을 아이에게 알려 주는 데 있다. 예를 들어, 스타워즈 팬인 5세 잭은 거기에 등장하는 인물들의 이름을 말하는 것을 좋아한다. 〈스타워즈〉에 대한 대화 중, 우리는 아이에게 자신의 강점과 능력을 생각해 볼 수 있도록 질문을 던진다. "너는 어떻게 그렇게 스타워즈에 대해 많이 아니?", "와, 그 많은 이름을 다 외웠네. 어떻게 이름을 다 외울 수 있는 거야?", "루크 스카이워커(Luke Skywalker)가 용기 있다고 그랬지. 네가 한 일 중 용감했던 순간이 있으면 말해 줄래?"

> 자신감을 키우기 위해 아이에게 자신의 긍정적인 모습, 능력, 강점 및 성취에 대해 말하게 한다.

❀ 이번 주에 무엇이 잘 되었니?: 우리는 치료 시간에 아이에게 다음과 같은 질문을 하면서 시작한다. "이번 주에 무엇이 잘 되었니? 이번 주는 어떤 점이 좋았어?" 우리는 상호작용 전략에서 소개된 기술을 사용하여 아이가 어떤 점이 좋았는지 말하게 한다. 아이가 새로운 변화의 조짐을 알아낼 때마다 블록으로 탑을 쌓게 하거나 실에 비즈를 꽂도록 한다. 아이가 목록 만들기를 좋아하면, 화이트보드에 지난주에 잘 된 점들을 적게 한다. 아이와 부모에게 지난주에 좋았던 점을 10개에서 20개까지 적어 보도록 하는 것도 효과적이다.

❀ 아이가 아무리 사소한 것이라도 좋았던 점을 설명할 때, 우리는 '무엇이', '어떻게', '언제', 어디서', '누가'와 같은 질문으로 아이가 가능한 한 자세히 설명할 수 있게 도와준다. 우리는 그 변화가 일어나도록 아이가 어떤 일을 했는지 생각해 보게 하여 아이가 변화를 가능하게 한 스스로를 칭찬하도록 한다("네가 그걸 어떻게 한 거야?", "어떻게 그렇게 할 수 있었어?"). 그리고 아이가 어떻게 그런 변화를 이끌어 냈는지 말하게 한다("그것을 하려면 뭘 해야 해?", "그렇게 할 수 있었던 건 네가 어떤 사람이

라는 거지?").

예

❀ "이번 주에 무엇이 잘 되었니? 무엇이 기뻤어?"

❀ "학교에서 말을 많이 한 상황에 대해 말해 주겠니?"

❀ "네 생각에 네가 어떻게 그렇게 할 수 있었던 것 같아?"

❀ "네가 말을 많이 하는 걸 보고 선생님이 어떻게 하셨니?"

❀ "학교에서 말을 많이 하니까 어떤 게 달라진 거 같아?"

우리는 "또 다른 건 뭐가 있니?"라는 질문을 사용하여 ("또 다른 게 뭐가 있을까? 다른 무엇이 또 잘 된 것 같아?", "또 무엇이 달라져서 기뻤니?") 아이가 지난 회기 이후 어떤 것이 잘 되었는지 자세히 설명하게 한다.

❀ 손 그리기: 아이에게 왼손을 쫙 펴서 종이에 대고 펜으로 손 모양을 따라 그리게 한다. 그리고 각 손가락마다 아이가 잘하는 것을 적게 한다. 우리는 아이가 말하는 대로 받아 적는다. 다섯 개를 다 적고 나면, 이번에는 오른손을 대고 똑같이 한다. 아이에게 생각할 충분한 시간을 주고, 다음과 같은 질문으로 아이디어를 더 이끌어 낸다("학교에서 넌 무엇을 잘하니?", "아빠가 네가 뭘 잘한다고 하셔?"). 치료에 참여

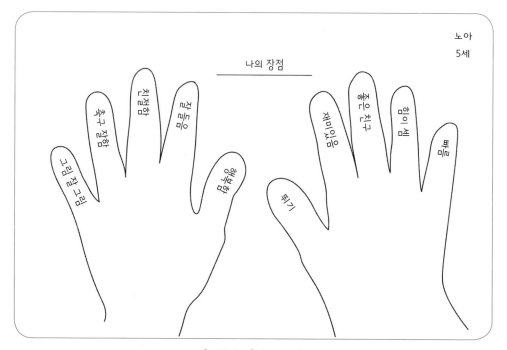

[그림 9-1] **손 그리기**

하는 부모 역시 아이디어를 하나 생각해 내게 한다.

❖ 나에 대한 목록: 다음과 같은 것에 대한 목록을 만든다: 아이가 좋아하는 것, 아이 자신과 가족에 대한 것, 학교에서 아이가 잘하는 것이나 가족이 생각하는 아이의 장점, 선생님이 생각하는 아이의 장점, 아이에 대해 말할 때 자주 쓰이는 형용사 (예 친절함, 재미있음 등).

❖ 나 그리기: 우리는 아이에게 종이 가운데에 자신의 모습을 그린 다음, 사람들이 자신에 대해 말할 때 어떤 긍정적인 단어를 사용하는지 적게 한다.

❖ 과제: 우리는 아이와 가족에게 다음과 같은 과제를 줄 수 있다.

- 부모에게 종이를 집안 어딘가에 붙이고(예를 들어, 냉장고 문이나 가족 게시판), 한 주일 동안 아이가 잘 한 점이 있으면 종이에 적도록 한다.
- 부모는 아이가 무언가를 잘하거나 새로운 시도를 할 때 사용할 별 도장이나 항아리에 넣은 조약돌과 같은 보상체계를 준비한다.
- 아이에게 '좋은 일 뉴스' 일기를 쓰도록 한다.
- 종종 아이에게 '큰' 책임을 맡기도록 한다. 아이가 막내이거나 형이나 누나가 있거나, 또는 수줍음을 타고 걱정이 많은 아이라면 부모는 아이에게 중요한 일을 맡기지 않는 경향이 있다. 그러나 아이들은 종종 요리를 돕거나, 편지를 부치거나, 장보기와 같은 중요한 일들을 하고 싶어 한다. 시간이 될 때마다 아이에게 '중요한' 일을 맡기면, 아이는 자신이 중요하고 능력이 있다고 느끼고 자신감도 기를 수 있다.

둔감화

말하기에 대해 배우기

우리는 말더듬에 대한 아이의 이해를 높이고 아이가 말더듬에 둔감해지도록, 직접치료를 계획하고 말속도 줄이기, 쉼 두기 등과 같은 말 수정하기 전략을 도입할 때 말하기에 대해 가르쳐 준다.

말더듬에 대한 아이의 이해를 높이기 위해, 아이는 말을 어떻게 하는지, 어떤 신체 부위를 사용하여 말을 하는지, 어떻게 다른 신체 부위들이 협력해서 말할 수 있게 되는지 배우게 된다.

❁ 우리는 다음과 같은 질문으로 아이가 말하기에 대해 얼마나 아는지 확인한다. "너는 우리가 말하기 위해 어떤 신체 부위를 사용하는지 아니?" 우리는 아이가 여러 가지 의견을 말할 수 있도록 질문을 추가한다. "그리고 또 어떤 신체 부위를 사용해서 우리가 말을 하는 걸까?" 부모에게도 같은 질문을 주고 이 논의에 참여하게 한다. 아이가 어리다면, 입술, 혀, 이, 폐와 같은 그림을 보여 주며 답을 유도할 수 있다. 여러 가지 자료를 사용하여 아이에게 말을 어떻게 하는지 가르쳐 준다 (http://www.teacherspayteachers.com/Product/Speech-Machine-3845168). 간단한 3D 모델도 매우 유용한 자료다.

❁ 아이가 말을 할 때 사용하는 신체 부위를 생각해 내면, 우리는 아이에게 각 부분이 어떤 역할을 하는지 생각해 보도록 한다. "네 혀는 어떤 일을 하니?", "말을 할 때 뇌가 왜 필요할까?", "폐에 대해 알고 있는 것을 말해 줄래?"

❁ "어떻게 말이 만들어질까?" 우리는 아이와 함께 말하는 데 필요한 신체 부위를 그림으로 그리고, 아이에게 각 부분의 이름을 적게 한다. 그리고 말을 하기 위해 어떤 순서로 신체 부위를 사용하는지 생각해 보게 한 후 순서대로 번호를 적게 한다.

예

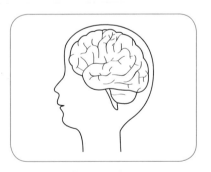

[그림 9-2] 뇌

1. 뇌는 우리가 무엇을 말할지, 어떤 단어를 사용해서 표현할지, 그리고 문장을 만들기 위해 어떤 순서로 단어를 엮을지 생각한다.
2. 뇌는 말을 하기 위해 필요한 몸의 다른 장기에 명령을 내린다.
3. 먼저 우리는 폐에 공기를 불어넣는다.
4. 공기가 폐에서 나가면서 소리상자(voice box)를 거칠 때 소리상자 안에 있는 성대가 진동하여 목소리를 만든다.

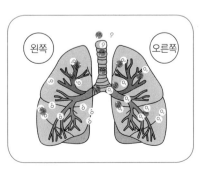

[그림 9-3] 폐

[그림 9-4] **성대**

5. 성대에서 만들어진 소리는 입으로 올라간다.

6. 우리는 혀, 입술, 턱을 움직여 다른 여러 가지 소리를 만든다.

7. 그리고 아이에게 'ㅍ'나 'ㅋ'와 같은 소리를 어떻게 만드는지, 어떤 신체 부위를 움직여 그 소리들을 만드는지 생각해 보게 한다. 예를 들어, 'ㅍ' 소리는 입술을 다물고 내는 소리라는 것을 알게 한다. 'ㅋ' 소리를 낼 때는 혀가 입천장 뒤쪽에 닿는 것을 느끼게 하고 'ㄷ'소리를 만들기 위해 혀끝을 윗니 바로 뒤에 갖다 대는 것을 알게 한다. 우리는 이 동작을 과장해서 아이가 어떤 부분을 사용해서 이러한 소리들을 만드는지 아는 것을 도와줄 수 있다. 그리고 아이에게 거울 앞에서 이 소리들을 내며 자신의 모습을 지켜보게 한다.

아이의 연령과 언어 수준에 따라 이 활동과 어휘의 난이도를 조절해야 한다. 예를 들어, 좀 더 큰 아이와는 된소리와 거센소리의 차이를 생각해 보게 하고, 손을 입에 대고 바람이 나오는지 안 나오는지 말해 보도록 한다. 그리고 손가락을 갈비뼈 아래쪽에 댄 채 숨을 크게 들이쉬고 내쉴 때 손가락에 어떤 일이 일어나는지 생각해 보게 한다.

8. 치료 시간에 배운 것을 다지기 위해 다음과 같은 과제를 내준다.

✤ 오늘 배운 것을 부모나 형제자매와 나누게 한다.

✤ 말할 때 쓰는 신체 부위를 그려 오게 한다.

✤ 치료 시간에 배운 소리 이외에 다른 소리를 낼 때 어떤 신체 부위를 어떻게 움직여 소리를 만드는지 생각해 오게 한다.

이러한 활동은 아이가 말을 사실 그대로 묘사하게 하고 어떤 신체 부위를 사용하여 말을 하게 되는지 생각하게 한다. 이것은 다음에 아이의 말이 편하게 나오게 하기 위해 말에 변화를 줄 때 그 변화를 이해할 수 있는 기초가 된다.

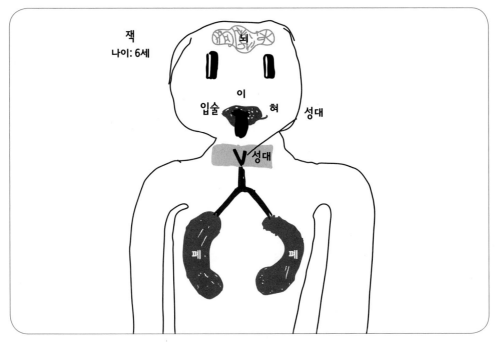

[그림 9-5] 어떻게 말소리를 만드는가

아동 회기의 예

1. 이번 주에 어떤 것을 잘 했나요?

　종이에 아이의 손 모양을 따라 그린다. 각 손가락마다 아이와 부모가 생각하기에 아이가 이번 주에 잘 한 점을 쓰게 한다.

2. 아이, 부모와 함께 과제(스페셜타임, 가족 전략, 아동 전략)를 검사한다.

3. 말하는 과정을 보여 주는 그림(Speech Machine) 자료를 사용하여 말하기에 대해 배운다.

　♠ 아이에게 말할 때 사용하는 신체 부위(입술, 혀, 폐와 같은 기관) 그림을 준다. 아이는 말하는 과정을 보여 주는 유인물에 각 기관을 붙인다. 말을 하기 위해 각 기관이 어떤 역할을 하는지 말해 보고, 각 신체 부위가 협동하는 순서를 말하게 한다.

　♠ 다른 소리들이 어떻게 만들어지는지 생각해 보게 한다('ㅍ', 'ㅌ', 'ㅋ', 'ㅁ' 등).

4. 과제: 말하는 과정을 보여 주는 그림에 대해 말해 보고 치료 시간에 다루지 않은 소리 중 몇 개를 골라 그 소리들이 어떻게 만들어지는지 생각해 보게 한다.

말더듬에 대해 배우기

여기서 우리의 목표는 아이에게 말더듬의 여러 유형을 소개하고 아이가 주로 어떤 말더듬 유형을 보이는지 알게 하는 것이다. 말더듬에 대해 배우는 것은 말더듬을 숨기지 않고, 아이와 부모가 말더듬에 대해 이야기하는 것을 편하게 생각하도록 도와준다.

1. 우리는 먼저 아이가 자신의 말에서 어떤 식으로 말을 더듬는지 알고 있는지 확인한다. "네가 말을 더듬을 때 어떻게 하는지 말해 줄래?", "네가 말을 할 때 막힌다고 했잖아. 어디에서 막히는 것 같아?", "네가 말을 더듬을 때 숨을 어떻게 쉬는 것 같니?" 아이가 대답을 하면, 우리는 다음과 같이 반응해 준다. "말을 더듬는 다른 아이들도 목에서 말이 막혀 안 나오는 것 같다고 얘기하더라."

2. 언어재활사는 다양한 말더듬 유형의 모델을 들려준다.

   ❖ 전체 낱말 반복: 전체 낱말을 반복한다. 예를 들어, '그리고 그리고 그리고', '나, 나, 나'. 이때 반복 단위 수를 달리해 아이에게 몇 번 반복했는지 세어 보게 한다.

   ❖ 부분 낱말 반복: 낱말의 부분을 반복한다. 예를 들어, '사사사사과', '소소소손가락'. 이때 반복 단위 수를 달리해 아이에게 몇 번 반복했는지 세어 보게 한다.

   ❖ 연장: 한 음을 길게 늘인다. 예를 들어, 'ㅅ ― ― ― ― ― ㅏ 과', '채 ― ― ― ― ― ㄱ상'. 이때 음을 늘이는 시간에 변화를 주어 아이에게 늘인 소리가 긴지 짧은지 말하게 한다.

   ❖ 막힘: '못……해', '책……상'과 같이 말이 막혀 나오지 않는다. 말이 막힐 때, 입술이나 혀, 목에서 막히는 것을 보여 줄 수 있다.

   ❖ 말을 더듬을 때 얼굴과 몸의 다른 부분이 어떻게 움직이는지 관찰한다. 예를 들어, 막혀 있는 소리를 억지로 내기 위해 눈을 감거나, 머리나 발을 움직일 수 있다.

   ❖ 인터넷에서 말을 더듬는 아동들의 영상을 보면서 어떤 말더듬 유형인지 맞혀 보는 활동을 할 수 있다(www.michaelpalincentreforstammering.org).

   ❖ 우리는 종종 슈퍼히어로, 동물인형이나 장난감 자동차를 이용해서 다양한 말더듬 유형을 구별하는 연습을 해 볼 수 있다. 아이에게 어떤 인형이 어떤 유형의 말더듬을 보이는지 알아내게 한다.

3. 우리는 아이가 자신이 말을 더듬을 때 무엇을 하는지 다음과 같이 스스로 설명하게 한다. "나는 낱말의 첫 부분을 반복해요.", "나는 소리를 늘여요."

4. 언어재활사는 아이에게 그림 카드를 보여 주면서 각 카드의 단어를 말한다. 이때 언어재활사는 다양한 말더듬 유형을 모델로 보여 준다. 아이는 언어재활사가 말을 더듬었는지, 더듬었다면 어떤 유형의 말더듬을 보였는지 알아낸다.

   부모와 아이가 번갈아 가며 다른 유형의 말더듬을 들려주면 언어재활사는 어떤 유형인지 알아낸다. 한 단어 수준으로 시작해서 점차 문장의 길이와 복잡성을 증가시켜 연습한다.

5. 과제: 치료 시간에 배운 것을 다지기 위해 다음과 같은 과제를 내준다.

   ❖ 오늘 배운 여러 가지 말더듬 유형을 부모나 형제자매와 나누게 한다.

   ❖ 아이는 부모와 형제자매에게 다양한 말더듬 종류를 알려 준 후, 여러 말더듬 유형의 모델을 들려주고 부모, 형제자매가 어떤 종류인지 맞혀 보게 한다.

   ❖ 반대로 부모나 형제자매가 여러 가지 말더듬 유형의 모델을 들려주고 아이가 어떤 종류의 유형인지 알아낸다.

어떤 아이들은 둔감화 활동 이후 말을 더 더듬게 되는데, 이는 말더듬을 감추지 않게 되면서 말더듬을 그대로 보여 주고 더 이상 말을 더듬지 않으려는 노력을 하지 않게 되기 때문이다. 그럼에도 다른 아이들은 말더듬을 감추지 않고 말더듬을 객관적으로 알게 되면서 덜 더듬기도 한다.

말더듬에 대해 배우는 것은 말더듬을 감추지 않게 해 주고, 아이와 부모가 말더듬에 대해 이야기하는 것을 편하게 느끼도록 도와준다.

자발적 말더듬

둔감화 활동은 아이에게 일부러 말을 더듬게 하는 것이다. 이것은 '자발적 말더듬(voluntary stuttering)' 혹은 '가짜 말더듬(pseudostuttering)'이라고 불린다(Van Riper, 1973; Sheehan, 1970). 우리는 아이에게 일부러 말을 더듬게 해서 자신이 말을 더듬을 때 무엇을 하는지 탐색하게 하고 자신의 말에 관한 전문가가 되도록 한다. 일부러 말을 더듬는 것은 아이에게 자신이 말을 더듬을 때 편안하게 더듬으며, 말더듬에 대한 부정적인 감정이 들지 않는다는 것을 보여 주어 말더듬 둔감화에 일조한다. 우리는 또한 아이가 말더듬을 감추지 않고 있는 그대로 터놓고 말할 수 있게 되면서 말더듬에 대한 부정적 감정이 줄어드는 것을 알게 되었다.

　자발적 말더듬 활동을 하기 전에, 부모에게 왜 우리가 아이에게 자발적 말더듬을 가르치는지 그 이유를 알려 주는 것이 중요하다.

1. 언어재활사는 천천히 한 단어나 문장 내 단어를 사용하여 단어를 반복하거나, 단어의 첫 부분을 연장하거나, 막히는 것을 보여 준다. 예를 들어, 'ㅊㅊㅊ차', '고고고공룡', 'ㅁ---울고기', 'ㅅ-----우영', 'ㄱㄱㄱ개가 짖는다', '나나나는 고양이를 좋아해', '아이가 ㅁ-----울고기를 잡아요', 'ㅎ-----애변에 가는 걸 좋아해요' 우리는 반복 단위를 세 개에서 여섯 개까지 변화를 주거나, 연장과 막힘의 길이를 1초에서 3초까지 변화를 줄 수 있다. 자발적 말더듬 활동을 할 때는 언어재활사가 아이와 눈을 마주치는 것이 중요하다.

2. 다음은 부모의 차례이다. 처음에 부모는 언어재활사가 하는 말더듬을 그대로 따라 한다. 언어재활사는 부모에게 자발적 말더듬을 하면서 눈맞춤을 하라고 피드백을 준다. 점차 부모는 어떻게 말을 더듬을지 스스로 선택하여 자발적 말더듬을 연습한다.

3. 다음은 아이의 차례다. 아이는 처음에 언어재활사의 말더듬을 따라 한다. 언어재활사는 아이가 말을 더듬은 다음에 그것이 진짜 말더듬이었는지 자발적 말더듬이었는지 묻고 그 차이가 무엇인지 묻는다. 점차 아이는 말을 어떻게 더듬을지 스스로 선택한다. 언어재활사는 아이에게 자발적 말더듬을 할 때 언어재활사와 눈을 마주치라고 피드백을 준다.

4. 처음에는 문장 안에 한 단어만 더듬다가 회기가 지나면서 한 문장 내 여러 단어에서 더듬는 연습을 한다.

5. 과제:
   * 집에서 아이와 부모가 교대로 자발적 말더듬을 연습한다. 치료실에서 연습한 수준에 따라 한 단어로 할 수도 있고, 문장 내의 단어를 사용하여 할 수도 있다.
   * 아이는 부모와 형제자매에게 자발적 말더듬을 가르친다. 부모와 형제자매는 교대로 한 단어나 문장 내 단어에서 자발적 말더듬을 해 본다.

❖ 어린 말더듬 아동은 가까운 가족과 함께 치료실이나 집에서 연습한다. 하지만 좀 더 큰 아이들은 치료실 밖의 다양한 상황에서 자발적 말더듬을 연습한다. 이것은 아이가 말더듬을 감추지 않고 둔감화하는 것을 도와준다.

> 자발적 말더듬은 아이에게 말을 더듬는 동안 일어나는 일을 탐험하게 하고 자신의 말에 관한 전문가가 되게 함으로써 둔감화를 도와준다.

말더듬에 대한 생각과 감정

어떤 어린 말더듬 아동들은 말더듬에 관해 부정적 감정을 갖기도 하지만 많은 아이들은 그렇지가 않다. 아이는 자신의 말더듬을 인식하고 약간의 부정적인 감정을 가질 수 있다. 하지만 이 시기의 이러한 감정이 완전히 발달되거나 확고히 자리 잡는 것은 아니다. 따라서 아이의 말더듬에 대한 감정과 반응을 반드시 직접적으로 다룰 필요는 없다. 이 연령대의 아이들을 위한 치료에서는 아이의 감정보다는 주로 말더듬에 대한 부모의 감정과 반응에 초점을 맞춘다. 어린 말더듬는 아동의 경우 걱정이 많은 아동보다는 걱정이 많은 부모에 의해 치료가 의뢰된다. 이 연령의 아이들에게는 앞에서 설명한 '말하기에 대해 배우기'와 '말더듬에 대해 배우기' 같은 활동만으로도 충분하다. 이미 말하였듯이, 직접치료 시간에 우리는 아이들에게 자신의 말에 대해 어떤 감정을 느끼는지 공개적으로 표현할 수 있는 기회를 준다. 이 기회를 통해 우리는 아이가 자신의 말더듬을 어떻게 느끼는지 알게 한다. 아이의 연령과 말더듬이 아이에게 미치는 영향에 따라 우리는 아이의 말더듬에 대한 감정을 더 알아볼 것인지 결정할 수 있다.

어떤 아이들은 아주 어린 나이인데도 자신의 말 때문에 화가 나고 걱정이 된다고 표현하기도 한다. 또 다른 아이들은 이러한 감정을 표현할 수 있는 어휘를 몰라서 행동으로 나타내기도 한다. 예를 들어, 아예 말을 하지 않거나 말더듬을 피하려고 단어를 바꾸어 말하거나, 말이 막힐 때 화를 내기도 한다. 이러한 아이들의 경우 치료 시간에 말더듬에 대한 생각과 감정을 직접적으로 알아보는 것이 중요하다.

> 어떤 아이들은 말더듬에 대한 자신의 생각이나 감정을 탐험하면서 도움을 받는다.

치료 시간에 여러 활동을 통해 아이가 말더듬에 대한 자신의 감정을 알아차리고, 생각과 감정과 행동 간의 관계를 이해하고, 더 유연하게 사고하도록 도와줄 수 있다. 아이의 말더듬에 대한 생각과 감정을 탐험하면서, 언어재활사는 아이가 자신의 말더듬을 감추지 않고 말더듬에 관한 생각과 감정을 더 효과적으로 관리하게 도와준다. 이로써 말더듬이 아이의 감정적 건강에 부정적으로 미치는 영향을 줄여 주고 아이가 의사소통자로서 자신감을 갖게 할 수 있다.

감정 탐험

어떤 아이들은 먼저 감정을 표현할 수 있는 어휘를 배울 필요가 있다. 자신의 감정을 말하기보다 다른 사람의 감정에 대해 말하는 것이 더 쉬울 수 있다. 따라서 치료 시간에 이야기나 인형을 사용해서 감정을 소개하고 각 등장인물이 어떤 감정을 느끼는지 감정단어로 표현해 보는 것이 좋다. 부모 역시 감정을 표현할 수 있는 적절한 어휘를 사용해서 자신의 감정을 말하는 모델을 보여 준다. 그리고 감정에 대해 말하는 것이 그렇게 특별한 일은 아니라는 것을 보여 준다. 다음과 같은 다른 활동도 해 볼 수 있다.

❋ 감정이 표현된 그림카드 짝 맞추기를 하여 여러 종류의 감정에 대해 말해 본다.
❋ 교대로 감정 회전판을 돌려 나오는 감정의 이름을 말하고 언제 그런 감정을 느끼는지 말해 본다.

감정은 긍정적인 감정과 부정적인 감정 모두를(예 행복한, 슬픈, 신나는, 걱정하는, 좌절하는 등) 포함하는 것이 중요하다. 감정 단어는 아이의 나이와 언어 및 인지 능력에 따라 다른 수준의 표현을 소개하도록 한다. 아이가 전반적으로 감정에 대해 편하게 말할 수 있게 되면서, 아이는 다른 상황 속에서 자신의 감정을 알아차리기 시작한다.
예

❋ 거울을 사용해서 다양한 감정을 얼굴로 표현하기.

❖ 교대로 얼굴 표정으로 감정을 표현하고 상대방은 어떤 감정인지 알아맞히기.

❖ 감정 그림카드 설명하기(교대로 카드를 선택한 후, 각 카드가 나타내는 감정이 어떤 상황에서 생기는지 말한다.).

❖ 자신을 행복하게, 슬프게, 그리고 두렵게 만드는 것들을 그려 보기(아이는 자신의 감정을 그림의 크기와 색으로 표현한다.).

❖ 문장 완성하기 게임 활용하기. '친구들과 함께 있을 때, 나는 _____ 느낌이 든다', '낯선 사람을 만날 때, 나는 _____ 느낌이 든다'

❖ 신체 그림을 사용하여 어느 신체 부위에서 감정을 느끼는지 표현해 보기(예 걱정은 다리나 얼굴, 또는 뱃속에서도 느낄 수 있다.).

❖ 감정을 행동과 연결시키기: 화가 날 때/무서울 때 너는 무엇을 하니?

감정의 정도 파악하기

아이들이 다양한 상황에서 느끼는 감정의 정도를 점수로 나타내는 것은 감정의 강도를 확인하도록 도와준다. 예를 들어, 아이는 선생님에게 말할 때 두려운 감정이 들 수 있지만, 그 강도는 낮을 수 있다(예를 들어, 10이 매우 두려운 것이라면 이 경우는 2점 정도를 줄 수 있다.). '감정의 온도계'(Stallard, 2002, p. 134)를 사용하거나, 컵에 조약돌이나 물을 채우거나 탑을 쌓아서 자신이 느끼는 감정의 정도를 표현하게 한다. 다음에 소개하는 질문과 0에서 10까지의 척도를 사용하여 아이들이 감정의 정도를 표현하는 것을 도와줄 수 있다. '감정이 가장 안 좋을 때는 얼마나 안 좋다고 할 수 있을까?', '그때 얼마나 부끄럽고 두려웠니?' 척도를 사용하는 것은 변화를 측정할 때 기준을 제공함으로써 감정을 연장선상에서 이해할 수 있도록 한다.

생각 알아내기

우리는 스스로의 생각보다 감정을 더 잘 알아차린다. 그리고 감정은 생리적인 변화와 연관이 있다(예: 불안할 때 몸이 떨리거나 더워진다.). 아이들이 어떤 감정일 때 자신에게 무슨 말을 하는지 떠올려 보게 해서 감정과 생각을 연결하도록 도와준다. 먼저 생각과 감정을 구분하는 것으로 시작하는 것이 좋다. 감정은 주로 한 단어로 표현되지만

(예 화남, 걱정됨, 신남), 생각은 종종 문장으로 표현된다(예 "친구들이 나를 보고 비웃을 거야"). 자신의 감정을 말하기 전에, 이야기나 만화를 통해 다른 사람들의 생각을 가늠해 보게 할 수 있다. 큰 아이들에게는 척도를 사용하여 자신의 생각 속 믿음을 평가하게 한다. 그림 그리기를 이용해서 아이들이 자신의 감정을 탐험하게 할 수도 있다. 예를 들어, 자신이 어떤 감정을 느끼는지 그리게 하고 말풍선에 자신의 생각을 적도록 한다.

언어재활사는 다음과 같은 다양한 질문을 이용해서 아이들이 자신의 생각에 보다 쉽게 접근하도록 도와준다. "어떤 생각이 드니?", "걱정이 들 때 어떤 생각이 드니?", "네 마음이 너한테 뭐라고 말하는 것 같니?", "네 생각에는 무슨 일이 생길 것 같아?", "가장 나쁜 일이 일어난다면 어떤 일이 일어날까?", "네 마음속에 어떤 그림이 떠오르니?"

생각은 우리의 감정과 행동에 영향을 미친다. 만일 아이들이 어떤 상황에서 자신의 생각을 알아내고(예 "내가 말을 더듬으면, 아이들이 놀릴 거야") 그 생각이 자신의 감정에(예 두렵다) 어떤 영향을 끼치는지 알게 된다면 아이는 생각과 감정을 자신의 행동과 연결 지을 수 있을 것이다(예 교실에서 손을 들지 않는다, 선생님의 질문을 받았을 때 답을 모르는 척한다). 아이들은 이러한 행동을 정상적이고 일반적이며, 이해할 수 있다고 여긴다. 하지만 행동은 "그 생각이 도움이 되니?", "좋은 생각일까?", "그 생각이 100% 사실이니?", "친구에게 뭐라고 설명할 수 있을까?"와 같은 질문으로 자신의 생각을 되짚어 보게 하고, 유익하지 않은 사고의 순환을 끊어낼 수 있게 한다.

아이의 생각과 감정을 다룰 때, 부모의 역할은 중요하다. 부모가 아이의 감정을 간접적으로(제8장 '감정 다루기' 참조) 다룰 수도 있겠지만, 아이의 감정과 생각을 직접 다룰 경우에는, 부모가 '공동 치료사' 역할을 하여(Fuggle, Dunsmuir, & Curry, 2013), 아이가 치료실에서 배운 것들을 일상생활에서 적극적으로 활용할 수 있도록 도와주는 '촉진자'가 되어야 한다.

과제:

❀ 집에서 '감정' 짝 찾기 게임을 한다.

❀ '감정일기' 쓰기. 아이가 감정 그림카드나 '감정 회전판'을 사용해서 감정에 이름을 붙이는 것을 도와준다. 아이가 감정을 표현할 때, 부모는 아이가 감정의 정도를 '감정 온도계'나 조약돌/물컵을 사용하여 평가할 수 있도록 도와준다.

❀ 감정에 대한 이야기책을 함께 읽는다.

❀ 일상생활에서 부모는 여러 가지 질문을 통해 아이가 자신의 감정과 생각에 접근하

도록 도와준다. 그리고 감정의 정도를 평가하게 하고, 자신의 생각이 유익한지, 좋은 감정인지, 100% 진실인지 생각해 보게 한다.

이러한 활동은 처음에는 치료실에서 시작한다. 다른 부모나 형제자매 역시 참여할 수 있다.

말 수정하기

말하기 수정 전략으로는 '거북이 말하기', '버스 말하기', '비행기 말하기' 방법들이 있으며, 각 방법의 말하기 활동은 다음과 같이 비슷한 형식으로 진행된다.

> 1. 개념 소개하기
> 2. 이야기의 등장인물 소개하기
> 3. 확인 활동하기
> 4. 한 단어 전략에서 천천히 말하기
> 5. 문장 길이 늘이기
> 6. 일반화하기 및 강화하기

속도 줄이기: 거북이 말하기

주변 사람들이 아무리 천천히 말하고, 말 사이에 적절한 쉼을 두고, 무슨 말을 할지 결정하고 계획을 세우는 데 충분한 시간을 들여도 선천적으로 말을 빨리 하는 아이들이 있다. 이렇게 빨리 말하는 경향은 말더듬에 영향을 줄 수 있다. 말을 더듬는 아이들이 말을 더듬지 않는 아이들보다 항상 더 빨리 말하지는 않지만(Kelly & Conture, 1992), 자신의 언어 수준이나 말운동 능력에 비해 빠른 속도로 말하는 것처럼 보인다. 말 수정하기 전략으로는 거북이 말하기와 버스 말하기가 있다.

> 아이가 말속도를 줄이는 것이 도움이 된다면, 거북이 말하기 방법을 소개한다.

거북이 말하기는 아이의 말속도를 늦추기 위해 사용되는 간단한 방법이다. 이 방법은 메이어와 우드포드(Meyers & Woodford, 1992)가 쓴 유아를 위한 유창성 개발 프로그램에 기반한 것으로, 인지 기반 유창성 훈련법이다. 아이는 우선 속도의 개념을 배우고 이를 말하기에 적용하게 된다. 부모는 이를 관찰하고 다음과 같은 활동을 통해 동참한다.

1. 만일 아이가 '빠름'과 '느림'의 의미를 이해하지 못하고 있다면, 다양한 장난감과 놀이를 통해 속도의 개념을 가르치는 것부터 시작한다. 자동차, 기차, 동물 및 기타 등장인물을 가지고 놀면서 그것들을 속도에 따라 분류한다.

2. 일단 아이가 개념과 명칭을 이해하고 나면 거북이와 경주마 캐릭터를 소개한다. 소개하는 방법은 장난감 거북이와 장난감 말로 이솝우화 '토끼와 거북이'에 기반하여 응용한 이야기를 실감나게 들려주는 것이다.

   옛날에 자기가 세상에서 제일 뛰어나고 빠른 동물이라고 생각하는 경주마 한 마리가 있었어. 경주마는 자기가 얼마나 빠른지 자랑하길 좋아했는데, 특히 자기만큼 빠르지 않은 동물들 앞에서는 더 신나서 자랑을 했지. 하루는 거북이를 만나서는 이렇게 말했어. "나는 세상에서 제일 빠른 동물이야. 나는 누구보다도 빨리 달릴 수 있지. 특히, 너 같은 애보다는! 넌 그냥 느리고 늙어 빠진 거북이에 불과하거든! 나랑 달리기 시합을 한번 하자. 그럼 온 세상이 내가 얼마나 빠른지 보게 될 거야." 거북이도 그렇게 하자고 말하고 두 동물은 출발선에 섰어. 준비, 시작! 경주마는 날개라도 달린 듯 앞서 나갔고 거북이는 천천히 걸음을 옮기기 시작했어. 경주마는 점점 더 빨리 달리다가 그만 다리가 엉켜 넘어지고 말았어. 거북이는 자기 속도로 멈추지 않고 끝까지 걸어 나갔어. 만세, 마침내 거북이가 경주에서 이겼네!

3. 이어서 우리는 경주마의 빨리 말하기와 거북이의 천천히 말하기를 보여 준 후, 경주마와 거북이 중 하나인 척 말하면서, 아이에게 경주마인지 거북이인지 알아맞혀 보게 한다. 예를 들어, 음식 그림을 보여 주며 '나는 감자가 좋아'라는 말을 굉장히 빠르거나 느리게 들려주고 어느 동물이 말하는지 맞혀 보게 한다. 아이가 여러 번 답을 맞히면 "경주마인지 어떻게 알았지?"라고 물어본다. 이렇게 하면 아이는 '빠르게'와 '느리게'라는 표현을 사용해 말하기를 설명하게 할 수 있다.

4. 아이가 빠른 속도와 느린 속도를 잘 알아맞히면, 우리는 부모를 이 놀이에 끌어들여, 부모가 말을 빠르거나 느리게 하고, 아이가 경주마가 한 말인지 거북이가 한 말인지 알아맞히게 한다.

5. 이어서 역할을 바꿔 보는데, 아이가 거북이나 경주마 흉내를 내면 언어재활사가 이를 맞힌다. 이제 아이는 두 가지 서로 다른 속도의 말하기를 구별할 수 있게 되고 두 가지 다른 속도를 구별해서 직접 말할 수 있게 된다.

6. 아이가 일단 빠름과 느림 사이의 대조를 분명히 표현할 수 있게 되면, 우리는 느린 속도로 말하는 것에 초점을 맞춘다. 우선은 한 단어 수준에서 시작해 점차 문장의 길이와 복잡성을 늘려 가되, 그 속도와 수준은 아이가 느리게 말하면서 유창성을 유지할 수 있는 정도여야 한다. 우리는 아이들이 말속도를 줄이면 말더듬 역시 줄어들고, 언어가 복잡해지더라도 천천히 말하는 것이 말더듬을 줄이는 데 도움이 된다는 것을 발견하였다.

우리는 치료실과 집에서 부모를 참여시킨다.

---

7. 과제:

❀ 우리는 아이에게 거북이와 경주마 그림을 나누어 주고(부록 27), 집에서 앞의 활동을 하면서 색칠해 오게 한다.

❀ 가정에서의 연습은 거북이 말하기를 치료실 바깥으로 확장시키는 데 필수적이다. 우리는 부모와 협의하여 아이가 천천히 말하면서 유창성을 유지할 수 있는 활동 수준을 정한다. 우리는 아이에게 연습 종이를 주고 집에서 연습한 내용을 쓰거나, 도장을 찍거나 스티커를 붙여 기록하게 한다.

❀ 아이가 거북이 말하기를 문장 수준에서 유지할 수 있으면, 우리는 치료실에서 일정 시간 동안 부모와 아이가 놀이를 하며 거북이 말을 사용하도록 한다. 그리고 집에서도 거북이 말하기 시간을 가지라고 부탁한다. 거북이 말하기는 자유놀이시간에 연습해도 되고, 학교에 가거나 목욕하는 것과 같은 정해진 시간 내에 거북이 말을 연습해도 된다. 부모와 아이는 거북이 말하기 시간에 동의해야 하며 서로에게 거북이 말을 사용할 것을 상기시켜 준다. 거북이 말하기 시간은 식사 시간이나 차로 이동하는 시간에 다른 가족과 함께 할 수 있다. 그리고 아이에게 부모의 말속도를 모니터하고 만일 부모가 경주마처럼 말하면 부모에게 거북이 말하기를 해야 한다고 상기시키게 한다. 구조화된 회기부터 덜 구조화된 회기로 옮겨 가며 연습하여 자발적으로 거북이 말을 할 수 있도록 한다.

❖ 회기 시작부터 우리는 부모에게 아이가 말을 더듬을 때는 거북이 말을 시키지 말라고 한다. 거북이 말을 시키는 것이 아이가 말더듬을 부정적으로 바라보게 만들 수 있기 때문이다. 대신 우리는 부모에게 아이가 거북이 말을 자발적으로 사용하면 칭찬하게 한다. 예를 들어, "할머니에게 말할 때 거북이 말을 썼구나."라고 말한다. 유창성에 대해 칭찬하지는 않지만 거북이 말 사용에 대해선 칭찬을 한다. 그러나 완벽주의 성향의 아이에게는 이 칭찬을 너무 자주 하지 않도록 해야 한다. 왜냐하면 이러한 아이들은 '바르게' 말하려고 말에 지나치게 신경을 쓰기 때문이다.

❖ 거북이 말 연습 시간이 스페셜타임을 대체하지는 말아야 한다. 스페셜타임은 거북이 말 연습 시간과는 별개이며, 도움이 되는 상호작용 전략을 연습하는 시간이다.

♠ "거북이 말 하자"라는 말을 삼간다.
♠ 종종 아이가 자발적으로 거북이 말을 쓰면 칭찬해 준다.

생각할 시간 갖기: 버스 말하기

어떤 아이들은 하고 싶은 말을 생각하고 문장으로 만드는 데 충분한 시간을 갖지 않는다. 특히, 문장 구성력이 떨어지거나 단어 찾기에 어려움이 있는 경우 더욱 그렇다. 부모들은 종종 자녀가 무슨 말을 할지 생각하기 전에 말부터 시작하는 경향이 있고, 그래서 아이가 멈춰서 생각하는 법을 배울 필요가 있는 것 같다고 말한다.

아이가 하고 싶은 말을 생각하고 문장으로 표현할 수 있는 충분한 시간을 갖는 것과
천천히 말하는 것에서 도움을 받는다면, 버스 말하기를 소개한다.

버스 말하기는 거북이 말의 발전된 형태로, 발화 전이나 중간에 잠시 멈추어 생각하는 시간을 갖는 것이 추가된 말하기이다.

1. 거북이 말하기와 비슷한 방법으로 빠름과 느림의 개념을 소개한다. 단 이야기의 주인공은 버스와 경주용 자동차이다. 장난감 버스와 경주용 자동차를 사용하거나 레고® 또는 듀플로® 블록으로 만든다. 듀플로® 또는 나무 트랙을 달리는 버스와 경주용 자동차를 이용해 이야기를 들려준다. 너무 빨리 달리는 경주용 자동차는 코너에서 굴러 떨어지고, 버스는 침착한 속도로 전진하면서 결국 경주에서 이긴다. 버스는 승객의 안전을 책임져야 하기 때문에 빨리 달릴 수가 없고 사람들을 내려주고 태우기 위해 가끔 멈춰야 한다.

2. 그리고 우리는 버스로 가정하여, 천천히 말하다가 문장 전이나 중간에 쉬어 준다. 또는 경주용 자동차가 되어, 중간에 쉬지 않고 빨리 말한다. 아이는 버스와 경주용 자동차 중 어떤 방법으로 말했는지 알아맞힌다. 부모는 관찰 후 치료실에서 직접 아이와 연습을 해 보고 가정에서도 계속 이어 간다.

3. 그리고 역할을 바꾸어 아이가 버스나 경주용 자동차 역할을 맡고 언어재활사가 아이가 어떤 역할을 맡았는지 알아맞힌다.

4. 한 단어 수준의 버스 말하기를 소개한다. 이 단계에서 레고 또는 듀플로 블록은 매우 유용하다. 버스를 만들고 그 안에 승객(레고 또는 듀플로 피겨)을 태우면서, 승객을 태울 때마다 버스 말하기로 단어를 말한다.

    ✿ 2개의 버스 정류장이 있는 순환도로를 조립한다.

    ✿ 각 버스 정류장에는 여러 명의 사람들과 같은 수만큼의 물건 그림을 둔다.

    ✿ 아이가 첫 번째 정거장까지 버스를 천천히 움직인 후 승객 한 사람을 태우고 다시 출발한다. 버스가 움직이는 동안 아이는 천천히 그림 속 물건 이름을 말한다.

    ✿ 버스가 다음 정류장에 도착하면 그 승객을 내리게 하고 다음 승객을 태운다. 버스는 천천히 움직이면서 그림의 '이름'을 말한다.

    ✿ 아이가 버스 정류장에 버스를 세우고 단어를 생각하고 그 단어를 천천히 말하는 방식이 정착될 때까지 놀이를 계속한다.

5. 부모는 활동을 관찰한 후 참여한다.

6. 우리는 부모에게 집에서 자녀와 한 단어 수준의 연습을 할 것을 부탁하고 행동 강화를 위한 연습 차트를 나누어 준다. 많은 부모와 아이들은 집에서 도로, 버스 정류장, 사람들을 태울 레고 버스 만들기를 즐거워한다.

7. 아이가 한 단어 수준에서 버스 말하기를 할 수 있다면, 문장의 길이와 복잡성을

점차 늘여 나가는데, 이때 입을 떼어 말을 꺼낼 때마다 잠시 쉼을 가지는 것을 원칙으로 한다.

✤ 우리는 우선 아이와 한 단어 수준에서 도로와 버스 정류장, 사람 피겨, 그리고 버스를 이용해 쉼을 가지면서 천천히 말하기를 연습한다.

✤ 사람들을 태운 버스가 두 명의 승객이 기다리고 있는 버스 정류장에 도착하고, 여기에는 그림카드 한 장이 있다. 아이는 버스 안의 승객들을 내려 주고 다른 두 명의 승객을 태우면서 그림에 대해 할 말(예 '노란 컵')을 생각한다.

✤ 버스가 천천히 출발하며 아이는 두 단어를 천천히 말한다.

✤ 아이가 버스 말하기에 익숙해지면 수준을 높여 갈 수 있다. 결국 버스 정류장에 여러 명의 사람들이 기다리고 있으면 아이는 다른 승객들을 먼저 내리고 사람들을 태우면서 버스가 천천히 출발하기 전에 할 말을 생각한다. 발화가 길어지면 쉼도 많아진다.

8. 일단 아이가 문장 수준의 버스 말하기를 할 수 있게 되면, 도로를 달리는 버스 없이 말하는 활동으로 넘어간다. 하지만 아이가 버스 말하기를 계속 염두에 둘 수 있도록 눈에 띄는 곳에 버스를 놓아 둔다. 아이에게는 우리가 버스 말하기를 하는지 아니면 경주용 자동차처럼 말하는지 감시해 달라고 부탁한다. 우리는 부모를 참여시키고 아이와 부모가 가정에서 함께 버스 말하기를 사용할 수 있는 활동을 제안한다. 다시 말하지만 아이들은 부모가 버스 말하기를 사용하고 있는지 아니면 경주용 자동차처럼 말하고 있는지 감시하는 역할을 좋아한다. 가정에서 하는 버스 말하기는 연습 차트에 기록될 수 있다.

> 과제는 치료실에서 배운 방법을 치료실 밖에서도 사용할 수 있도록 일반화하는 데 중요하다.

9. 과제:

✤ 우리는 아이에게 버스와 경주용 자동차 그림을 주고, 집에서 천천히 말하기와 쉼 두기를 연습할 때 색칠하게 한다.

✤ 과제는 치료실에서 배운 버스 말하기를 일반화하는 데 중요하다. 우리는 부모와 협의하여 아이가 쉼을 가지며 천천히 말하면서 유창성을 유지할 수 있는 활동 수준을 정한다. 우리는 아이에게 연습 종이를 주고 집에서 연습한 내용을 쓰

거나, 도장을 찍거나 스티커를 붙여 기록하게 한다(부록 28).

> 처음부터 일반화를 장려한다.

❀ 아이가 문장 수준에서 버스 말하기를 할 수 있다면, 우리는 치료 시간 중 부모와 아이가 동의한 일정 시간 동안, 자유롭게 버스 말하기를 놀이 속에서 사용하도록 한다. 그리고 집에서도 버스 말하기 시간을 가지라고 부탁한다. 예를 들어, 버스 말하기는 자유놀이 시간에 할 수도 있고, 학교에 가거나 목욕하는 것과 같은 정해진 시간 내에 버스 말을 할 수도 있다. 부모와 아이는 버스 말하기 시간에 동의해야 하며, 놀이를 시작할 때 서로에게 버스 말을 사용할 것을 상기시켜 준다. 버스 말하기 시간은 식사 시간이나 자동차로 어디 가는 시간에 다른 가족을 포함하여 함께 할 수 있다. 그리고 아이에게 부모의 말속도를 모니터하고 만일 부모가 경주용 자동차처럼 말하면 부모에게 버스 말하기를 해야 한다고 상기시키게 한다. 구조화된 연습부터 덜 구조화된 연습으로 나아가며 버스 말하기를 자발적으로 할 수 있도록 한다.

> ♠ "버스 말을 하자"라고 말하지 않는다.
> ♠ 종종 아이가 버스 말을 자발적으로 사용하면 칭찬해 준다.

❀ 회기 시작부터 우리는 부모에게 아이가 말을 더듬을 때는 버스 말을 시키지 말라고 한다. 버스 말을 시키는 것이 아이가 자신의 말더듬을 부정적으로 바라보게 할 수 있기 때문이다. 대신 우리는 부모에게 아이가 버스 말을 자발적으로 사용하면 칭찬하게 한다. 예를 들어, "할머니에게 버스 말을 썼구나."라고 말한다. 유창성에 대해 칭찬하지는 않지만 버스 말 사용에 대해선 칭찬을 한다. 그러나 완벽주의 성향의 아이에게는 이 칭찬을 너무 자주 하지 않도록 해야 한다. 왜냐하면 이러한 아이들은 '바르게' 말하려고 말에 지나치게 신경을 쓰기 때문이다.

❀ 버스 말 연습 시간이 스페셜타임을 대체하지는 말아야 한다. 스페셜타임은 버스 말 연습 시간과는 별개이며, 도움이 되는 상호작용 전략을 연습하는 시간이다.

말 수정하기 및 이중언어

우리는 아직 이중언어 아동이 한 언어에서 말을 더듬으면 다른 언어에서도 말을 더듬는지 완전히 이해하지 못하고 있다(Shenker, 2013; Lim et al., 2008). 만일 아이가 이중언어를 사용한다면, 부모는 말 수정하기 전략 연습을 한 언어로만 하던, 양쪽 언어로 하든 간에 아이가 이 전략에 충분히 노출되게 해야 한다.

더 간단히 말하기

어떤 아이들은 간단히 표현하는 것을 어려워한다. 그들은 길게 말하거나 말더듬으로 인해 말하려던 포인트를 놓치기도 한다. 종종 이러한 아이들은 단순 언어장애를 갖고 있기도 한데, 이것은 아이들이 더욱 자신의 생각을 표현하는 것을 어렵게 한다. 반대로 어떤 아이들은 언어 능력이 매우 좋고 길게 말하는 것을 좋아하기도 한다. 부모는 이러한 아이들을 '수다스럽다'고 묘사하며, 아이에게 간단하게 말해달라고 부탁하기보다는 종종 아이의 말을 듣는 척하지만 듣지 않는 것을 택한다고 한다.

교대로 말하기

이것은 아이가 좀 더 간략히 말하는 데 도움이 되는 시작점이다. 만일 다른 가족들이 말을 더듬는 아이의 말을 방해하게 되거나 끊게 될까 봐 아이의 긴 발화를 그냥 놔두어 아이가 대화를 장악하게 한다면, 아이는 간략하게 자신의 생각을 표현하는 법을 배우지 못할 것이다. 제8장의 교대로 말하기를 참조하라.

간단히 말하기

우리는 가끔 아이가 발화 길이를 줄이도록 도와줄 필요가 있다.

> 어떤 아이들은 간략히 말하는 것을 배움으로써 도움을 받을 수 있다.

1. 이것은 아이의 메타언어 능력을 필요로 한다. 우리가 긴 문장과 짧은 문장을 말하면 아이는 우리의 말이 긴지 짧은지 알아맞힌다. 아이가 어리지 않다면, 함께 문

장 속 단어의 수를 세어 문장이 긴지 짧은지 판단하게 한다. 그다음 역할을 바꾸어 아이가 길거나 짧은 문장을 말하고, 언어재활사가 문장이 긴지 짧은지 알아맞힌다.

2. 아이에게 그림을 보여 주고 많은 단어를 사용하여 길게 설명하라고 요구한다.

　예 "아이가 침실에 있고, 바닥에는 장난감 차, 책, 공, 그리고 많은 장난감이 놓여 있어요."

3. 그리고 아이에게 같은 그림을 적은 수의 단어로 설명하게 한다.

　예 "아이의 침실은 바닥에 있는 장난감으로 엉망이었어요."

4. 아이가 그림을 설명하면서 문장의 길이를 줄일 수 있다면 대화 과제로 넘어간다.

　예 "오늘 어떻게 치료실에 왔니?"

　❀ 긴 문장: '저는 집에서 나와서 엄마 차를 타고 역으로 가서 기차를 기다렸어요. 그리고 기차가 와서 역에 도착하고 기차에서 내려서 버스를 타고 나서 여기까지 걸어왔어요.'

　❀ 짧은 문장: '저는 차, 기차, 그리고 버스를 타고 왔고 마지막에는 좀 걸었어요.'

5. 그리고 다른 말하기 과제(예를 들어, 이야기 만들기, 순서대로 말하기)를 하며 간략하게 말하기를 연습한다. 부모는 집에서 같은 방법으로 아이와 연습한다.

6. 아이가 이 방식으로 자신의 문장의 길이를 조절할 수 있게 되면, 대화에서도 간략하게 말하는 연습을 시작한다. 우리는 부모에게 아이가 간략하게 말할 때 다음과 같이 칭찬하게 한다. "짧은 문장을 사용해서 아주 잘 설명했네."

7. 간략하게 말하기는 말을 계획하는 데 시간이 더 필요하다. 그래서 아이는 짧은 발화를 말하기 위해서 말을 시작하게 전에 더 자주 쉼을 가져야 한다.

8. 어떤 아이들에게는 간략하게 말하기 위한 비밀 신호와 같은 알림이 도움이 되기도 한다. 부모는 아이와 협상을 하여 말을 짧게 하라는 신호를 만들고 아이가 말할 때 사용한다.

언어 또는 조음/음운 치료

말을 더듬는 아동이 언어 또는 조음/음운 문제 중 하나를, 또는 동시에 가지고 있는 경우도 있는데 이는 특별한 관심을 필요로 한다. 언어재활사들은 종종 이런 아이들을 어떻게 관리해야 할지 몰라 어려움을 표현한다. 언어 발달을 위한 치료나 조음 훈련에 집중하는 것이 말더듬을 더 악화시킬 수도 있다는 두려움 때문이다. 실제로 우리는 처음에는 말이나 언어 발달이 늦어서 치료를 받는 것으로 시작했는데, 치료를 진행하는 과정에서 말더듬이 시작되는 경우들을 보아 왔다.

우리는 언어 및 조음/음운 문제를 가진 말더듬 아동에게 조음 및 언어 기술을 발달시키는 치료를 함께 할 것을 권장한다. 이는 그들의 언어 및 조음 문제가

- 아이의 말더듬에 영향을 주거나
- 부모 및 아이에게 말더듬보다 더 많은 걱정을 안겨 주고 있거나
- 아이의 학습에 방해가 되거나
- 아이가 효율적으로 소통하는 것을 더욱 어렵게 할 수 있기 때문이다.

언어 및 조음/음운 문제를 가진 말더듬 아동을 어떻게 치료할 것인가에 관해서 여러 임상 교재는 다양한 권고를 한다(Bernstein Ratner, 1995; Byrd, Wolk, & Lockett Davis, 2007; Conture, 2001; Conture, Louko, & Edwards, 1993; Hill, 2003; Louko, 1995; Nippold, 2004; Wolk, 1998). 교재에서 소개되는 권고 사항들은 다음의 제안을 포함한다.

- 두 가지 문제를 동시에 다루기
- 한 가지씩 차례로 다루기
- 먼저 하나의 문제를 다루면서 다른 하나가 자연스럽게 호전되기를 기대하기

그리고 이러한 아동을 위해 간접치료가 적절한지, 직접치료가 적절한지에 대해서도 다른 의견이 있다(Nippold, 2004).

언어 및 조음/음운 문제를 가지고 있는 아동에게는, 우리는 먼저 언어 또는 조음/음운 발달을 모니터하면서, 페일린 PCI의 상호작용 전략과 가족 전략을 사용해 보기를 권고한다. 페일린 PCI의 초기 형태는 과거 영국에서 지연된 언어 발달을 보이는 아이들(Kelman & Schneider, 1994)에게 적용되었으며, 현재는 유아기 아동에게 광범위하게 쓰이고 있다(Cummins & Hulme, 1997). 덧붙이자면, 페일린 PCI와 언어장애 아동을 위

한 기타 부모-중심 치료법(Girolametto, Greenberg, & Manolson, 1986; Manolson, 1992; 1986; Weistuch, Lewis, & Sullivan, 1991) 사이에는 수많은 유사점이 있다. 페일린 PCI 내의 상호작용 전략과 교대로 말하기와 같은 기타 가족 전략은 아동의 말에 큰 부담을 주지 않으면서 전반적인 언어와 말소리 생성 기술을 촉진한다. 또한 상호작용의 속도를 늦추고 쉼을 늘리는 전략은 아이가 하고 싶은 말을 생각하고 계획하고 실행하는 데 더 많은 시간을 갖게 함으로써 말, 언어 및 의사소통 향상에 도움이 된다.

일단 페일린 PCI 프로그램이 완성되고 아이의 진전이 관찰되고 나면, 우리는 직접적인 언어 및 조음 치료의 도입을 경우에 따라 고려해 볼 수 있다. 언어 및 조음/음운 문제가 심각하지 않아서 아이의 효율적인 의사소통을 해치는 정도가 아니라면 우리는 아이의 유창성이 향상될 때까지 조음/언어 치료를 하지 않고 기다리는 것이 좋다. 그리고 약 석 달 동안 아이의 유창성이 유지되고 나면 다음 단계의 조음/음운/언어 치료로 넘어갈 수 있다.

말을 더듬는 아동을 대상으로 언어 및 조음/음운을 직접치료를 할 때 고려해야 할 것은 다음과 같다.

표현 능력보다 이해 능력에 집중하라

우리는 일반적인 언어 또는 조음/음운 장애를 치료할 때 쓰는 방식을 사용하지만, 처음에는 새로운 기술과 개념을 이해시키는 것에 초점을 두고 아이가 그것을 잘 표현해내는 것을 요구하지 않는 것이 좋다. 만약 조음이 문제라면 우리는 연습해야 할 소리의 모델을 제시하는 데 집중하고 아이의 청각적 인식 능력과 메타언어적 기술을 개발시킨다. 우리는 아이의 말소리 오류를 수정하는 데 있어 조심스럽고 점진적으로 접근하여야 한다. 이것은 말소리 수정을 아이가 지나치게 의식하여 정확히 말하려고 노력하다 보면, 아이의 말더듬이 오히려 증가할 수도 있기 때문이다. 따라서 우리는 부모에게 만약 가정에서 아이의 말소리 오류를 발견하면 부모는 올바른 형태로 발음하도록 아이에게 요구하지 말고, 대신 올바른 소리를 모델로 들려준다.

말더듬 모니터링하기

우리는 아이의 언어 및 조음을 직접적으로 다루면서 동시에 아이의 말더듬 역시 모니터링해야 한다. 우리는 말더듬 증가를 방지하기 위해 말수정 전략을 가르치는 것과 아이의 말 시스템에 부담을 주는 것 사이의 균형을 잘 잡아야 한다. 우리는 조음/음운 및 언어에 초점을 맞춘 치료를 한동안 하고 나면 아이가 발전되어 나가는 과정에서 단기간 동안 말더듬이 증가하는 경우가 있다는 것을 관찰한 바 있다. 하지만 우리는 말더듬 증가가 아이의 말하기 및 언어 생성 기술에 너무 초점이 맞춰져 있다는 증거일 수도 있다는 것을 염두에 두어야 한다.

> 말 · 언어 장애가 동반된 말더듬 아동을 치료할 때 우리는 표현기술보다 이해기술에 초점을 맞추되,
> 아이의 말더듬을 모니터하면서 아이의 말, 언어 수준을 고려해야 한다.

아동의 말하기 및 언어 수준

아동 전략을 사용하여 아이의 말더듬을 직접치료할 때, 우리는 오직 아이가 이미 섭렵한 언어 및 조음/음운 능력만을 이용해 유창성을 연습한다. 즉, 하나의 치료 활동에서 유창성과 조음/언어를 동시에 목표로 삼지 않는다.

요약

아동 전략은 말더듬이 아이에게 인지적 · 감정적으로 미치는 영향을 줄임으로써, 의사소통자로서 아이의 자신감과 능력을 키우는 것을 목표로 한다. 이것은 아이의 자존감과 사회적 의사소통 기술을 발달시킴으로써, 그리고 말 산출에 필요한 말운동 및 언어 능력을 극대화하기 위해 아이가 말하는 적기와 속도를 조절하는 방법들을 배움으로써 이루어질 수 있다.

사례 연구: 제이크(만 6세)

1회기

1. SFBT(해결중심단기치료) 척도: 치료를 통해 이루고자 하는 희망사항을 정하기 위해, 아이에게 여러 장의 종이를 주고 바닥에 펼치게 해서 0에서 10점까지 숫자를 각 종이에 쓰게 한다. 그리고 아이에게 자신의 현재 점수에 해당하는 종이에 서 있으라고 하였고, 제이크는 숫자 7이 적힌 종이 위에 서 있었다. 언어재활사는 제이크에게 왜 7번에 서 있는지, 무엇이 도움이 되었는지 물었다. 아이는 전보다 말하기가 쉬워졌고, 친구들이 자기의 말더듬을 별로 알아차리지 못하는 것 같다고 했다. 그리고 스페셜타임이 도움이 되었다고 보고하였다. 다음으로 아이에게 10번에 서 있으라고 말한 후, 만일 10 정도의 목표가 진짜 이루진다면 하루 동안 어떤 변화가 있을 것 같은지 물어보았다. 아이의 첫 반응은 "말이 막히지 않을 거예요."였다. 그래서 제이크에게 "말이 막히지 않는다면, 그 대신 무엇을 할 거 같아?"라고 물었고, 제이크는 "말하는 게 더 쉬워지겠죠, 그리고 학교에서 말을 더 많이 하고, 대답하려고 손도 많이 들 거예요. 선생님도 저에게 질문을 더 많이 할 거고요. 그리고 축구할 때도 누가 골을 넣으면 '잘했어'라고 소리칠 거예요."

2. 말하기에 대해 배우기: 어머니, 제이크와 함께 직접치료에 대해 논의하였다. 말(이 만들어지는) 과정(Speech Machine) 그림 자료를 사용하여 제이크에게 말이 어떻게 만들어지는지 알려 주었다. 제이크는 말할 때 필요한 신체 부위가 어디인지, 또 그 기관들이 어떻게 협응하여 말소리를 만들어 내는지 흥미로운 반응을 보였다. 제이크는 새로운 단어(예 폐, 성대)에 큰 관심을 나타냈고, 집에 가서 형에게 아는지 물어보겠다고 했다. 거울을 앞에 두고 여러 가지 말소리(예 'ㅍ', 'ㄷ', 'ㅋ')를 내면서 자신의 모습을 관찰하게 하였는데, 이것이 제이크가 말소리를 낼 때 입의 어떤 부분을 움직이는지 생각하게 도와주었다.

3. 과제: 제이크는 자신의 '말하는 과정을 보여 주는 그림'을 그리기로 하였고, 형에게 그것에 대해 문제를 내고 말소리가 어떻게 만들어지는지 오늘 배운 것을 형에게 가르쳐 주기로 약속하였다.

2회기

1. 어떤 점이 잘 되었나? 이번 주에 어떤 점이 잘 되었는지 질문하자, 제이크의 어머니는 한 주가 좋았다고 대답하였다. 그리고 제이크가 형에게 말소리가 어떻게 만들어지는지 가르쳐 주었다고 하였다. 어머니는 아이가 배운 것에 대해 적극적이었고 자기가 그린 '말하는 과정을 보여 주는 그림'을 학교에 가져가 선생님에게 보여 주었다고 하였다. 어머니는 제이크가 자신이 그린 그림을 아무렇지도 않게 학교에 가져가는 것을 보고 기분이 좋았다고 한다. 어머니는 또한 치료를 시작하면서, 잠을 일찍 자는 루틴을 다시 시작하였고, 아이가 밤에 충분히 숙면을 취하면서 낮에 덜 피곤해하고 안정적이었다고 보고하였다.

2. 말더듬에 대해 배우기: 제이크는 자신의 그림을 치료실에 가져왔고, 이 그림을 사용해서 제이크가 말을 더듬을 때 무슨 일이 일어나는지 알아보았다. 제이크는 말을 더듬을 때 대부분 입 안의 뒤쪽이나 입술에서 막힌다고 하였다. 어떤 신체 부위가 말을 만드는 것을 도와주는지 물었을 때 제이크는 뇌를 사용한다고 하였고, 자기가 급하게 말하는 버릇이 있어서 시간이 좀 더 필요한 것 같다고 하였다. 만일 말할 때 충분한 시간이 있다면 어떤 점이 달라지겠냐고 묻자, 제이크는 말하기가 더 쉬워지고, 좋은 생각을 잘 떠올리게 되고, 말을 많이 더듬지 않을 것 같다고 하였다. 언어재활사는 다양한 말더듬 유형을 시연하였고, 제이크는 자신의 '말이 만들어지는 과정을 보여 주는 그림'으로 말더듬이 어떻게 일어났는지 설명하였다(예 "말을 늘일 때 이를 입술 위에 오랫동안 갖다 댔어요", "말소리가 목에서 막혔어요."). 언어재활사가 말을 더듬으며 그림카드를 설명하였고 제이크와 어머니는 교대로 어떤 말더듬 유형인지 알아맞혔다. 그다음 역할을 바꿔 아이나 어머니가 말을 더듬으면 언어재활사가 어떤 종류의 말더듬인지 알아맞혔다. 제이크의 어머니는 치료 시간 동안 제이크가 편안했으며, 말과 말더듬에 대해 배우는 것을 즐거워하는 것을 보고 놀랐다. 어머니는 왜 말더듬 유형에 대해 배우는지 물어보았고, 언어재활사는 제이크와 어머니에게 "왜 그런 거 같으세요?, 왜 우리가 여러 가지 다른 말더듬 유형에 대해 배우고 있는 걸까요?"라고 질문하였다. 어머니는 말더듬을 감추지 않고 사실 그대로 말하게 될 경우의 혜택에 대해 말하였다. 제이크 또한 자신의 말에 대해 스스로 전문가가 된다는 생각을 마음에 들어 했다.

3. 과제: 제이크와 어머니는 다양한 유형의 말더듬에 대해 배운 것을 형과 공유하기로 하였다. 그리고 한 단어 수준에서 교대로 다양한 말더듬 종류를 산출하고 알아맞히는 놀이를 할 것을 약속하였다. 제이크는 자기가 좋아하는 축구 잡지에서 연습 단어를 고를 것을 제안하였다.

3회기

1. 어떤 점이 잘 되었나? 언어재활사가 "이번 주에는 뭐가 잘 되었니?"라고 묻기 전에 제이크는 언어재활사에게 축구 경기에서 자기 팀이 5대 4로 상대편을 이겼고, 자기가 세 골을 넣었다고 자랑하였다. 이것은 축구 경기 기술에 대한 논의로 이어졌고, 어떻게 세 골을 넣을 수 있었는지 설명하기 시작했다. 제이크는 축구 경기장에 있는 자신의 모습을 그리고 '위대한 공격수'라는 제목을 붙였다. 어머니는 제이크가 축구를 통해 많은 자신감이 생겼고, 경기가 끝난 후 팀 멤버들과 코치와 함께 수다를 떠는 모습을 보았다고 했다.

2. 말 수정하기: 버스 말을 소개하기 전에, 제이크는 자기의 말을 도와주는 것이 무엇인지 알고 있다고 하였다. 제이크는 천천히 말하는 것이 도움이 된다는 것을 알고 있었다. 그러나 제이크는 종종 천천히 말해야 한다는 걸 잊어버리게 된다고 하였다. 언어재활사는 제이크에게 천천히 말하려고 집중하는 것이 얼마나 어려운지 알고 있으며, 제이크가 항상 천천히 말해야 하는 것은 아니라고 알려 주었다. 제이크와 어머니에게 경주용 자동차와 버스의 이야기를 들려주었고, 이 두 사람은 천천히, 쉼을 두며 하는 말과 급하게 하는 말의 차이를 구분하고 한 단어 수준에서 변별하여 산출

할 수 있었다. 어머니 차례가 되자, 어머니는 천천히, 쉼을 두며 말하는 모델을 보여 달라고 하였다. 제이크는 경주용 자동차와 버스 그림(부록 28)을 집으로 가져갔고, 한 단어 수준으로 한 주에 세 번에서 다섯 번 정도 연습하기로 하였다. 지난주에 제이크는 축구 잡지에서 뽑은 단어로 연습하는 것이 즐거웠으며, 이번 주에는 자기가 좋아하는 동물책에서 단어를 선택해도 되는지 물었다. 연습의 기록을 위해 '버스 말 연습' 유인물(부록 30)을 주었다. 제이크의 어머니에게 이 연습 시간은 스페셜타임과 별도로 진행해야 한다고 상기시켰다.

4회기

1. 무엇이 잘 되었나? 제이크의 손 모양을 종이에 그렸다. 제이크와 어머니는 이번 주에 어떤 것이 잘 되었는지 질문 받았다. 그리고 그림에서 각각의 손가락에 잘 된 점을 하나씩 적었다. 제이크와 어머니는 천천히, 쉼이 있는 말과 빠른 속도의 말 구별하기와 산출하기를 연습하였고, 잘 진행되었다고 보고하였다. 어머니는 제이크가 경주용 자동차와 버스 말의 차이를 잘 듣고 산출할 수 있다고 하였다. 어머니는 아이가 언제나 급하게 서두르는 경향이 있는 걸 알기 때문에, 아이가 천천히, 쉼을 두면서 말하는 것을 보고 놀랐다고 하였다.

2. 말 수정하기: 버스 말을 두 단어 수준에서 연습하였고, 세 단어 수준으로 넘어갔다. 제이크는 세 단어에서도 쉽게 자기의 말속도를 느리게 할 수 있었고, 말하기 전에 쉼을 두며 생각하라는 알림에 도움을 받았다고 하였다. 여러 다른 사물들을 치료실에 숨겨 두고 제이크가 찾도록 하였다. 제이크는 물건을 찾아서 그것이 무엇인지, 어떤 색인지 두 단어 수준으로 표현하였으며(예 파란 물고기, 빨간 개), 그리고 운반구(carrier phrase)를 이용하여 연습하기도 하였다(예 '고양이 찾았다', '물고기 찾았다').

3. 감정: 감정 짝 찾기 게임을 하였다(www.childhood101.com). 제이크와 어머니는 짝을 찾을 때마다 감정에 이름을 붙였고, 무엇이 그런 감정을 만드는지 이야기하였다.

4. 과제: 제이크와 어머니는 한 주 동안 두 단어에서 세 단어 수준으로 버스 말을 연습하기로 하였다. 어머니는 제이크가 버스 말하기를 누가 시켜서가 아니라 자발적으로 사용할 경우 아이를 칭찬하기로 했다(예 "네가 버스 말하는 걸 들었어. 잘했어"). 어머니는 치료 이외의 시간에 제이크에게 버스 말하기를 요구하지 말라는 당부를 들었다. 제이크가 집에서도 감정의 짝 찾기 게임을 할 수 있도록 어머니에게 필요한 감정 그림의 복사본을 주었다.

5회기

1. 무엇이 잘 되었나? '이번 주에 무엇이 잘되었는지'에 대한 질문에, 제이크의 어머니는 아이가 치료실 밖에서 버스 말하기를 사용한 것을 듣지 못해서 자발적 사용에 대한 칭찬을 할 수 없었다고 하였다. 언어재활사는 제이크가 버스 말하기를 구조화된 연습 회기 동안에만 사용하기로 하였기 때문에, 어머니에게 아이가 집에서 버스 말하기를 자발적으로 사용하지 않는 것이 문제가 되지

않는다고 말해 주었다. 언어재활사는 말 수정하기 전략을 일상생활로 일반화하는 것은 어려우며 시간이 많이 걸린다고 설명하였다. 어머니는 치료 회기 동안 구조화된 연습 활동에서 덜 구조화된 연습 활동(예 자유놀이 시간 중 5분 동안, 혹은 학교에 걸어가는 동안 '버스 말하기'를 함)으로 진행할 것이라는 설명을 들었다. 그리고 언어재활사는 이러한 활동은 아이의 전략 사용의 일반화에 도움이 될 것이라고 말해 주었다. '이번 주에 제이크의 버스 말하기의 사용은 어땠는지'에 대한 질문에, 어머니는 집에서 가방 안에 있는 물건을 꺼내면서 버스 말하기를 연습하였다고 하였다. 제이크와 어머니는 교대로 가방에서 물건을 꺼내고 잠시 기다렸다가 물건에 대해 천천히 말하면서 버스 말하기를 연습했다고 한다. 어머니는 가끔씩 쉬었다 말하기나 천천히 말하는 것을 잊어버렸고, 제이크가 이를 발견하고는 어머니에게 '버스 말하기'를 해야 한다고 상기시켰다고 한다. 제이크는 말하기 전에 멈추고 생각하기를 하였고 천천히 말하였다고 한다. 제이크는 많은 시간을 갖고 말하기 때문에 말이 쉬워져서 '버스 말하기'를 좋아한다고 하였다. 제이크는 학교에서 친구와 대화할 때도 버스 말하기를 사용하려고 노력한다고 하였다.

어머니는 감정 짝 찾기를 하며 제이크와 재미있게 놀았다고 하였다. 어머니는 제이크가 기억력이 좋으며 짝을 많이 찾아 이겨서 기뻐하였다고 하였다. 놀이 중 무엇이 그런 감정이 들게 하였는지에 대해 부정적인 감정과 긍정적인 감정을 모두 포함하여 말했던 것이 도움이 된 것 같다고 하였다. 그리고 어머니가 자신도 실망하고, 화나는 감정을 가질 때도 있다고 이야기함으로써, 제이크가 다양한 감정을 가지는 것이 정상이라는 것을 알게 되어 좋았다고 하였다.

2. 말 수정하기: 자석 낚싯대와 자석 물고기를 이용한 낚시 게임으로 문장 수준에서 연습을 하였다. 제이크와 어머니는 물건 그림이 붙어 있는 물고기를 잡고 해당 그림을 문장으로 설명하였다. 언어재활사가 제이크의 '버스 말'에 피드백을 주었을 뿐 아니라 아이 스스로도 자신의 '버스 말'을 평가하였다. 예를 들어, "어떻게 했어?", "버스 말 하면서 점수를 얻었니?", "천천히 말하는 것을 기억했니?"와 같이 질문할 수 있다. 만일 아이가 말을 더듬으면, 언어재활사는 사실 그대로 담담하게 설명하고, 말을 더듬은 단어를 다시 말하라는 요구를 하지 않도록 한다.

제이크는 일관된 속도로 천천히 말할 수 있었지만 생각을 말하기 전에 시간을 좀 더 가지라는 알림이 가끔 필요했다. 어머니는 자신의 차례에서 말을 하기 전에 기다리기를 좀 더 과장해서 수행하도록 주문받았다.

언어재활사는 장난감을 가지고 노는 동안 치료실에 있는 모든 사람이 버스 말을 할 것이라고 설명하였다. 제이크는 어머니와 언어재활사가 경주용 자동차 말을 할 경우 버스 말을 하라고 알려 주기로 하였다. 제이크는 자유놀이 시간에 '버스 말하기'를 잘 유지하였다.

3. 과제: 제이크와 어머니는 집에서 놀이시간 중 5분간 문장 수준의 버스 말을 연습하기로 하였다. 어머니는 아이가 자발적으로 버스 말을 하면 아이를 칭찬하기로 하였다. 그리고 연습 시간 외에는 버스 말을 요구하지 않기로 하였다. 그리고 집에서 계속 감정 짝 찾기를 하는 데 동의하였다.

6회기

1. 이번 주에 무엇이 잘 진행되었나? 제이크에게 이번 주 학교와 집에서 잘한 일이 무엇인지 각각 다섯 개씩 말하도록 하였다. 제이크는 하나씩 말할 때마다 동물 모형을 받았고, 자유놀이 시간에 갖고 놀 수 있다는 말을 들었다. 제이크는 언어재활사에게 학교에서 인체에 대해 배운 것에 대해 말하였고 선생님의 질문에 많이 대답하였다고 말하였다.

   제이크의 어머니는 아이가 연습 시간에 '버스 말하기'를 잘 사용하였고, 다른 시간에도 말하기 전에 생각하는 시간을 가졌으며, 종종 말을 천천히 하기도 했다고 보고하였다. 어머니는 아이가 천천히 말하고, 생각하고 말을 할 때 말을 덜 더듬는다고 말하였다. 아이가 '버스 말하기'를 자발적으로 할 때 다음과 같이 말하며 아이를 칭찬하였다고 하였다. "말을 잘했어", "우와, 말이 유창하네." 이에 대해, 언어재활사는 어머니와 아이의 유창성을 칭찬하게 되면 어떤 결과가 있을지 논의하였고, 그 대신 다른 말로 칭찬할 것을 권고하였다(예 "버스 말하기를 잘했네", "말하기 전에 생각하는 걸 봤어", "천천히 말을 하다니 잘했다").

   어머니는 또한 연습 시간 이외에 아이에게 '버스 말하기'를 권유하려고 했다가 하지 않았다고 하였다. 그 대신 어머니는 자신의 말에 쉼을 주고 천천히 말하였다고 한다. 언어재활사는 어머니에게 천천히 말하고 자신의 말에 쉼을 둔 것이 어떠한 변화를 일으켰는지 물었다.

2. 감정: 감정 짝 찾기 게임을 다시 하였다. 각각 짝을 찾을 때마다 제이크와 어머니는 감정에 이름을 붙였고, 무엇이 그러한 감정을 느끼게 할 수 있는지, 그리고 그러한 감정이 들 때 어떻게 했는지 이야기를 나누었다. 제이크는 실망하던 상황(예를 들어, 축구장에서, 그림을 그릴 때, 실수했을 때, 또는 레고 조립이 어려웠을 때)에 대해 말하였다. 그리고 실망하거나 좌절하였을 때 무엇이 자신을 다시 차분하게 만들었는지에 대해서도 말하였다.

3. 말 수정하기: 주사위에 있는 그림을 설명하는 이야기 주사위 게임을 하였다. 제이크, 어머니, 그리고 언어재활사는 교대로 주사위를 던졌고 여러 문장으로 이야기를 만들었다. 언어재활사와 어머니는 첫 번째 문장을 말하기 전과 문장 사이에 생각하는 것을 모델로 보여 주었다.

   가정 안정화(Consolidation) 시기가 논의되었다.

4. 과제:

   말 수정하기: 제이크와 어머니는 일주일에 세 번에서 다섯 번 버스 말하기를 하고, 매주 과제를 가지고 오기로 약속하였다. 안정화 기간 동안에는 연습 회기가 구조화된 활동과 덜 구조화된 활동으로 구성되었다. 덜 구조화된 활동은 자유놀이 시간이나 다른 특정 시간(예: 축구 연습장으로 차로 이동 중, 수영이 끝나고 카페에서 이야기할 때)에 하기로 하였다. 활동을 시작할 때 서로에게 '버스 말하기'를 상기시켜 주기로 하였다. 제이크는 또한 형에게 버스 말하기 시간을 식사 시간이나, 연습 시간에 같이 하자고 말해 보고 싶다고 하였다. 제이크는 형이 경주용 자동차 말을 사용하면 버스 말을 하라고 말해 주고 싶다고 하였다. 치료실과 집에서 할 수 있는 구조화된 활동에 대한 다양한 의견을 내었다. 제이크의 어머니는 아이가 버스 말하기를 자발적으로 사용할 경우 칭

찬해 주기로 하였다. 그리고 어머니는 연습 시간 이외에는 버스 말하기를 요구하지 않기로 약속하였다. 그리고 스페셜타임과 버스 말하기 연습 시간은 따로 진행하기로 하였다.

감정에 대한 책: 어머니와 제이크에게 몰리 포터(Molly Potter)의 『오늘 기분은 어땠어?(How are you feeling today?)』라는 책을 추천하였다. 그리고 제이크와 어머니는 감정 짝 찾기 게임을 지속하며 '감정 일기'를 쓰기로 하였다. 감정 일기에는 제이크가 매일 느꼈던 감정과 무엇이 그러한 감정을 들게 했는지, 그리고 진정하기 위해 어떻게 했는지 쓰도록 했다.

가정 안정화 기간: 제이크의 어머니는 첫 4주 동안 버스 말하기 연습 일지를 보내 왔고, 활동이 잘 진행되었다고 보고하였다. 어머니는 아이가 종종 자발적으로 말을 천천히 하고, 말을 하기 전에 생각하는 쉼을 둘 때 아이를 칭찬하려고 노력하였다고 했다. 어머니는 또한 제이크의 '감정 일기'의 예를 보내왔는데, 그 일기에 제이크는 매일 자신이 느낀 감정 중 하나를 적어 두었다. 5주째에는 아무것도 보내지 않았다. 어머니는 언어재활사에게 보낸 이메일에서 그 주가 너무 바빠서 연습은 했지만 연습지에 기록을 하지 못했다고 설명하였다. 어머니는 확립 기간 마지막 주에 기록지들을 보냈고 검토를 위한 약속일에도 가지고 왔다.

문제점 해결하기

❖ 만약 부모가 우리 아이는 전략을 항상 사용할 수 있을 것이라고 기대를 한다면?

자녀가 전략의 사용으로 유창해질 경우 아이가 그 전략을 되도록 많이 사용하기를 원하는 것은 부모로서 자연스러운 일이다. 이것이 아이를 얼마나 힘들게 하는지 부모에게 보여 주기 위해 우리는 가끔 부모에게 치료실에서 우리와 대화 중에 같은 전략을 사용해 보라고 요청한다. 10분 후에 우리는 부모에게 스스로 어느 정도 해낸 것 같은지, 대화를 하는 동안 말하는 방식을 변화시키는 데 집중하는 것이 어떠했는지 물어본다. 대개의 경우 부모들은 오랜 시간 동안 전략을 유지하는 것이 자녀에게 얼마나 힘든 일인지 곧 알아챈다. 우리는 아이가 일상의 대화에서 전략을 사용할 수 있는 수준이 되려면 구조화된 연습 회기를 통해 그 사용법을 연습할 필요가 있다는 사실을 부모에게 상기시킨다. 아이들은 그 전략을 사용할 수 있는 능력을 갖추었지만 사용하지 않을 수도 있는데, 이는 추가적인 노력이 필요하기 때문이다.

❄ 만약 아이가 치료실에서나 지시된 활동 안에서는 전략을 잘 사용하지만 일반화가 일어나지 않는다면?

우리는 직접치료 초기부터 아이와 부모에게 과제를 내주고 일반화를 장려한다. 처음엔 우리는 아이가 거북이 말이나 버스 말을 구조화되고 집중된 연습 시간 동안에만 사용할 것을 기대하지만, 덜 구조화된 활동으로 진행하면서 일반화를 유도한다. 예를 들어, 아이와 부모는 등교 시간이나 식사 시간에, 또는 아이가 할머니와 통화할 때 거북이 말이나 버스 말을 사용하기로 할 수 있다. 덧붙여서 우리는 부모가 치료실 외에서 아이가 버스 말이나 거북이 말을 사용하는 것을 들었다면, 칭찬해 주라고 권고한다.

말 수정하기 전략을 아이가 일상생활에서 일반화하여 사용하게 하는 것은 매우 어렵고 시간이 걸린다. 어떤 아이들에게는 일반화가 자연스럽고 자발적으로 일어나지만, 우리가 만나는 모든 아이들이 그렇지는 않다. 말 수정하기 전략 사용 후 어떤 아이들은 말더듬이 줄어들지만, 그렇다고 아이들이 말 수정하기 전략을 일상생활에서 항상 사용하는 것은 아니다. 과거에는 별 차트를 사용하여 일반화를 장려했다. 부모가 아이의 말을 잘 듣고 있다가 아이가 전략을 잘 사용할 때마다 차트에 스티커를 하나씩 붙여 주고, 이것을 다음 치료 시간에 들고 오게 하였다. 하지만 지금은 그런 별 차트를 활용하는 데 우리는 매우 신중해졌다. 우리의 경험상, 이러한 활동은 아이에게 유창한 것이 우리의 최종 목적이고 말더듬은 용납되지 않는다는 잘못된 인상을 아이에게 줄 수 있다. 따라서 우리는 말 수정하기 전략의 일반화 시 우리의 기대를 분명히 할 필요가 있다. 다만, 우리는 아이가 자발적으로 버스 말이나 거북이 말을 사용하면 가끔씩 아이를 칭찬하라고 부모에게 권고한다.

❄ 아이가 자신의 말에 대해 너무 의식하고 걱정에 사로잡힌다면?

만일 아이가 직접치료에 대한 반응으로 자신의 말하기를 너무 의식하게 되고 걱정에 사로잡힌다면, 우리는 우선 부모와 함께 가정에서의 연습을 어떻게 해 왔는지 확인하고, 거북이 말하기(또는 기타 전략)는 연습 시간에만 사용하는 것을 강조한다. 앞에서 말한 대로, 자녀가 전략을 사용하면서 유창해지게 되면, 부모는 아이가 그 전략을 되도록 많이 사용하기를 원할 것이다. 그러다 보니 연습 시간 외의 시간에도 아이에게 거북이 말하기를 사용하라고 요청할 수 있다. 우리는 부모에게 우리의 기대는 아이가 거북이 말을 항상 사용하는 것이 아니라는 것을 알려 준다. 그리고 처음부터 우리는 아이가 구조화되고 집중적인 연습 시간에만 거북이 말을 사용하는 것을 기대한다는 사실을 분명히 말한다. 다만, 우리는 부모에게 아이가 연습 시간 외에도 자발적으로 거북이 말을 사용한다면 칭찬해 주라고 권한다. 그러나 우리는 이 또한 아이의 동의가 있을 때만 실천을 허락하며, 부모에게는 하루에 요구하는 횟수를 제한할 것을 부탁한다. 우리는 또한 부모와 함께 일주일에 몇 회씩 연습을 해 왔는지(연습 시간이 너무 많거나 적지는 않은지), 연습 시간은 언제였는지(너무 피곤하지 않은 상태에서 아이가 원해서 했는지), 그리고 어떤 수준에서 연습을 했는지(너무 쉽거나 어렵지는 않은지) 점검한다. 만일 활동이 지나치게 유창성에 초점이 맞추어져 있다면, 가끔씩은 피드백 양을 줄이고 유창성보다 전략에만 초점을 두는 것이 도움이 된다.

❧ 부모들이 치료의 중심이 아이라고 생각하여 참여 의식을 못 느끼고 '팔짱을 끼고 앉아' 있다면?

우리가 아이와 직접치료를 할 때 역시 부모는 여전히 치료의 중요한 요소임을 알려준다. 우리는 처음부터 직접치료에 부모를 적극적으로 포함시켜 그들이 참여 의식을 갖고 자녀의 유창성 향상을 지원하는 데 있어 자신의 지속적인 역할을 이해하도록 한다.

회기 중 우리는 부모에게 몇 가지 방법과 활동을 시연해 보인 후, 다시 부모가 직접 해 보도록 하고 이를 관찰하여 가정에서 아이와 하게 될 활동에 대한 준비를 시킨다.

만약 한쪽 부모만 직접치료에 참여한다면 우리는 정기적으로 나머지 부모도 치료에 초대한다. 우리는 다른 부모도 치료 진행 상황을 알기를 바라며, 그들이 매주 회기에 참석하지는 못하더라도 가정에서 아이의 유창성 향상을 지속적으로 지원할 수 있는 방법을 찾고자 한다.

❧ 아이의 말더듬이 심해진다면?

우리의 임상 경험상, 직접치료를 할 때 어떤 아이들은 말더듬이 증가하기도 한다. 예를 들어, 둔감화 활동을 한 후, 아이는 말더듬을 더 이상 감추지 않게 되고, 말더듬을 굳이 피하지 않게 되면서 힘들여 말하지 않을 수 있다. 이러한 아이의 말더듬 증가는 일시적일 수 있다. 다른 아이들은 직접치료를 받은 후 말 수정하기 전략을 항상 사용하려고 하다 스트레스를 받기도 하고, 그로 인해 종종 말더듬이 증가하기도 한다. 이러한 증가는 일시적일 수 있지만, 아이의 말더듬 증가가 보이면 우리의 접근 방식을 다시 살펴보면서 말 수정하기 전략에 너무 많은 초점이 맞추어진 것은 아닌지 확인한다. 그리고 아이의 말더듬 증가에 지나치게 과잉 반응하지 않도록 하고, 부모와 아이의 말의 변화와 그 이유에 대해 터놓고 이야기한다. 또 하나 중요하게 생각해야 할 것은, 치료 중 혹은 치료 후의 말더듬 증가는 사실 말더듬의 변화하는 특성(variable nature of stuttering)을 반영하는 것일 수 있어서 걱정할 필요가 없다.

기타 전략들

기타 전략
학교/유치원과 연계
타 기관으로 의뢰서 보내기
기타

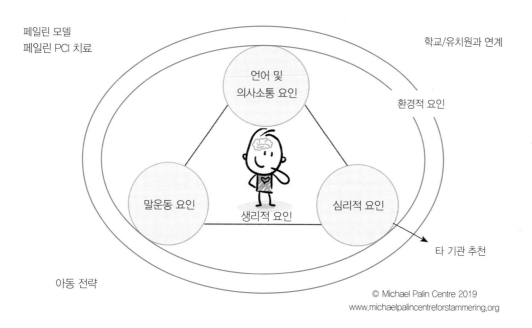

페일린 모델
페일린 PCI 치료

학교/유치원과 연계

언어 및 의사소통 요인

환경적 요인

말운동 요인

심리적 요인

생리적 요인

타 기관 추천

아동 전략

© Michael Palin Centre 2019
www.michaelpalincentreforstammering.org

학교 또는 유치원과의 연계

우리는 말을 더듬는 아이의 실제 환경에 주목할 필요가 있다. 많은 경우 부모 및 가족과의 작업만으로도 아이의 말더듬을 지원하는 데 필요한 작은 변화를 충분히 만들어낼 수 있다. 우리는 부모가 전일제 근무를 하고 아이는 전일제 보육시설에 다니는 많은 가족과 작업을 하였다. 이런 경우 아이와 부모의 접촉이 적은 편이고 도움이 되는 전략에 적게 노출되기 때문에 치료의 효과가 떨어질 것이라고 기대하기 쉽다. 하지만 우리의 경험에 따르면 이러한 아이들 역시 진전이 빠르고 부모와 함께 작업하는 것만으로도 긍정적인 결과를 가져오기에 충분할 수 있다.

그럼에도 부모들은 우리에게 유치원이나 학교 교사에게 아이의 말더듬과 관련된 정보를 제공하기를 요청하기도 한다. 우리는 부모 동의하에 아이의 말더듬 특징, 말더듬에 기여하는 것으로 보이는 요인, 권장되는 치료법 등의 내용을 담은 보고서 사본을 학교나 유치원에 정기적으로 보낸다. 필요하다면 심화된 정보와 조언을 전화, 서면 및 방문 등의 형식으로 전달할 수 있다.

선생님들도 말더듬에 대해서는 제한된 지식을 가지고 있는 경우가 많다. 또한 다른 말더듬 아동과 경험이 있는 교사일지라도 이번 아이는 전혀 다를 수 있다. 따라서 아이가 말을 더듬는 이유와 여기에 영향을 주는 요인에 대해 정보를 전해 주는 것은 어떤 식으로든 도움이 될 것이다.

유치원이나 학교 교사는 아이가 말을 더듬을 때 어떻게 반응해야 하는지 잘 모를 수 있다(Plexico, Plumb, & Beacham, 2013). 선생님들에게 아이의 말더듬이 아이들에게 일어나는 다른 일들과 특별히 다르지 않기 때문에, 말더듬에 관해 아이와 이야기를 나누어도 된다는 것을 확인해 준다. "그 단어는 말하기 어렵지?" 학교의 다른 선생님들 역시 아이를 도와주고 싶을 때나 아이와 대화를 나눌 때 아이의 말을 들으면서 어떻게 반응하면 좋을지 조언이 필요할 수 있다. 가장 중요한 원칙은 아이가 어떤 단어를 말하면서 더듬을 때, 그 단어를 대신 말해 줄 필요가 없고, 어떻게 반응하면 좋을지는 아이에게 물어보는 것이 가장 바람직하다는 것이다.

그룹 상황에서 아이의 말더듬을 대하는 문제에 관해서도 일반적인 조언을 할 수 있다. 대부분의 유치원과 학교는 교대로 말하기의 중요성을 충분히 알고 있으며 이는 말을 더듬는 아동에게 특히 필요한 부분이다. 다만, 교사에게 말을 더듬는 아동이 너무 길게 또는 독점적으로 말할 경우 다른 사람에게도 말할 기회를 주라고 요구해도 된다고 미리 알려 줄 필요가 있다. 교사들은 가끔 아이에게 말을 그만하라고 요구하기를 주저한다고 보고하기도 하는데, 아이의 독점적인 긴 말을 끊지 않으면, 교대로 말하는 상황이나 토론이 공평하게 이루어지지 않을 위험이 있다.

또한 부모가 아이의 유창성을 개선하기 위해 쉼을 활용하거나 천천히 말하기 등의 특정한 전략을 사용하고 있는 경우 교사들에게 알려 주면 유익할 수 있다. 동시에 다수의 아이를 상대하는 교사들이 현실적인 기대치를 설정하는 것은 중요하다. 일대일 환경에서조차 아이의 상호작용 방법을 관찰하는 것은 쉬운 일이 아니다. 더 나아가 한 학급의 모든 아이를 모니터하는 것은 거의 불가능에 가깝다. 하지만 선생님들이 전 학급의 아이들을 대상으로 효과적인 의사소통 전략을 가르치는 것은 큰 도움이 된다.

교사들이 아이가 치료실에서 배우는 전략에 대해 아는 것이 도움이 될 수는 있지만, 아이가 치료실에서 배운 전략을 학교에서도 사용하라고 말할 필요가 없다는 것을 교사들은 알아야 한다.

페일린 PCI를 유치원 및 학교 교사들이 사용할 수 있게 변형할 수도 있다. 만약 훈련에 참여할 의지와 여력이 있는 직원이나 교사가 있다면 치료 프로그램에 도움이 될 것이다(제10장 참조).

교사들은 말을 더듬는 아동에 대한 다른 아이들의 반응을 모니터할 필요가 있다. 많은 아이들은 친구들의 다른 점을 크게 신경 쓰지 않고 즐겁게 지낸다. 하지만 가끔은 호기심에서 그리고 절제력이 부족해서 다음과 같은 말을 하기도 한다. "너는 왜 그렇게 말해?", "쟤는 왜 이상하게 얘기해요?" 하지만 악의나 모욕을 주고자 하는 의도 없이, 단지 궁금함에서 그런 것일 수도 있다. 선생님은 사실 그대로 얘기해 줄 수 있다. "어떤 단어를 말하는 게 힘들어서 그러는 거야. 하고 싶은 말은 정확히 알고 있단다. 단지 말하는 데 다른 사람들보다 시간이 조금 더 걸릴 뿐이야. 우리가 조금 더 기다려 주면 도움이 될 거야." 그리고 아이를 비웃고 못살게 굴거나 흉내 내는 신호를 조기에 알아차리는 것이 중요하다. 놀랍게도 네 살짜리 아이가 평가 상황에서 우리에게 다른 친구들이 자신을 '근데 근데 근데 아이'라고 불렀다고 말하기도 하였다.

유치원이나 학교 교사 그룹에 대한 연수훈련 또한 도움이 될 수 있다. 여기에는 다음과 같은 내용이 포함된다.

❖ 다양한 말더듬 유형과 이와 관련된 감정들에 대한 집단 브레인스토밍(창의적인 아이디어 서로 나누기)

❖ 말더듬의 원인에 대한 아이디어 나누기

❖ 말더듬에 대한 사실들

❖ 아이가 말을 더듬을 때 도움을 줄 수 있는 방법에 대한 아이디어 나누기

❖ 유치원 또는 학급에서 유용한 전략들

❖ 괴롭힘을 포함한 말더듬에 대한 아이들의 반응에 대한 토론

❖ 질의 응답 시간

타 기관으로 의뢰서 보내기

앞에서 언급했듯이, 만약 아이에게 평가 또는 개입이 필요한 문제가 있다면, 우리는 부모와의 상담을 통해 다른 기관으로 아이를 의뢰서를 보내기도 한다.

사례 연구: 이샨(만 4세)
유치원 연계

이샨 부모의 동의하에 언어평가보고서 사본을 이샨의 유치원에 보냈고, 언어재활사는 유치원 선생님과 통화하였다. 언어재활사는 교사의 말더듬 원인에 대한 질문과 유치원에서 아이를 어떻게 도와줄 수 있을지에 대한 질문에 대답하였다. 구체적인 칭찬을 통해 이샨의 자신감을 높이는 것을 논의하였다.

사례 연구: 제이크(만 6세)

학교 연계

제이크 부모의 동의하에 언어평가 보고서 사본을 제이크의 학교에 보냈다.

첫 6주의 치료 기간 동안 어머니는 제이크의 선생님이 학교에서 제이크의 말더듬을 인정해야 하는지 물었다고 전해 주었다. 언어재활사는 교사와 통화하여 제이크와 언제, 어떻게 말더듬에 대해 이야기하면 좋을지 논의하였다. 언어재활사는 또한 제이크의 어머니가 사용하는 자신감 구축 전략을 설명해 주었고, 교사는 학교에서도 같은 방법으로 하겠다고 동의하였다.

페일린 PCI의 적용

도입

　잘 짜여진 구조의 치료 프로그램은 유용한 임상 도구가 될 수 있다. 평가와 치료 과정을 통해 단계별 가이드를 제공하기 때문이다. 그러나 모든 아이들의 요구를 충족시킬 수 있는 일률적인 접근법은 없다. 말을 더듬는 아이들의 다양한 사례를 생각하면 확실히 그러하다. 대부분의 연구자들과 언어재활사들은 말을 더듬는 아이들 중 똑같은 경우는 단 한 명도 없으며, 따라서 모든 아이들은 각자에 맞는 맞춤형 치료를 필요로 한다는 데 동의한다.

다른 장애가 함께 있는 아동

　우리는 다운증후군이나 자폐스펙트럼장애와 같이 다른 장애가 있으면서 말을 더듬는 수많은 아이들과 함께 일해 왔다. 이러한 어린이들의 경우 말더듬이 더 늦게 시작되는 경우가 많은데 이들의 언어 복잡성이 늦은 시기까지 발달하지 않기 때문이다(Bray, 2016). 이 경우 아이와 부모 모두 괴로울 수 있다. 아이의 다른 장애와는 달리 말더듬은

'교정'할 수 있다고 생각하는 사람들이 가끔 있다.

다중 요인적(multifactorial) 페일린 모델은 다른 장애가 있는 말더듬 아이들의 다양성 (heterogeneity), 복잡성, 가변성(variability)을 이해하는 데 도움을 줄 수 있다. 또한 말더듬의 주요인을 이해하고, 치료 우선순위를 정하는 데 도움을 준다. 말더듬과 다른 진단은 모두 내적 요인과 외적 요인의 영향을 받을 수 있다. 이 모델은 또한 부모들이 말더듬의 복잡성을 이해하고 자녀의 말더듬이 '교정'될 수 있다는 기대를 관리하는 데 도움을 줄 것이다.

평가

말더듬 이외에 다른 장애가 있는 아이를 의뢰받으면, 우리는 같은 평가 프로토콜을 따른다. 아이의 언어, 의사소통 능력을 선별 검사한 후, 말더듬을 평가하고, 말더듬에 대한 아이의 인식과 그 영향을 측정한다. 평가를 위해 아이의 협력을 얻으려면 언어재활사는 창의력을 발휘해서 아이를 재미있게 해 주어 아이가 참여하고 소통하고 싶은 마음이 들도록 한다. 시각적 자료로 시간표를 사용해도 도움이 된다.

그런 다음, 우리는 평가 결과와 부모와의 면담에서 얻은 정보를 통합하여 각각의 대상 아이에 대해 다음 질문을 한다. "이 아이가 필요한 것은 무엇인가?" 이 질문으로 핵심 문제와 우선순위, 즉 아이가 자신감 있고 유능한 의사소통자가 되도록 돕기 위해 필요한 것이 무엇인지를 밝힐 수 있다.

치료

일단 아이에게 무엇이 필요한지 결정했으면, 상호작용과 가족 전략을 사용하여 아이만의 고유한 맥락 안에서 아이의 요구를 지원할 수 있다. 그러므로 페일린 PCI 프로그램이 이미 아이 개개인과 그의 가족에 맞춰져 있기 때문에 프로그램을 근본적으로 수정할 필요가 없다. 그러나 더 높은 수준의 요구를 가진 아이들을 위해서는 변경이나 추가를 고려할 수 있다.

각 아동과 가족에게 최적의 경험이 되도록 하는 데 치료 회기 계획은 매우 중대한 역할을 한다. 치료실 내부에 아이에게 필요한 것을 준비해 두는 것은 도움이 된다. 부모한테 아이에게 동기를 부여하고, 아이를 진정시키고, 도와주는 것이 무엇인지 물어본후 아이에게 맞는 치료실 환경을 만들어 내는 것이 좋다.

이미 장애 진단을 받은 자녀가 있는 부모로서 말더듬이라는 또 다른 진단을 받아야한다는 것은 어려운 일일 수 있다. 그리고 진단 시 종종 아이가 할 수 있는 것보다 못하는 것을 강조하는 경우가 많다. 해결중심단기치료(Solution Focused Brief Therapy: SFBT)를 사용하여 부정적인 것에서 긍정적인 것을 볼 수 있도록 도와주면, 부모에게 큰 힘이 된다. 부모들은 처음으로 희망을 느끼게 된 것, 다른 장애를 가진 존재라는 걸 재확인하는 것 이상의 눈으로 아이를 바라보게 된 것, 그리고 자신들의 모든 장점을 귀하게평가받은 것에 대해 언급하게 된다. 부모들에게 아이의 어떤 점을 보면 기쁜지 또는 잘진행되고 있는 것이 무엇인지 찾아내고 말해 달라고 격려하면 부모들의 초점을 부정적인 것에서 긍정적인 것으로 바꾸는 데 도움이 된다.

아이의 다른 장애와 말더듬 중 어디에 초점을 맞출 것인지, 또는 어느 것을 먼저 다루어야 할 것인지에 관해 우리의 임상 결정에 도움을 줄 만한 명확한 지침은 없다. 어떤 사람들에게는 아이의 다른 장애를 중심으로 치료의 우선순위를 정하고 나중에 말더듬을 다루는 것이 더 적절할 수 있다. 다른 한편의 사람들에게는 먼저 말더듬과 그것이아이 및 부모에게 미치는 영향을 다루는 것이 더 중요할 수 있다.

우리가 가진 전문지식의 한계를 항상 인식하는 것이 중요하며, 만약 말을 더듬는 아이가 다른 중요한 정신건강적, 교육적 또는 의료적 요구를 가지고 있다면, 우리는 필요한 전문가의 도움을 받을 수 있도록 부모를 지원할 것이다.

선택적 함구증을 가진 아동

우리는 말을 더듬는 선택적 함구증 어린이에게 페일린 PCI를 사용했으나 프로그램상에 약간의 수정이 필요했다.

아동 평가는 아이의 말더듬과 그 영향뿐만 아니라, 아이의 말, 언어 및 의사소통 능력에 대한 정보를 부모에게서 얻는 방식으로 수정할 수 있었다. 예를 들어, 부모가 아이가 말하는 장면을 담은 비디오를 언어재활사와 공유할 수도 있고, 치료실에서 언어재활사가 잠시 나가 있는 동안 어머니와 아이의 대화를 녹음할 수도 있다.

이 정보와 부모상담 시간 동안 부모가 우리에게 말해 준 것을 종합한다면 아이의 요구를 이해하는 데 필요한 정보를 충분히 수집할 수 있다. 그리고 아이의 말더듬과 선택적 함구증을 지원하는 데 가장 좋은 상호작용 및 가족 전략을 찾아낼 수 있다. 또한 아동 전략은 필요한 경우 후반 단계에 포함될 수 있다.

치료 전략은 앞의 장에서 설명한 바와 같이 부모에 의해 실행될 수 있다. 언어재활사들은 또한 부모들이 아이의 선별적인 함구증을 관리하는 데 필요한 적절한 전문가들과 추가적인 도움을 찾을 수 있도록 지원할 수 있다.

자폐스펙트럼장애를 동반한 아동

자폐스펙트럼장애(ASD)를 가진 아동은 전형적인 말더듬, 비전형적인 비유창성 및 말빠름증, 그리고 이와 함께 나타나는 신체 움직임과 감정, 인지 및 행동 반응을 보일 수 있다(Scaler Scott, Tetnowski, Flaitz, & Yaruss, 2014). 다음에 설명된 방법으로 자폐스펙트럼장애를 가진 아이들에게 페일린 PCI를 어떻게 적용시킬 수 있는지 생각해 보는 것이 도움이 된다.

1. 치료실 내에서 아이의 감각적 욕구를 고려하면 도움이 된다. 예를 들어, 만약 아이가 '입에 물' 장난감을 필요로 하면, 적절한 것을 마련해 준다. 부모에게는 치료실까지 오는 최적의 경로를 계획하거나, 치료실의 사진과 함께 사회적 이야기(social story)를 제공하도록 지원할 수 있다. 필요하고 가능한 경우, 예를 들어 같은 요일, 같은 시간에 같은 방에서 약속을 잡는 식으로 치료 시간과 장소를 조정할 수도 있다.

2. 말더듬 평가에서 단어의 끝을 흐리는 것과 같은 비전형적 비유창성이 드러날 수 있는데 이는 자폐스펙트럼장애를 가진 아이들에게서 종종 나타난다. 이러한 비유창성에는 다음이 포함될 수 있다.

   ❧ 낱말의 마지막 음절 반복(잠깐 멈춤 포함 또는 미포함). 예 고양이이(잠깐 멈춤) 이이이

   ❧ 낱말의 소리 연장 예 강아지ㅡㅡㅡㅡㅡㅡㅡㅡ

✤ 중간 단어 삽입/막힘 – 'ㅎ' 삽입. 예 난 고ㅎ웅원에 가았어요./난 공원에 가았어요.

✤ 발화의 마지막 구절 반복. 예 나는 그 공원에 갔어요 에갔어요 에갔어요./나는 그 공원에 갔어요.

낱말 마지막 소리의 비유창성은 미취학 아동(Plexico, Cleary, McAlpine, & Plumb, 2010)과 취학 아동(Scaler Scott et al., 2014)에서 보고된 바 있다.

3. 스페셜타임에 대해 논의할 때, 아이에게 맞는 장난감이나 활동을 알아내기 위해 아이의 필요를 특별히 고려하여야 한다.

4. 일부 상호작용 전략은 아이의 필요에 맞게 수정될 수 있는데, 예를 들어 아이가 놀이를 주도하게 할 수 있다.

5. 자신감 기르기 같은 가족 전략의 경우 아이가 칭찬을 의미 있게 받아들이려면 아이의 인지 및 언어 수준을 고려해야 할 것이다. 교대로 말하기의 경우 실제 놀이를 통해 번갈아하기의 개념을 먼저 가르친 후 그 개념을 대화에 적용할 필요가 있다.

6. 직접치료를 하며 아이에게 말하기 수정 전략(stuttering modification strategies)을 가르칠 때, 집행 기능(executive function)이 학습에 미치는 영향을 고려하는 것이 중요하다. 자폐스펙트럼장애를 가진 아이는 주의력, 자기 인식, 자기 모니터링, 목표 설정, 반응 억제, 검색, 작업 기억력, 인지 유연성, 문제 해결 및 과제 지속성에 어려움을 겪을 수 있다. 이러한 어려움들은 그들이 말하기 수정 전략을 배우고 사용하는 것을 더 어렵게 만들 수도 있다. 문장을 구성하고 의사소통 기술을 사용하는 데 집중하느라 아이의 작업기억력에 과부하가 걸릴 수 있어서, 동시에 말하기를 수정하는 것이 불가능할 수도 있다.

사회적 이야기를 이용해 거북이 말하기나 버스 말하기를 소개하는 방법도 있고, 아이가 좋아하는 만화 캐릭터가 사용하도록 하는 식으로 소개할 수도 있다. 말하기 수정 전략을 연습할 때, 아이가 특별히 관심 있어 하는 것을 결합시키면 도움이 된다. 아이의 지식을 중시하고, 관심을 보이고, 효과적이고 흥미로운 의사소통자로 느낄 수 있도록 도우면서 말이다.

사례 연구: 자폐스펙트럼장애를 동반한 말을 더듬는 3세 아동

의도적인 의사소통을 제한적으로 사용하고 말을 더듬으며 자폐스펙트럼장애가 있는 3세 어린이를 위해 페일린 PCI를 다음과 같이 수정하고 추가했다.

1회기
♠ 발생한 문제 해결하기[예] 전이
♠ 감각 놀이 및 아이의 관심사를 포함하는 스페셜타임 놀이에 대한 아이디어 내기
♠ SFBT 및 '잘 진행된 것은 무엇인가요?'에 관해 이야기 나누기
♠ 의사소통의 단계에 관한 열린 대화
♠ 치료실로부터의 전이를 지원하기 위한 사람 소개

2회기
♠ 의사소통 구축해 나가기: 하루 종일 서로 의사소통 해야만 하는 계기를 제공하기[예] 조금씩 조금씩 물건을 손이 닿지 않는 곳에 두는 것 등)

3회기
♠ 전반적으로 아이가 주도하도록 하고 이를 따른다[아이의 수준에 맞는 언어 모델을 들려주고 사용한다. 아이가 아직 말하지 않은 것도 (의도를 파악하여) 해석한다.].

4회기
♠ 아이의 발달 수준에 맞게 칭찬한다.

5회기
♠ 놀이 속에서 분명하게 교대로 말하기를 가르치고 모델링한다.
♠ 형제자매와 학습 단계가 서로 다른 것 그리고 형제자매와 어려움을 겪는 것이 정상이라고 말해 주며, 형제자매의 감정을 인정하고, 그 역할을 공감해 준다.

6회기
♠ 부모가 스스로에게 친절할 수 있도록 그리고 자신과 아이에게서 '잘 되어 가고 있는 일'을 찾아보려는 태도를 갖도록 조언한다.

제11장에 우리는 자폐스펙트럼장애를 가진 말을 더듬는 아동의 부모가 페일린 PCI의 경험에 대해 들려 준 이야기를 실었다.

문화적 · 언어적 배경이 다른 가정

통역사 활용

모든 배경의 아이들과 가족들에게 공평한 서비스를 제공하기 위해서 우리는 종종 평가와 치료를 도와줄 통역사가 필요하다. 우리는 교환되는 정보가 개인적 요인에 의해 왜곡되는 것을 방지하기 위해 가족 구성원보다는 적절한 훈련을 받은 전문 통역사를 이용한다.

부모의 상호작용 방식을 다룰 때, 우리는 항상 부모에게 자녀들과 주로 사용하는 언어로 말하도록 권장한다. 영어가 아닌 경우, 우리는 통역사에게 통역을 부탁한다.

문화적 차이

통역사는 또한 장애에 대한 태도, 어머니와 아버지의 역할, 치료에 대한 기대와 같이 특정 문화에 대한 전반적인 정보를 우리에게 제공하는 데 있어 매우 중요한 역할을 할 수 있다. 그러나 각 가정마다 독특한 태도와 풍습 또한 있기 때문에 우리는 문화적 일반화에 대해서는 조심하고 있다. 우리는 가족들이야말로 그들의 문화적 · 개인적 스타일과 선호에 대해 가장 유용한 정보를 전해 주는 사람들이라는 것을 알게 되었다.

어떤 문화권의 사람들에게는 페일린 PCI의 측면들이 더 어렵게 다가올 수 있다는 것도 알게 되었다. 만약 부모가 장난감을 가지고 노는 것에 익숙하지 않다면, 우리는 부모가 스페셜타임을 정착시킬 수 있도록 창의성을 발휘해 도와야 한다. 특별한 요리 만들기나 함께 공원에 가는 것과 같이 아이가 좋아하는 것을 하면서 스페셜타임을 보내는 것을 제안할 수도 있다.

게다가, 눈을 마주치는 것, 교대로 말하는 것, 수면 습관 등에 관한 문화적 차이도 있다. 그러나 페일린 PCI의 장점 중 하나는 부모가 본능적으로 자녀에게 도움이 되는 것을 알고 있고 이미 대부분의 시간에 이를 실천하고 있다는 것을 전제로 한다는 것이다. 페일린 PCI는 부모가 그런 행동을 더 많이 하도록 돕는다. 우리는 부모에게 무언가를 그만두라거나 새로운 다른 스타일을 사용하기 시작하라고 요구하지 않는다. 이것은 부모의 문화적 또는 개인적 스타일이 무엇이든 간에, 이미 실천하고 있는 자녀와의 상호작용 방식 중에서 자녀에게 가장 도움이 된다고 이해한 것들을 더욱 발전시키게 된다는 것을 의미한다. 이렇게 페일린 PCI는 본질적으로 각 가정의 요구에 문화적으로나 개인적으로나 민감하게 반응한다.

부모 중 한 명이 참여할 수 없는 경우

가족 개개인의 사정이 어떻든 페일린 PCI에 접근할 권리를 동등하게 갖는 것이 중요하다. 부모 중 한 명이 집에서 멀리 떨어져 살고 있으면(예: 직장이나 유학 등) 우리는 현재 참여할 수 있는 부모와 치료를 시작한 다음, 다른 부모가 집에 왔을 때 추가적인 만남을 마련한다. 또는, 원격치료(telehealth)를 이용하여 다른 쪽 부모를 참여시킬 수 있다(아래 참조).

부모가 별거하거나 이혼했지만 둘 다 아이를 돌보고 있다면, 함께 참석할 것인지 따로 참석할 것인지 물어본다. 기꺼이 함께 참여하고 싶어 하는지 아니면 따로 약속을 잡고 싶어 할지는 부모 자신이 더 잘 알기 때문에 우리는 그들이 결정하여 우리에게 알려주게 한다. 앞서 논의한 바와 같이, 만약 재혼을 했다면, 우리는 새 배우자(들)도 참여시키려고 노력한다. 모든 사람이 편하게 느끼도록 하는 것이 중요하다. 우리가 6주간의 치료 회기를 계획할 때, 헤어진 부모들은 회기를 두 부분으로 나누기로 결정하기도 한다. 한 부모가 아이를 데리고 와서 전반부에 참석했다가 가고 나면, 다른 부모가 도착해서 남은 시간 동안 아이와 회기를 갖는다.

한부모 가족의 경우, 새로운 배우자나 조부모와 같이 그 부모가 참여시키기를 원하는 다른 중요한 보호자가 있다면 우리는 그들도 치료 회기에 초대할 것이다. 만약 아이가 제3자(예: 베이비시터, 유모 또는 조부모)에 의해 보살핌을 받는다면, 때로는 이 사람을 치료에 참여시킨다.

부모 모두가 참여할 수 없는 경우

때때로 언어재활사들은 부모와의 접촉이 없거나 제한적인 상황에서 일하게 된다. 우리는 제1장에서 이미 그 이유를 설명했듯이 말더듬 아동의 치료에 부모를 참여시키도록 언어재활사들에게 항상 권장할 것이다. 만약 부모가 선별 검사 면담에 직접 참석할 수 없다면 전화로 선별 검사를 진행할 수 있다(제4장의 선별 검사에 대한 내용 참조). 이 단계에서 평가가 권고되면 아동 평가는 유치원이나 학교에서 실시될 수 있으며, 우리는 사례 면담 및 진단과 추천 시간을 위해 부모와의 회기를 마련하도록 노력할 것이다. 우리는 부모가 일단 사례 면담 회기에 참석하면, 치료 과정에서의 자신의 역할을 이해하도록 도와 언어재활사와의 관계를 발전시키기 시작하고, 치료 프로그램을 적용할 수 있는 방법을 찾는다는 것을 때때로 경험했다. 만약 그렇지 않다면, 언어재활사는 치료 계획을 실행할 다른 방법을 찾아야 할 것이다. 즉, 또 다른 어른과 함께 또는 원격치료를 통해 치료를 실행하게 될 것이다.

다른 보호자가 함께 하는 경우

만약 부모가 페일린 PCI에 참여할 수 없다면 우리는 아이의 유치원 또는 학교 교사와 함께 진행하는 것을 고려할 수 있다. 이러한 PCI 적용법은 초기에 말과 언어에 어려움이 있는 아이들에게 사용되어 왔다(Hulme, 2005). 이 접근 방식은 우리와 함께할 능력과 의사가 있는 전담 교사가 있는 경우 가장 적합하다. 이러한 경우 우리는 페일린 PCI 프로그램을 다음과 같이 조정한다.

1. 부모의 동의를 얻어, 평가 결과를 전담 교사와 논의하고 무엇이 아이에게 도움이 될 것 같은지 그들의 견해를 묻는다.
2. 우리는 전담 교사가 아이를 어떻게 도와줄 수 있을지 구체적인 방법을 목록으로 만들어 적어 준다. 예를 들어, '아이가 더 천천히 받아들이고, 말하고 싶은 것에 대해 생각할 시간을 충분히 가질 수 있도록 돕는다.'

3. 우리는 이런 것들이 아이의 말하기에 어떤 도움이 될지 논의한다.

4. 우리는 전담 교사가 아이와 놀고 있는 모습을 비디오로 녹화한다.

5. 우리는 전담 교사와 함께 비디오를 보면서 그들이 목록에 있는 것들을 하고 있는 순간을 찾아내도록 도와준다.

6. 우리는 아이의 말하기를 돕기 위해 교사가 더 많이 해 볼 수 있는 목표에 대해 논의한다. 우리는 이와 관련한 상호작용 전략 유인물을 사용할 수 있다.

7. 우리는 전담 교사에게 하루에 한 번 아이와 특별한 5분의 연습 시간을 가질 것을 제안한다. 그 시간에는 아이의 말하기를 돕기 위한 상호작용 목표에 집중해야 한다.

8. 우리는 전화나 서면 보고서로 이 치료 과정을 부모와 공유한다.

우리는 또한 전담 교사가 아이와 함께 할 수 있는 '가족 전략'(제8장)도 논의한다(예 '자신감 기르기', '교대로 말하기', '감정 다루기', '높은 기대수준'). 필요에 따라 관련 유인물을 사용할 수 있다.

원격치료를 이용하는 경우

원격치료에는 컴퓨터 프로그램, 화상 회의 및 가정용 웹캠 기술이 사용된다. 부모 한 명이 집에서 멀리 떨어져 일하거나, 병원까지 거리가 멀거나, 재정적인 제약이나 기타 가족의 여건 때문에, 부모나 가족들이 직접 대면하는 치료 회기에 참석하는 것이 어려운 경우가 있다. 원격치료와 같은 기술을 사용하면 이러한 가족도 동등한 지원을 받을 수 있다. 어떤 가족은 이 방법으로 치료 받기를 선호할 것이다. 따라서 이를 제공하는 것은 언어재활사들에게 도움이 된다. 언어재활사가 아동이나 가족이 있는 장소(특히, 이들이 외국에 있는 경우)에서 치료 행위를 할 수 있는 면허를 가지고 있는지 알아보는 것이 항상 중요하다.

우리는 원격치료를 통해 치료에 대한 접근성을 높이고, 일부 가족들에게는 유연하고 일관적인 치료를 제공할 수 있으며, 학교 출석이나 부모의 업무가 치료 때문에 영향 받는 것을 줄일 수 있다는 것을 알게 되었다. 가정환경에서 더 편안함을 느낀다고 보고한 가족도 있으며, 참여도 또한 높일 수 있다. 물론 처음에는 원격치료를 통해 페일린 PCI를 전달하는 것이 부담스럽게 느껴질 수 있지만, 시간이 지나면 한결 더 쉬워진다. 우리는 원격치료가 우리가 일하는 방식에 매우 유용한 기여를 한다는 것을 발견했다.

우리는 다음의 사항을 고려하는 것이 도움이 된다는 것을 알게 되었다.

- 알려진 위험을 상세히 기술한 서명된 동의서를 사용하여, 부모로부터 원격치료를 통한 평가 및 치료를 하는 것에 대한 동의를 얻는다. 관련 동의서는 1차 회기 전에 송부하고 작성되어야 한다.
- 가능하면 가족과 짧은 '시험' 연결을 시도해 보아서 양 당사자의 연락처 정보가 정확한지, 그리고 치료 회기에 참여하는 데 필요한 장비를 갖추고 있는지 확인한다. 언어재활사들은 개인 연락처를 공유하지 말아야 한다.
- 우리는 웹캠과 스피커가 내장 또는 외장된 데스크톱이나 노트북 컴퓨터를 사용해 왔다. 태블릿 PC도 유용한 대안이다. 휴대전화도 같은 기능을 가지고 있지만 회기 동안 다루기 더 어려울 수 있다.
- 스카이프, 줌, 웹엑스(Skype, Zoom, WebEx) 등 사용 가능한 프로그램이 많이 있다. 언어재활사의 직업 지침 또는 고용 기관의 지침을 준수해야 한다.
- 부모와 언어재활사가 둘 다 조용하고 비밀 보호 공간을 사용하고 있는지 확인하는 것이 중요하다. 마이크가 달린 헤드셋은 기밀 보호에 도움이 된다.
- 전화를 걸 책임은 고객에게 있어야 한다(대면 회기처럼)―'출석'에 대한 책임은 그들에게 있다. 회기 중 통화가 중단될 경우 누가 다시 전화를 걸 것인지에 대해 합의한다.
- 언어재활사는 회기 전에 모든 것을 정리하고 준비를 마쳐야 하며, 회기에서 사용될 모든 자료는 가족에게 미리 이메일로 보내 놓아야 한다.
- 합의된 시간 5분 전에 로그인하며 전화를 받을 준비가 되어 있는 것이 좋다. 이러면 기술적인 문제에 대처할 시간을 벌 수 있다.
- 원격치료로 회기를 완료하는 경우에도 공감대 형성, 생각할 시간 주기, 이해했는지 확인하고 질문할 시간 주기, 모든 당사자를 동등하게 참여시키기와 같이 동일한 임상 기술이 적용된다.
- 언어재활사는 카메라에 시선을 고정하고 대상 아동이 치료에 재미를 느끼도록 노

력한다.

원격치료를 이용한 평가

원격치료를 이용하여 아동 평가를 완료할 수 있는데 유아기 어린이를 대상으로도 가능하다. 부모 중 한 명은 참석해야 하며, 부모에게 가능한 한 평가 중에 아이를 도와주지 말도록 부탁한다.

우리는 부모에게 아이와 함께 놀 것을 부탁하고 이를 관찰한다. 그들은 이 상호작용을 녹화하여(아래의 도움말 참조), 회기가 끝날 때 우리에게 보낸다.

아이의 말, 언어, 사회적 의사소통 능력을 비공식적으로 선별 검사하게 되는데, 더 자세한 정보는 부모 면담 동안 부모가 보고한 내용에서 구하게 된다. 공식적인 말 또는 언어에 대한 평가가 필요하다면 대면 약속이 더 적절할 것이다.

말더듬에 대한 평가는 컴퓨터 화면에서 비디오 녹화를 설정한 다음, 검사 그림을 카메라에 대고 보여 주어 아이가 그림을 설명할 수 있도록 하면 가능하다. 또는, 부모에게 아이가 사진을 묘사하는 것을 비디오로 찍어서 우리에게 보내 달라고 요청할 수 있다.

우리는 아이들에게 유아용 의사소통태도검사(KiddyCAT; Vanryckeghem & Brutten, 2007)의 질문으로 말더듬에 대한 아이의 태도를 평가한 다음, 아이의 관점에 대한 추가 질문을 한다.

사례 면담 및 진단과 추천 단계는 원격치료를 통해 효과적이고 쉽게 수행할 수 있다.

원격치료를 이용한 치료

어떤 가족은 치료 기간 전체가 원격치료로 이루어지거나, 대면 치료 회기와 원격치료의 조합으로 진행될 수 있을 것이다.

치료 구조는 그대로다. 각 회기는 1시간씩 진행되며, 6주 연속해서 진행된다. 1회기에는 평가 검토, 치료를 통한 부모의 희망사항 파악, 스페셜타임 설정, 필요한 경우 상호작용 비디오 제작 등이 포함된다. 후속 회기에는 평가에서 합의된 스페셜타임, 상호작용 및 가족 전략이 포함된다. 각 회기의 준비를 위한 유인물이나 자료는 가족에게 이메일로 전송해야 하며, 후속 메일에는 과제 지침과 자료, 그리고 회기 중 작성된 모든 자료의 사본(圓 스페셜타임 안내문, 스페셜타임/칭찬 일지, 상호작용 및 가족 전략을 위한 유인물)이 함께 전송되어야 한다.

상호작용 동영상 만들기 및 보기

가족이 회기에 참석하여 동영상을 찍을 수 없기 때문에, 회기 전에 상호작용 비디오를 기록하고 볼 수 있는 새로운 방법에 대해 가족과 합의를 해야 할 것이다. 우리는 다음과 같은 방법이 성공적이라는 것을 알게 되었다.

✤ 학부모들은 치료 회기에 앞서 집에서 5분짜리 상호작용하는 놀이 동영상을 만든 후 합의된 온라인 동영상 공유 플랫폼(圓 Dropbox, WeTransfer)을 통해 이를 전송할 수 있다. 이것은 언어재활사가 미리 비디오를 볼 수 있는 기회를 제공할 뿐만 아니라, 부모와 함께 (각자의 장치를 통해서) 비디오를 보면서 그들이 하고 있는 것 중 도움이 되는 것을 가려내고 목표에 동의할 수 있는 기회를 제공한다.

✤ 또는 가족이 자신의 녹화 장치를 이용해 회기 중에(대면 회기를 본떠) 라이브 동영상을 만들 수 있다. 이를 위에서 설명한 대로 온라인 플랫폼을 통해 언어재활사와 공유하여 볼 수 있게 하거나, 언어재활사가 그들이 노는 것을 실시간으로 보고 난 후, 가족과 다시 동영상을 돌려보며 논의를 진행할 수도 있다.

✤ 스카이프(Skype)와 같은 일부 원격치료 플랫폼에는 간단한 동영상을 만들어 공유할 수 있는 기능이 있다. 이것을 하려면 가족들은 스카이프 통화를 종료하고 스카이프를 통해 동영상을 찍은 다음 스카이프 채팅으로 전송해야 한다. 그다음 가족들이 다시 전화를 하면 언어재활사와 가족 모두가 같은 비디오를 함께 볼 수 있다.

✤ 종종 가족들은 선호하는 방법을 제안하고 문제 해결을 돕기도 한다.

✤ 언어재활사들의 회기 준비가 잘 되어 있는 것이 중요하고, 초기 조정 과정이 있을 수 있다.

우리는 아직 원격치료를 통한 페일린 PCI의 효과를 충분히 탐구해 보지 않았다. 말을 더듬는 미취학 아동을 대상으로 한 리드콤(Lidcombe) 프로그램을 전달하기 위해 원격치료를 사용했던 것에 대한 보고서가 발표되었다(Lewis, Packman, Onslow, Simpson, & Jones,

2008; Wilson, Onslow, & Lincoln, 2004). 이 경우에는 영상통화가 아닌 전화상담을 사용했는데, 원격치료를 통한 치료가 효과가 있는 것으로 밝혀졌지만 치료 시간이 더 길었다.

우리는 제11장에 원격치료를 이용해 페일린 PCI의 평가와 치료를 받았던 경험에 대한 부모와 아이들의 의견을 포함시켰다.

결론

페일린 PCI 프로그램은 개별 아동과 그 가족을 위해 맞춤형으로 적용되어 언제나 아이의 특정한 요구와 환경에 맞게 적용되도록 설계되었다.

더 많은 도움이 필요한 아이들을 위해, 우리는 자녀와 부모에게 도움이 될 수 있는 한 발 더 나아간 적용이나 추가되어야 할 것에 대해 설명하였다.

우리는 또한 영어가 모국어가 아니거나 치료실 기반 치료에 참여하는 것이 어려운 부모들에게도 접근이 가능하도록 페일린 PCI를 적용할 수 있다는 것을 알게 되었다. 가족들은 원격치료 서비스 제공의 이점을 보고하고 있으며, 점점 더 발전하는 기술 덕분에, 원격치료가 말더듬 치료에 더 널리 사용될 것으로 보인다.

우리의 마지막 말

페일린 PCI는 다음과 같은 이유로 말을 더듬는 유아기 아동과 그 부모에게 함께 사용할 수 있는 훌륭한 치료법이다.

- ♠ 페일린 PCI는 아이에게 무엇이 도움이 되는지에 대한 부모의 직관력을 일깨움으로써 부모에게 힘을 실어 준다.
- ♠ 페일린 PCI는 말을 계속 더듬든 그렇지 않든 아이들이 유능하고 자신감 있는 의사소통자가 되도록 돕는 데 효과적이다.
- ♠ 페일린 PCI는 이 모든 것을 비교적 적은 횟수의 치료로 달성한다.
- ♠ 우리는 유도자, 촉진자, 강화자, 격려자로서의 우리의 역할을 즐길 수 있다.

만약 당신이 이에 대해 확신이 없다면 마지막 장에 있는 부모들과 다른 언어재활사들의 말을 읽어 볼 것을 추천한다.

제11장　어린 말더듬 아동을 위한 페일린 부모-아동 상호작용 치료

부모와 언어재활사의 페일린 PCI 경험담

부모의 페일린 PCI 경험

말을 더듬는 조(5세)의 아버지

"딸이 두 살 때 말을 더듬는다는 것을 알았고 그 이후 약 6개월 동안 점점 심해지는 것을 보고 의사를 찾아갔어요. 의사는 대부분의 경우에 말더듬이 자연스럽게 없어진 다며 우리를 안심시켰는데 이것은 우리가 온라인에서 찾아본 정보와 일치하는 조언이 었죠. 아이의 언어 능력이 발달하면서 말더듬이 더욱 뚜렷해졌고 네 살 무렵에는 말을 더듬는 횟수가 잦아졌어요. 그래도 아이는 여전히 매우 행복한 소녀였고 자신의 말하기에 영향을 받지 않았어요. 우리의 가장 큰 걱정은 심각하게 말을 더듬는 아이의 미래에 닥칠 수 있는 어려움이 눈에 보인다는 것이었지요. 아이의 발달과 교육뿐 아니라 사회적 측면에서도요. 우리는 아이들이 학교 환경에서 기를 펴고 사는 것이 얼마나 어려울 수 있을지, 그리고 아이들이 때때로 서로에게 얼마나 잔인할 수 있는지 생각해 보았어요."

"이 시기에 아이는 언어치료를 받았어요. 회기에도 참여하고 조언도 받았는데, 나아지고 있는 것 같지가 않았어요. 회기는 상당히 짧고 불규칙적으로 이루어졌어요. 그러다 보니 우리는 더 나은 방법을 찾아봐야겠다고 생각하게 되었죠. 그리고 딸의 다섯 번째 생일이 다가올 때쯤 우리는 말더듬 치료에 더 경험이 많은 언어재활사에게 평가를 받아 보기로 결심했어요."

"저는 페일린 센터에서 만난 언어재활사의 접근법에 감명을 받았어요. 초기 평가에 앞서 우리는 아이 없이 언어재활사와 우리의 고민과 기대를 논의하는 긴 회기를 가졌지요. 이 기회를 통해 우리는 궁금한 것을 물어보고 페일린 PCI 접근법의 세부 사항에 대한 교육을 받을 수 있었어요. 평가와 후속 분석, 토론과 조언이 매우 훌륭했지요. 프로그램이 주도면밀하고 우리 딸에게 맞춰져 있는 것 같았어요."

"'스페셜타임'은 단순하지만 매우 효과적인 방법이라는 것을 알게 되었어요. 눈을 마주치고 놀 때 딸이 주도하도록 하는 등의 목표를 설정하는 것은 큰 도움이 되었지요. 그것은 딸과 함께하는 나 개인의 상호작용을 분석하고 반성하게 했고, 딸에게 도움이 되는 것들을 더 많이 할 수 있는 방법을 알려 주었지요."

"매주 한 시간 동안 하는 정기 회기는 매우 도움이 되었어요. 우리 딸이 언어재활사와 관계를 맺을 시간이 더 많다고 느꼈고, 덕분에 우리 모두가 덜 조급해졌어요."

"평가를 포함해 2~3개월 동안 했던 모든 회기는 딸의 말하기에 긍정적인 영향을 주었을 뿐 아니라 우리의 이해를 높여 주었으며 현실적인 기대를 갖게 해 주었어요. 나는 다른 부모들에게 페일린 PCI 접근법을 사용하는 언어재활사를 추천할 거예요. 이것이 내 딸을 올바른 방향으로 이끄는 첫 단계라고 느꼈기 때문이지요."

말을 더듬는 벨라(4세)의 어머니

"우리는 2017년 3월에 영국으로 이주했는데, 같은 해 봄에 벨라의 말더듬을 처음 듣게 되었어요. 처음에는 벨라가 너무 많은 종류의 언어로 한꺼번에 많은 이야기를 하고 싶어서(두 살 반이면 얼마나 할 말이 많을 때인가!) 그런다고 생각했고, 그건 벨라 아버지가 벨라 나이였을 때 모습과 비슷해 보였어요. 할머니는 벨라의 아버지가 그 나이 때 말을 더듬었다는 것을 기억했는데, 아버지의 말더듬은 개입이나 치료도 없이 해결되었다고 하셨어요. 그런데 여름이 되었는데도 벨라는 여전히 단어를 시작하는 데 어려움을 겪고 있었지요. 어느 주말에는 벨라가 언니의 이름을 전혀 부르지 못하고 있었고, 말하고 싶은 단어 몇 개를 뱉지 못했어요. 우리는 벨라가 입을 움직이려고 애쓰는 것을 보았는데 벨라의 몸은 잔뜩 경직되어 있었고, 좌절감에 사로잡혀 있다는 것을 분명히 볼 수 있었어요. 그 주말이 끝나갈 무렵 나는 벨라에게 단어가 막혀서 나오지 않느냐고 물었지요. 그러자 벨라는 안도감에 가득 찬 눈으로 나를 바라보더니 조용히 나를 꼭 안아 주었어요. 나는 벨라를 도우려면 전문가의 조언이 필요하다는 것을 깨달았어요."

"그리고 전 인터넷에서 검색을 하기 시작했는데 상반된 정보가 너무나 많다는 것을 알게 되었어요. 예를 들어, ○세에 말더듬이 나타나면 저절로 해결될 것이고, 그보다 더 나이가 많으면 영원히 계속 된다 뭐 이런 것들이었죠. 저는 페이스북 말더듬 지원 그룹에 가입했는데 치료법, 접근법 등에 대해 더욱 상반된 조언이 제시되어 있어서 결국 제 불안감만 커 갔지요. 저의 주된 관심사는 벨라가 말하기에 대한 불안감 없이 일상생활을 할 수 있는 방법을 찾는 것이었어요."

"저는 마침내 벨라가 말을 더듬는 아이들을 위한 서비스를 받게 되어 너무나 기뻤어요. 우리는 이 전에 개인적인 평가와 한 번의 치료 회기를 했는데 그건 그다지 도움은 되지 않았어요. 핵심은 제가 너무 말을 빨리 하니 천천히 말해야 한다는 것이었는데, 실행 계획 같은 것은 없었지요."

"벨라가 평가를 받는 동안 저는 어떤 더듬거림도 듣지 못했는데, 사실 전혀 더듬지 않았다는 사실에 실망했어요. 그 사람들이 우리에게 치료를 계속해 주지 않을까 봐 너무 걱정이 되었던 것이죠. 하지만 언어재활사는 벨라의 말더듬을 몇 번 들었고, 비디오테이프를 돌려 보자 말더듬의 순간을 더 많이 발견했어요. 언어재활사는 벨라에게 너무 친절했고 벨라를 위해 짧고 재미있게 말해 주었어요. 매우 따뜻하고 전문적인 평가였어요."

"저는 우리의 부모상담 회기를 항상 기억할 거예요. 저는 벨라가 말을 더듬기 시작한 순간부터 우리의 면담에 이르는 9개월의 시간 동안 벨라의 말더듬에 대한 불안감을 키워 온 상태였어요. 저는 해답과 실행 계획이 필요했어요. 그런데 제가 얻은 것은 그보다 훨씬 더 많은 것이었어요. 우리는 태어나서부터 현재까지의 벨라에 대해—벨라의 강점과 어려움, 우리의 육아 방법, 가정환경, 자매와의 관계 등—긴 대화를 나누었어요. 이어서 말더듬의 원인으로 무엇이 있는지, 그를 둘러싼 연구, 그리고 벨라를 돕기 위해 무엇을 할 수 있는지에 대해 논의했어요. 회기가 진행되는 동안에 순수한 안도감이 나를 덮쳤고 저는 마침내 인터넷으로 말더듬에 대해 알아보는 것과 벨라의 말더듬에 대한 집착과 걱정으로 밤잠을 설치던 것을 멈출 수 있을 것 같았어요. 언어재활사는 침착하였으며, 풍부한 지식으로 도움을 주는 사람이었어요. 언어재활사는 우리 둘 모두를 안심시켰어요. 그녀는 실제 치료 회기를 시작하기 전에 벨라, 우리 둘, 우리 가족 전체에 대해 알기 위한 시간을 가졌어요."

"우리는 말더듬의 원인에 대해 배웠어요. 지금까지 머릿속에 남아 있는 원인은 뇌 구성, 유전학, 환경이었어요. 이것은 저에게 매우 도움이 되었어요. 제가 말을 빨리 해서 벨라가 말을 더듬게 되었다고 자책해 왔기 때문이었지요. 또한 유전적 요소에 대해 듣고 벨라의 패턴이 아버지의 패턴과 일치할 수도 있다는 것을 알게 된 것도 도움이 되었는데, 이는 벨라가 말하기에 대한 불안감 없이 일상생활을 할 수 있을 것이라는 희망을 주었어요. 가장 이상적인 것은 벨라의 말더듬이 사라지는 것이에요. 하지만 만약 그렇게 되지 않는다면, 우리는 벨라가 일상생활 속에서 말더듬을 감당할 수 있기를 바라요. 벨라가 자신감 있게 생각을 말하고 공유할 수 있기를 바라죠."

"치료에는 우리 둘 다 벨라와 함께 와서, 지난 회기 이후 우리가 과제를 어떻게 해내고 있는지, 또는 다른 어려움은 없는지에 대해 언어재활사와 이야기를 나누었어요. 이어서 벨라와 함께 놀았는데 이것은 비디오로 녹화되었어요. 그리고 나서 우리는 녹화 테이프를 다시 보면서 언어재활사는 우리가 더 많이 사용하면 좋을 전략들을 선택해 주곤 했어요. 우리는 우리가 나온 영상 부분에 대해서만 논평했는데, 벨라와 함께 노는 우리 자신을 보는 것은 정말 도움이 되었어요. 우리는 언어재활사가 말하지 않아도 우리가 무슨 전략을 더 많이 사용하면 좋을지 스스로 발견할 수 있었어요. 우리는 또한 옷 입기와 관련된 민감성, 학교에서의 문제, 집에서 언니들과 지내는 일 등등 다른 문제들에 대해서도 이야기했어요. 그것은 벨라를 우리가 이전에 경험해 보지 못한 방식으로 총체적으로 다루는 것이었어요!"

"벨라에게 일어난 가장 큰 차이는 아빠나 저와 스페셜타임을 하는 것을 좋아하게 되었다는 점이에요. 벨라가 둘째 아이이다 보니 치료를 시작하기 전에는 우리와 일대일 대화 시간을 가져 본 적이 없었어요. 벨라는 우리와 함께 수업에 와서 장난감을 가지고 놀고 언어재활사를 만나는 것을 아주 좋아했어요. 벨라에게는 우리가 더 나은 부모가 되는 법을 배우기 위해서 회기에 가는 거라고 말해 주었어요. 벨라는 의심 없이 이것을 받아들였고 나는 우리가 개선할 수 있는 점이 분명히 있겠구나 하고 느꼈어요!"

"우리의 치료 회기는 우리가 부모로서, 그리고 가족으로서 기능하는 방식을 바꾸었어요. 언어재활사는 『어린아이들에게 말하는 법(How to Talk to Little Kids)』이라는 책을 추천했어요. 내 침대 옆 테이블 위에 있는데 나는 항상 그 책을 참고합니다. 정말이지 우리의 생활을 획기적으로 바꾼 일이었어요. 우리는 완전히 이해를 받는 느낌이었고 다음에 무엇을 해야 할지 알 수 있었어요. 이 치료법은 정확한 시기에 우리 삶에 들어와 삶을 더 좋게 변화시켰어요.

"우리와 언어재활사가 치료 회기에서 고안한 전략은 매우 도움이 되었어요. 우리 각자가 자신의 목표를 가지고 일주일에 3~5번씩 5분의 스페셜타임을 가진 것, 구체적으로 칭찬을 한 것, 가족이 기능하는 방식에 변화를 준 것(시간을 더 많이 허락하기, 서두르지 않기, 어지르거나 실수 때문에 짜증 내지 않기), 그리고 벨라를 더 새롭고 깊은 방식으로 이해하게 된 것 같은 전략 말이죠. 마지막 얘기는 바보처럼 들릴지도 모르지만, 3년 동안 세 명의 아이들과 지내다 보면, 매일매일 시달리느라 정신이 없어지기도 하고, 왜 아이가 그런 식으로 행동하는지, 또는 그 행동을 변화시키기 위해 무엇을 할 수 있는지에 대해 항상 생각하게 되지는 않아요. 벨라는 매우 예민한 아이이고 두 살 반에서 세 살 반 사이에 우리를 힘들게 한 때도 있었는데, 치료는 무엇이 벨라를 최선의 모습으로 보이게 하는지, 무엇이 벨라의 행복하고 장난기 있는 모습을 어렵게 만드는지 알 수 있게 해 주었어요."

"우리의 기대는 충족 그 이상이었어요. 벨라는 여전히 더듬거리지만(특히, 휴가에서 돌아와 일상에 다시 적응할 때) 그리 심하지 않고 예전처럼 오래 지속되지 않아요. 우리는 여전히 스페셜타임과 구체적인 칭찬을 하고 있으며, 앞으로도 계속할 것이에요!"

자폐스펙트럼장애를 동반한 말을 더듬는 벤(3세)의 어머니

"벤의 아동 평가는 매우 꼼꼼히 진행되었어요. 언어재활사는 아이를 편안하고 행복하게 해 주었고, 우리도 마찬가지로 편한 마음이 들었어요. 평가가 끝나갈 무렵에 우리는 아이를 위해 무언가 도움을 받았다는 생각에 기뻤답니다."

"다음 회기에서 우리는 스페셜타임을 녹화했고 비디오를 다시 보면서 벤이 나아지는 것을 보았고, 우리가 한 행동이 아이에게 도움이 되는 것을 알게 되었어요. 4회기에서 우리는 아이의 의사소통 능력과 이해 수준에 맞추어 칭찬하는 법을 배웠어요. 그리고 우리가 가족으로서 아이의 자신감을 길러 주기 위해서 칭찬을 받아들이는 좋은 예를 보여 주는 것도 중요하다는 것을 알았어요."

"우리는 네 살이 된 딸을 5회기에 데리고 갔는데, 거기에서 차례 지켜 말하는 법을 배웠어요. 차례를 지키는 것은 우리 가족이 잘 못하는 거예요. 공차기와 같이 간단한 게임을 활용해서 벤에게 기다릴 줄 알고 감정에 휘둘리지 않는 법을 가르쳐 줄 수 있다는 게 정말 좋았어요. 이것은 아이가 어린이집을 다니기 전에 배워 두면 아주 유용할 것 같아요."

"6번째 회기에서 스페셜타임을 한 번 더 녹화하여 우리가 어떤 전략을 사용하는지, 어떤 전략이 벤에게 도움이 되는지, 그리고 아이가 어떻게 진전을 보이는지 살펴보았어요. 그리고 다음 6주 동안 어떤 전략을 계속 할 것인지, 그리고 다시 치료실에 돌아갈 때 벤의 진전 사항을 검토하기 위해 필요한 스페셜타임 기록지를 적는 것에 대해 논의하였어요."

"처음에는 그것이 어떻게 아이를 도와줄 수 있을지에 대해 확신이 안 들었어요. 그렇지만 우리는 배운 것을 아이와 아이의 필요에 맞추어 적용하였어요. 그리고 아이는 정말 많이 바뀌었지요. 페일린 치료를 받은 것이 아이와 우리에게 아주 큰 변화를 주었어요. 정말 놀라운 경험이었죠. 아이는 이제 우리와 의사소통이 잘 되고 있어요. 아이가 느리게 발달하는 편이었지만 이제는 많이 달라졌고, 6주가 지나면서 우리는 아주 큰 변화를 볼 수 있었어요. 스페셜타임과 같은 테크닉들을 배우면서, 우리는 아이와 더 가까워졌고, 아이의 필요에 대해 알 수 있었고, 이로 인해 아이는 더 큰 자신감을 보이고 우리와 소통하고 싶어 하게 되었지요."

"저는 이 치료 프로그램을 통해 우리가 아이에게 도움이 되는 것을 이미 알고 있었으며, 실천하고 있다는 것을 알게 되었어요. 우리가 알고 있는 것을 적어 보고 왜 그것이 아이에게 도움이 되는지에 대해서 생각하게 되면서 자신감이 더 생긴 것 같아요. 공차기와 같이 간단한 게임을 통해서 아이에게 차례 지키기를 가르쳐 줄 수 있다는 것이 놀라웠어요. 이제 아이는 차례 지키기를 아주 잘해요. 미끄럼틀을 탈 때에도 자기 차례를 잘 기다리죠. 전에는 이게 가능할 거라고 생각해 보지 못했어요."

"처음 이 프로그램을 시작할 무렵 우리는 정말 무얼 해야 할지 몰랐어요. 벤을 어떻게 도와주어야 할지 무엇을 해야 할지 정말 모르겠더라고요. 이제는 우리가 함께 즐겁게 놀 수 있다는 희망이 생겼어요."

가족의 원격치료를 통한 페일린 PCI 경험

어머니: 원격치료가 아니었으면 치료를 받지 못했을 거예요. 그리고 직접 가야 하는 치료였다면 치료실에 다녀오는 시간과 비용도 만만치 않았겠지요.

어머니: 원격치료지만 마치 치료실에서 언어재활사에게 말하는 것처럼 자연스러웠어요. 오히려 집에서 하기 때문에 더 편하기도 했어요.

아이: 치료실에 갈 필요도 없고 집이라 더 편했어요.

아이: 괜찮았어요. 처음에는 이상했지만 이제는 괜찮아요.

언어재활사의 페일린 PCI 경험

언어재활사 1-일반 치료실에서 근무

"평가 시간 동안 부모와 이야기 하는 시간을 가지는 것이 중요하다는 것을 느꼈어요. 사례 면담 시간에 부모와 이야기하는 것은 치료를 위한 기초를 제공해 주지요. 진단과 추천 시간은 부모가 치료의 근거에 대해 이해할 수 있게 도와주는 중요한 시간이에요. 그리고 그 시간은 부모가 치료에 적극적으로 참여하게 만들죠. 어떤 부모는 자신들이 이전에 한 번도 생각해 보지 않았던 부분에 대해 말하는 것만으로 많이 배웠다고 말씀하세요. 언어재활사로서, 이 시간은 부모와 신뢰를 쌓을 수 있게 도와주고 가족에 대해 더 많이 알게 해 주죠."

"페일린 PCI를 하기 전에 제가 가졌던 걱정은 부모가 자신의 의사소통 목표를 생각해내지 못하면 어쩌지였어요. 물론 부모가 자신의 생각을 스스로 말하게 하는 방법에는 동의해요. 그렇지만 그렇게 하기까지 논의를 제가 잘 이끌어 낼 수 있을까하는 저에 대한 믿음이 없었던 것 같아요. 프로그램을 진행하면서 치료 과정을 신뢰하는 법을 배우게 되었고, 부모를 신뢰하는 법을 배우게 되었어요. 다양한 전략에 대한 이론적 근거를 잘 알고 있는 것이 미리 정해진 목표 없이 치료 회기를 참여할 때 자신감을 가질 수 있도록 도움이 되었어요. 그리고 침묵에 당황하지 않고 편하게 기다릴 수 있게 되었지요. 부모에게 무엇을 하라고 지시하기보다 부모 스스로 아이와 소통을 도와주는 것이 무엇인지 발견하도록 옆에서 기다리며 함께 있어 주는 것이 부모에게 더 큰 자신감을 준 것 같아요. 저는 전문가의 역할을 벗어던지고, 비록 대답을 가지고 있지는 않았지만 부모와 함께 도움이 되는 전략을 생각해 보면서 함께 나아갔죠."

"저는 부모가 지난 시간에 경험했던 것을 생각해 보는 시간과 장소를 가지는 것이 중요하다는 것을 알았어요. 어떤 가족에게는 변화가 천천히 일어날 수 있는데, 이 경우 같은 이야기를 함으로써 치료가 반복하는 느낌이 들 수 있어요. 그래도 치료 시간을 통해서 시간과 장소를 제공하는 것이 결국에는 도움이 되더군요."

언어재활사 2-일반 치료실에서 근무

"커뮤니티 치료실 환경에서 페일린 PCI를 구현하는 것은 처음엔 부담스러울 수 있지만 배우는 게 있는 것은 확실하지요. 저는 제한된 면담 시간과 치료실 사용 가능성, 그리고 부모 모두의 참석을 권해야 하는 어려움을 해결하기 위해 몇 가지 조정을 해야 했어요."

"하지만 이상적인 환경 설정이 아님에도 불구하고, 치료에 대한 반응은 엄청나게 긍정적이었어요. 압도적으로 다수의 부모들이 '스페셜타임'을 정말 좋아한다고 보고해요. 정신없고 바쁜 일상 속에서도 어떻게든 시간을 내 자녀와 일대일로 양질의 시간을 가질 수 있기 때문이지요. 처음에는 부모들을 있는 그대로 받아들이고 스스로 목표를 찾도록 격려하는 데 어려움을 겪었어요—내 안의 언어재활사는 필사적으로 그들을 가르치고 지도하고 싶어 했어요. 하지만 한 발짝 물러서면 부모에게 힘을 실어 주는 것이 보람도 있고 가족들을 치료에 참여시키는 데 훨씬 더 성공적이라는 것을 깨닫게 되었지요."

"내가 배운 중요한 '교훈'은 처음에 기대치를 설정하는 것이었어요. 그 과정은 쉽지 않았어요. 부모들은 내가 왜 어떤 자료를 가지고 아이와 마주 앉아 유창하게 말하도록 '만들어 내지' 않는지 끊임없이 따져 물었기 때문이죠. 부모들은 종종 이전의 치료 경험을 바탕으로 전통적이고 직접적인 주입식 치료를 기대하고 오겠지요. 페일린 PCI의 간접적인 접근 방식이 어떤 식으로 이루어지는지, 그리고 그 이유는 무엇인지를 설명하고 처음부터 부모의 기대치를 설정하는 것은 부모를 참여시키고 언어재활사와 부모 모두를 성공으로 이끌기 위한 핵심이지요."

"마침내, 나는 부모들이 잘 하고 있는 것에 초점을 맞추는 페일린 접근법이 치료의 모든 분야에 걸쳐 나의 임상 기술에 영향을 끼쳤음을 알게 되었어요. 긍정적이고 건설적인 관점을 갖는 것은 부모들에게 힘을 주고, 자신감을 북돋아 주며, 부모와 언어재활사 모두에게 '할 수 있다'는 태도를 키워 주지요."

부록

1. 선별 검사 기록지
2. 말더듬에 대한 정보
3. 요약지
4. 아동 평가 기록지
5. 말더듬 평가
6. 사례 면담지
7. '진단과 추천' 시간을 위한 유인물
8. 해결중심단기치료
9. 스페셜타임 안내문
10. 스페셜타임용 과제 기록지
11. 부모-아동 상호작용 비디오
12. 페일린 부모-아동 상호작용 치료 회기별 개요 소개
13. 아이의 주도 따르기
14. 도움이 되는 언어 자극
15. 서술하기와 질문하기의 균형
16. 아이에게 충분한 시간 주기
17. 말속도와 쉼 두기
18. 눈맞춤과 말하기
19. 말더듬에 대해 이야기하기
20. 자신감 기르기
21. 칭찬 일지
22. 교대로 말하기
23. 감정 다루기
24. 피곤함
25. 높은 기대수준
26. 훈육
27. 거북이 말과 경주마 말 비교하기
28. 버스 말과 경주용 자동차 말 비교하기
29. 거북이 말 연습
30. 버스 말 연습
31. 말하기 연습
32. 페일린 부모평가척도지

부록 1. 선별 검사 기록지

아동 이름		생년월일	
검사일		언어재활사	

말더듬 행동에 관한 부모 보고

자녀가 보이는 말더듬 행동에 ✓표시하시오.

♧ 일음절 낱말 반복(예 나−나−나 갈래, 공−공−공 던져)

♧ 소리 반복(예 ㄱ−ㄱ−ㄱ−고양이, 어−어−엄마)

♧ 말소리 연장(예 어~~~ㅁ마)

♧ 말 막힘과 소리 멈춤(예 고········양이, 가······방)

♧ 말을 더듬을 때 얼굴이나 몸에 나타나는 긴장이나 투쟁 움직임

부모가 생각하는 자녀의 말더듬 정도에 ✓표시하시오. (0 = 없음, 10 = 심각함)

0_____10

말더듬의 영향

▶ 아이가 자신의 말더듬을 인식하고 있나요?

_____

▶ 말더듬이 아이에게 영향을 주나요? 그렇다면 어떤 식으로 영향을 주고 있나요?

_____

▶ 아이가 말을 더듬으면서 스스로 자신을 돕기 위해 무언가 하려고 하나요?

_____

▶ 아이가 말을 더듬을 때 당신은 어떤 기분이 드나요?

_____

▶ 말더듬이 당신에게 영향을 주나요? 그렇다면 어떤 식으로 영향을 주고 있나요?

_____

▶ 부모가 생각하는 말더듬에 대한 걱정의 정도에 ✓표시하시오. (0 = 없음, 10 = 심각함)

0_____10

▶ 아이가 말을 더듬을 때 당신은 어떻게 하나요? 무슨 말을 하나요?

_____

그 밖의 정보

▶ 아이가 언제부터 말을 더듬기 시작했나요?

_____

▶ 말을 더듬기 시작한 이후 말더듬이 어떻게 바뀌었나요?

아이가 처음보다 말을 덜 더듬나요? _____

아이가 처음보다 말을 더 더듬나요? _____

말더듬이 그대로 유지되고 있나요? _____

▶ 아이가 언제 말을 덜 더듬나요? 또 언제 더 더듬는다고 생각하나요?

_____

_____

_____

▶ 혈연관계의 친척 중에 현재 말을 더듬거나, 어렸을 때 말을 더듬었던 사람이 있나요?

_____

_____

_____

_____

▶ 자녀에게 말더듬 이외의 말이나 언어 문제, 또는 다른 어려움이 있나요?

_____

_____

_____

임상적 의사 결정

부모에게 제공할 정보와 조언

평가

정보 제공이 필요한 대상자

_____

부록 2. 말더듬에 대한 정보

유창성은 점차적으로 발달하는 기술입니다. 새로운 단어를 배워 발음하고, 그 단어를 엮어 문장을 만드는 과정에서 많은 아이들이 머뭇거립니다. 첫 걸음마를 배우는 아이는 휘청대고 비틀거리며 넘어지기도 합니다. 이와 마찬가지로 어린아이가 말을 배우기 시작할 때 소리와 단어에 걸려 넘어지는 것은 지극히 자연스러운 발달 과정입니다.

말더듬은 소리나 단어의 반복(예 나-나-나는, 공공공을 줘), 말소리의 연장(예 사~~과), 또는 말 막힘과 소리 멈춤(예 사⋯⋯⋯과)으로 나타날 수 있습니다. 때로는 아이가 말을 더듬을 때 얼굴이나 몸에 긴장이나 투쟁 움직임을 보이기도 합니다.

말더듬은 시시각각, 그리고 상황에 따라 왔다 갔다 할 수 있습니다. 아이들은 한동안 꽤 많이 더듬다가, 또 한동안은 유창하게 말하다가, 뚜렷한 이유 없이 다시 말을 더듬기 시작하기도 합니다.

어떤 아이들은 자신의 말더듬을 인식해서 이에 관해 이야기를 하거나, 말을 더듬을 때 더 힘을 주면서 말함으로써 무언가를 하려고 합니다. 종종 말을 더듬는다는 사실에 마음이 상할 수도 있습니다. 하지만 많은 아이들이 자신의 말더듬을 인식하지 못하기도 합니다. 아이의 말더듬 자각 유무에 관계없이 부모가 말더듬을 인정하는 것이 좋습니다.

아이들이 왜 말을 더듬나요?

말더듬은 부모에 의해서가 아니라 뇌 신경망 발달의 차이로 발생합니다. 뇌의 신경망은 선천적으로 고정되어 있지 않아서 매우 유연합니다. 따라서 말을 더듬기 시작하는 많은 아이들이 2~3년 이내에 유창해집니다. 어떤 아이들은 다른 가족 구성원에게 말더듬 경력이 있을 수 있습니다. 말을 더듬기 시작할 때는 남녀의 비율이 거의 동일하지만, 학령기에 이르러서는 말을 더듬는 여학생과 남학생의 비율은 1:5가 됩니다. 즉, 많은 경우에 여자 아동의 말더듬은 자연스럽게 해결됩니다.

말을 더듬는 자녀를 둔 부모에게

아이가 말을 더듬을 때 해야 할 일

❀ 말더듬을 인정해도 괜찮습니다—"말하기가 좀 어려웠네. 그렇지!"라고 말해 줄 수 있습니다.

❀ 부모는 아이가 차분해져야 하거나 더 천천히 말해야 한다고 생각합니다. 물론 이렇게 하는 것은 말더듬에 도움이 됩니다. 하지만 부모가 아이에게 진정하라고 하거나 말속도를 줄이라고

말하는 대신, 아이가 침착하게, 천천히 행동하도록 도울 수 있는 방법들도 있습니다. 예를 들어, 일상생활 속도를 늦추는 데 도움이 되는 일과를 마련하면 막판에 서두르는 것을 피할 수 있습니다.

❖ 부모는 종종 아이가 피곤할 때 말더듬 빈도가 증가하는 것을 발견합니다. 따라서 아이가 잘 쉬도록 돕는 것 역시 좋은 방법일 수 있습니다.

도움이 되는 방법들

자녀에게 도움이 되는 더 많은 방법들이 있는데 한두 가지를 시도해 볼 수 있습니다.

❖ 만일 아이가 충분한 시간을 갖고 말하면, 아이는 하려는 말의 내용을 생각하고 계획하고, 말하기와 관련된 움직임을 조정할 수 있습니다. 많은 아이들이 말을 할 때 서두릅니다. 부모 스스로 말하기 전 잠시 멈춘 후 여유 있는 속도로 말하는 본보기를 자녀에게 보여 줌으로써 자녀의 말 속도를 조절할 수 있습니다.

❖ 아이들은 질문을 받으면 그 자리에서 바로 대답해야 하는 상황에 처합니다. 질문에 유창하게 대답하는 능력은 질문의 난이도와 언어 발달 수준에 의해 결정됩니다. 부모는 다음과 같은 방법으로 자녀를 도울 수 있습니다.

1. 지나치게 복잡한 질문 피하기
2. 아이가 생각하고 대답할 수 있도록 충분히 시간 주기
3. 아이가 이전 질문에 답하기 전에 다른 질문을 하지 않기

❖ 우리는 여럿이 대화를 할 때 서로 말이 겹치거나 다른 사람의 말을 끊기도 합니다. 말을 더듬는 아이의 경우, 다른 사람이 끼어들기 전에 서둘러 하려던 말을 마치거나, 누군가 말을 할 때 재빨리 끼어드는 것은 훨씬 더 어려운 일입니다. 부모가 누구나 서로의 말을 경청하고, 다른 사람이 말할 때 끼어들지 않는다는 원칙을 지키면서 자녀를 도울 수 있습니다. 그러면 아이는 스스로 여유가 있다고 느끼게 되고, 실제 대화를 할 때 도움이 됩니다. 말을 더듬는 자녀뿐 아니라 다른 가족 구성원 역시 의견을 말할 수 있도록 공정한 대화 기회를 가져야 한다는 것을 기억해야 합니다.

❖ 부모와 자녀가 일대일로 둘만의 '친밀한' 시간을 갖는 것은 말을 더듬는 자녀에게 도움이 됩니다. 아이는 부모의 온전한 관심을 받게 되어, 누군가와 경쟁하며 서둘러 말할 필요가 없기 때문입니다. 바쁜 일상이지만 부모가 각각의 자녀와 다른 방해물 없이(예를 들면, 텔레비전 끄기), 짧지만 규칙적인 친밀한 시간을 갖는 것이 유용하다는 것을 알게 됩니다.

치료에는 어떤 것이 포함되나요?

어린아이의 말더듬 언어치료에서는 부모가 자녀의 말하기를 돕기 위해 할 수 것들을 배우게 됩니다. 우리의 목표는 말을 더듬는지 여부에 관계없이 아이가 말하기를 즐기면서 자신감 있게 의사소통을 할 수 있도록 하는 것입니다.

치료가 시작되면 말더듬에 대해 자세히 알아보게 되고, 또 집에서 도울 수 있는 것들을 배워 나갑니다. 여기에는 이미 언급한 규칙적으로 자녀와 둘만의 '친밀한' 시간을 갖는 것이 포함됩니다. 경우에 따라서 후반에는 직접적으로 아이의 말을 변화시키는 치료를 진행하기도 합니다.

말더듬이 저절로 사라지기를 지켜보겠다는 분들도 있습니다. 아이가 말을 더 더듬거나, 말더듬을 자각하여 걱정을 하거나, 말을 더듬을 때 무언가 하려고 애쓰거나 (예를 들어, 눈 깜박이기나 발 구르기와 같은 이차 행동), 또 부모 스스로 말더듬으로 인한 불안감이 크다면 가까운 언어치료실을 방문해 보기를 권고합니다. 말더듬은 조기치료가 큰 도움이 되며, 부모가 더 많이 알수록, 자신감이 많을수록, 아이와 부모 모두에게 더 도움이 됩니다.

부록 3. 요약지

아동 이름: _____　날짜: _____

생리적 요인		말운동 요인	
신경 발달		말더듬 빈도	
말더듬 가족력		말더듬 정도	
성별		말더듬 기간	
피곤함		변화 패턴	
건강 상태		빠른 말속도/빠른 속도로 단숨에 말하기	
		발화 간 쉼 두기 부족	

언어 및 의사소통 요인		심리적 요인	
말·언어 발달 지체		자신감 부족	
수용언어 능력 저하		말더듬에 대한 아동의 인식/걱정	
표현언어 능력 저하		말더듬에 대한 반응	
단어 찾기 어려움		예민한 성향	
조음/음운 장애		불안/걱정	
상위 언어 기술		수줍음	
말·언어 능력 불일치		감정적 반응 증가	
이중언어 능력		높은 기대수준	
길게 말하기/교대로 말하기		변화에 대한 부적응	
눈맞춤 부족			
집중력 부족			

환경적 요인			
부모의 걱정 정도		말더듬에 대한 솔직한/예민한 태도	
말더듬에 대한 표현		훈육	
반복적인 일상		가족 내 교대로 말하기	
생활의 속도		유치원/학교 관련 문제	

아이에게 무엇이 필요한가요?
1
2
3

상호작용 전략	A	B		C		가족 전략		아동 전략	
		어머니	아버지	어머니	아버지				
아동 주도 따르기						이중언어 능력		솔직한 태도	
충분한 시간 주기						말더듬에 대해 이야기하기		자신감 기르기	
쉼 두기와 속도						자신감 기르기		둔감화	
눈맞춤						교대로 말하기		생각과 감정	
언어 자극						감정 다루기		속도 늦추기	
서술하기와 질문하기						피로감		쉼 두기	
기타						높은 기대수준		간결하게 말하기	
						훈육		언어치료	
						반복적인 일상		조음/음운 치료	
						생활의 속도		기타	
						기타		유치원/학교 연계	
								타 기관 추천	
								그 외	

A	이 전략을 사용하는 것이 아동에게 유익할까요?
B	어머니/아버지는 이 전략을 조금이라도 사용하고 있나요?
C	어머니/아버지가 이 전략을 더 많이 사용하는 것이 도움이 될까요?

| 아동 이름: 이산 | | 날짜: 2019년 1월 | |

생리적 요인		말운동 요인	
신경 발달	✓	말더듬 빈도	8.40%
말더듬 가족력		말더듬 정도	중간
성별	✓	말더듬 기간	12개월 이상
피곤함		변화 패턴	증가
건강 상태		빠른 말속도/빠른 속도로 단숨에 말하기	✓
		발화 간 쉼 두기 부족	✓

언어 및 의사소통 요인		심리적 요인	
말·언어 발달 지체		자신감 부족	✓
수용언어 능력 저하		말더듬에 대한 아동의 인식/걱정	✓
표현언어 능력 저하	✓	말더듬에 대한 반응	✓
단어 찾기 어려움		예민한 성향	✓
조음/음운 장애		불안/걱정	
상위 언어 기술		수줍음	
말·언어 능력 불일치		감정적 반응 증가	
이중언어 능력	✓	높은 기대수준	
길게 말하기/교대로 말하기	✓	변화에 대한 부적응	
눈맞춤 부족	✓		
집중력 부족			

환경적 요인			
부모의 걱정 정도	✓	말더듬에 대한 솔직한/예민한 태도	✓
말더듬에 대한 표현		훈육	
반복적인 일상		가족 내 교대로 말하기	✓
생활의 속도	✓	유치원/학교 관련 문제	✓

아이에게 무엇이 필요한가요?	
1	말할 시간을 줌으로써 여유를 갖게 하기
2	공개적으로 말더듬 인정하기
3	가족과 교대로 말하기

상호작용 전략	A	B		C		가족 전략		아동 전략	
		어머니	아버지	어머니	아버지				
아동 주도 따르기	✓	✓	✓	✓	✓	이중언어 능력	✓	솔직한 태도	✓
충분한 시간 주기	✓	✓	✓	✓	✓	말더듬에 대해 이야기하기	✓	자신감 기르기	✓
쉼 두기와 속도	✓	✓	✓		✓	자신감 기르기	✓	둔감화	✓
눈맞춤	✓	✓	✓			교대로 말하기	✓	생각과 감정	✓
언어 자극	✓	✓	✓	✓	✓	감정 다루기	✓	속도 늦추기	
서술하기와 질문하기	✓	✓	✓	✓		피곤함		쉼 두기	✓
기타						높은 기대수준		간결하게 말하기	
						훈육		언어치료	
						반복적인 일상		조음/음운 치료	
						생활의 속도	✓	기타	
						기타		유치원/학교 연계	✓
								타 기관 추천	
								그 외	

A	이 전략을 사용하는 것이 아동에게 유익할까요?
B	어머니/아버지는 이 전략을 조금이라도 사용하고 있나요?
C	어머니/아버지가 이 전략을 더 많이 사용하는 것이 도움이 될까요?

아동 이름: 제이크	날짜: 2019년 1월

생리적 요인		말운동 요인		
신경 발달	✓	말더듬 빈도	14.00%	
말더듬 가족력	✓	말더듬 정도	중간/심함	
성별	✓	말더듬 기간	4년	
피곤함	✓	변화 패턴	증가	
건강 상태		빠른 말속도/빠른 속도로 단숨에 말하기		✓
		발화 간 쉼 두기 부족		

언어 및 의사소통 요인		심리적 요인	
말 · 언어 발달 지체		자신감 부족	
수용언어 능력 저하		말더듬에 대한 아동의 인식/걱정	✓
표현언어 능력 저하		말더듬에 대한 반응	✓
단어 찾기 어려움		예민한 성향	✓
조음/음운 장애		불안/걱정	
상위 언어 기술	✓	수줍음	
말 · 언어 능력 불일치		감정적 반응 증가	✓
이중언어 능력		높은 기대수준	
길게 말하기/교대로 말하기	✓	변화에 대한 부적응	
눈맞춤 부족	✓		
집중력 부족			

환경적 요인			
부모의 걱정 정도	✓	말더듬에 대한 솔직한/예민한 태도	✓
말더듬에 대한 표현		훈육	
반복적인 일상		가족 내 교대로 말하기	
생활의 속도	✓	유치원/학교 관련 문제	✓

아이에게 무엇이 필요한가요?	
1	서두르지 않고 여유 갖기
2	말더듬에 대해 좀 더 솔직해지기
3	자신의 감정 다루기

상호작용 전략	A	B		C		가족 전략		아동 전략	
		어머니	아버지	어머니	아버지				
아동 주도 따르기	✓	✓		✓		이중언어 능력		솔직한 태도	✓
충분한 시간 주기	✓	✓		✓		말더듬에 대해 이야기하기	✓	자신감 기르기	✓
쉼 두기와 속도	✓	✓				자신감 기르기	✓	둔감화	✓
눈맞춤	✓	✓				교대로 말하기	✓	생각과 감정	✓
언어 자극		✓		✓		감정 다루기	✓	속도 늦추기	✓
서술하기와 질문하기		✓				피곤함	✓	쉼 두기	✓
그 외						높은 기대수준		간결하게 말하기	
						훈육		언어치료	
						반복적인 일상		조음/음운 치료	
						생활의 속도	✓	기타	
						그 외		유치원/학교 연계	✓
								타 기관 추천	
								그 외	

A	이 전략을 사용하는 것이 아동에게 유익할까요?
B	어머니/아버지는 이 전략을 조금이라도 사용하고 있나요?
C	어머니/아버지가 이 전략을 더 많이 사용하는 것이 도움이 될까요?

부록 4. 아동 평가 기록지

이름 _____ 생년월일 _____ 나이 _____

날짜 _____ 언어재활사 _____

말더듬

유형
_____

비율
_____

인식/걱정/태도
_____

말속도
_____

수용언어

공식
_____

비공식
_____

표현언어

공식
_____

비공식
_____

단어 찾기
_____

말소리 발달 & 말운동 능력
_____

사회적 기술

주의집중 조절/듣기
_____

눈맞춤
_____

교대로 말하기/길게 말하기
_____

분리
_____

협력
_____

불안
_____

비고
_____

말더듬 평가

말더듬 음절 비율　$\dfrac{총\ 말더듬\ 음절\ 수}{총\ 발화\ 음절\ 수} \times 100$ = %SS(Syllables Stuttered)

낱말 전체 반복	반복 횟수
낱말 부분 반복/음절 반복/음소 반복	반복 횟수

연장　　지속시간　　음높이/음강도 변화

막힘　　지속시간　　멈춤　　긴장

기타

얼굴 근육 긴장	눈	입	그 외
신체 움직임	손	발	그 외
비정상적인 호흡	빠른 호흡	흡기 발성	호흡 소진

인식	□ 아이가 "말이 안 나와요"라고 함. □ 아이가 하려던 말을 포기함. □ 아이가 말하기 힘들어하며 시선을 회피함. □ 부모의 추측 □ 그 외
회피	□ 낱말 대치 □ 낱말 회피 □ 상황 회피 □ 간투사 사용 □ 그 외

말속도　　적절함/대체로 빠름/빠른 속도로 단숨에 말함.

중증도

_____

기타 관찰 내용

_____

_____

_____

_____

아이의 관점

1. 학교

유치원/학교에 다녀요?

_____

유치원/학교 생활이 즐거운가요?

_____

무엇이 좋아요?/어떤 활동을 좋아해요?

_____

어떤 활동이 싫은가요?

_____

선생님은 어때요? 선생님에 대해 이야기해 줄래요?

_____

선생님이 좋아요? 왜 좋은지/싫은지 말해 줄래요?

_____

선생님이 화를 내시나요? 선생님이 누구한테/왜 화를 내나요?

_____

친한 친구들이 있어요? 친구들 이름을 말해 주세요.

_____

친구들과 무엇을 하면서 놀아요?

_____

○○에게 못되게 구는 친구들이 있어요?

_____

그 친구들이 어떤 행동/말을 해요?

_____

그럴 때 기분이 어때요?

_____

친구들이 못되게 굴면 어떻게 해요?

_____

이런 일이 있을 때 다른 사람에게 말해요?

_____

2. 집

누구랑 같이 살아요?

_____

엄마에 대해서 이야기해 주세요.

_____

엄마와 무엇을 하는 것을 좋아해요?

_____

아빠에 대해서 이야기해 주세요.

_____

아빠와 무엇을 하는 것을 좋아해요?

_____

형/오빠/남동생에 대해서 이야기해 주세요.

_____

형/오빠/남동생이랑 무엇을 하는 것을 좋아해요?

_____

언니/누나/여동생에 대해서 이야기해 주세요.

_____

언니/누나/여동생이랑 무엇을 하는 것을 좋아해요?

_____

집에서 하기 싫은 일은 뭐예요?

_____

3. 말

엄마/아빠와 오늘 여기 왜 왔어요?

_____

말하는 건 좀 어때요?

_____

가끔씩 말하기가 어려워요? 아니면 쉬워요?

_____

말할 때 어떤 일이 생겨요?

_____

적절하다면, 언어재활사가 낱말 전체 반복, 낱말 부분 반복, 연장과 막힘을 시연한다.

_____

이렇게 말할 때 어떤 기분이 들어요?

_____

말하기가 어려울 때, 어떻게 하면 잘 될까요?

_____

말하기가 어려울 때 엄마나 아빠가 어떻게 도와줘요?

_____

말할 때 누가 좀 도와주면 좋겠어요?

_____

4. 일반 사항

지금까지 가장 좋았던 일은 뭐예요?

_____

지금까지 가장 나빴던 일은 뭐예요?

_____

혹시 어떤 문제가 생기면 어떻게 해요?

_____

만약 내가 마술을 부려서 ○○이의 어떤 점을 변화시켜 줄 수 있다면, 무엇을 바꾸고 싶어요?

_____

전사 기록지

부록 5. 말더듬 평가

말더듬 평가 시 녹화로 수집된 발화 샘플 분석을 통해, 우리는

❀ 말더듬 음절의 비율을 계산할 수 있습니다.

❀ 관찰된 말더듬 유형을 기술할 수 있습니다.

❀ 말더듬의 심한 정도를 알 수 있습니다.

말더듬 평가 단계

단계 1: 발화 전사하기

단계 2: 말더듬 행동 확인하기

단계 3: 말더듬 음절 비율 산출하기

단계 4: 말더듬 행동 유형 서술하기

단계 5: 말더듬 중증도 정하기

말더듬 음절의 비율을 산출하는 방법

단계 1−발화 전사하기

아동 평가 기록지에 발화 샘플을 전사합니다. 아동이 '이상한 그림 찾기'('What's Wrong' 그림, LDA, 1988; Speechmark, 2007)에서 10개 정도의 이상한 점을 찾아 설명할 경우,[1] 약 300음절을 발화할 수 있게 되며, 이는 아동의 유창성 수준을 판단하기에 적당한 크기의 발화 샘플입니다.

단계 2−말더듬 행동 확인하기

이제 말더듬 행동을 확인하고 각각의 단어에 밑줄을 긋는 방법으로 전사된 기록지에 표기합니다. 다음 행동은 말더듬으로 간주됩니다.

❀ 일음절 낱말 전체 반복

일음절 낱말의 전체 반복만 말더듬으로 간주됩니다. 일음절 낱말 전체가 반복된 횟수를 전사 기록지에 표기합니다. 예 나−나(1회 반복), 공−공−공(2회 반복), 발−발−발−발(3회 반복)

---

1) 역자 주: 한국의 경우, 발화 샘플은 놀이를 하며 아이의 자발화를 수집하거나, 파라다이스 유창성검사(P-FA)의 그림 묘사 과제를 사용해 얻을 수 있다.

❋ 낱말 부분 반복

낱말 부분 반복에는 음소와 음절반복이 포함됩니다. 예 ㄱ-과자(1회 반복), 엄-엄-엄마(2회 반복)

일음절 낱말 전체 반복과 마찬가지로, 음소나 음절이 반복된 횟수를 전사 기록지에 표시합니다. 모음의 변화가 있을 경우 소리 나는 대로 기록해 둡니다. 예 ㅈㅓ-ㅈㅓ-자동차

❋ 소리 연장

소리 연장은 연장된 음소 뒤에 문장부호 : (쌍점)을 표시하여 기록합니다. 예 어:엄마, 엄마:, 엄:마

어떤 아이들은 연장과 함께 음강도나 음높이의 상승이 동반되기도 합니다. 이 경우 ↑를 사용하여 표시해 둡니다. 예 어:↑엄마

❋ 막힘

막힘은 막힌 소리에 ( )(괄호)를 표시하여 기록합니다. 예 (ㄱ)공, 바(ㄷ)다, (아)아침

후두 폐쇄로 인한 막힘은 무음으로 소리가 나지 않기 때문에 오디오 녹음에서 감지되지 않습니다. 비디오 녹화가 어려운 경우 평가 중에 이러한 내용을 실시간으로 기록해 두는 것이 중요합니다.

아래의 경우는 말더듬 행동으로 간주되지 않습니다.

❋ 다음절로 이루어진 낱말 전체 반복. 예 왜냐하면-왜냐하면

❋ 간투사. 예 "나는 음 요리를 좋아해요", "요리할 때 어 어 도마가 꼭 필요해요"

❋ 구 반복. 예 "내 동생-내 동생-내 동생이 자요", "비행기가 저기 멀리-저기 멀리 날아가요"

❋ 수정. 예 "아빠, 자전-케이크 사주세요", "자전거 바퀴가 동그-네모난 모양이에요"

이런 행동을 말더듬으로 표시하지는 않지만, 아동이 언어를 구성하거나, 생각을 떠올리거나, 특정 낱말을 찾는 데 어려움을 겪는다는 신호가 될 수 있기 때문에 잘 메모해 둡니다.

단계 3-말더듬 음절 비율 산출하기

발화 전사가 마무리되면 말더듬 음절의 비율을 계산할 수 있습니다.

말더듬 음절의 백분율을 산출하기 위해서는

❋ 총 말더듬 음절 수를 계산합니다.

❋ 총 발화 음절 수를 계산합니다. 말더듬으로 간주되는 음절 반복은 포함되지 않습니다.

❋ 말더듬 음절을 제외한 모든 음절을 계산합니다.

　　예 내-내 공 = 2음절 발화

예 자-자-자-자전거 = 3음절 발화

❖다음 공식을 이용합니다.　$\dfrac{\text{총 말더듬 음절 수}}{\text{총 발화 음절 수}} \times 100$

	말더듬 음절	발화 음절
자전거에 ㄴ-ㄴ-ㄴ-네모난 바퀴가 달렸어요.	1	14
원래는 <u>동:</u>그래야 해요.	1	9
나는 (ㄱ)공원에서 내-내 자전거를 타요.	2	13
내 자전거 바퀴는 네모나지 않고 동그래요.	0	17
물이 다리 위로 위로 흘러요. 이건 틀렸어요.	0	17
음 음 그 (ㅇ)여자애가 당근으:로 그림을 그리고 있어요.	2	18
<u>나-나-나</u>는 ㅂ-ㅂ-(ㅂ)붓으로 그려요.	2	8
오리가 음 음 ㅂ-ㅂ-부츠를 <u>신:</u>고 있어요.	2	11
오리는 부츠를 <u>신:</u>지 (ㅇ)않아요, 아이들- 아니, 사람들이 부츠를 신어요.	2	26
나는 비가- 진흙이 있을 때 부츠를 신어요.	0	16
그 남자가 그 여:자가 그 여:자가 ㅁ-ㅁ-ㅁ-(ㅁ)망치로 <u>저:</u>어요.	2	18
우리 아빠는 우리 아빠는 음 ㅁ-ㅁ-ㅁ-망치로 <u>젓:</u>지 않고 숟가락으로 <u>저:어요.</u>	3	25
망치는 못 박을 때 쓰는 거예요.	0	12
총 말더듬 음절 수 = 17 총 발화 음절 수 = 204 말더듬 음절 비율: 17/204 × 100 = 8.3 % SS		

> 말더듬 평가 기록지의 말더듬 유형을 확인하세요.

단계 4-말더듬 행동 유형 서술하기

말더듬 음절의 백분율을 산출하고 나면, 발화 샘플에서 확인되거나 나머지 평가 회기 중 관찰된 말더듬 유형(일음절 낱말 전체 반복, 낱말 부분 반복, 연장과 막힘)들을 메모합니다. 말더듬 유형은 말더듬 평가 기록지에 이미 표시되어 있습니다. 말더듬으로 간주되는 일음절 낱말 반복 횟수와 음소/음절의 반복 횟수를 기록합니다. 또한 연장과 막힘의 지속시간도 어림잡아 적어 둡니다.

기타

여기에는 간투사나 스타터(Starter, 낱말 시작 부분에 나타나는 추가적인 소리의 삽입)의 반복적인 사용, 음높이나 음강도의 변화, 흡기음(clicks) 등과 같은 기타의 행동 양상들을 서술합니다.

얼굴 긴장/신체 움직임

발 두드리기, 머리 움직임, 어깨 긴장, 콧구멍 벌렁거리기, 눈 깜박이기 등 긴장된 신체 움직임으로 나타나는 투쟁 행동을 기록합니다.

불규칙한 호흡

숨을 들이마시며 말하거나, 빠른 속도로 숨을 헐떡이거나, 발화를 끝내기 전에 호흡이 소진되는 등과 같은 양상의 불규칙한 호흡의 신호는 모두 기록합니다.

인식

말더듬에 대해 직접 물어보았을 때 아이가 매번 자신의 말더듬을 알고 있다고 말하지는 않습니다. 하지만 발화를 수집하거나 나머지 평가가 진행되는 과정에서 아이가 "말이 안 나와요"라고 하거나, 하려던 말을 포기하거나, 말하기 힘들어하며 시선을 회피하는 등의 신호는 이미 자신의 말더듬을 인식하고 있다는 것을 말합니다. 이런 신호가 없더라도 부모가 본능적으로 알아채기도 합니다.

회피

말을 더듬는 어린 아이들에게 단어 회피가 흔하진 않지만 이 연령대에서 명백히 나타나기도 합니다. 아이가 낱말을 말하다가 더듬기 시작하면 다른 낱말로 바꾸어 말하는 것을 볼 수 있습니다.

예 난 쿠-쿠…… 과자 먹고 싶어. 너 몇 살이니?

예 (다)나……(다)나……난 다섯 살이야.

아이는 말더듬이 예상되는 낱말을 말하는 것을 미루면서 '어'와 같은 간투사를 사용하기도 합니다. 낱말 회피의 징후가 보이면 아이에게 말더듬 때문에 낱말을 바꾸거나 피하는지 물어봅니다.

말속도

평가를 하는 동안 아이의 말속도를 공식적으로 측정하기보다는 다양한 말하기 과제를 수행하면서 아동의 말속도를 주관적으로 판단합니다. 아이가 느린 속도로 말하는지, 중간 정도의 속도인지, 전반적으로 빠른지, 서두르며 급하게 단숨에 말하는지 기록합니다.

단계 5: 말더듬 중증도 정하기

어린 아동의 말더듬 정도를 측정하기 위해 여러 가지 표준화된 평가도구를 사용할 수 있습니다. 표준화된 도구의 사용이 어려울 경우, 말더듬 빈도, 말더듬의 유형, 말을 더듬는 순간 나타나는 탈출 행동과 신체적 긴장 정도에 근거해 대략적인 주관적 평가가 이루어질 수 있습니다. 다음의 가이드 라인을 이용하여 말더듬 중증도를 추정해 봅니다.

중증도	빈도	유형	말더듬 지속시간	부수 행동
정상	0~3%	다음절 낱말 전체 반복 구 반복 간투사 삽입 & 수정		
약한 말더듬	3~7%	일음절 낱말 전체 반복 낱말 부분 반복 연장 막힘 탈출 행동(얼굴과 몸의 긴장된 움직임)	짧은	최소의
중간 말더듬	7~14%	일음절 낱말 전체 반복 낱말 부분 반복 연장 막힘 탈출 행동(얼굴과 몸의 긴장된 움직임) 회피 행동	↓	↓
심한 말더듬	14% +	일음절 낱말 전체 반복 낱말 부분 반복 연장 막힘 탈출 행동(얼굴과 몸의 긴장된 움직임) 회피 행동	긴	심각한

말더듬 유형에 대한 평가 내용은 말더듬 평가 기록지 앞부분에 요약되어 있습니다.

부록 6. 사례 면담지

아동

이름_____ 성별_____ 생년월일_____ 나이_____

주소_____

_____ 전화번호 _____

어머니 이름_____ 전화번호_____

주소(위와 다를 경우) _____

_____

아버지 이름_____ 전화번호_____

주소(위와 다를 경우) _____

_____

모국어_____ 통역자_____

학교/유치원 이름_____

주소_____

담임 선생님_____ 전화번호_____

주치의 이름_____

주소_____

언어재활사_____ **날짜**_____

말더듬

말더듬 이외에 다른 걱정거리가 있나요?

_____

그렇다면 말더듬과 위에 언급된 문제 중 주된 걱정은 어느 것인가요?

_____

아이가 말을 더듬을 때 어떤 말더듬 유형을 보이나요?

> **낱말 전체 반복.** 🔲 공-공-공　　　　　　　반복 횟수:
>
> **낱말 부분 반복.** 🔲 고-고-공　　　　　　　반복 횟수:
>
> 연장: 말소리 늘이기. 🔲 아:니야
>
> 막힘: 소리가 막혀서 어떤 소리도 나오지 않음. 🔲 (ㄱ)그래
>
> 부수 행동: 아이가 말을 더듬을 때 얼굴이나 신체의 긴장된 움직임을 보이나요?

아이가 자신의 말더듬을 알고 있다고 생각하나요? 걱정을 하던가요? 왜 그렇게 생각하나요?

_____

말더듬이 아이에게 영향을 주고 있나요? 어떤 식으로 영향을 미치나요?

_____

아이가 말을 바꾸거나, 낱말 또는 상황 회피를 보이나요? 하려던 말을 포기하기도 하나요?
또 이렇게 하는 것을 숨기기 위해 애쓰나요?

_____

아이 스스로 말더듬을 통제하기 위해 전략을 쓰나요?

_____

자녀가 언제부터 말을 더듬기 시작했나요?

_____

말을 더듬기 시작한 시기에 아이에게 특별한 일이 있었나요?
(🔲 유치원/학교 전학, 동생의 출생, 이사, 다른 가족 구성원과 관련된 변화나 사건)

_____

아이가 갑자기 또는 서서히 말을 더듬기 시작했나요?

_____

말더듬 시작 이후 말더듬에 변화가 있었나요? 어떻게 바뀌었나요?

_____

자녀가 왜 말을 더듬기 시작했다고 생각하나요?

_____

아이가 언제 말을 가장 많이 더듬나요?

_____

아이가 언제 말을 가장 적게 더듬나요?

_____

당신은 아이와 말더듬에 관해 이야기하나요? 말더듬을 뭐라고 부르나요?

_____

아이가 말을 더듬을 때 당신은 어떻게 하나요? 뭐라고 말해 주나요?

부모님: _____

형제자매: _____

그러한 당신의 행동이나 말에 아이는 어떤 반응을 보이나요? 당신의 말이나 행동이 도움이 된 것 같나요?

_____

아이에게 가장 도움이 되는 것은 무엇이라고 생각하나요?

_____

부모님에게 페일린 PRS 평가 결과를 알려 주세요.

페일린 PRS 점수	부모/양육자 1	부모/양육자 2
자녀에게 미치는 영향		
말더듬 정도와 부모에게 미치는 영향		
지식과 자신감		

이 평가가 당신이 생각하고 느끼는 것을 실제로 잘 반영한다고 말할 수 있나요?

_____

자녀가 이전에 치료를 받은 적이 있나요? 어땠나요? 무엇을 배웠나요?

_____

오늘 면담을 통해서 무엇을 기대하게 되었나요?

_____

의사소통

자녀가 의사소통 또는 말이나 언어에 다른 어려움이 있나요?

_____

아이가 동일 연령의 또래만큼 대화를 잘 하나요?

_____

아이가 정확한 발음으로 말하나요?

_____

아이의 말속도는 어떤가요?

_____

이중/다중 언어: 아이가 하나 이상의 언어를 구사하나요?

_____

집에서 사용하는 언어는 무엇이며, 가족 구성원 중 그 언어를 누가 사용하나요?

_____

자녀가 동일 연령의 또래만큼 (모국어:)를 구사하나요?

_____

현재 아동이 가장 선호하는 언어는 무엇인가요?

_____

아이가 사용하는 언어에 따라 말더듬에 차이가 있나요?

_____

건강과 발달 정도

자녀의 전반적인 건강 상태가 어떤가요?

_____

아이의 청력과 관련해서 걱정한 적이 있나요?

_____

자녀가 청력 검사를 받아 본 적이 있나요?

___

자녀의 주의집중은 어떤가요?

___

아이가 산만한 상황에서 주의집중을 유지할 수 있나요?

___

아이가 가만히 앉아 있을 수 있나요? 가만히 있지 못해 안절부절못하나요?

___

아이의 운동 협응 능력은 어떤가요?

___

식습관과 수면

식습관과 관련된 문제가 있나요?(있다면, 어떤 문제인가요? 현재 어떻게 하고 있나요? 부모님 두 분 모두 같은 의견인가요? 어떤 방법이 가장 도움이 될까요?)

___

수면과 관련된 문제가 있나요?

___

몇 시에 잠자리에 드나요? 몇 시에 일어나나요?

___

밤새 깨지 않고 자나요? 아이가 자신의 침대에서 자나요?

___

아이가 충분한 수면을 취한다고 생각하나요?

___

성격

자녀의 성격에 대해 말해 주세요.

_____

아이가 행복하다고 생각하나요?

_____

아이가 수줍음을 타거나 소심한가요? 아니면 별로 그렇지는 않은가요? 어떻게 대처하시나요?

_____

아이가 예민한가요? 예민함이 지나친 편은 아닌가요? 예를 들어 주세요. 어떻게 반응해 주시나요?

_____

잘못하거나 실수했을 때 아이는 어떻게 반응하나요? 예를 들어 주세요. 어떻게 대처하시나요?

_____

아이가 다른 사람의 기분을 맞춰 주려고 하나요?

_____

아이가 걱정이 많은가요? 지나친 편은 아닌가요? 예를 들어 주세요. 그럴 때 어떻게 대처하시나요?

_____

아이가 쉽게 마음이 상하나요? 예를 들어 주세요. 그럴 때 어떻게 대처하시나요?

_____

아이가 쉽게 화를 내나요?
(어떻게 화를 내나요? 주로 어떤 상황에서 그런가요? 학교 문제인가요?)

_____

위의 문제를 어떻게 해결하고 있나요?

_____

아이가 충동적이라고 말할 수 있나요?

_____

아이가 정해진 일과를 선호하나요?

_____

아이가 변화나, 낯선 장소, 새로운 경험에 대해 어떻게 반응하나요?

아이가 독립심을 잘 키워 나가고 있나요?

아이의 마음이 상했을 때, 화가 났을 때, 실수를 했을 때, 일상에 변화가 생겼을 때 등, 이러한 상황에서 아이는 얼마나 빨리 진정이 되나요?

자녀가 (성격적인 면에서) 누구를 닮았나요?

훈육

자녀가 문제행동을 보일 때 부모님은 어떻게 하나요?

부모님 두 분이 동일한 방식으로 대처하나요? 일관성 있게 반응하시나요?

아이는 어떻게 반응하나요?

현재 부모님이 다루기 어려운 문제행동이 있나요?

친구/형제자매 관계

자녀가 친구들과 사이가 좋은 편인가요?

친구가 있나요? 아이가 유치원/학교 밖에서 친구들을 만나나요?

놀림을 받은 적이 있나요? 괴롭힘/따돌림을 당한 적이 있나요? 싸움을 하기도 하나요?

형제자매의 이름과 나이를 적어 주세요.

_____

형제자매 간 사이가 어떤가요?

_____

아이가 가족과 대화할 때 어떤 모습을 보이나요?

_____

가족력

	어머니	아버지	그 외 가족 구성원

말을 더듬은 적이 있나요?

_____

여전히 말을 더듬나요?

_____

치료를 받았나요?

_____

치료 결과가 어땠나요?

_____

가족관계

함께 하신 지/결혼한 지 얼마나 되었나요?

_____

별거한 적이 있나요?(무슨 일이 있었는지 말씀해 주실 수 있나요? 아이의 반응은 어땠나요?)

_____

두 분은 사이가 어떤가요?

_____

한부모 가족

자녀가 다른 부모와 어떻게 연락하며 지내나요?

_____

두 분 중 누구라도 새로운 사람을 만나고 있나요?

_____

아이는 어떻게 생각하고 있나요?

_____

특별한 걱정거리가 있나요?

_____

학교생활

아이가 처음 유치원/학교에 갈 때 어땠나요?

_____

자녀의 학교생활과 관련하여 걱정이 있나요? 다른 계획이 있나요?

_____

아이에 대한 학교 선생님들의 평가는 어떤가요?

_____

아이에게 별도의 도움이 필요하다고 생각하나요? 학교에서 이 지원을 제공할 수 있나요?

_____

선생님들이 아이의 말더듬을 걱정하나요?

_____

아이가 말을 더듬을 때 선생님들이 어떻게 하고 있나요?

_____

발달 정보

임신 중 또는 출산 시 합병증이 있었나요?

_____

아이가 만삭아로 출생하였나요? 출생 시 몸무게가 얼마였나요?

_____

수유 문제나 다른 어려움은 없었나요?

_____

영아기에 특별한 문제는 없었나요?

_____

언제 걷기 시작했나요? 언제 첫 낱말을 산출하였나요?

_____

아이가 간단한 문장을 말하기 시작한 시기는 언제였나요?

_____

배변훈련은 언제 끝났나요?

_____

발달상 문제는 없었나요?

_____

이 밖에 아이에 대해 알아야 할 내용이 있다면 말씀해 주세요.

_____

요약

페일린 모델

언어 및
의사소통 요인

생리적 요인

말운동 요인

심리적 요인

환경적 요인

© Michael Palin Centre 2019
www.michaelpalincentreforstammering.org

생리적 요인

말운동 요인

언어 및 의사소통 요인

_____

_____

_____

_____

_____

심리적 요인

_____

_____

_____

_____

_____

환경적 요인

_____

_____

_____

_____

_____

앞으로의 계획

_____

_____

_____

_____

_____

부록 7. '진단과 추천' 시간을 위한 유인물

말더듬에 관한 사실들

❖ 기억해야 할 가장 중요한 점은 '말더듬은 부모에 의해서 발생하지 않는다.'라는 것입니다. 이 사실은 현재 자녀를 말더듬에 취약하게 만드는 요인을 알아내고, 자녀를 지지할 수 있는 방법을 이해하는 데 도움이 됩니다.

❖ 약 5퍼센트 이상의 어린아이들이 말을 더듬기 시작하지만 대부분은 스스로 또는 치료를 통해 말더듬을 멈춥니다. 일부 아이들은 어른이 되어서까지 말을 더듬게 됩니다. 지금으로서는 누가 말더듬을 멈추게 되고, 누가 계속 더듬게 될지 정확히 예측할 수 없습니다.

❖ 말더듬은 '하나의 요인으로 간단히 설명할 수 없을 뿐 아니라, 하나의 방법으로 간단하게 해결되거나 치료될 수 없습니다'(Manning & DiLollo, 2018, p. 84).

❖ 조지 6세, 매릴린 먼로, 윈스턴 처칠, 최근에는 에드 시런, 에밀리 블런트까지 많은 유명인들이 말을 더듬었습니다. 하지만 말더듬도 그들이 하고자 하는 일을 막지는 못했습니다.

말을 더듬는 아이마다 말더듬과 관련된 요인의 조합이 다릅니다. 페일린 모델은 이 관계를 이해하는 데 도움이 됩니다.

모델의 중심에 있는 아이는 말더듬의 기저가 되는 내재적인 요소들을 가지고 있습니다. 이 요인을 생리적 요인이라고 합니다.

아이의 말더듬에 영향을 미치는 요인에는 환경적 요인(바깥쪽 원으로 표시된 부분)뿐 아니라 말운동 요인, 언어 및 의사소통 요인, 심리적 요인(삼각형으로 표시된 부분)이 포함됩니다.

아이는 자신과 관련된 요인들을 고려한 개별 맞춤 치료를 받게 됩니다. 부모님 모두 아이와 같이 치료에 참석하고, 이후 집에서 아이와 가족이 함께 치료실에서 배운 전략을 사용합니다.

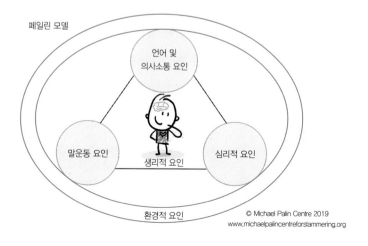

페일린 모델

언어 및 의사소통 요인

말운동 요인

생리적 요인

심리적 요인

환경적 요인

© Michael Palin Centre 2019
www.michaelpalincentreforstammering.org

부록 8. 해결중심단기치료(SFBT) (de Shazer, 1996; Ratner, George, & Iveson, 2012)

해결중심단기치료(SFBT)는 말더듬을 포함한 다양한 의사소통장애를 다루는 언어재활사들 사이에서 점점 더 많이 사용되고 있는 심리학적 접근법입니다(Burns, 2016, 2005; Cook & Botterill, 2005; McNeill, 2013; Nicholas, 2015). 이 방법은 인수 김 버그, 스티브 드 쉐이저(Insoo Kim Berg & Steve de Shazer)와 동료들이 1980년대 초반 밀워키 단기 가족치료센터(Milwaukee Brief Family Therapy Center)에서 개발하였습니다(de Shazer, 1996, 1998). 영국에서는 접근 방식에 대한 다양한 교육과정을 제공하는 런던의 해결중심치료 센터(www.brief.org) 내 브리프(BRIEF) 팀이 더욱 발전시켰습니다(Iveson, 2002; Ratner et al., 2012; Ratner & Yusuf, 2015).

해결중심단기치료의 주요 특징은 치료를 통해 다루고자 하는 주 호소문제보다 해결책에 집중한다는 것입니다. 문제들은 이미 효과가 있는 방법과 개인이 원하는 삶에 초점을 맞출 때 가장 잘 해결되는 것으로 보입니다. 따라서 부모와 아이들에게 원하는 미래를 상상하고 자세히 그려 보도록 권합니다. 이 방법은 개인마다 상황이 다를 수 있다는 것을 알게 하고 미래에 대한 희망을 현실화시킬 가능성이 있기 때문에 큰 동기를 부여한다고 여겨집니다. 여기에는 부모와 아이들은 자신들의 삶을 더 좋게 만들 수 있는 방법에 대해 어느 정도 알고 있으며, 이미 문제에 대한 해결책을 가지고 있다는 근본적인 가정이 전제되어 있습니다. 언어재활사의 역할은 이러한 통찰을 깨닫게 하고 더 많은 변화를 가져올 수 있는 자원과 장점, 능력뿐 아니라 이미 가지고 있는 해결책을 명확하게 말할 수 있도록 돕는 것입니다. 질문은 해결중심 접근법의 핵심입니다. 언어재활사는 대화를 구조화해서 부모와 자녀를 변화와 해결의 방향으로 이끌어 갈 질문을 하는 데 전문성을 발휘해야 합니다.

이 방식은 말을 더듬는 어린 아동의 가족에게 효과가 큽니다. 부모 및 자녀와 협력하여 치료를 통해 얻고자 하는 것에 대한 공유된 이해를 발전시킬 수 있기 때문입니다. 부모와 아이가 '유창성'에만 관심을 둘 때, 우리는 '유창성'이 아이의 일상생활에서 어떤 변화를 일으키는지 상상해 보게 하여 그들의 시야를 넓혀 줄 수 있습니다. 여기에는 말하기에 대한 아이의 태도나 감정의 변화와 다양한 말하기 상황에서의 의사소통에 대한 자신감의 변화가 포함될 수 있습니다. 또한 자녀의 의사소통을 위한 삶의 변화를 만들어 낼 수 있는 지식, 자원, 능력을 부모 스스로 가지고 있다는 증거를 찾을 수 있도록 지원합니다.

따라서 해결중심단기치료는 문제에서 해결책으로 초점을 이동하는 긍정적이고 미래 지향적인 접근 방식입니다. 한 사람 한 사람을 스스로의 삶의 전문가로 존중하고 문제의 해결책은 개개인의 기존의 강점과 자원을 활용하여 구축하게 됩니다.

페일린 PCI에서 해결중심단기치료(SFBT)의 질문 사용하기

1회기

부모의 희망 이끌어 내기:

❀ **당신이 가장 바라는 것은 무엇입니까?**

"이 치료를 통해 가장 바라는 것은 무엇인가요?"라는 질문을 통해 치료에서 얻고자 하는 것이 무엇인지를 부모 스스로 확인할 수 있도록 돕습니다(George, Iveson, & Ratner, 1999).

부모들은 원하지 않는 것을 말하며 자신의 희망을 부정적인 표현으로 말하는 경향이 있습니다. 예를 들어, "아이가 말을 안 더듬었으면 좋겠어요.", "아이가 덜 수줍어했으면 좋겠어요.", 또는 "아이에 대한 걱정을 좀 그만했으면 해요."라는 식입니다. 이 경우 부모들이 문제(즉, 아이의 말, 수줍음, 또는 걱정)에 집중할 가능성이 높기 때문에, 무언가의 부재보다는 원하는 것이 실재한다는 점에서 희망을 긍정적으로 표현하도록 권합니다. 이것은 '그 대신에(Instead)'라는 질문을 통해 가능해집니다(Ratner et al., 2012). 예를 들면, "그러면 말을 더듬는 대신 무엇을 원하시나요?", "그러면 수줍음 대신 아이로부터 무엇을 보고 싶으신가요?", 또는 "그러면 아이를 걱정하는 대신 무엇을 하고 싶으신가요?"라고 물어볼 수 있습니다.

가장 바라는 점을 묻는 질문에 대한 자연스러운 첫 번째 대답은 유창성에 관련된 "아이가 유창했으면 좋겠어요."입니다. 이미 논의한 바와 같이, 우리는 어떤 아이들이 말더듬을 지속할 가능성이 더 높은지 아직 알지 못합니다. 부모에게 가장 바라는 점을 물어볼 때 우리가 성취할 수 있는 것과 관련해 잘못된 희망을 부추기고 싶지도, 부모의 희망을 짓밟고 싶지도 않습니다. 우리는 또한 일부 아이들이 치료로 유창해진다는 것을 알고 있습니다. 부모가 유창성과 관련된 희망을 표현할 때, '무엇이 달라질까요?'라는 질문을 통해 유창성보다는 유창성이 가져올 변화를 살펴봅니다.

📝 **예**

"그리고 아이가 유창해진다면 어떤 점이 달라질까요?"

"차이점이라…… 제 생각엔 우리 아이가 더 행복해질 거 같은데요."

"자신감이 많아질 거 같아요."

"친구들과 얘기를 더 많이 하겠죠."

부모 중 일부는 가장 바라는 점을 묻는 질문에 자연스레 자녀를 위한 최고의 희망을 이야기하기도 하지만, 우리는 부모가 치료를 통해 원하는 점과 이로써 어떤 변화가 생길지 이야기해 보고자 합니다.

예

"그리고 아이가 유창해진다면 당신에게 어떤 변화를 생길까요?"

"아이가 다른 사람들과 있을 때 제 마음이 좀 더 편해질 거 같은데요."

"아이는 수다쟁이가 되고, 저는 아이의 이야기를 들으면서 아이 질문에 대답을 해 주겠죠."

❀ 가장 바라는 희망사항이 이루어진다면 무엇이 달라질까요?

일단 부모가 치료를 통해 원하는 것이 무엇인지 확인했다면, 다음은 실현된 희망이 일상생활에 어떤 변화를 가져올지 파악할 수 있도록 질문을 합니다. 여기에는 '내일 질문(Tomorrow Question)'이 포함됩니다(Ratner et al., 2012, p. 94).

예

"내일을 상상해 보죠. 당신은 화장을 하고 있고, 아이는 유창하게 말합니다. 아이가 더 행복해 보입니다. 당신이 상상하던 자신감 넘치는 아이입니다. 당신은 당신이 바라던 편안한 사람입니다. 가장 먼저 눈에 띄는 것은 무엇입니까?"

"아이가 시선을 피하지 않는 거 같아요."

"밤새 뒤척이지 않고 잠을 잔 덕분에 피곤하지 않다고 생각하겠죠."

이러한 반응은 원하지 않는 부분에 초점이 맞춰져 있기 때문에 '대신' 질문을 하게 됩니다.

예

"그래서 아이가 시선을 피하는 대신 무엇을 하게 될까요?"

"얘기할 때 저를 더 볼 것 같아요."

"당신은 피로를 느끼는 대신 어떤 기분이 들까요?"

"몸이 아주 개운할 거 같아요."

부모가 감정의 측면에서 달라진 점을 설명할 때, 우리는 이것이 어떻게 다른지, 그리고 아이의 감정 변화에 따른 아이의 행동 양식의 차이를 생각해 보게 합니다(George et al., 1999). 내면의 감정은 보통 행동으로 드러나기 때문에 아이의 기분보다 행동의 변화를 알아차리기가 더 쉽습니다.

예

"아이의 어떤 행동이 당신에게 더 큰 자신감을 얻은 것으로 보일까요?"

또는 "아이가 더 큰 자신감이 생겼다는 것을 어떻게 알 수 있나요?"

1) 또 무엇이 있나요?

첫 번째 질문인 "가장 먼저 눈에 띄는 것은 무엇일까요?"에 이어 "또 무엇을 알 수 있나요?"라고 묻게 됩니다. "또 무엇이 있나요?"라는 질문을 여러 번 반복하여 부모가 가장 바라는 희망사항이 이루어졌을 때 예상되는 변화에 대해 가능한 한 많은 예를 설명할 수 있도록 합니다. 우선 부모에게 평범한 하루를 그려 보고, 그 시간에 유치원이나 학교에서 어떤 일이 일어나고 있을지 떠올려 보게 합니다. 이어서 희망사항이 현실이 될 경우 무엇이 다를지 생각해 보도록 합니다. 목적은 부모가 자녀의 실제 일상생활에 근거하여 긍정적이고 구체적이며 사실적으로 가능한 한 자세히 희망사항을 설명할 수 있도록 돕는 것입니다(Ratner et al., 2012).

예

"당신이 늦은 아침 학교로 걸어가는 모습을 그려 보세요. 지금 무슨 일이 일어나고 있나요? 뭔가 다르다는 것을 눈치채셨나요? 또 무엇이 다른가요?"

"유치원에 있는 아이를 떠올려 보세요. 당신이 상상하던 자신감 넘치는 아이입니다. 어떤 변화가 있나요? 또 무엇이 다른가요? 또 다른 점은요?"

"오후에 놀이터에 갔다고 상상해 보죠. 당신이 바라는 대로 당신의 마음이 편안하다면, 혹은 아이가 당신이 바라는 대로 자신감 있는 아이라면 놀이터에서 어떻게 달라진 모습을 보일까요? 또 다른 어떤 점이 눈에 띄시나요?"

"잠잘 때 어떻게 달라졌을까요?"

2) 다른 사람들은 무엇을 알아차릴까요?

또한 부모에게 아이의 삶에서 다른 사람들의 관점을 고려해 보고 부모가 알아차린 변화에 대한 다른 사람들의 반응을 이야기해 보도록 합니다(Ratner et al., 2012).

예

"아이가 자신감이 많아졌다는 있다는 것을 또 누가 알아차릴까요? 아이의 선생님은 무엇이 다르다고 할까요? 어떻게 반응할까요? 만약 선생님이 변화를 알아차린다면 아이는 또 어떻게 반응했을까요? 이렇게 될 경우 무엇이 달라질까요? 당신이 더 편안하다는 것을 누가 또 알아차릴까요? 당신의 배우자(파트너)는 당신이 더 편안하다는 것을 어떻게 알 수 있나요? 어떻게 반응할까요? 그리고 만약 배우자(파트너)가 변화를 알아차린다면, 당신은 또 어떻게 반응했을까요? 다른 사람들은 당신의 어떤 행동을 보고 당신이 더 편안하다고 생각하게 될까요?"

3) 이미 사용하고 있는 해결 방법에 대한 이야기

부모의 희망사항이 이루어지고 있다는 신호에 귀를 기울이는 것 또한 중요합니다. 조지 등(George et al., 1999)은 이러한 징후를 가장 바라는 희망이 실현되고 있는 '실례'라고 말합니다.

예

"당신은 아이가 가끔은 자신감 넘치는 모습을 보인다고 말했습니다."

"아이가 당신과의 일대일 놀이에서 좀 더 수월하게 말하는 것 같다고 했습니다."

"이번 주말에 마음이 한결 편안했다고 하셨습니다."

일단 이러한 신호가 보인다면, 누가, 무엇을, 어디서, 언제, 어떻게 등과 같은 다양한 질문을 통해 더 많은 세부 사항을 이끌어 낼 수 있습니다.

예

"아이는 언제 자신감이 넘치나요?", "누구와 있을 때 그런가요?", "자신감이 커진 것을 어떻게 알았나요?", "아이는 왜 자신감이 더 생겼을까요?", "최근에 아이의 자신감 넘치는 모습을 본 적이 있나요?"

"당신과의 일대일 놀이에서 아이의 말하기가 더 편한 이유는 무엇일까요?", "아이와 일대일로 놀 때 당신의 행동은 어떻게 다른가요?", "아이는 언제 또 좀 더 수월하게 말할 수 있나요?", "이번 주말에 마음이 한결 편안했다고 하셨습니다.", "이 이야기를 좀 더 해 볼까요?", "마음이 편안했을 때 당신의 행동이 평소와 어떻게 달랐나요?", "어떤 변화가 있었나요?"

이러한 질문은 희망이 실현되는 순간(예를 들어, 아이가 더 유창하게 말할 때, 자신 있게 말할 때, 대화에 적극적으로 참여할 때, 말더듬에도 불구하고 하려는 말을 끝까지 해낼 때, 아이가 말하는 동안 친구들이 기다려 줄 때 등)에 집중하는 데 도움이 됩니다. 이것은 문제의 해결과 관련하여 아이의 기존의 기술과 능력을 강조할 뿐만 아니라 아이의 말에 도움이 되는 것처럼 보입니다.

부모는 또한 이미 사용하고 있는 유용한 전략과 자녀를 지원하기 위해 자신들이 무엇을 하고 있는지 인식하기 시작합니다. 실례를 강조하고 이미 잘 되고 있는 일들과 이에 대한 부모의 역할을 인정하도록 하는 것은 미래에 대한 더 큰 희망을 갖게 하고, 변화를 만들어 내는 스스로의 능력에 대한 자신감을 키우게 되는데, 결과적으로 이 모든 것은 부모가 해 오고 있던 것을 기반으로 합니다.

4) 눈금 수치로 나타내기

부모가 희망사항이 실현되는 날에 대해 자세히 설명을 하고 나면, 이렇게 묻습니다. "눈금이 0부터 10까지 있는 저울이 있다고 생각해 봅니다. 희망사항이 이루어진 것을 10, 그 반대의 경우를 0으로 나타낼 때, 지금 저울은 어떤 숫자를 가리키고 있나요?"

이 척도는 현재 시점에서 부모의 바람이 어느 정도 실현되고 있는지 확인하는 데 사용됩니다. 첫 번째 만남에서 이 질문에 대한 가장 일반적인 대답은 3입니다(de Shazer & Dolan, 2007).

일단 부모가 척도상에서 자신의 위치를 확인하게 되면, 왜 그 지점이라고 보는지 또는 어떻게 그 지점에 도달했는지 생각해 보게 합니다(George et al., 1999).

예

"0이 아닌 지금의 위치로 정한 이유는 무엇입니까?"

"0에서 현재 위치까지 오는 데 도움이 된 것은 무엇일까요?"

"그러니까 아이가 항상 말을 더듬는 건 아니라서요. 어떨 때는 유창하게 말할 수 있거든요."

좀 더 자세히 살펴볼 수도 있습니다.

예

"언제 그런지 이야기해 볼까요? 아이는 그 때 왜 더 유창하게 말할 수 있었을까요?"

"상황이 좀 진정될 때 도움이 된다는 것을 알고 있어서 아이와 일대일 시간을 가져요."

"일대일 시간은 어떻게 다른가요?", "좀 더 차분한 상황을 만들기 위해 또 무엇을 하시나요?"

"제가 아이 말을 충분히 경청해 주면, 아이가 좀 더 여유로워지고 유창하게 말할 수 있더라고요."

"이번에는 언제 아이 말에 온전히 귀 기울일 수 있는지 이야기해 주세요.", "당신은 다른 무언가를 하나요?", '어떤 차이가 있나요?", "아이가 어떻게 반응하던가요?"

이러한 질문을 통해, 부모는 이미 바람이 이루어지고 있는 시간들을 다시 한번 확인할 수 있으며, 계속해서 그러한 시간들을 늘려 갈 것입니다. 또한 아이에게 도움이 되는 것과 아이를 위해 부모가 하고 있는 것들을 인식하게 됩니다. 이 부분은 보통 눈에 잘 띄지 않기 때문에 이 점을 부모가 주목하게 함으로써 이미 하고 있는 일을 더 많이 하게 되고, 가족 일상에 추가적인 변화를 가져올 가능성도 높아집니다.

5) 진전의 첫 번째 작은 징후

척도는 또한 "눈금 한 칸을 이동했다고 생각하는 이유가 무엇인가요? ×로 이동하면 무엇이 달라지나요?"와 같은 질문을 통해 진전을 의미하는 작은 징후를 식별하는 데 도움이 됩니다.

이 질문은 부모가 눈금 한 칸을 이동하기 위해 무엇을 해야 하는지 묻는 것이 아니라 눈금 한 칸을 이동했을 때 무엇을 알아차릴 수 있는지 생각해 보도록 하는 것입니다.

이와 같은 해결중심단기치료의 질문은 부모가 치료를 통해 바라는 것에 대해 자세히 설명하도록 합니다. 맨 처음 유창성을 목표로 하는 부모의 경우 '유창성'이라는 최고의 바람이 실현되었을 때 일상생활이 어떻게 달라질지 생각해 보게 됩니다. 이것은 부모가 치료로 얻고자 하는 것에 대한 관점을 넓히는 데 도움이 되며, 일반적으로 자녀의 일상생활 모습뿐 아니라 전반적인 의사소통과 자신감을 고려하기 시작합니다. 부모는 또한 '유창성'에 대한 희망사항이 이루어졌을 때 삶이 어떤 모습일지, 그리고 어떤 변화가 생길지 그려 봅니다.

또한 이러한 대화는 강점과 능력, 아이의 말하기에 도움이 되는 것에 대한 부모의 직관적인 이해, 그리고 상황이 원하는 방향으로 움직이고 있다는 긍정적인 신호에 초점을 맞추는 치료 과정의 분위기를 결정하게 됩니다.

후속 치료 회기

❀ 당신은 무엇을 알게 되어 기뻤나요? 아니면 뭔가 잘 되어 가고 있나요?

치료 시간은 매번 가족들에게 "지난 시간 이후 당신을 기쁘게 하는 변화가 있었나요?" 또는 "무엇이 잘 되고 있나요?"라는 질문으로 시작됩니다.

우리가 부모에게 질문을 하지만, 아이도 같은 공간에 있게 되며 질문에 대답할 수도 있습니다. 부모들이 처음에는 답변을 확신하지 못하기 때문에 상황이 예전과 같거나 나아진 게 없다고 말하는 것은 자연스러운 반응입니다. 진전의 징후가 종종 눈에 띄지 않기도 하고, 또 눈에 띄더라도 빠르게 무시하거나 경시한다는 점을 고려할 때 이는 놀라운 일이 아닙니다(Ratner et al., 2012). 우리는 이럴 때, 그냥 기다리거나 약간 다르게 다시 질문합니다. 이렇게 하면 부모가 알아차리게 되면서 기뻤던 진전의 징후를 스스로 발견하는 데 도움을 줄 수 있습니다.

부모나 자녀가 진전의 신호를 설명할 때 아무리 작더라도 '무엇', '어디서', '언제', '누가' 및 '어떻게' 질문을 사용하여 이러한 변화를 최대한 자세히 설명하도록 돕습니다. 어떤 행동이 변화를 가져왔는지("어떻게 했나요?", "어떻게 아이가 해낼 수 있었나요?") 생각하고, 변화를 만들 수 있었던 기술과 자원을 말해 보게 함으로써("그렇게 하기 위해서 무엇이 필요했나요?" 또는 "그건 아이가 어떻다는 것을 의미하나요?") 변화에 대해 스스로를 칭찬하도록 합니다. 그리고 이 성취가 일상생활에서 어떤 차이를 만들고 있는지 생각해 보도록 합니다.

예

"이번 주에 당신을 기쁘게 한 변화가 있나요?"

"제 생각에 이번 주는 아이가 꽤 말이 많았던 것 같아요."

"자녀가 말이 많아진 걸 알게 된 상황을 말해 주세요." "어떻게 아이가 해냈다고 생각하나요?", "아이가 어떻다는 것을 뜻하나요?", "아이가 말이 많아진 것을 알았을 때 당신은 어떻게 했나요?", "이로 인해 무엇이 달라졌나요?"

"제가 아이의 말에 대해 걱정을 조금 덜 한다고 느끼는 것 같아요."

"그러면 당신은 걱정하는 대신 무엇을 하고 있었나요?", "어떤 변화가 있나요?", "어떻게 그런 변화가 가능했을까요?", "누가 또 눈치를 챘을까요?" 등.

다시 우리는 "또 무엇이 있나요?"라는 질문을 여러 번 사용하여("또 무엇이 좋았나요?", "또 무엇을 알게 되어 기뻤나요?"), 부모와 자녀가 지난 치료 시간 이후 좋아진 것에 대해 최대한 많은 예를 설명할 수 있도록 합니다.

우리는 치료가 진행됨에 따라, 가족들이 변화의 징후에 대한 질문으로 치료가 시작될 것을 예상하고 한 주간의 준비 기간 동안 진전의 신호를 찾으려고 스스로 노력한다는 사실을 알게 되었습니다.

우리가 함께 했던 한 가족은 치료 전에 미리 카페에서 만나서 그 주에 잘 된 일에 대해 서로 이야기를 나누는 시간을 가졌다고 하기도 했습니다. 다른 가족은 심지어 자신들이 알게 된 것들을 모두 이야기해 주고 싶어 스스로 질문하기도 했다고 합니다.

❀ 상황이 같거나 더 나빠진 경우

지난 시간 이후 상황이 더 안 좋아졌다고 할 경우, 우리는 가족이 제기한 문제에 집중하고 또 무엇이 왜 더 악화된 것인지 살펴보게 됩니다.

해결중심의 방식으로 일할 때, 우리는 부모의 고민을 경청하고 부모가 느끼는 감정을 수용해 주고("이번 주에 힘든 일이 있어서 아이가 말할 때 많이 힘들었다니 안타깝네요."), 후속 질문을 하게 됩니다("그 문제에 어떻게 대처했나요?", "아이는 어떻게 하던가요?"). 그런 다음 앞으로 나아가려면 또 어떤 것들이 필요한지 이야기를 나누기 위해 질문을 하게 됩니다.

예

"자녀가 다시 정상 궤도로 돌아오고 있다는 첫 번째 신호가 무엇일까요?"

우리는 "무엇을 알게 되어 기뻤습니까?"라는 질문에 부모가 처음에는 주로 말이 '더 나빠졌는지' 또는 '더 좋아졌는지', 아니면 '나빠졌는지' 또는 '좋아졌는지' 알려 주어, 유창성에 초점을 맞추는 경향이 있다는 것을 발견하였습니다 우리의 목표는 말더듬이 증가하거나 감소한다는 보고에 대해 중립적으로 대응하는 것입니다. 즉, 말더듬 증가에 대해 과도한 우려를 나타내지도 않고 유창성이 증가에 대해 지나치게 열광하지도 않는 것입니다. 부모가 유창성이 증가했다고 보고한다면, 우리는 다양한 질문을 통해 자녀의 유창성 증가가 어떤 변화가 가져왔는지 생각해 보도록 합니다.

[예]

"식사 시간에 아이가 좀 더 유창하다는 것을 알아차렸어요.", "침묵하지 않고 말하도록 격려하면서 아이의 말을 경청한다는 거죠. 사실 저는 주로 아이가 말을 더 더듬을 때 이러는 경향이 있어요."
"결국 아이와 식탁에서 더 오랜 시간 많은 대화를 나누게 되었던 것 같아요."

다시 한번, 우리는 부모가 진전에 대한 시각을 넓혔으면 합니다. 부모가 자녀의 변화뿐만 아니라 일어난 모든 변화에서 자신의 역할을 인정하고 앞으로 무엇을 더 해 나가야 하는지 생각해 보기를 바랍니다.

6주간의 검토 일정

우리는 부모에게 "지난 시간 이후로 무엇이 좋아졌나요?", "지난 시간 이후 뭐가 잘 되고 있나요?"라고 질문함으로써 이제까지의 치료 과정과 같은 방식으로 6주간의 검토 일정을 시작합니다.

앞에서 언급한 대로 각 치료 시간의 시작과 같은 방식으로 부모에게 질문하고 부모의 대답에 반응합니다. 우리는 부모와 자녀가 안정화 기간 동안 무엇이 좋아졌는지 사례를 가능한 한 많이 이야기하기를 바랍니다. 또한 척도 질문을 통해 6주 검토 일정 동안 자녀의 진전 상황을 측정할 수 있습니다. 척도에서 현재 어디에 있는지, 어떤 근거로 그 지점에 있다고 보는지, 그리고 어떻게 그 특정 지점에 도달했다고 생각하는지 이야기를 나눕니다. 척도는 또한 진전의 작은 징후를 살피고, 치료의 관점에서 함께 다음 단계를 결정하도록 지원하는 데 사용될 수 있습니다("척도에서 어느 정도면 당신에게 충분합니까?").

우리의 임상 경험에 따르면 부모의 최고의 바람은 치료 과정에서 자주 바뀝니다. 또한 처음에는 전혀 언급하지 않았던 새로운 변화들을 알아차리기 시작하면서 아이의 치료 진전과 관련된 행복을 위해서 자신의 위치가 반드시 10일 필요는 없다고 하거나, 아이가 반드시 유창해져야 하는 것은 아니라며 더 이상 치료가 필요하지 않다고 보고합니다.

부록 9. 스페셜타임 안내문

스페셜타임은 단 5분 동안 진행되며 되도록 이 시간을 넘기지 않도록 합니다. 시작하기 전에 자녀가 활동이나 장난감, 또는 보드게임을 선택합니다. 책 읽기, 컴퓨터 게임, 게임기, TV 보기나 바깥놀이는 바람직하지 않습니다. 아이가 하고 싶은 것을 정했다면, 방해받지 않는 방으로 가서 텔레비전이나 휴대전화 등으로 주의가 흐트러지지 않도록 조치를 취합니다.

5분 동안 아이와 함께 놀면서 온전히 아이에게 집중합니다. 아이가 말하는 방식보다 아이가 말하는 내용에 관심을 기울입니다. 5분이 다 되면, 스페셜타임 과제 기록지에 당신이 무엇을 했는지, 또 어떻게 느꼈는지 기록합니다. 이후에도 자녀와 동일한 활동을 하며 놀이를 이어 갈 수는 있지만 그 시간을 스페셜타임에 포함시키지 않습니다.

다른 자녀가 있는 경우, 각각의 자녀와 개별적으로 규칙적인 스페셜타임을 갖는 것이 좋습니다.

부록 10. 스페셜타임용 과제 기록지

부모님 이름:

아동 이름:

스페셜타임 횟수:

스페셜타임 목표:

날짜	활동	목표에 대한 의견

이번 주 활동을 통해 배운 점을 한 문장으로 작성하세요.

부록 11. 부모-아동 상호작용 비디오

아이에게 도움이 될 만한 것들을 알아보기 위한 토론

❖ 질문 1: 아이에게 어떤 도움이 필요하다고 생각하나요?

❖ 질문 2: 아이에게 도움될 만한 것들 중에 당신이 이미 실천하고 있다고 생각하는 것은
무엇인가요?

부모-아동 상호작용 영상 시청 후

❖ 질문 1: 영상은 실제 모습에 얼마나 가까운가요?

❖ 질문 2: 영상에서 당신의 행동 중 아이에게 도움이 되는 행동이 무엇이었나요?

❖ 질문 3: 그렇게 하는 것이 어떻게 도움이 될까요?

❖ 질문 4: 당신이 이미 하고 있는 행동 중 어떤 행동을 더 많이 하면 좋을까요?

부록 12. 페일린 부모-아동 상호작용 치료 회기별 개요 소개

1회기	1. 필요한 경우, 상호작용 영상 녹화하기
	2. 평가 결과 검토하기
	3. 치료에 대한 부모의 기대 사항 확인하기
	4. 페일린 모델을 이용한 치료 방법 설명하기
	5. 스페셜타임 설계하기(부모당 횟수 정하기)
	6. 스페셜타임 안내문과 과제 기록지 제공하기
	7. 필요한 경우, '이중언어사용' 논의하기
	8. 필요한 경우, 2회기 유인물('말더듬에 대해 이야기 나누기') 제공하기
2회기	1. 어떻게 지내셨나요?
	2. 스페셜타임 검토하기
	3. 아이에게 필요한 것과 도움이 되는 것에 관해 논의하기
	4. 영상 시청 후 각각의 부모와 상호작용 목표 정하기
	5. 스페셜타임 목표를 과제 기록지에 기입하기
	6. 필요한 경우, '말더듬에 대해 이야기 나누기' 논의하기
	7. 선택 사항: 다음 가족 전략에 필요한 유인물 제공하기
3회기	1. 어떻게 지내셨나요?
	2. 스페셜타임과 과제 기록지 검토하기
	3. 새로운 상호작용 영상 녹화하기
	4. 영상 시청 후 이전 목표 검토하기, 필요시 추가 목표 확인하기
	5. 스페셜타임 목표 정하고 과제 기록지 제공하기
	6. 선택 사항: 가족 전략 논의하기
	7. 상호작용 전략 유인물 제공하기
	8. '자신감 기르기' 유인물 제공하기
4회기	1. 어떻게 지내셨나요?
	2. 스페셜타임과 과제 기록지 검토하기
	3. 선택 사항: 새로운 상호작용 영상 녹화하기
	4. 선택 사항: 영상 시청 후 이전 목표 검토하기, 필요시 추가 목표 확인하기
	5. 스페셜타임 목표 정하고 과제 기록지 제공하기
	6. '자신감 기르기' 논의하고 칭찬 일지 제공하기
	7. 상호작용 전략 유인물 제공하기
	8. 다음 가족 전략에 필요한 유인물 제공하기
	('교대로 말하기'일 경우 다음 시간에 가족 모두를 초대한다.)

5회기	1.	어떻게 지내셨나요?
	2.	스페셜타임과 과제 기록지 검토하기
	3.	주의 사항: 주제가 '교대로 말하기'일 경우 4번, 5번은 생략한다.
	4.	선택 사항: 상호작용 영상 녹화하기
	5.	선택 사항: 영상 시청 후 이전 목표 검토 및 필요시 추가 목표(3개까지) 확인하기
	6.	스페셜타임 목표 정하고 과제 기록지 제공하기
	7.	선택 사항: 가족 전략 논의하기
	8.	상호작용 전략 유인물 제공하기
	9.	다음 가족 전략에 필요한 유인물 제공하기
6회기	1.	어떻게 지내셨나요?
	2.	스페셜타임과 과제 기록지 검토하기
	3.	칭찬 일지 검토하기
	4.	이전 회기 가족 전략 검토하기
	5.	상호작용 영상 녹화하기
	6.	영상 시청 후 이전 목표 검토 및 필요시 추가 목표(3개까지) 확인하기
	7.	스페셜타임 목표 정하고 과제 기록지와 다음 6주간 필요한 유인물 제공하기
	8.	가족 전략 논의하기
	9.	페일린 모델을 사용한 유지 기간에 관해 논의하기
	10.	칭찬 일지 제공하기
	11.	다음 방문 예약 날짜 정하기

부록 13. 아이의 주도 따르기

생각해 보기

아이와 놀 때 주로 누가 놀이를 주도하나요? 자녀인가요, 나인가요?

_____

아이가 놀이를 주도하도록 하는 것이 왜 도움이 될까요?

_____

_____

이렇게 하는 것이 말더듬과 무슨 상관이 있을까요?

_____

_____

아이가 놀이를 주도하게 하려면 내가 '무엇을 더' 하거나, '무엇을 다르게' 해야 할까요?

_____

_____

아이와 놀 때 내가 놀이의 주도권을 갖고 싶어지는 이유:
- 아이가 아무것도 하지 않은 채 앉아 있기만 해서
- 말이 거의 없어서
- 활동이 너무 어려워서 아이가 애쓰는 모습을 지켜보는 것이 힘들어서
- 아이에게 무언가를 가르쳐 주고 싶어서
- 내 방식대로 하는 것이 좋아서

아이가 놀이를 주도하도록 하는 것이 왜 도움이 될까요?
- 아이의 수준에 맞는 놀이를 유지할 수 있습니다—아이가 원하는 것을 선택하기 때문에 너무 어려운 무언가를 해내야 한다는 압박감을 느낄 가능성이 적습니다.

- 아이가 자신의 공간에서 놀이를 유지할 수 있습니다—아이가 원하는 대로 빠르게 또는 천천히 해낼 수 있고, 다른 사람의 속도에 뒤지지 않아야 한다는 부담감을 느끼지 않을 것입니다.

- 아이가 어른의 방식을 따르지 않아도 되기 때문에 아이에게 더 많은 자유가 생기게 됩니다.

- 아이가 성장할 수 있는 더 많은 기회가 생깁니다.
   -문제해결 능력   -놀이 기술
   -상상력   -자신감

아이가 놀이를 주도하게 하가 '무엇을 더' 하거나, '무엇을 다르게' 해야 할까요?

멈추기! 보기! 듣기! _____(도로 안전을 위해서만 필요한 것이 아닙니다.)

1. 멈추기! ✋

아이에게 뭔가 해 주려고 서두르지 마세요.

아이의 능력을 알게 되면 당신은 깜짝 놀랄지도 모릅니다.

아이가 하도록 기다려 봅니다.

2. 보기! 👁

아이가 장난감으로 무엇을 하는지 지켜보세요. 당신이 하는 것과 다를지도 모릅니다.

놀이를 통해 탐구하고 배우도록 해 주세요. '옳고', '그른' 방식은 없다는 것을 기억합니다.

아이에게 명령하거나 지시하지 않도록 합니다.

3. 듣기! 👂

아이의 생각을 받아들이세요.

4. 당신이 무슨 말을 하는지 생각해 보기! 💬

어른들은 말과 행동으로 아이들의 놀이를 지휘한다는 것을 기억하세요.

아이에게 무엇을 해야 한다고 말해 주는 대신, 이렇게 해 보세요.

♣ 아이가 하는 행동이나 놀이에서 일어나고 있는 일을 서술하세요.
　　예 "주전자야—차를 끓이려고. 이제 물을 붓고—맞아. 물이 많이 필요해. 봐 봐. 꽉 찼어."

♣ 아이의 말에 반응해 주세요.
　　예 (인형놀이 상황)
　　아이: "아기 저기 가. 아기가 침대에 있어."
　　부모: "그래. 아기가 자고 있구나. 피곤한가 봐."

♣ 아이의 생각을 반복해서 들려주세요.
　　예 (레고 블록 놀이 상황)
　　아이: "저기는 운전사가 앉는 자리야."
　　부모: "운전사 아저씨가 저기에 앉아요? 알겠어."

♣ 아이의 생각에 의견을 추가해 주세요.
　　예 (농장놀이 상황)
　　아이: "저기 트랙터 있어요."
　　부모: "농장 아저씨가 트랙터를 몰고 있구나. 밭으로 가려나 봐."

아이의 주도를 따르기 위해 해야 할 일:

멈추기

보기

듣기

서술하기 & 반응하기

놀이는 아이들이 주도하게 해 주세요!

메모(기억할 점)

부록 14. 도움이 되는 언어 자극

생각해 보기

아이와 대화할 때 내가 사용하는 언어를 생각해 보는 것이 왜 도움이 될까요?

_____

_____

아이 수준에 맞게 말을 하기 위해, 내가 '무엇을 더' 하거나, '무엇을 다르게' 해야 할까요?

_____

_____

스페셜타임을 할 때 '지금, 여기'에 관한 이야기를 하는 것이 왜 도움이 될까요?

_____

_____

우리가 사용하는 언어

우리는 아이에게 말할 때 왜 더 복잡한 낱말과 문장을 사용하게 될까요?
❇ 이렇게 하는 것은 아이의 언어 발달에 도움이 됩니다.
❇ 어떤 아이들은 언어와 새 어휘를 배우는 데 관심이 많은데, 우리가 이를 격려하게 됩니다.
❇ 자녀가 또래 아이들보다 말이 늦다고 걱정을 하기도 합니다.

우리가 사용하는 언어에 주의를 기울이는 것이 왜 도움이 될까요?
❇ 아이가 편안히 다룰 수 있는 낱말과 문장을 사용하도록 합니다.
❇ 아이가 말을 더 쉽게 이해할 수 있습니다.
❇ 말을 더듬는 아이는 다음과 같은 경우 말하기가 더 어렵습니다.
　－길고 복잡한 문장이나, 머릿속으로 정리하기가 힘든 문장을 말하려고 할 때
　－익숙하지 않은 어려운 낱말을 기억해서 말하려고 할 때
　－추상적인 내용이나 다른 시간과 장소에서 일어난 일을 말하려고 할 때

아이 수준에 맞게 말을 하기 위해, 내가 '무엇을 더' 하거나, '무엇을 다르게' 해야 할까요?
❇ 문장의 길이에 주의하세요. 아이가 사용하는 문장 길이에 맞추거나 조금 더 길어도 됩니다.
　(아이가 말이 많고, 이미 너무 길거나 복잡한 문장을 사용하는 경우는 제외함.)
❇ '지금 여기'에 대해 이야기하세요－대화 중인 주제나 하고 있는 놀이에 대해 이야기합니다.

✤ 어떤 아이들은 질문이 많고, 호기심이 넘칩니다. 얼마나 자세히 대답해 주어야 하는지 생각해 보세요. 보통은 간단히 길지 않게 설명합니다.

아이가 낱말을 잘못 말하거나 빠뜨리고 말한다면, 아이의 말을 '지적해서 바로잡기'보다는 어떻게 말해야 하는지 들려주세요(모델링해 주세요.).

"엄마, 코양이요."＿＿＿＿＿＿＿＿＿＿＿＿＿"어, 그렇네, 고양이가 있구나."
"저 사람을 잡혔어요."＿＿＿＿＿＿＿＿＿＿＿＿＿"저 사람을 잡았어."
"아기 ＿쿨쿨."＿＿＿＿＿＿＿＿＿＿＿＿＿"그래. 아기가 쿨쿨 자고 있네."

아이에게 낱말이나 문장을 어떻게 말해야 하는지 알려 줄 때(모델링해 줄 때)
✤ 아이에게 올바르게 따라 말하도록 요구하지 않습니다.
✤ 아이는 당신의 말을 그냥 듣기만 하면 됩니다.

메모(기억할 점)

＿＿＿＿＿＿＿＿＿＿＿＿＿＿＿＿＿＿＿＿＿＿＿＿＿＿＿＿＿＿＿＿＿＿

＿＿＿＿＿＿＿＿＿＿＿＿＿＿＿＿＿＿＿＿＿＿＿＿＿＿＿＿＿＿＿＿＿＿

＿＿＿＿＿＿＿＿＿＿＿＿＿＿＿＿＿＿＿＿＿＿＿＿＿＿＿＿＿＿＿＿＿＿

＿＿＿＿＿＿＿＿＿＿＿＿＿＿＿＿＿＿＿＿＿＿＿＿＿＿＿＿＿＿＿＿＿＿

＿＿＿＿＿＿＿＿＿＿＿＿＿＿＿＿＿＿＿＿＿＿＿＿＿＿＿＿＿＿＿＿＿＿

＿＿＿＿＿＿＿＿＿＿＿＿＿＿＿＿＿＿＿＿＿＿＿＿＿＿＿＿＿＿＿＿＿＿

＿＿＿＿＿＿＿＿＿＿＿＿＿＿＿＿＿＿＿＿＿＿＿＿＿＿＿＿＿＿＿＿＿＿

＿＿＿＿＿＿＿＿＿＿＿＿＿＿＿＿＿＿＿＿＿＿＿＿＿＿＿＿＿＿＿＿＿＿

＿＿＿＿＿＿＿＿＿＿＿＿＿＿＿＿＿＿＿＿＿＿＿＿＿＿＿＿＿＿＿＿＿＿

＿＿＿＿＿＿＿＿＿＿＿＿＿＿＿＿＿＿＿＿＿＿＿＿＿＿＿＿＿＿＿＿＿＿

＿＿＿＿＿＿＿＿＿＿＿＿＿＿＿＿＿＿＿＿＿＿＿＿＿＿＿＿＿＿＿＿＿＿

＿＿＿＿＿＿＿＿＿＿＿＿＿＿＿＿＿＿＿＿＿＿＿＿＿＿＿＿＿＿＿＿＿＿

부록 15. 서술하기와 질문하기의 균형

생각해 보기

아이와 놀 때 주로 아이가 무엇을 하고 있는지 서술하나요, 아이에게 질문을 하나요? 아니면 서술하기와
질문하기의 균형을 맞추나요?

다음의 서술하기와 질문하기 예를 살펴보고 위의 질문에 답해 보세요.

"이 차 색깔이 뭐야?"	질문하기
"어, 여기 아기(인형)가 자러 가네."	서술하기
"동물들을 저기로 치우는 건 좋은 생각이야."	서술하기
"그 블록 조각은 어디에 둘까?"	질문하기
"엄청 재미있나 보다."	서술하기
"왜 아기한테 주스를 주는 거야?"	질문하기

아이와 놀 때 서술하기와 질문하기의 균형을 맞추는 것이 왜 도움이 될까요?

서술하기와 질문하기의 균형을 맞추기 위해서 내가 '무엇을 더' 하거나, '무엇을 다르게' 해야 할까요?

어른들은 종종 서술하기보다 질문하기를 더 쉽거나 자연스럽다고 생각합니다. 질문을 하면 상대방이 반
응할 가능성이 더 커진다고 여깁니다.

우리는 대개 다음과 같은 이유에서 질문을 합니다.
❈ 정보를 얻기 위해서
❈ 대화를 이어 가기 위해서, 특히 아이가 말이 별로 없을 때
❈ 다음 할 일을 제안하기 위해서
❈ 아이가 얼마나 알고 있는지 보여 주기 위해서
❈ 아이가 새로운 것을 배울 수 있는 기회를 주기 위해서

질문에 대답하기 위해 아이가 해야 하는 일들을 생각해 봅시다.

질문을 받게 되면 아이는

✤ 무언가를 말해야 한다고 느낍니다.

✤ 대답을 생각해 내야 합니다.

✤ 즉시 낱말을 떠올려서 문장을 만들어 내야 합니다.

　(특히, 놀이에 빠져 있을 때 이렇게 하는 것이 어떤 아이들에게는 매우 힘든 일입니다.)

아이와 놀 때 서술하기와 질문하기의 균형을 맞추는 것이 왜 도움이 될까요?

✤ 아이의 행동을 서술하는 것은 당신이 아이에게 관심이 있다고 말하는 것과 같습니다.

✤ 아이가 한 번에 한 가지 일에 집중할 수 있도록 도와줍니다.

아이가 자신의 속도로 놀이를 유지할 수 있습니다. 어떤 질문들은(예를 들어, "차 좀 끓여 볼까?", "이제 인형이 뭐하면 될까?") 아이가 다음에 무엇을 하라고 재촉합니다. 하지만 서술하기를 좀 더 사용해 주면 아이는 원하는 대로 빨리 또는 천천히 놀이를 할 수 있고, 서둘러 질문에 반응해야 한다는 부담도 없습니다.

✤ 아이가 집중하고 있는 것에 관해 서술하게 되면 다양한 어휘와 문장을 들려줄 수 있어서 아이의 언어 발달에 도움이 됩니다. 또래에 비해 말이 느린 아이 역시 지금 여기에서 일어나는 일을 언급할 때 더 쉽게 이해할 수 있습니다.

✤ 서술하기로 대화를 시작할 수 있으며, 아이가 반응할 수 있는 정보도 제공하게 됩니다.

서술하기와 질문하기의 균형을 맞추기 위해서 부모는 '무엇을 더' 하거나, '무엇을 다르게' 해야 할까요?

질문을 하는 것은 괜찮지만 아이에게 질문하기 전 스스로 한번 생각해 보세요.

✤ 그 질문을 꼭 해야 하나요?

당신은 질문에 대한 답변을 이미 알고 있습니다. 단지 아이가 알고 있는 내용을 확인하거나, 얼마나 똑똑한지 보려고 아이를 시험해 보는 건 아닌가요?

✤ 질문에 대답하는 것은 얼마나 어려울까요?

예를 들어, "곰돌이가 뭐하고 있어?", "케이크나 과자 좀 먹을래?"와 같이 간단히 짧게 대답할 수 있는 질문도 있지만, "거기다 구슬을 넣으면 어떻게 될까?", "장난감을 왜 치워야 한다고 생각하니?"에서처럼 더 어려운 답변을 요구하기도 합니다.

✤ 이런 질문이 놀이의 속도에 영향을 줄까요?

✤ 이 질문을 어떻게 서술하기로 바꿀 수 있을까요? 예를 들면 다음과 같이 할 수 있습니다.

　• "저건 뭐야?"는 "저 기차 좀 봐."

　• "저 차 색깔이 뭐지?"는 "네가 좋아하는 노란색 차가 있네."

• "인형 가지고 뭐하고 있어?"는 "인형 목욕하고 있구나. 이제 정말 깨끗하네."

"친구가 사다리를 오르고 있어, 맞지?", "기차놀이를 좋아하는구나, 그치?"에서처럼 문장 끝에 부가의
문문을 추가해서 질문을 하기도 합니다. 이런 경우는 마지막에 부분을 없애기만 하면 질문이 서술하
기로 바뀝니다.

✿ 질문은 한 번에 하나씩, 또 질문에 대답할 시간은 충분히 주어야 한다는 것을 명심합니다.

✿ 생각하는 시간 동안은 아무 말없이 침묵을 허용해도 좋습니다.

서술하기의 다섯 단계

1. 보기!

아이가 장난감으로 무엇을 하는지 지켜보세요.

아이에게 명령하거나 지시하지 않도록 합니다.

2. 아이가 하는 행동이나 놀이에서 일어나고 있는 일을 서술하세요.

예 "이건 주전자야─차를 끓이려고. 이제 물을 붓고─맞아. 물이 많이 필요해. 봐 봐. 꽉 찼어."

3. 아이의 말에 반응해 주세요.

예 (인형놀이 상황)

아이: "아기 저기 가. 아기가 침대에 있어."

부모: "그래. 아기가 자고 있구나. 피곤한가 봐."

4. 아이의 생각을 반복해서 들려주세요.

예 (레고 블록놀이 상황)

아이: "저기는 운전사가 앉는 자리야."

부모: "운전사 아저씨가 저기에 앉아요. 알겠어."

5. 아이의 생각에 의견을 추가해 주세요.

예 (농장놀이 상황)

아이: "저기 트랙터 있어요."

부모: "농장 아저씨가 트랙터를 몰고 있구나. 밭으로 가려나 봐."

부록 16. 아이에게 충분한 시간 주기

생각해 보기

아이가 말을 하기 전에 시간이 좀 더 필요한 이유가 무엇일까요?

_____

_____

아이와 함께 이야기하면서 놀 때, 말이 없는 조용한 시간이 있다면 어떤가요? 편안한가요? 주로 누가 먼저 침묵을 깨뜨리나요?

_____

_____

아이가 급하게 서두르거나, 하고 싶은 말을 생각하거나 표현할 시간이 충분하지 않을 때, 아이의 말더듬이 어떻게 달라지나요?

_____

_____

특히 아이가 말을 더듬을 때, 우리는 왜 아이의 말을 대신 끝내주고 싶은 마음이 생길까요?

_____

_____

아이가 말을 시작하고, 질문에 대답하거나, 하고 있는 말을 끝낼 충분한 시간을 갖도록 하기 위해서 내가 '무엇을 더' 하거나, '무엇을 다르게' 해야 할까요?

_____

_____

기억하세요!
말더듬으로 힘들어하는 아이의 말을 대신 끝내주는 것은 바람직하지 않습니다.
아이는 이런 상황에서 큰 좌절감을 느낀다고 합니다.

시간 더 주기

우리는 알고 있습니다.

❖ 침묵이 생길 때 질문이나, 서술하기, 또는 지시하기로 그 시간을 채우고 싶어집니다.

❖ 아이들은 생각하고 계획해서 원하는 것을 말할 수 있는 시간이 충분할 때, 더 잘 해낼 수 있습니다. 이런 상황에서는 경쟁적으로 말할 필요가 없고 서두르지도 않기 때문입니다.

❖ 연구에 따르면 말을 더듬는 아이와 그 부모는 상대방의 말을 방해하는 동시에 서로를 모방한다고 합니다. 아이가 부모의 말을 방해할수록 부모 역시 아이의 말을 방해하게 되는데, 이 반대 경우도 마찬가지라고 합니다.

❖ 부모가 자녀에게 반응 시간을 더 길게 줄 경우 아이도 똑같이 행동하기 때문에 결국 아이에게 반응할 수 있는 충분한 시간이 생기게 됩니다.

도움이 되는 것

❖ 아이의 말을 경청하고, 말을 시작하기 전에 아이가 말을 끝냈는지 확인하기

❖ 쉼을 두고(pausing) 기다리기

❖ 아이에게 생각하고 대답할 시간 충분히 주기

❖ 침묵 허용하기—침묵을 깨뜨리려는 유혹 이겨내기

❖ 아이에게 말을 걸기 전과 말하기 차례 사이에 의도적으로 평소보다 더 긴 쉼 두기

❖ 한 번에 하나씩만 묻기(한 번에 여러 가지 질문을 하지 않기)

> **의도적인 쉼 두기의 사용**
> 아이에게 말을 시작하기 전에
> 아이의 이름을 부르고 난 후에
> 아이의 질문에 대답하기 전에
> 아이에게 질문을 했을 때

메모(기억할 점)

_____

_____

_____

_____

_____

부록 17. 말속도와 쉼 두기

생각해 보기

내가 아이와 놀 때, 아이는 보통 어떤 속도로 말하나요?

나는 아이만큼 천천히 말하나요, 아니면 아이보다 빠른 속도로 말하나요?

나는 말할 때 쉼을 두나요?

아이의 말속도: 느림/보통/빠름/일정치 않음 _____

나의 말속도: 아이 속도와 같음/더 느림/더 빠름/일정치 않음 _____

나의 쉼 두기: 거의 없음/가끔씩/자주 _____

아이에게 말할 때 속도를 신경 쓰고, 말하기 전에 쉼을 두는 것이 왜 도움이 될까요?

_____

_____

_____

내가 좀 더 천천히 말하고 쉼을 두려면 내가 '무엇을 더' 하거나, '무엇을 다르게' 해야 할까요?

_____

_____

_____

부모와 아이가 다른 사람보다 더 빠르거나 느리게 말할 필요는 없습니다. 하지만 말을 더듬는 아이라면 보통 천천히 말할 때 말하기가 더 수월합니다. 아이마다 메시지를 전달하는 자신만의 말속도가 있습니다. 부모가 느린 속도로 말하기와 쉼 두기를 보여 줌으로써 아이가 말할 때 시간을 갖도록 도와줍니다. 이런 방법은 부모의 말속도가 아이보다 빠른 경우 특히 유용합니다.

부모가 더 천천히 말하고, 말하기 전에 쉬었다 말하는 것이 왜 도움이 될까요?

❁ 쉼을 두고 천천히 말하라는 지시 없이 아이에게 쉼을 두며 천천히 말하기를 보여 줍니다.

❁ 아이가 하려는 말을 생각하고 계획하는 데 더 많은 시간이 생깁니다.

❁ 자신의 말하기 차례가 되었을 때 하고 싶은 말을 구성할 수 있는 시간이 더 생깁니다.

❁ 아이가 부모의 말을 더 잘 이해할 수 있습니다.

❁ 아이는 시간이 충분하다고 느끼게 됩니다.

❁ 아이는 자신만의 속도로 갈 수 있도록 시간을 줍니다.

❁ 아이가 시간을 가지고, 쉼을 두며, 좀 더 느리게 말하도록 도와줍니다.

❁ 보통 아이가 좀 더 천천히 말을 하게 되면, 말하기가 더 쉬워집니다.

좀 더 천천히 말하며 쉼을 두려면, 내가 '무엇을 더' 하거나, '무엇을 다르게' 해야 할까요?

❀ 아이가 편안하고 차분할 때 어떻게 말하는지 들어 보세요.

❀ 아이와 거의 같은 속도로 말하거나 조금 더 느린 속도로 말해 보세요.

❀ 말을 하기 전과 문장 또는 발화 사이에 쉼 두기를 해 보세요.

❀ 아이와의 대화를 녹음해서 말속도가 어떤지 들어 봐도 좋습니다. 그런 다음 변화가 필요한지 아닌지 결정하면 됩니다.

❀ 비록 말을 천천히 하더라도 흥미롭게 그리고 가능한 자연스럽게 들리도록 합니다. '뚝뚝 끊어지듯이', '로봇'처럼 말하지 않도록 합니다.

❀ 처음엔 천천히 말하면서 쉼을 두기가 어색하기 때문에 연습이 필요하다는 것을 기억하세요.

 아이에게 '천천히' 말하라고 직접적으로 요구하고 싶은 생각이 들겠지만, 아이가 말할 때 스스로 더 많은 시간을 가질 수 있도록 돕는 것이 가장 좋은 방법입니다.

부모 스스로 더 천천히 말하고 쉼을 두는 것입니다.

메모(기억할 점)

부록 18. 눈맞춤과 말하기

생각해 보기

아이가 말을 하면서 어디를 쳐다보나요?

_____

_____

_____

눈맞춤이 잘 되는 것이 말하기에 어떤 도움이 될까요?

_____

_____

_____

_____

대화를 할 때 왜 상대방을 볼까요?
🍀 내가 상대방에게 말하고 있다는 것을 알려 주기 위해서
🍀 상대방이 내 이야기에 관심이 있는지 확인하기 위해서
🍀 상대방이 할 말이 있는지, 내가 말을 멈춰야 하는지 확인하기 위해서
🍀 내가 이야기를 잘 듣고 있다고 상대방에게 알려 주기 위해서

대화를 할 때 왜 가끔 상대방이 아닌 다른 곳을 보게 되나요?
🍀 말하는 내용을 생각하기 위해서

무언가에 대해 이야기를 나누는 동안 흥미로운 것을 보게 되면 어떻게 될까요?
🍀 주의가 산만해져서 무슨 말을 하고 있는지 잊어버리게 됩니다.

관찰하기

사람들이 대화를 할 때 무엇을 하는지 살펴보세요.
사람들은 언제 가장 많이 보나요?
🍀 이야기를 듣고 있을 때와 종종 말을 하고 있을 때

사람들은 언제 눈길을 돌리나요?
🍀 듣기가 지루할 때
🍀 다음 할 말을 생각할 때

 보기의 종류

1. 일반적인 보기
2. 응시하기
3. 눈길 돌리기

아이의 눈맞춤

아이가 말할 때 더 자주 눈맞춤을 할 수 있도록 하려면 어떻게 해야 할까요?
부모 스스로 아이를 보고 있는지 확실히 하기
❀ 신체 접촉으로 아이의 주의 끌기
❀ 아이의 이름 부르기
❀ 아이와 물리적 눈높이 맞추기
❀ 장난감이나 책 등 아이의 주의를 끄는 물건을 부모의 얼굴 높이로 가져오기

비밀 신호

아이와 말할 때 눈맞춤을 상기시키는 둘만의 비밀 신호를 정할 수도 있습니다.

메모(기억할 점)

_____

_____

_____

_____

_____

_____

_____

_____

_____

_____

_____

_____

_____

_____

부록 19. 말더듬에 대해 이야기하기

생각해 보기

아이가 무언가를 하면서 힘들어할 때 나는 어떤 말이나 행동을 해 주나요?(예) 단추 끼우기, 그림 색칠하기, 퍼즐 맞추기)

_____

_____

_____

아이가 말을 더듬을 때 나는 어떤 말이나 행동을 하나요?

_____

_____

_____

> 아이들은 자신의 말더듬에 대해 공개적으로 이야기하는 것이 도움이 된다고 생각할 수 있습니다.

예전에는 아이의 말더듬에 대해 이야기하면 아이가 말을 하기 더 어려워할 거라고 생각했습니다. 하지만 이를 뒷받침하는 증거는 없습니다. 그리고 이제는 오히려 그 반대라고 생각합니다. 아이의 말더듬을 공개하는 것이 왜 도움이 되는지 생각해 볼까요?

_____

_____

_____

_____

_____

말을 더듬는 좀 더 큰 아이들은 자신의 말더듬이 부끄러운 일이라고 생각하면서 모든 사람들에게 그 사실을 숨겨야만 하는 줄 알았다고 말합니다. 이 아이들이 왜 그런 생각을 했을까요?

> 말더듬에 대해 자유롭게 말할 수 있는 분위기를 만들면, 아이 또한 이에 대한 부담을 덜게 되고,
> 결국 더 이상 말더듬을 사람들에게 숨겨야만 하는 것으로 생각하지 않게 됩니다.

도움이 되는 말들

예

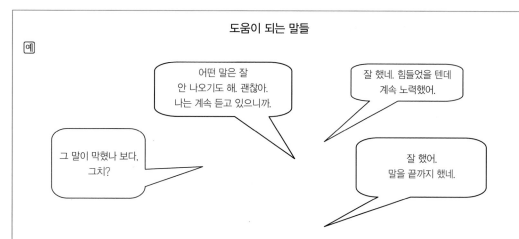

위의 예에서 알 수 있듯이 부모들은 아이의 말을 있는 그대로 인정하고 있으며, 아이가 계속 말하도록 격려하면서 더듬어도 괜찮다고 안심시키고 있습니다.

아이에게 좀 더 자세히 설명해 주는 것도 좋습니다.

예

> 너 그거 아니? 아이들은 누구든지 말을 배울 때 어떤 말은 잘 안 나올 때가 있어. 말이 막히기도 하고 똑같은 말을 여러 번 반복해서 말하기도 하지. 이건 그냥 말을 배우는 과정이라서 괜찮아. 난 네 말을 듣기 위해 여기에 있는 거니까 네가 말을 할 때까지 기다릴 거란다. 그리고 내가 네 이야기를 듣는 걸 정말 좋아한다는 걸 알아줬으면 해.

> 네 머릿속은 재미있는 생각들로 가득 차 있어. 가끔은 입이 생각을 따라갈 수 없어서 말이 막히기도 해. 우린 이걸 말더듬이라고 하지. 시간이 걸리더라도 네가 무슨 말을 하는지 듣고 싶어. 나는 너의 멋진 이야기를 듣는 게 너무 좋단다.

아이와 말에 관해 이야기할 때 '말더듬'이라는 용어를 사용해도 괜찮습니다. 이렇게 한다고 해서 아이가 말을 더 더듬지 않습니다.

집에서 어떤 식으로 이야기해 볼 수 있을까요?

_____

_____

_____

아이가 말을 더듬을 때 조언하기

아이가 말을 더듬을 때 가끔 어떤 조언을 해 주나요?

_____

_____

아이가 말을 더듬을 때 부모가 '천천히', '크게 숨 쉬어' 등의 조언을 하는 것은 자연스러운 반응입니다. 어떤 아이에게는 이러한 말이 도움이 될 수도 있습니다. 하지만 우리는 일반적으로 부모가 자녀에게 제공하는 조언의 양에 대해 주의하라고 이야기합니다.
말더듬에 대해 조언을 하는 것이 왜 아이에게 도움이 되지 않을까요?

_____

_____

자녀에게 직접 물어볼 수도 있습니다. 예를 들어, "네가 말을 더듬을 때 내가 어떻게 해 주면 좋겠니? 무슨 말을 해 줄까, 아니면 어떤 행동을 하면 될까?"
아이가 말을 더듬을 때 도움이 될 만한 조언을 하기보다는 나만의 방식으로 말해 주면서 할 수 있는 일이 있는지 한번 스스로 자문해 보세요.

_____

_____

때때로 부모는 자녀의 말더듬에 대해 이야기할 때 '좋은/나쁜' 또는 '끔찍한/훌륭한'이라는 말을 쓰기도 합니다(예 "오늘도 좋은 하루였어.", "오늘 발표는 끔찍하던데.").
이런 말을 사용해서 아이의 말더듬을 언급하는 것이 왜 도움이 되지 않을까요?

_____

_____

아이의 말더듬을 다른 방식으로 설명할 수는 없을까요?

_____

_____

메모(기억할 점)

_____

_____

부록 20. 자신감 기르기

생각해 보기

자신감이란 무엇인가요?

_____

_____

_____

아이의 자신감을 키우려면 어떻게 해야 하나요?

_____

_____

_____

자신감이 말더듬과 무슨 상관이 있을까요?

_____

_____

_____

아이의 자신감 키우기

다음은 우리의 임상 경험뿐 아니라, 페이버와 동료들(Faber & Mazlish, 1980; Faber & King, 2017)이 제안한 칭찬 모델과 드웩(Dweck, 2006)의 연구를 기반으로 하고 있습니다.

1. 좋은 점을 보도록 합니다!
아이를 칭찬할 수 있도록 아이가 잘한 것들을 찾아보세요. 대단하지 않아도 됩니다.
작은 것을 알아차리는 것은 아주 좋은 습관입니다.

아이가 해낸 것을 구체적으로 설명함으로써 당신이 알고 있다고 알려 주세요.
❊ "네가 장난감 자동차들 정리한 거 다 봤단다."
❊ "색칠한 거 좀 봐. 선 밖으로 하나도 안 나갔어. 여러 가지 색으로 예쁘게 칠했네."
❊ "접시가 깨끗해졌네. 한 톨도 안 남기고 밥을 다 먹었잖아."
❊ "동생 넘어졌을 때 일으켜 주기도 하고, 동생을 잘 돌보는구나."

2. 다음 방법 중 하나로 칭찬을 표현해 보세요.

  1) 칭찬 낱말을 사용합니다.

    자신에 대한 긍정적인 목록을 저장해 자아상을 만들어 가도록 도와줍니다. '내 장점은…….'

    🍀 "네가 장난감 자동차들 정리한 거 다 봤어. 큰 도움이 됐단다."

    🍀 "동생 넘어졌을 때……. 그건 정말 친절한 행동이야."

  2) 아이의 노력이나 어떻게 해냈는지 말해 주세요.

    🍀 "색칠한 거 좀 봐 …… 엄청 집중했겠네. 시간도 많이 걸렸겠네."

    🍀 "접시가 깨끗해졌네 …… 다 먹을 때까지 의자에 잘 앉아 있었구나."

    '너무 친절한/도움이 되는/용감한/착한 아이'와 같이 아이를 정의하는 표현은 피합니다. 대신 아이가 해낸 일을 드러내 줄 수 있는 낱말을 사용하세요.

    또한 '환상적/최고의/아주 멋진'과 같은 최상급으로 표현할 경우 구체적이지 않고 판단을 하는 칭찬이 되므로 사용하지 않도록 합니다.

3. 기껏 한 칭찬이 헛되지 않도록 주의합니다. 💣

칭찬 끝에 꼬리를 물고 싶은 유혹이 생길 수 있습니다.

예 "혼자서 양말 신었네. 잘 했다. 이제 정말 다 컸어. 아침마다 그렇게 할 수 없겠니?"

이 경우는 한 손으로 준 칭찬을 다른 손으로 빼앗아 버리는 것이나 다름없습니다. 또한 아이들이 잘못하지 않은 일은 지적하지 않도록 합니다. 예를 들어, "잘했어. 서로 빼앗지 않고 같이 레고를 잘 가지고 놀았구나."라고 하는 경우처럼 말이죠. 대신 긍정적인 언급을 이어 가도록 합니다. "오늘 아침에 보니까 레고할 때 사이좋게 양보하면서 놀던데."

4. 진심으로 칭찬합니다.

만약 아이가 부모의 칭찬이 거짓이라고 느낀다면 아무 소용이 없습니다. 칭찬은 정확하고 거짓 없이 진실되어야 합니다.

5. 부모 스스로 칭찬을 받았을 때 어떻게 반응하는지 생각해 봅니다.

누군가에게 칭찬을 받았을 때 당신은 어떻게 했나요?

"오늘 네가 입은 옷 정말 맘에 든다."

"아, 이거 손에 잡히는 거 아무거나 입은 거야."

위와 같이 대답했을 때, 칭찬한 사람은 어떤 기분이 들었을까요?

대신 어떻게 말할 수 있었을까요?

칭찬을 주고받는 방법에 대한 좋은 본보기를 보여 주고 있나요?

칭찬은 선물입니다. 당신은 아이가 누군가에게 선물을 받았을 때 어떻게 하기를 바라나요?

자신감 기르기
♧ 아이의 좋은 점 찾기
♧ 찾아낸 것 설명하기
♧ 긍정적인 표현이나 칭찬 단어 사용하기
♧ 아이가 기울인 노력이나 어떻게 해냈는지 언급하기
♧ 칭찬받았을 때 '고맙습니다'라고 말하며 좋은 본보기 되기

6. 칭찬은 말을 더듬는 아이뿐만 아니라 누구에게나 도움이 됩니다.

메모(기억할 점)

_____

_____

_____

_____

_____

_____

_____

_____

_____

_____

_____

_____

_____

_____

_____

_____

_____

부록 21. 칭찬 일지

부모님 이름:

아동 이름:

다음 유형 중 하나를 선택해 매일 자녀를 칭찬하세요.	날짜	내가 한 말	그 후 아이가 한 일
칭찬 표현: 1) 당신이 무엇을 칭찬하는지 설명하세요, 2) 칭찬받을 만한 자녀의 행동을 칭찬 단어를 사용하여 요약하세요. "내가 장난감 자동차를 정리한 거 봤어. 큰 도움이 됐단다." 노력: 1) 당신이 무엇을 칭찬하는지 설명하세요, 2) 아이의 노력이나 어떻게 그것을 해냈는지 말해 주세요. "장난감 자동차를 쏙 치웠구나. 열심히 정리했겠네."			

부록 22. 교대로 말하기

생각해 보기

가족이 다 함께 모여 있을 때:

누가 가장 말을 많이 하나요? _____

누가 가장 많이 듣나요? _____

누가 가장 자주 끼어드나요? _____

대화 중에 말하기 차례를 지키지 않는다면 어떻게 될까요? _____

_____

_____

_____

가족 모두가 말하기 차례를 지키는 것이 자녀에게 어떤 도움이 될까요? _____

_____

_____

_____

가족끼리 대화할 때 종종:

❖ 모두가 동시에 말합니다.

❖ 서로의 말을 방해합니다.

❖ 아무도 듣지 않습니다.

❖ 한 사람이 모든 이야기를 합니다.

❖ 말을 더듬는 아이의 말을 방해하게 될까 봐 걱정합니다.

이렇게 되면:

❖ 교대로 말하기가 지켜지지 않습니다.

❖ 서로 먼저 말하겠다고 경쟁하게 됩니다.

모든 사람이 할 말이 있는 대가족인 경우 더더욱 그럴 가능성이 큽니다.

(말을 더듬는 자녀를 포함해서) 모두가 말하기 차례를 갖도록 하는 것이 왜 도움이 될까요?

_____

_____

_____

교대로 말하기와 말더듬

말을 더듬는 아이에게는 말하기 차례를 두고 경쟁하는 것이 어려울 수 있습니다.

🍀 말하기 차례를 얻기 위해 빨리 말을 해야 한다고 느낍니다.

🍀 하고 싶은 말에 대해 생각할 시간이 적습니다.

🍀 자기가 말할 때 끼어드는 사람들을 상대해야 합니다.

🍀 다른 사람들이 말할 때 끼어들기도 해야 합니다.

🍀 침착한 태도로 여유롭게 말하는 것이 어렵습니다.

🍀 일단 자기 차례가 되면 그 기회를 놓치기 싫어합니다. 혼자서 긴 시간 동안 말하며 다른 사람에게 말하기 차례를 넘기지 않을 수도 있습니다.

교대로 말하기를 배우는 것은 말을 더듬는 아이들에게도 정말 중요합니다!

🍀 바쁘다면 하던 일을 멈출 필요는 없습니다. 아이에게 일을 끝내고 듣겠다고 말해도 됩니다.

🍀 만약 사람들이 너무 길게 말하거나 살짝 지루해진다면, 할 일이 있어서 더 이상 이야기를 들을 수 없다고 말해도 괜찮습니다.

🍀 누군가 너무 길게 이야기한다면, 다른 사람한테도 기회를 주라고 말해도 좋습니다.

우리는 말을 더듬는 아이들이 좋은 의사소통자가 되는 방법을 배우기를 원합니다.

> 바람직한 교대로 말하기를 위한 규칙:
> ♣ 한 사람이 말하면 다른 사람은 듣습니다.
> ♣ 다른 사람이 말할 때 끼어들지 않습니다.
> ♣ 모두가 말하기 차례를 가집니다.
> ♣ 여러 사람이 돌아가며 이야기를 시작하도록 합니다.
> ♣ 혼자서 너무 길게 말하지 않습니다.

교대로 말하기를 잘하려면 어떻게 해야 할까요?

🍀 보기! 👁 듣기! 👂 기다리기! ✋ 말을 시작하기 전에 아이가 말을 끝냈는지 확인합니다.

🍀 아이의 말에 반응하기 전에 머릿속으로 둘까지 셉니다.

🍀 아이가 당신에게 말하고 있다면 말이나 제스처로 반응하여 듣고 있다는 것을 알려 줍니다(예 미소, 고개 끄덕이기).

가족들이 교대로 말하도록 하려면 어떻게 해야 할까요?

가족 모두에게 교대로 말하기 규칙을 알려 줍니다.
❀ 뱀사다리 게임, 스냅, 젠가, 팀별 만들기 등 차례를 지켜 교대로 하는 게임을 하세요.
❀ 게임을 통해서 교대로 말하기 규칙을 잘 배울 수 있습니다.

마이크 게임

❀ 연필이나 나무 숟가락 등 마이크가 될 만한 물건을 준비하세요.
❀ 마이크는 중앙에 놓습니다.
❀ 말을 하고 싶은 사람은 우선 마이크를 집습니다.
❀ 마이크를 가진 사람 외에는 말을 하거나 방해하지 않고 듣기만 합니다.
❀ 말을 마치면 들고 있던 마이크를 원래 자리에 내려놓습니다.
❀ 다음 사람이 마이크를 집어 들면 말하기 차례를 이어받게 됩니다.
❀ 모든 사람이 말할 기회를 가지도록 합니다.
❀ 말하기 차례를 혼자서 독점하지 않습니다.
❀ 혼자서 너무 오래 이야기하지 않습니다.

식사 시간이나 차 안에서도(운전자 예외!) 마이크 게임을 할 수 있습니다.

메모(기억할 점)

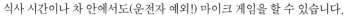

부록 23. 감정 다루기

감정의 종류와 다루는 방법			
감정	아이가 어떤 상황에서 이 감정을 느끼나요?	아이는 이 감정을 어떤 방식으로 드러내나요?	이럴 때 나는 보통 어떤 행동/말을 하나요?
공포			
분노			
좌절			
슬픔			
걱정			

흔히 반응하는 방식

큰 근심이 있을 때 누군가 "힘 내! 걱정 마! 그럴 일은 절대 없을 거야."라고 말해 준다면, 기분이 나아질까요?

타인의 감정에 귀 기울이고 공감을 표현하는 대신, 그런 감정을 떨쳐버리라고 말해야 한다고 생각하는 사람들이 종종 있습니다. 하지만 그렇다고 그 감정이 사라질까요? 이 경우, 때에 따라서는 더 나빠질 수도 있습니다.

오히려 "힘들겠네. 걱정이 많구나, 그렇지?"라고 말해 준다면 도움이 될 수 있습니다.

당신도 아이들에게 똑같은 방식으로 말해 주고 있을지도 모릅니다.

부모는 아이가 느끼는 감정을 부정합니다. 하지만 그렇게 말한다고 아이의 기분이 나아질까요?

아이가 앞으로 부모에게 자신의 감정을 표현하려고 할까요? 아니면 감정을 숨기는 편이 낫다는 것을 배우게 될까요?

다르게 반응하는 방법

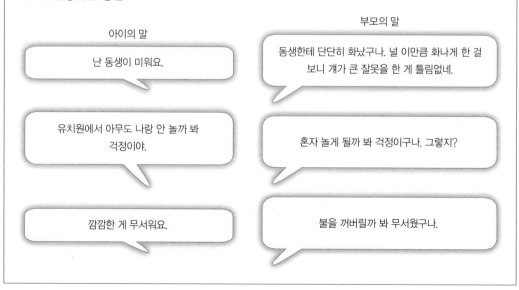

이번에는 부모님이 아이의 말에 귀 기울이며 아이가 느끼는 감정을 받아들이고 있습니다.

부모님은 아이의 감정을 그대로 다시 묘사해 줍니다. 이로써 자녀의 말을 경청했고, 아이가 느낀 감정 그대로를 믿고 있다는 것을 보여 줄 수 있습니다.

아이의 감정을 인정할 때, "네가 정말 화가 난 건 알겠어. 하지만 지금은 밖으로 나갈 수 없단다."와 같이 '하지만'이라는 말을 쉽게 덧붙이게 됩니다.

'하지만'을 추가하면 어떤 문제가 있을까요?

_____

_____

_____

_____

아이가 느끼는 대로 감정을 받아들이거나, '하지만'을 "그런데 문제는…… 깜깜한 게 무서워요."로 바꿔봅니다.

예 "네가 정말 화가 난 건 알겠어. 그런데 문제는 너무 어두워져서 정원에 갈 수 없다는 거란다."

아이가 감정을 말로 표현할 수 없을 때

아이들은 자신의 감정을 말로 잘 표현하지 못하기도 하는데, 이때 부모로서 뭔가 잘못되었다는 것을 눈치챌 수 있습니다. 아이가 감정을 말로 적절히 표현하기 위해서는 당신의 도움이 필요합니다.

❧ 기분이 안 좋은 표정이네.

❧ 화가 많이 났구나.

❧ 걱정이 많은 거 같은데.

이렇게 감정을 읽어 주게 되면 상대의 감정을 알아차렸다는 것을 보여 줄 뿐만 아니라, 아이가 감정을 표현할 수 있는 단어를 들려줄 수 있습니다.

아이가 자신의 감정을 표현할 수 있도록 독려하기

아이의 말을 귀 기울여 듣고 아이가 느끼는 감정을 말해 주면 아이는 자신의 감정을 표현해도 괜찮다는 것을 알게 됩니다.

아이가 감정을 더 많이 드러내도록 격려할 수도 있습니다.

✤ "괜찮아. 맘껏 울어도 돼."

✤ "화난 만큼 베개를 힘껏 때려 볼까?"

✤ "걱정거리를 모두 적어 보면 어때?"

아이에게 마음을 진정시키는 방법을 알려 줍니다.

✤ 부모님 스스로 침착함을 유지함으로써 아이가 진정하도록 도울 수 있습니다.

✤ 숨을 천천히 들이쉬고 내쉬는 모습을 보여 주고 아이가 따라 하도록 합니다. '숨쉬기 친구'(예 곰 인형)를 배 위에 올려놓으면 숨 쉴 때마다 인형이 위아래로 움직이는 모습을 볼 수 있어서 좋습니다. 먼저 차분한 상태에서 연습을 하면 감정이 격할 때 좀 더 쉽게 적용할 수 있습니다.

✤ 때로는 아이에게 필요한 것은 부모님의 따뜻한 손길이나 포옹과 같은 육체적인 관심입니다.

이 방법은 페이버와 동료들(Faber & Mazlish, 1980; Faber & King, 2017)이 제안한 모델을 기반으로 합니다.

메모(기억할 점)

_____

_____

_____

_____

_____

_____

_____

_____

_____

_____

_____

_____

부록 24. 피곤함

생각해 보기

아이가 잠을 충분히 자지 못한다는 것을 어떻게 알 수 있나요?

_____

_____

아이가 충분한 수면을 취하는 데 방해가 되는 것은 무엇일까요?

_____

_____

피곤함이 아이의 말더듬에 어떤 영향을 미치나요?

_____

_____

아이가 잠들게 하려면 어떻게 해야 하나요?

_____

_____

피해야 하는 것은 무엇일까요?

_____

_____

말을 더듬는 아이들은 충분히 자는 것이 좋습니다.

아이의 취침 시간을 관리하는 방법

1. 취침 시간 바로 전에는 자극적이거나 흥분되는 활동을 피합니다.
   아이가 먹는 음식과 음료에 대해 생각해 볼 필요가 있으며, 취침 전에 신나는 활동과 영상을 보는 시간을 피하도록 합니다.

> 잠자기 전에 TV나 태블릿, 컴퓨터 화면의 빛에 노출되는 것은
> 짧은 시간이라도 수면을 방해하는 것으로 알려져 있다.

2. 잠자는 시간을 정합니다.

규칙적인 일과를 위해서 자녀에게 적당한 취침 시간을 정합니다. 어떠한 경우에도 변하지 않는 규칙이란 없습니다. 어떤 아이들은 더 많은 수면 시간을 필요로 합니다.

3. 규칙적인 일과를 정합니다.

저녁 식사 시간부터 씻는 시간, 잠자리에서 잠들 때까지 아이의 일과를 정합니다. 이렇게 하면 아이가 다음에 무엇을 하는지 알게 됩니다. 취침 시간 전에 어떤 일들이 일어나는지 볼 수 있도록 그림을 이용한 시간표를 만들어도 좋습니다.

4. 수면에 방해가 되는 문제를 해결합니다.

아이가 혼자 잘 수 있도록 도와주세요. 야간 조명 사용하기, 방문 살짝 열어 두기, 담요나 곰인형과 같은 애착 물건 이용하기 등 두려움에 대처하는 방법들을 알아봅니다.

> 아이가 잠들 때까지 아이와 함께 누워 있지 않습니다. 아이들은 스스로 잠드는 방법을 배워야 하고,
> 밤중에 깨면 다시 스스로 잠들 수 있어야 합니다.

5. 칭찬 스티커를 활용합니다.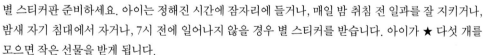

별 스티커판 준비하세요. 아이는 정해진 시간에 잠자리에 들거나, 매일 밤 취침 전 일과를 잘 지키거나, 밤새 자기 침대에서 자거나, 7시 전에 일어나지 않을 경우 별 스티커를 받습니다. 아이가 ★ 다섯 개를 모으면 작은 선물을 받게 됩니다.

메모(기억할 점)

_____

_____

_____

_____

부록 25. 높은 기대수준

생각해 보기

아이가 정확하게 맞추기를 원하거나 잘 하고 싶어하는 일들이 있나요?

_____

_____

_____

생각한 대로 딱 들어맞지 않거나 이기지 못할 때 아이가 어떻게 반응하나요?

_____

_____

_____

이런 점이 말더듬과 무슨 상관이 있을까요?

_____

_____

_____

악순환

아이가 목표를 너무 높게 세울 경우, 자신의 말 '실수'를 더 잘 인식하게 됩니다.

이 불안함이 아이의 말더듬을 더 약화시킵니다.

말더듬에 대한 이러한 반응은 아이를 더 불안하게 합니다.

어떻게 도와줄 수 있을까요?

생각해 보기

실수를 하거나 일이 잘못되었을 때 나는 어떻게 하나요? 예를 들면,
❖ 열쇠를 잃어버렸을 때　　❖ 뭔가 깜박 잊었을 때　　❖ 실수를 했을 때

> 일이 잘못되면 우리는 종종 화를 내거나 좌절을 합니다.
> 이런 상황을 부모가 심각하게 받아들인다면 아이 역시 심각하게 생각합니다.
> 하지만 우리가 가볍게 여긴다면 아이는 실수를 하더라도
> 결국 상황이 그렇게 나쁘지만은 않다는 것을 알게 됩니다.

_____

_____

일이 좀 잘못되더라도 내가 대수롭지 않게 여긴다는 것을 아이에게 보여 주려면 어떻게 반응해야 할까요?

_____

_____

생각해 보기

스스로 높은 기대수준을 세우는 아이들의 장단점을 적어 보세요.

장점	단점

높은 기대수준의 장단점을 적어 보고 느낀 점은 무엇인가요?

_____

_____

_____

생각해 보기

아이가 뭔가 잘못했을 때 나는 어떻게 반응하나요?

_____

_____

_____

아이가 자신의 실수를 괜찮다고 생각하게 하려면 나는 어떻게 반응해야 하나요?

_____

_____

엄마! 장난감 전부 치우려고 했는데 박스에 다 안 들어가요.

그래. 근데 바닥에 아직 장난감이 많네.

잘 했네. 열심히 치워서 이제 방이 깨끗해졌어.

큰 거부터 먼저 넣었어야지.

아! 안 돼. 전부 다시 해야겠다.

그 정도면 충분합니다.

'충분한 정도'의 목표를 세우는 것이 왜 도움이 될까요?

_____

_____

_____

메모(기억할 점)

_____

_____

_____

부록 26. 훈육

생각해 보기

아이가 잘못된 행동을 한 경우, 혹시 아이의 말더듬 때문에 내 반응이 달라지기도 하나요?

_____

_____

이유가 무엇인가요?

_____

_____

아이가 잘못된 행동에 평소와 다르게 반응했던 경우를 적어 보세요.

_____

_____

아이의 형제자매가 같은 잘못을 저질렀다면 나는 어떻게 반응했을까요?

_____

_____

_____

> 말을 더듬는 아이의 형제자매는 자신들에게만 다른 규칙이 적용된다면
> 이를 매우 불공평하다고 생각할 수 있습니다.

아이의 말더듬을 이유로 그 아이만 특별히 대한다면 어떤 일이 생길까요?

_____

_____

> 더 큰 아이들은 말더듬 덕분에 혼나는 상황을 모면할 수 있다고 말하기도 합니다.
> 부모나 선생님이 말더듬을 이유로 자신을 야단치는 것을 주저하는 것을 알기 때문입니다.

아이가 말을 더듬지 않을 때는 다른 사람의 말을 방해하면 야단을 맞지만, 말을 더듬을 때는 끼어드는 것이 허용될지도 모릅니다. 이 경우 아이는 무엇을 배우게 될까요?

_____

_____

문제 행동

적절한 방법을 몰라서 아이를 다루기 힘들 때는 언제인가요?

_____

_____

_____

> ㉔ 옷을 갈아입으라고 했지만 아이는 여전히 잠옷을 입고 있는 상황
> 일반적인 반응:　♧ 다시 한번 말해 주기　　♧ 소리 지르기　　♧ 무시하기
> 　　　　　　　　　♧ 포기하고 직접 입혀 주기　♧ 협박하기

아이가 협조하지 않을 때

몇 가지 다른 대응 방법:

1. 문제 설명하기: "옷을 입고 있어야 할 사람이 아직 잠옷 차림이네."
2. 정보 제공하기: "지금 옷을 갈아입지 않으면 지각할지도 몰라."
3. 한 마디로 말해 주기: "옷"
4. 감정 알려 주기: "아직 옷을 안 입었구나. 좀 속상한 걸. 지각할까 봐 걱정된다."
5. 메모로 적어 두기: "옷을 갈아입으세요."
6. 놀이 활용하기: "우리가 눈 감고 있는 동안 옷 갈아입을 수 있나 한번 볼까?"

문제 해결을 위한 다양한 방법

어떤 문제에 직면했으나 꽉 막혀 전혀 풀리지 않을 때가 있습니다. 모든 것을 시도해 봤지만 어느 것도 효과가 없을지도 모릅니다.

이런 문제의 해결을 위해 새로운 아이디어가 필요할 때 누구한테 물어볼 수 있을까요? 아이들은 매우 창의적인 사고를 할 수 있습니다.

아이에게 도움 청하기

문제를 해결하는 방법:

1. 문제를 적어 봅니다. '내 문제는 _____.'
2. 여럿이 함께 새로운 방법을 생각합니다.

　돌아가며 문제를 해결하기 위한 다양한 방안들을 이야기합니다. 좋고 나쁨은 판단하지 않습니다. 마음에 들지 않거나 시도한 적이 있더라도 모두 적어 봅니다. 엉뚱한 생각도 맘껏 이야기하도록 하세요. 혹시 모르니까! 더 이상 생각이 나지 않을 때까지 계속 생각해 보세요.

3. 각각의 아이디어에 대해 생각해 봅니다.

   시도해 볼지 여부에 따라서 목록에 남기거나 지웁니다.

4. 순서를 정합니다.

   가장 먼저 시도해 보고 싶은 것, 두 번째, 그다음…… 이런 식으로 순서를 정합니다.

5. 첫 번째 방법을 시도해 봅니다!

아이가 제대로 해냈을 때 칭찬하기

선생님들이 별 스티커나 상을 주는 이유는 무엇일까요?

사장이 직원에게 보너스를 주는 이유는 무엇일까요?

공연이 끝나면 박수를 치며 앙코르를 외치는 이유는 무엇일까요?

상, 간식, 보너스, 별 스티커, 박수, 상점:

모두 좋은 일에 대한 보상으로, 우리에게 같은 일을 반복하라고

격려하기 위해 사용됩니다.

따로 보상을 해 줄 경우 아이의 행동 방식을 바꾸는 데 도움이 되는데,

별 스티커판이 매우 유용합니다.

🍀 아이와 함께 목표를 정하세요.

例 '일단 자러 가면 나오지 않기'

🍀 아이와 함께 별 스티커판을 만드세요.

🍀 목표('일단 자러 가면 나오지 않기')를 지키면 별 스티커를 받아서

   스티커판에 붙일 수 있다고 말해 줍니다.

🍀 가령 5개의 별을 모으면 '공원으로 소풍 가기' 등과 같은 보상을

   약속할 수도 있습니다.

🍀 아이를 지나치게 흥분시키거나 너무 비싼 보상은 피하도록 합니

   다. 약속을 지킬 수 없을지도 모릅니다.

🍀 별도의 보상이 필요 없는 아이도 있습니다. 이 경우 별 스티커만으로도 충분합니다.

월요일	⭐
화요일	⭐
수요일	
목요일	⭐
금요일	⭐
토요일	⭐
일요일	⭐

메모(기억할 점)

_____

_____

_____

_____

_____

부록 27. 거북이 말과 경주마 말 비교하기

부록 28. 버스 말과 경주용 자동차 말 비교하기

부록 29. 거북이 말 연습

이번 주 연습 횟수(3~5) _____

연습 시간(5~10분) _____

우리가 기억해 두어야 할 조절 연습 수준(한 단어 수준, 문장 수준 등) _____

부록 30. 버스 말 연습

이번 주 연습 횟수(3~5) _____

연습 시간(5~10분) _____

우리가 기억해 두어야 할 조절 연습 수준(한 단어 수준, 문장 수준 등) _____

부록 31. 말하기 연습

일주일에 3~4회 말하는 연습을 하고 어떻게 했는지 적어 보세요.

날짜	내가 한 것	어땠나요?
이번 주의 말하기 중 만족했던 상황을 적어 보세요.		

부록 32. 페일린 부모평가척도지(Palin Parent Rating Scale)

Sharon K. Millard & Stephen Davis 공저

최다혜, 이수복, 심현섭 공역

부모 이름:	아동 이름:
날짜:	

♠ 다음 질문을 잘 읽고 0에서 10까지 척도 중 가장 적절한 점수를 선택해 주세요.

각 질문에 너무 깊게 생각하지 마시고, 바로 떠오르는 답을 적어 주세요. 만일 답이 상황에 따라 다르다고 생각되면, 최근 2주간 아이의 행동을 관찰한 것과 스스로 느낀 점을 바탕으로 대답하여 주세요.

* 주의할 점: 오른쪽 끝으로 갈수록 긍정적인 대답입니다-역자 주.

1. 말더듬이 당신의 아이에게 미치는 영향

1) 아이가 말더듬 때문에 말을 적게 합니까?

0 1 2 3 4 5 6 7 8 9 10
(항상 말을 적게 함) (전혀 말을 적게 하지 않음)

2) 아이가 얼마나 자신의 말에 좌절감을 느낍니까?

0 1 2 3 4 5 6 7 8 9 10
(매우 좌절감을 느낌) (전혀 좌절감을 느끼지 않음)

3) 아이가 얼마나 자신의 말더듬에 짜증을 냅니까?

0 1 2 3 4 5 6 7 8 9 10
(매우 짜증 냄) (전혀 짜증 내지 않음)

4) 아이가 얼마나 자신의 말에 대해 불안감을 느낍니까?

0	1	2	3	4	5	6	7	8	9	10

(매우 불안해함)   (전혀 불안해하지 않음)

5) 아이가 얼마나 자신 있게 말합니까?

0	1	2	3	4	5	6	7	8	9	10

(전혀 자신 없음)   (매우 자신 있음)

6) 아이가 대체로 얼마나 행복합니까?

0	1	2	3	4	5	6	7	8	9	10

(전혀 행복하지 않음)   (매우 행복함)

7) 아이가 얼마나 자신의 감정을 잘 이야기할 수 있습니까?

0	1	2	3	4	5	6	7	8	9	10

(전혀 못함)   (매우 적절하게 함)

2. 말더듬 정도와 부모의 걱정

8) 아이가 말할 때 얼마나 말하는 것을 힘들어합니까?

0	1	2	3	4	5	6	7	8	9	10

(매우 힘들어함)   (전혀 힘들어하지 않음)

9) 아이가 유창할 때가 있습니까?

0	1	2	3	4	5	6	7	8	9	10

(전혀 없음)　　　　　　　　　　　　　　　　　　　　　　　　　　　　　　　　(항상 유창함)

10) 아이가 얼마나 자주 말을 더듬습니까?

0	1	2	3	4	5	6	7	8	9	10

(매우 자주)　　　　　　　　　　　　　　　　　　　　　　　　　　　　　　　　(거의 안 더듬음)

11) 아이가 얼마나 심하게 말을 더듬습니까?

0	1	2	3	4	5	6	7	8	9	10

(매우 심하게 더듬음)　　　　　　　　　　　　　　　　　　　　　　　　　　　(전혀 심하지 않음)

12) 당신은 아이의 말더듬에 대해 얼마나 걱정하고 있습니까?

0	1	2	3	4	5	6	7	8	9	10

(매우 걱정함)　　　　　　　　　　　　　　　　　　　　　　　　　　　　　　(전혀 걱정하지 않음)

13) 당신은 아이의 말더듬 때문에 얼마나 아이의 미래에 대해 불안해합니까?

0	1	2	3	4	5	6	7	8	9	10

(매우 불안함)　　　　　　　　　　　　　　　　　　　　　　　　　　　　　　(전혀 불안하지 않음)

14) 말더듬이 당신의 가족에 어느 정도 영향을 끼치고 있습니까?

0	1	2	3	4	5	6	7	8	9	10

(매우 영향을 끼침)　　　　　　　　　　　　　　　　　　　　　　　　　　　(전혀 영향을 끼치지 않음)

3. 부모의 말더듬에 대한 지식과 말더듬 관리에 대한 자신감

15) 당신은 무엇이 아이의 말더듬에 영향을 끼치는지 알고 있습니까?

	0	1	2	3	4	5	6	7	8	9	10

(전혀 모름)   (매우 잘 알고 있음)

16) 당신은 다음의 내용을 얼마나 자신 있게 알고 있습니까?(a~d)

  a) 아이가 말을 더듬을 때 적절히 반응하기

	0	1	2	3	4	5	6	7	8	9	10

(전혀 모름)   (매우 잘 알고 있음)

  b) 아이의 말더듬에 대한 인식과 걱정에 대처하기

	0	1	2	3	4	5	6	7	8	9	10

(전혀 모름)   (매우 잘 알고 있음)

  c) 아이의 자신감을 키워 주기

	0	1	2	3	4	5	6	7	8	9	10

(전혀 모름)   (매우 잘 알고 있음)

  d) 아이의 유창성을 격려하기

	0	1	2	3	4	5	6	7	8	9	10

(전혀 모름)   (매우 잘 알고 있음)

* Translated with permission. 본 평가척도는 원저자(Sharon Millard)로부터 허락을 받고 번역하였습니다.

참고문헌

Ambrose NG, Cox NJ & Yairi E, 1997, 'The genetic basis of persistence and recovery in stuttering', *Journal of Speech, Language and Hearing Research* 40, pp. 567-580.

Ambrose NG & Yairi E, 1994, 'The development of awareness of stuttering in preschool children', *Journal of Fluency Disorders* 19, pp. 229-245.

Ambrose NG & Yairi E, 1999, 'Normative disfluency data for early childhood stuttering', *Journal of Speech, Language and Hearing Research* 42, pp. 895-909.

Ambrose NG, Yairi E, Loucks TM, Seery CH & Throneburg R, 2015, 'Relation of motor, linguistic and temperament factors in epidemiologic subtypes of persistent and recovered stuttering: Initial findings', *Journal of Fluency Disorders* 45, pp. 12-26.

Anderson JD, 2007, 'Phonological neighborhood and word frequency effects in the stuttered disfluencies of children who stutter', *Journal of Speech, Language and Hearing Research* 50, pp. 229-247.

Anderson JD & Conture EG, 2000, 'Language abilities of children who stutter: A preliminary study', *Journal of Fluency Disorders* 25, pp. 283-304.

Anderson JD, Pellowski MW & Conture EG, 2005, 'Childhood stuttering and dissociations across linguistic domains', *Journal of Fluency Disorders* 30, pp. 219-253.

Anderson JD, Wagovich SA & Hall NE, 2006, 'Nonword repetition skills in young children who do and do not stutter', *Journal of Fluency Disorders* 31, pp. 177-199.

Andronico M & Blake I, 1971, 'The application of lial therapy to young children with stuttering problems', *Journal of Speech and Hearing Disorders* 36, pp. 377-381.

Arndt J & Healey CE, 2001, 'Concomitant disorders in school-age children who stutter',

Language, Speech, and Hearing Services in Schools 32, pp. 68-78.

Bailey K, Harris J & Simpson S, 2015, 'Stammering and the social model of disability: Challenge and opportunity', *Procedia-Social and Behavioral Sciences* 193, pp. 13-24.

Bauerly KR & Gottwald SR, 2009, 'The dynamic relationship of sentence complexity, childhood stuttering, and grammatical development', *Contemporary Issues in Communication Science and Disorders* 36, pp. 14-25.

Beal DS, Gracco VL, Brettschneider J, Kroll RM, De Nil LF, 2013, 'A voxel-based morphometry (VBM) analysis of regional grey and white matter volume abnormalities within the speech production network of children who stutter', *Cortex* 49, pp. 2151-2161.

Beck AT, 1976, *Cognitive Therapy and the Emotional Disorders*, International Universities Press, New York. Beck JS, 1995, *Cognitive Therapy: Basics and Beyond*, Guilford Press, New York.

Bernstein Ratner N, 1992, 'Measurable outcomes of instruction to modify normal parent-child verbal interactions: Implications for indirect stuttering therapy', *Journal of Speech and Hearing Disorders* 35, pp. 14-20.

Bernstein Ratner N, 1995, 'Treating the child who stutters with concomitant language or phonological impairment', *Language, Speech, and Hearing Services in Schools* 26, pp. 180-186.

Bernstein Ratner N, 1997a, 'Stuttering: A psycholinguistic perspective', Curlee R & Siegel GM (eds), *Nature and Treatment of Stuttering: New Directions*, pp. 99-127. Allyn & Bacon, Boston, MA.

Bernstein Ratner N, 2001, 'What child language research contributes to understanding and treating stuttering', Paper presented at the annual convention of American Speech Language Hearing Association Conference, New Orleans.

Bernstein Ratner N, 2004, 'Caregiver-child interactions and their impact on children's fluency', *Language, Speech, and Hearing Services in Schools* 35, pp. 46-56.

Bernstein Ratner N & Guitar B, 2006, 'Treatment of very early stuttering and parent-administered therapy: The state of the art'. Bernstein Ratner N & Tetnowski J (eds), *Current Issues in Stuttering Research and Practice,* pp. 99-124, Erlbaum, Mahwah, NJ.

Bernstein Ratner N & Sih CC, 1987, 'Effects of gradual increases in sentence length and complexity on children's dysfluency', *Journal of Speech and Hearing Disorders* 52, pp. 278-287.

Berquez A & Kelman E, 2018, 'Methods in stuttering therapy for desensitizing parents of children who stutter', *American Journal of Speech-Language Pathology* 27, pp. 1124-

1138.

Biggart A, Cook F & Fry J, 2007, 'The role of parents in stuttering treatment from a cognitive behavioural therapy perspective', Au-Yeung J & Leahy MM (eds), *Research, Treatment, and Self-help in Fluency Disorders: New Horizons*, Proceedings of the Fifth World Congress on Fluency Disorders, Dublin, Ireland, July 25-28, 2006, pp. 368-375, www.ifa. org.

Bishop JH, Williams HG & Cooper WA, 1991, 'Age and task complexity variables in motor performance of children with articulation-disordered, stuttering, and normal speech', *Journal of Fluency Disorders* 16, pp. 219-228.

Blood IM, Blood IM, Tramontana M, Sylvia AJ, Boyle MP & Motzko GR, 2011, 'Self-reported experience of bullying of students who stutter: Relations with life satisfaction, life orientation, and self-esteem', *Perceptual and Motor Skills* 113, pp. 353-364.

Blood GW, Ridenour VJ, Qualls CD & Hammer CS, 2003, 'Co-occurring disorders in children who stutter', *Journal of Communication Disorders* 36, pp. 427-448.

Bloodstein O & Bernstein Ratner N, 2008, *A Handbook on Stuttering* (6th ed), Delmar Learning, Clifton Park, NY.

Boey RA, Van de Heynig PH, Wuyts FL, Heylen L, Stoop R, & De Bodt MS, 2009, 'Awareness and reactions of young stuttering children aged 2-7 years old towards their speech disfluency', *Journal of Communication Disorders* 42, pp. 334-346.

Bonelli P, Dixon M, Bernstein Ratner N & Onslow M, 2000, 'Child and parent speech and language following the Lidcombe programme of early stuttering intervention', *Clinical Linguistics and Phonetics* 14, pp. 427-446.

Bostian AJ, Brown B & Weber C, 2016, 'Disfluency characteristics of children aged 4- to 5-years associated with persistence and recovery of stuttering', Poster presented at The American Speech, Language, and Hearing Convention; November 2016; Philadelphia, PA.

Botterill W, Kelman E & Rustin L, 1991, 'Parents and their pre-school stuttering child', Rustin L (ed), *Parents, Families and the Stuttering Child*, pp. 59-71, Farr Communications Ltd, Kibworth.

Botterill W, Biggart A & Cook F, 2006, 'An evaluation of a national teaching programme', Au-Yeung J & Leahy MM (eds), *Research, Treatment, and Self-help in Fluency Disorders: New Horizons*, Proceedings of the Fifth World Congress on Fluency Disorders, Dublin, Ireland, July 25-28, 2006, pp. 285-291, www.ifa.org.

Boyle MP, 2013, 'Assessment of stigma associated with stuttering: Development and evaluation of the Self-Stigma of Stuttering Scale (4S)', *Journal of Speech, Language and Hearing Research* 56, pp. 1517-1529.

Bray M, 2016, *Exploring Fluency in Down Syndrome: A Discussion of Speech Dysfluencies for Professionals and Parents*, J & R Press, Guildford.

Buhr A & Zebrowski, P, 2009, 'Sentence position and syntactic complexity of stuttering in early childhood: A longitudinal study', *Journal of Fluency Disorders* 34, pp. 155-172.

Burns K, 2005, *Focus on Solutions. A Health Professional's Guide*, Whurr, London.

Burns K, 2016, *Focus on Solutions. A Health Professional's Guide* (2nd edn), London: Solutions Books.

Byrd CT, 2018, 'Assessing bilingual children: Are their disfluencies indicative of stuttering or the by-product of navigating two languages?', *Seminars in Speech and Language* 39, pp. 324-332.

Byrd CT, Bedore LM & Ramosa D, 2015, 'The disfluent speech of bilingual Spanish- English children: Considerations for differential diagnosis of stuttering', *Language, Speech, and Hearing Services in Schools* 46, pp. 30-43.

Byrd CT, Haque AN & Johnson K, 2016, 'Speech-language pathologists Perception of bilingualism as a risk factor for stuttering', *Communication Disorders Deaf Studies and Hearing Aids* 4, pp. 1-6.

Byrd C, Wolk L & Lockett Davis B, 2007, 'Role of phonology in childhood stuttering and its treatment', Conture E & Curlee R (eds), *Stuttering and Related Disorders* (3rd edn), pp 168-182, Thieme, New York.

Cabrera V & Bernstein Ratner N, 2000, 'Stuttering patterns in the two languages of a bilingual child', Paper presented at the Annual Convention of the American Speech-Language-Hearing Association, Washington, DC.

Campbell P, 2017, 'The way we talk: A discussion paper by the British Stammering Association on language when talking about stammering', https://ukcssn.les.wordpress.com/2017/12/the-way-we- talk-by-patrick-campbell.pdf.

Cardman S & Ryan B, 2007, 'Experimental analysis of the relationship between speaking rate and stuttering during mother-child conversation II', *Journal of Developmental and Physical Disabilities* 19, pp. 457-469.

Chang S-E, 2014, 'Research updates in neuroimaging studies of children who stutter', *Seminars in Speech and Language* 35, pp. 67-79.

Chang S-E, Erickson KI, Ambrose NG, Hasegawa-Johnson MA & Ludlow CL, 2008, 'Brain anatomy differences in childhood stuttering', *Neuroimage* 39, pp. 1333-1344.

Chang S-E, Garnett EO, Etchell AC & Chow H, 2018, 'Functional and neuroanatomical bases of developmental stuttering: Current insights', *Neuroscientist*, DOI:10.1177/1073858418803594.

Chang S-E & Zhu DC, 2013, 'Neural network connectivity differences in children who stutter', *Brain* 136, pp. 3709-3726.

Chang S-E, Zhu DC, Choo A & Angstadt M, 2015, 'White matter neuroanatomical differences in children who stutter', *Brain* 138, pp. 694-711.

Choi D, Conture EG, Walden TA, Jones RM & Kim H, 2016, 'Emotional diathesis, Emotional stress, and Childhood Stuttering', *Journal of Speech, Language and Hearing Research* 59, pp. 1-15.

Chow H & Chang S-E, 2017, 'White matter developmental trajectories associated with persistence and recovery of childhood stuttering', *Human Brain Mapping* 38, pp. 3345-3359.

Clark CE, Conture EG, Frankel CB & Walden TA, 2012, 'Communicative and psychological dimensions of the KiddyCAT', *Journal of Communication Disorders* 45, pp. 223-234.

Clark CE, Conture EG, Walden TA & Lambert WE, 2015, 'Speech-language dissociations, distractibility, and childhood stuttering', *American Journal of Speech-Language Pathology* 24, pp. 480-503.

Cook F & Botterill W, 2005, 'Family-based approach to therapy with primary school children: "throwing the ball back"', Lees R and Stark C (eds), *The Treatment of Stuttering in the Young School-aged Child*, pp. 325-241, Whurr: London.

Conti-Ramsden G, Hutcheson GD & Grove J, 1995, 'Contingency and breakdown: Children with SLI and their conversations with mothers and fathers', *Journal of Speech Hearing Research* 38, pp. 1290-1302.

Conture E, 2001, *Stuttering: Its Nature, Diagnosis and Treatment*, Allyn and Bacon, Boston, MA. Conture EG, Kelly, E & Walden T, 2013, 'Temperament, speech and language: An Overview', *Journal of Communication Disorders* 46, pp. 125-142.

Conture E, Louko LJ & Edwards M, 1993, 'Simultaneously treating stuttering and disordered phonology in children: Experimental therapy, preliminary findings', *American Journal of Speech-Language Pathology* 2, pp. 72-81.

Conture EG & Walden, T, 2012, 'Dual diathesis-stressor model of stuttering', Filatova, YO (ed), *Theoretical Issues of Fluency Disorders*, pp. 94-127, National Book: Moscow.

Coulter CE, Anderson JD & Conture EG, 2009, 'Childhood stuttering and dissociations across linguistic domains: A replication and extension', *Journal of Fluency Disorders* 34, pp.

257-278.

Cummins K & Hulme S, 1997, 'Video: A reflective tool', *Speech and Language Therapy in Practice*, Autumn, pp. 4-7.

Davis S, Howell P & Cooke F, 2002, 'Sociodynamic relationships between children who stutter and their non-stuttering classmates', *The Journal of Child Psychology and Psychiatry 43*, pp. 939-947.

de Shazer S, 1988, *Clues: Investigating Solutions in Brief Therapy*, Norton, New York. de Shazer S, 1996, *Words Were Originally Magic*, Norton, New York.

de Shazer S & Dolan Y, 2007, *More than Miracles.* Haworth Press, Binghampton, NY.

de Sonneville-Koedoot C, Stolk E, Rietveld T & Franken MC, 2015, 'Direct versus indirect treatment for preschool children who stutter: The RESTART randomized trial', *PloS One* 10(7).

Dollaghan CA & Campbell TF, 1998, 'Nonword repetition and child language impairment', *Journal of Speech, Language, and Hearing Research 41*, pp. 1136-1146.

Douglas J, 2005, 'Behavioural approaches to eating and sleeping problems in young children', Graham P (ed), *Cognitive Behaviour Therapy for Children and Families,* pp. 187-206, Cambridge University Press, Cambridge.

Dweck CS, 2006, *Mindset: The New Psychology of Success,* Random House, New York.

Einarsdottir J & Ingham R, 2009, 'Accuracy of parent identification of stuttering occurrence', *International Journal of Language and Communication Disorders 44*, pp. 847-863.

Epstein NB & Bishop DS, 1981, 'Problem-centered systems therapy of the family', Gurman AS & Kniskern DP (eds), *Handbook of Family Therapy*, Brunner/Mazel, New York.

Erdemir A, Walden TA, Jeerson CM, Choi D & Jones RM, 2018, 'The effect of emotion on articulation rate in persistence and recovery of childhood stuttering', *Journal of Fluency Disorders 56*, pp. 1-17.

Ezrati-Vinacour R, Platzky R & Yairi E, 2001, 'The young child's awareness of stuttering-like disfluency', *Journal of Speech, Language and Hearing Research 44*, pp. 368-380.

Faber A & King J, 2017, *How to Talk so Little Kids will Listen: A Survival Guide to Life with Children Ages 2-7,* Avon Books, New York.

Faber A & Mazlish E, 1980, *How to Talk so Kids Will Listen and Listen so Kids Will Talk*, Avon Books, New York.

Felsenfeld S, 1997, 'Epidemiology and genetics of stuttering', Curlee R & Siegel GM (eds), *Nature and Treatment of Stuttering: New Directions*, pp. 3-22, Allyn and Bacon, Boston, MA.

Felsenfeld S, Kirk KM, Zhu G, Statham DJ, Neale MC & Martin NG, 2000, 'A study of the genetic and environmental etiology of stuttering in a selected twin sample', *Behavior Genetics* 30, pp. 359-366.

Fransella F, 1972, *Personal Change and Reconstruction*, Academic Press, London.

Frigerio-Domingues C & Drayna D, 2017, 'Genetic contributions to stuttering: The current evidence', *Molecular Genetics and Genomic Medicine* 5, pp. 95-102.

Fuggle P, Dunsmuir S & Curry V, 2013, *CBT with Children, Young People and Families*. Sage Publications, London, UK.

Garnett EO, Chow H, Nieto Castañón A, Tourville J, Guenther F & Chang S-E, 2018, 'Anomalous morphology in left hemisphere motor and premotor cortex of children who stutter', *Brain* 141, pp. 2670-2684.

George E, Iveson C & Ratner H, 1999, *Problem to Solution: Brief Therapy with Individuals and Families* (revised and extended edition), Brief Therapy Press, London.

George E, Iveson C & Ratner H, 2010, *Briefer: A Solution Focused Practice Manual*, Brief Therapy Press, London.

Gillam RB, Logan KJ & Pearson NA, 2009, *TOCS: Test of Childhood Stuttering*, Pro-Ed, Austin, TX.

Girolametto L, Greenberg J & Manolson A, 1986, 'Developing dialogue skills: The Hanen Early Language Parent Program', *Seminars in Speech and Language* 7, pp. 367-382.

Girolametto L & Weitzman E, 2006, 'It takes two to talk-the Hanen Program for parents: Early language intervention through caregiver training', pp. 77-103. McCauley R & Fey M (eds), *Treatment of Language Disorders in Children*, Brookes Publishing, Baltimore, MD.

Gould E & Sheehan O, 1967, 'Effect of silence on stuttering', *Journal of Abnormal Psychology* 72, pp. 441-445.

Gregg BA & Yairi E, 2007, 'Phonological skills and disfluency levels in preschool children who stutter', *Journal of Communication Disorders* 40, pp. 97-115.

Gregg, BA & Yairi E, 2012, 'Disfluency patterns and phonological skills near stuttering onset', *Journal of Communication Disorders* 45, pp. 426-438.

Guitar B, 2014, *Stuttering: An Integrated Approach to Its Nature and Treatment*, Lippincott Williams & Wilkins, Philadelphia, PA.

Guitar B, Kopf-Schaefer HK, Donahue-Kilburg G & Bond L, 1992, 'Parental verbal interactions and speech rate: A case study in stuttering', *Journal of Speech and Hearing Research* 35, pp. 742-754.

Guitar B & Marchinkoski L, 2001, 'Influence of mothers' slower speech on their children's speech rate', *Journal of Speech, Language and Hearing Research* 44, pp. 853–861.

Gunderson EA, Gripshover SJ, Romero C, Dweck CS, Goldin-Meadow S & Levine SC, 2013, 'Parent praise to 1- to 3-year-olds predicts children's motivational frameworks 5 years later', *Child Development* 84, pp. 1526–1541.

Hage A, 2000, 'Is there a link between the development of cognitive-linguistic abilities in children and the course of stuttering?' Bosshardt HG, Yaruss JS & Peters HFM (eds), *Fluency Disorders: Theory, Research, Treatment and Self-Help Proceedings of the Third World Congress of Fluency Disorders*, pp. 190–194, Nijmegen University Press, Nyborg, Denmark.

Henderlong J & Lepper MR, 2002, 'The effects of praise on children's intrinsic motivation: A review and synthesis', *Psychological Bulletin* 128, pp. 774–795.

Hill D, 2003, 'Differential treatment of stuttering in the early stages of development.' Gregory, HH, Campbell, JH, Gregory CB & Hill DG (eds), *Stuttering Therapy: Rationale and Procedures*, pp. 142–185, Allyn & Bacon, Boston, MA.

Hoff E, 2006, 'How social contexts support and shape language development', *Developmental Review* 26, pp. 55–88.

Howell P, Au-Yeung J & Sackin S, 1999, 'Exchange of stuttering from function words to content words with age', *Journal of Speech, Language and Hearing Research* 42, pp. 345–354.

Howie PM, 1981, 'Concordance for stuttering in monozygotic and dizygotic twin pairs', *Journal of Speech and Hearing Research* 24, pp. 317–321.

Hulme S, 2005, 'ACT! Innovative training for childcare staff', *Bulletin*, pp. 12–13.

Imeson J, Lowe R, Onslow M, Munro N, Heard R, O'Brian S & Arnott S, 2018, 'The Lidcombe Program and child language development: Long-term assessment', *Clinical Linguistics and Phonetics* 32, pp. 860–875.

Iverach L & Rapee RM, 2014, 'Social anxiety disorder and stuttering: Current status and future directions', *Journal of Fluency Disorders* 40, pp. 69–82.

Iveson C, 2002, 'Solution focused brief therapy', *Advances in Psychiatric Treatment* 8, pp. 149–157.

Johannsen HS, 2000, 'Design of the longitudinal study and influence of symptomatology; heredity; sex ratio and lateral dominance on the further development of stuttering', Bosshardt HG, Yaruss JS & Peters HFM (eds), *Fluency Disorders: Theory, Research, Treatment and Self-help Proceedings of the Third World Congress of Fluency Disorders*, pp. 183–186, University of Nijmegen Press, Nyborg, Denmark.

Johnson W, 1942, 'A study of the onset and development of stuttering', *Journal of Speech Disorders* 7, pp. 251-257.

Johnson KN, Walden TA, Conture EG, Karrass J, 2010, 'Spontaneous regulation of emotions in preschool children who stutter: Preliminary findings', *Journal of Speech, Language and Hearing Research* 53, pp. 1478-1495.

Jones R, Choi D, Conture E & Walden T, 2014, 'Temperament, emotion, and childhood stuttering', *Seminars in Speech and Language* 35, pp. 113-130.

Jones RM, Conture EG & Walden TA, 2014, 'Emotional reactivity and regulation associated with fluent and stuttered utterances of preschool-age children who stutter', *Journal of Communication Disorders* 48, pp. 38-51.

Jones PH & Ryan BP, 2001, 'Experimental analysis of the relationship between speaking rate and stuttering during mother-child conversation', *Journal of Developmental and Physical Disabilities* 13, pp. 279-305.

Kasprisin Burrelli A, Egolf DB & Shames GH, 1972, 'A comparison of parental verbal behavior with stuttering and nonstuttering children', *Journal of Communication Disorders* 5, pp. 335-346.

Kefalianos E, Onslow M, Block S, Menzies R & Reilly S, 2012, 'Early stuttering, temperament and anxiety: Two hypotheses', *Journal of Fluency Disorders* 37, pp. 151-163.

Kefalianos E, Onslow M, Packman A, Vogel A, Pezic A, Mensah F, Conway L, Bavin E, Block S & Reilly S, 2017, 'The history of stuttering by 7 years of age: Follow-up of a prospective community cohort', *Journal of Speech, Language and Hearing Research* 60, pp. 2828-2839.

Kelly EM, 1994, 'Speech rates and turn-taking behaviors of children who stutter and their fathers', *Journal of Speech and Hearing Research* 37, pp. 1284-1294.

Kelly EM, 1995, 'Parents as partners: including mothers and fathers in the treatment of children who stutter', *Journal of Communication Disorders* 28, pp. 93-105.

Kelly EM & Conture EG, 1992, 'Speaking rates, response time latencies, and interrupting behaviors of young stutterers, nonstutterers, and their mothers', *Journal of Speech and Hearing Research* 35, pp. 1256-1267.

Kelly GA, 1955, *The Psychology of Personal Constructs: Clinical Diagnosis and Psychotherapy*, WW Norton & Co, New York.

Kelman E & Nicholas A, 2008, *Practical Intervention for Early Childhood Stammering: Palin PCI Approach*, Speechmark, Milton Keynes.

Kelman E & Schneider C, 1994, 'Parent-child interaction: An alternative approach to the management of children's language difficulties', *Child Language Teaching and Therapy* 10, 1.

Kleinow J & Smith A, 2000, 'Influences of length and syntactic complexity on the speech motor stability of the fluent speech of adults who stutter', *Journal of Speech, Language and Hearing Research* 43, pp. 548-559.

Kloth SAM, Janssen P, Kraaimaat FW & Brutten GJ, 1995a, 'Speech-Motor and linguistic skills of young stutterers prior to onset', *Journal of Fluency Disorders* 20, pp. 157-170.

Kloth SAM, Janssen P, Kraaimaat FW & Brutten GJ, 1995b, 'Communicative behavior of mothers of stuttering and nonstuttering high-risk children prior to the onset of stuttering', *Journal of Fluency Disorders* 20, pp. 365-377.

Kloth SAM, Janssen P, Kraaimaat FW & Brutten GJ, 1998, 'Child and mother variables in the development of stuttering among high-risk children: A longitudinal study', *Journal of Fluency Disorders* 23, pp. 217-230.

Kloth SAM, Kraaimaat FW, Janssen P & Brutten GJ, 1999, 'Persistence and remission of incipient stuttering among high-risk children', *Journal of Fluency Disorders* 24, pp. 253-256.

Kraft SJ, Lowther E & Beilby J, 2019, 'The role of effortful control in stuttering severity in children: Replication study', *American Journal of Speech-Language Pathology* 28, pp. 14-28.

Kraft SJ & Yairi E, 2011, 'Genetic bases of stuttering: The state of the art', *Folia Phoniatrica et Logopaedica* 64, pp. 24-47.

Langevin M, Packman A & Onslow M, 2009, 'Peer responses to stuttering in the preschool setting', *American Journal of Speech-Language Pathology* 18, pp. 264-278.

Langevin M, Packman A & Onslow M, 2010, 'Parent perceptions of the impact of stuttering on their preschoolers and themselves', *Journal of Communication Disorders* 43, pp. 407-423.

Langlois A, Hanrahan LL & Inouye LL, 1986, 'A comparison of interactions between stuttering children, nonstuttering children, and their mothers', *Journal of Fluency Disorders* 11, pp. 263-273.

Lattermann C, Shenker RC & Thordardottir E, 2005, 'Progression of language complexity during treatment with the Lidcombe Program for early stuttering intervention', *American Journal of Speech-Language Pathology* 14, pp. 242-253.

Lau SR, Beilby JM, Byrnes ML & Hennessey NW, 2012, 'Parenting styles and attachment in school-aged children who stutter', *Journal of Communication Disorders* 45, pp. 98-110.

LDA, 1988, 'What's Wrong Cards', Living and Learning, Cambridge.

Leech KA, Bernstein Ratner N, Brown B & Weber CM, 2017, 'Preliminary evidence that growth in productive language differentiates childhood stuttering persistence and recovery', *Journal of Speech, Language and Hearing Research* 60, pp. 3097-3109.

Leech KA, Salo VC, Rowe ML & Cabrera NJ, 2013, 'Father input and child vocabulary development: The importance of wh-questions and clarification requests', *Seminars in Speech and Language* 34, pp. 249-259.

Lewis C, Packman A, Onslow M, Simpson JM & Jones M, 2008, 'A Phase II trial of telehealth delivery of the Lidcombe Program of Early Stuttering Intervention', *American Journal of Speech-Language Pathology* 17, pp. 139-149.

Lim VP, Lincoln M, Chan YH & Onslow M, 2008, 'Stuttering in English-Mandarin bilingual speakers: The influence of language dominance on stuttering severity', *Journal of Speech, Language and Hearing Research* 51, pp. 1522-1537.

Lincoln MA & Onslow M, 1997, 'Long-term outcome of early intervention for stuttering', *American Journal of Speech-Language Pathology* 6, pp. 51-58.

Livingston LA, Flowers YE, Hodor BA & Ryan B, 2000, 'The experimental analysis of interruption during conversation for three children who stutter', *Journal of Developmental and Physical Disabilities* 1, pp. 235-266.

Logan KJ, Byrd CT, Mazzocchi EM & Gillam RB, 2011, Speaking rate characteristics of elementary- school-aged children who do and do not stutter, *Journal of Communication Disorders* 44, pp. 130-147.

Louko LJ, 1995, 'Phonological characteristics of young children who stutter', *Topics in Language Disorders* 15, pp. 48-59.

Louko LJ, Edwards M & Conture E, 1990, 'Phonological characteristics of young stutterers and their normally fluent peers. Preliminary observations', *Journal of Fluency Disorders* 15, pp. 191-210.

MacPherson M & Smith A, 2013, 'Influences of sentence length and syntactic complexity on the speech motor control of children who stutter', *Journal of Speech, Language and Hearing Research* 56, pp. 89-102.

Manning WH & DiLollo A, 2018, *Clinical Decision Making in Fluency Disorders* (4th edn), Plural Publishing, San Diego, CA.

Manolson A, 1992, *It Takes 2 To Talk*, Hanen Centre, Ontario. Mansson H, 2000, 'Childhood stuttering: Incidence and development', *Journal of Fluency Disorders* 25, pp. 47-57.

Matthews S, Williams R & Pring T, 1997, 'Parent-child interaction therapy and dysfluency: A single-case study', *European Journal of Disorders of Communication* 32, pp. 346-357.

McAllister J, Kelman E & Millard S, 2015, 'Anxiety and cognitive bias in children and young people who stutter', *Procedia-Social and Behavioral Sciences* 193, pp. 183-191.

McNeill C, 2013, 'The teens challenge: Stammering therapy, learning and adventure', Cheasman C, Everard R & Simpson S (eds), *Stammering Therapy from the Inside: New Perspectives on Working with Young People and Adults*, J & R Press Ltd, Guilford.

Melnick KS & Conture EG, 2000, 'Relationship of length and grammatical complexity to the systematic and nonsystematic speech errors and stuttering of children who stutter', *Journal of Fluency Disorders* 25, pp. 21-45.

Meyers SC & Freeman FJ, 1985a, 'Mother and child speech rates as a variable in stuttering and disfluency', *Journal of Speech and Hearing Research* 28, pp. 436-444.

Meyers SC & Freeman FJ, 1985b, 'Interruptions as a variable in stuttering and disfluency', *Journal of Speech and Hearing Research* 28, pp. 428-435.

Meyers SC & Woodford LL, 1992, *The Fluency Development System for Young Children*, United Educational Services Inc, Bualo, NY.

Miles S & Bernstein Ratner NB, 2001, 'Parental language input to children at stuttering onset', *Journal of Speech, Language and Hearing Research* 44, pp. 1116-1130.

Millard SK, Edwards S & Cook, F, 2009, 'Parent-child interaction therapy: Adding to the evidence', *International Journal of Speech-Language Pathology* 11, pp. 61-76.

Millard SK & Cook FM, 2010, 'Working with young children who stutter: Raising our game', *Seminars in Speech and Language* 31, pp. 250-261.

Millard SK & Davis S, 2016, 'The Palin Parent Rating Scales: Parents' perspectives of childhood stuttering and its impact', *Journal Speech, Language and Hearing Research* 59, pp. 950-963.

Millard SK, Nicholas A & Cook FM, 2008, 'Is parent-child interaction therapy effective in reducing stuttering?' *Journal of Speech, Language and Hearing Research* 51, pp. 635-650.

Millard SK, Zebrowski P & Kelman E, 2018, 'Palin parent-child interaction therapy: The bigger picture', *American Journal of Speech-Language Pathology* 27, pp. 1211-1223.

Milner J & Bateman J, 2011, *Working with Children and Teenagers Using Solution Focused Approaches*, Jessica Kingsley, London.

Mohan R & Weber C, 2015, 'Neural systems mediating processing of sound units of language distinguish recovery versus persistence in stuttering', *Journal of Neurodevelopmental Disorders* 7, 28. doi: 10.1186/ s11689-015-9124-7.

Montgomery DC, 1997, *Introduction to Statistical Quality Control* (3rd edn), John Wiley & Sons, New York.

Montgomery JW, 2005, 'Effects of input rate and age on the real-time language processing of children with specific language impairment', *International Journal of Language and Communication Disorders* 40, pp. 171-188.

Mordecai D, 1979, 'An investigation of the communicative styles of mothers and fathers of stuttering versus non-stuttering pre-school children', *Dissertations Abstracts International* 40.

Mugno D, Ruta L, D'Arrigo VG & Mazzone L, 2007, 'Impairment of quality of life in parents of children and adolescents with pervasive developmental disorder', *Health Quality of Life Outcomes* 5, 22. doi: 10.1186/1477-7525-5-22.

Neimeyer R, 1993, 'Constuctivist approaches to the measurement of meaning', Neimeyer G (ed), *Constructivist Assessment: A Casebook*, pp. 207-223. Sage, Newbury Park, CA.

Newman LL & Smit AB, 1989, 'Some effects of variations in response time latency on speech rate, interruptions, and fluency in children's speech', *Journal of Speech and Hearing Research* 32, pp. 635-644.

Nicholas A, 2015, 'Solution focused brief therapy with children who stutter', *Procedia-Social and Behavioral Sciences* 193, pp. 209-216.

Nippold MA, 1990, 'Concomitant speech and language disorders in stuttering children: A critique of the literature', *Journal of Speech and Hearing Disorders* 55, pp. 51-60.

Nippold MA, 2001, 'Phonological disorders and stuttering in children: What is the frequency of co-occurrence?' *Clinical Linguistics and Phonetics* 15, pp. 219-228.

Nippold MA, 2002, 'Stuttering and phonology: Is there an interaction?' *American Journal of Speech- Language Pathology* 11, pp. 99-110.

Nippold MA, 2004, 'Phonological and language disorders in children who stutter: Impact on treatment recommendations', *Clinical Linguistics and Phonetics* 18, pp. 145-159.

Nippold MA, 2018, 'Language development in children who stutter: A review of recent research, *International Journal of Speech-Language Pathology*, DOI: 10.1080/ 17549507.2018.1457721.

Nippold MA & Rudzinski M, 1995, 'Parents' speech and children's stuttering: Acritique of the literature', *Journal of Speech and Hearing Research* 38, pp. 978-989.

Ntourou K, Conture EG & Lipsey M, 2011, 'Language abilities of children who stutter: A meta-analytical review', *American Journal of Speech-Language Pathology* 20, pp. 163-179.

Ntourou K, Conture EG & Walden TA, 2013, 'Emotional reactivity and regulation in preschool-age children who stutter', *Journal of Fluency Disorders* 38, pp. 260-274.

Onslow M & O'Brian S, 2013, 'Management of childhood stuttering', *Journal of Paediatrics and*

Child Health 49, E112-E115.

Onslow M, Packman A & Harrison E, 2003, *Lidcombe Program of Early Stuttering Intervention: A Clinician's Guide*, Pro-Ed, Austin, TX.

Ortega AY & Ambrose NG, 2011, 'Developing psychological stress profiles for school-age children who stutter', *Journal of Fluency Disorders* 36, pp. 268-273.

Paden EP, Ambrose NG & Yairi E, 2002, 'Phonological progress during the rst two years of stuttering', *Journal of Speech, Language and Hearing Research* 45, pp. 256-267.

Paden EP & Yairi E, 1996, 'Phonological characteristics of children whose stuttering persisted or recovered', *Journal of Speech and Hearing Research* 39, pp. 981-990.

Paden EP, Yairi E & Ambrose NG, 1999, 'Early childhood stuttering II: Initial status of phonological abilities', *Journal of Speech, Language and Hearing Research* 42, pp. 1113-1124.

Pancsofar N & Vernon-Feagans L, 2006, 'Mother and father language input to young children: Contributions to later language development', *Journal of Applied Developmental Psychology* 27, pp. 571-587.

Plexico LW & Burrus E, 2012, 'Coping with a child who stutters: A phenomenological analysis', *Journal of Fluency Disorders* 37, pp. 275-288.

Plexico LW, Cleary JE, McAlpine A & Plumb AM, 2010, 'Disfluency characteristics observed in young children with autism spectrum disorders: A preliminary report', *Perspectives on Fluency and Fluency Disorders* 20, pp. 42-50.

Plexico LW, Plumb AM & Beacham, J, 2013, 'Teacher knowledge and perceptions of stuttering and bullying in schoolage children', *Perspectives on Fluency and Fluency Disorders* 23(2): 39. doi:10.1044/ d23.2.39.

Prior M, Sanson A & Oberklaid F, 1989, 'The Australian Temperament Project', Kohnstamm GA, Bates JE & Rothbart MK (eds), *Temperament in Childhood*, pp. 537-554, Wiley, Chichester.

Putnam SP & Rothbart MK, 2006, 'Development of short and very short forms of the children's behavior questionnaire', *Journal of Personality Assessment* 87, pp. 102-112.

Ratner H, George E & Iveson C, 2012, *Solution Focused Brief Therapy*, Routledge, London.

Ratner H & Yusuf D, 2015, *Brief Coaching with Children and Young People*, Routledge, London. Rautakoski P, Hannus T, Simberg S, Sandnabba NK & Santtila P, 2012, 'Genetic and environmental effects on stuttering: A twin study from Finland', *Journal of Fluency Disorders* 37, pp. 202-210.

Reardon-Reeves N & Yaruss JS, 2013, *School-Age Stuttering Therapy: A Practical Guide*,

Stuttering Therapy Resources Inc., McKinney, TX.

Reilly S, Kefalianos E & Smith K, 2013a, 'The natural history of stuttering onset and recovery: Data from a longitudinal study', *Enfance* 3, pp. 275-285.

Reilly S, Onslow M, Packman A, Cini E, Conway L, Ukoumunne OC, Bavin EL, Prior M, Eadie P, Block S & Wake M, 2013b, 'Natural history of stuttering to 4years of age: A prospective community-based study', *Pediatrics* 132, pp. 460-467.

Reilly S, Onslow M, Packman A, Wake M, Bavin E., Prior M. Eadie P, Cini E, Bolzonello C & Ukoumunne O, 2009, 'Predicting stuttering onset by the age of 3 years: A prospective, community cohort study', *Pediatrics* 123, pp. 270-277.

Riaz N, Steinberg S, Ahmad J, Pluzhnikov A, Riazuddin S, Cox NJ & Drayna D, 2005 'Genomewide signicant linkage to stuttering on chromosome 12', *American Journal of Human Genetics* 76, pp. 647-651.

Richels C, Buhr A, Conture E & Ntourou K, 2010, 'Utterance complexity and stuttering on function words in preschool age children who stutter', *Journal of Fluency Disorders* 35, pp. 314-331.

Riley G, 2009, *The Stuttering Severity Instrument for Adults and Children (SSI-4)* (4th edn), Pro-Ed, Austin, TX. Riley J & Riley G, 1985, *Oral Motor Assessment and Treatment. Improving Syllable Production*, Pro-Ed, Austin, TX.

Rommel D, 2000, 'The influence of psycholinguistic variables on stuttering in childhood', Bosshardt HG, Yaruss JS & Peters HFM (eds), *Fluency Disorders: Theory, Research, Treatment and Self-help Proceedings of the Third World Congress of Fluency Disorders*, pp. 195-202, Nijmegen University Press, Nyborg.

Rommel D, Hage A, Kalehne P & Johannsen HS, 1999, 'Development, maintenance and recovery of childhood stuttering: Prospective longitudinal data 3 years after first contact', *Proceedings of the Fifth Oxford Dysfluency Conference*, pp. 168-182.

Rothbart MK, Ahadi SA, Hershey KL & Fisher P, 2001, 'Investigations of temperament at three to seven years: The Children's Behavior Questionnaire', *Child Development* 72, pp. 1394-1408.

Rothbart MK & Bates JE, 2006, 'Temperament', Damon W, Lerner R & Eisenberg N (eds), *Handbook of Child Psychology: Vol. 3. Social, Emotional, and Personality Development* (6th edn), pp. 99-166, Wiley, New York.

Rothbart MK & Derryberry D, 1981, 'Development of individual differences in temperament', Lamb ME & Brown AL (eds), *Advances in Developmental Psychology*, Vol. 1, pp. 37-86, Lawrence Erlbaum, Hillsdale, NJ.

Rowe ML, 2012, 'A longitudinal investigation of the role of quantity and quality of child-directed speech in vocabulary development',*Child Development* 83, pp. 1762-1774.

Rowe ML, Coker D & Pan BA, 2004, 'A comparison of fathers' and mothers' talk to toddlers in low-income families', *Social Development* 13, pp. 278-291.

Rustin L, 1987, *Assessment and Therapy Programme for Dysfluent Children*, NFER Nelson, Berkshire.

Rustin L, Botterill W & Kelman E, 1996, *Assessment and Therapy for Young Dysfluent Children: Family Interaction*, Whurr Publishers Ltd, London.

Rustin L & Cook F, 1995, 'Parental involvement in the treatment of stuttering', *Language, Speech, and Hearing Services in Schools* 26, pp. 127-137.

Ryan BP, 2000, Speaking rate, conversational speech acts, interruption, and linguistic complexity of 20 pre-school stuttering and nonstuttering children and their mothers', *Clinical Linguistics and Phonetics* 14, pp. 25-51.

Savelkoul EM, Zebrowski PM, Feldstein S & Cole-Harding S, 2007, 'Coordinated interpersonal timing in the conversations of children who stutter and their mothers and fathers', *Journal of Fluency Disorders* 32, pp. 1-32.

Sawyer J, Matteson C, Ou H & Nagase T, 2017, 'The effects of parent-focused slow relaxed speech intervention on articulation rate, response time latency, and uency in preschool children who stutter', *Journal of Speech, Language and Hearing Research* 60, pp. 794-809.

Scaler Scott K, Tetnowski JA, Flaitz JR & Yaruss JS, 2014, 'Preliminary study of disfluency in school-aged children with autism', *International Journal of Language & Communication Disorders* 49, pp. 75-89.

Schieve LA, Blumberg SJ, Rice C, Visser SN & Boyle C, 2007, 'The relationship between autism and parenting stress', *Pediatrics*, 119(Supplement 1), S114-S121. Sheehan J, 1970, *Stuttering: Research and Therapy*, Harper & Row, New York.

Shenker RC, 2011, 'Multilingual children who stutter: Clinical issues', *Journal of Fluency Disorders* 36, pp. 186-193.

Shenker RC, 2013, 'When young children who stutter are also bilingual: Some thoughts about assessment and treatment', *Perspectives on Communication Disorders and Sciences in Culturally and Linguistically Diverse Populations* 20(1): 15. doi: 10.1044/cds20.1.15.

Silverman S & Ratner NB, 2002, 'Measuring lexical diversity in children who stutter: Application of Vocd', *Journal of Fluency Disorders* 27, pp. 289-303.

Sisskin V & Wasilus S, 2014, 'Lost in the literature, but not in the caseload: Working with atypical disfluency from theory to practice', *Seminars in Speech and Language* 35, pp. 144-152.

Smith A, 2015, 'What factors contribute to the emergence of stuttering?' Paper presented at the Annual Convention of the American Speech-Language-Hearing Association, Denver, Colorado.

Smith A, Goffman L, Sasisekaran J & Weber-Fox C, 2012, 'Language and motor abilities of preschool children who stutter: evidence from behavioral and kinematic indices of nonword repetition performance', *Journal of Fluency Disorders* 37, pp. 344-358.

Smith KA, Iverach L, O'Brian S, Kefalianos E & Reilly S, 2014, 'Anxiety of children and adolescents who stutter: A review', *Journal of Fluency Disorders* 40, pp 22-34.

Smith A & Kelly E, 1997, 'Stuttering: A dynamic, multifactorial model', Curlee R & Siegel GM (eds), *Nature and Treatment of Stuttering: New Directions*, pp. 204-216, Allyn and Bacon, Boston.

Smith A, Sadagopan N, Walsh B & Weber-Fox C, 2010, 'Increasing phonological complexity reveals heightened instability in inter-articulatory coordination in adults who stutter', *Journal of Fluency Disorders* 35, pp. 1-18.

Smith A & Weber C, 2016, 'Childhood stuttering: Where are we and where are we going?' *Seminars in Speech and Language* 37, pp. 291-297.

Smith A & Weber C, 2017. 'How stuttering develops: The multifactorial dynamic pathways theory', *Journal of Speech, Language and Hearing Research* 60, pp. 2483-2505.

Smith A & Zelaznik HN, 2004, 'Development of functional synergies for speech motor coordination in childhood and adolescence', *Developmental Psychobiology* 45, pp. 22-33.

Speechmark, 2007, 'What's Wrong' Colorcards (2nd edn), Routledge: Abingdon.

Spencer C & Weber-Fox C, 2014, 'Preschool speech articulation and nonword repetition abilities may help predict eventual recovery or persistence of stuttering', *Journal of Fluency Disorders* 41, pp. 32-46.

Spinelli E, 1994, *Demistifying Therapy*, Constable, London.

Stallard P, 2002, *Think Good - Feel Good: A Cognitive Behaviour Therapy Workbook for Children and Young People*, John Wiley and Sons Ltd, Chichester.

Starkweather CW, 2002, 'The epigenesis of stuttering', *Journal of Fluency Disorders* 27, pp. 269-287; quiz 287-268.

Stephenson-Opsal D & Bernstein Ratner N, 1988, 'Maternal speech rate modication and childhood stuttering', *Journal of Fluency Disorders* 15, pp. 243-175.

Suresh R, Roe C, Pluzhnikov A, Wittke-Thompson J, C-Y Ng M, Cook E, Lundstrom C, Garsten

M, Ezrati R, Yairi E, Ambrose N & Cox N, 2006, 'New complexities in the genetics of stuttering: Significant sex-specific linkage signals, *American Journal of Human Genetics* 78, pp. 554-563.

Tamis-LeMonda CS, Kuchirko Y & Song L, 2014, 'Why is infant language learning facilitated by parental responsiveness?' *Current Directions in Psychological Science* 23, pp. 121-126.

Tamis-LeMonda CS, Shannon JD, Cabrera NJ & Lamb ME, 2004, 'Fathers and mothers at play with their 2- and 3-year-olds: Contributions to language and cognitive development. *Child Development* 75, pp. 1806-1820.

Throneburg RN, Yairi E & Paden EP, 1994, 'Relation between phonologic difficulty and the occurrence of disfluencies in the early stage of stuttering', *Journal of Speech, Language and Hearing Research* 37, pp. 504-509.

Tumanova V, Choi D, Conture EG & Walden, TA, 2018, 'Expressed parental concern regarding childhood stuttering and the Test of Childhood Stuttering', *Journal of Communication Disorders* 72, pp. 86-96.

Usler E, Smith A & Weber, C, 2017, 'A lag in speech motor coordination during sentence production is associated with stuttering persistence in young children', *Journal of Speech, Language and Hearing Research* 60, pp 51-61.

Usler E & Weber-Fox C, 2015, 'Neurodevelopment for syntactic processing distinguishes childhood stuttering recovery versus persistence', *Journal of Neurodevelopmental Disorders* 7(1): 4. doi: 10.1186/1866-1955-7-4.

Valian V & Casey L, 2003, 'Young children's acquisition of wh-questions: The role of structured input', *Journal of Child Language* 30, pp. 117-143.

Van Borsel J, 2011, 'Review of research on the relationship between bilingualism and stuttering', Howell P & Van Borsel J (eds), *Multilingual Aspects of Fluency disorders*, pp. 247-270, Multilingual Matters, Bristol.

Van der Merwe B, Robb MP, Lewis JG & Ormond T, 2011, 'Anxiety measures and salivary cortisol responses in preschool children who stutter', *Contemporary Issues in Communication Science and Disorders* 38, pp. 1-10.

Van Riper C, 1973, *The Treatment of Stuttering*, Prentice Hall, Englewood Cliffs, NJ.

Vanryckeghem M & Brutten GJ, 2007, *Communication Attitude Test for Preschool and Kindergarten Children who Stutter* (KiddyCAT), Plural Publishing, San Diego, CA.

Vanryckeghem M, Brutten GJ & Hernandez LM, 2005, 'A comparative investigation of the speech-associated attitude of preschool and kindergarten children who do and do not stutter', *Journal of Fluency Disorders* 30, pp. 307-318.

Vanryckeghem M, Hylebos C, Brutten GJ & Peleman M, 2001, 'The relationship between communication attitude and emotion of children who stutter', *Journal of Fluency Disorders* 26, pp. 1-15.

Wagovich SA & Hall N, 2018, 'Stuttering frequency in relation to lexical diversity, syntactic complexity, and utterance length', *Communication Disorders Quarterly* 39, pp. 335-345.

Walden TA, Frankel CB, Buhr AP, Johnson KN, Conture EG & Karass JM, 2012, 'Dual diathesis-stressor model of emotional and linguistic contributions to developmental stuttering', *Journal of Abnormal Child Psychology* 40, pp. 633-644.

Walsh B, Mettel KM & Smith A, 2015, 'Speech motor planning and execution deficits in early childhood stuttering', *Journal of Neurodevelopmental Disorders* 7, 27.

Walsh B & Smith A, 2002, 'Articulatory movements in adolescents: evidence for protracted development of speech motor control processes', *Journal of Speech Language and Hearing Research* 45, pp. 1119-1133.

Walsh B, Usler E, Bostian A, Mohan R, Gerwin KL, Brown B, Weber C & Smith A, 2018, 'What are predictors for persistence in childhood stuttering?' *Seminars in Speech and Language* 39, pp. 299-312.

Wampold BE, 2001, *The Great Psychotherapy Debate: Models, Methods and Findings*, Lawrence Erlbaum Associates, London.

Watkins R, 2005, 'Language abilities in young children who stutter', Paper presented at the Sixth Oxford Dysfluency Conference, Oxford.

Watkins RV & Yairi E, 1997, 'Language production abilities of children whose stuttering persisted or recovered', *Journal of Speech, Language and Hearing Research* 40, pp. 385-399.

Watkins RV, Yairi E & Ambrose NG, 1999, 'Early childhood stuttering III: Initial status of expressive language abilities', *Journal of Speech, Language and Hearing Research* 42, pp. 1125-1135.

Weiss AL & Zebrowski PM, 1992, 'Disfluencies in the conversations of young children who stutter: Some answers about questions', *Journal of Speech and Hearing Research* 35, pp. 1230-1238.

Weistuch L, Lewis M & Sullivan M, 1991, 'Use of a language interaction intervention in the preschools', *Journal of Early Intervention* 15, pp. 278-287.

Welkowitz J, Cariffe G & Feldstein S, 1976, 'Conversational congruence as a criterion of socialization in children', *Child Development* 47, pp. 269-272.

Werner E, 1993, 'Risk, resilience, and recovery: Perspectives from the Kauai longitudinal study', *Developmental Psychopathology* 5, pp. 503-515.

Wilkenfeld JR & Curlee RF, 1997, 'The relative effects of questions and comments on children's stuttering', *American Journal of Speech Language Pathology* 6, pp. 79-89.

Wilson L, Onslow M & Lincoln M, 2004, 'Telehealth adaptation of the Lidcombe Program of early stuttering intervention: Five case studies', *American Journal of Speech-Language Pathology* 13, pp. 81-93.

Winslow M & Guitar B, 1994, 'The effects of structured turn taking on disfluencies: A case study', *Language, Speech, and Hearing Services in Schools* 25, pp. 251-257.

Wolk L, 1998, 'Intervention strategies for children who exhibit coexisting phonological and fluency disorders: A clinical note', *Child Language Teaching and Therapy* 14, pp. 69-82.

Wolk L, Edwards ML & Conture EG, 1993, 'Coexistence of stuttering and disordered phonology in young children', *Journal of Speech, Language and Hearing Research* 36, pp. 906-917.

Yairi E & Ambrose N, 1999, 'Early childhood stuttering I: Persistency and recovery rates', *Journal of Speech, Language and Hearing Research* 42, pp. 1097-1112.

Yairi E & Ambrose N, 2005, *Early Childhood Stuttering: For Clinicians, by Clinicians*, Pro-Ed, Austin, Texas.

Yairi E & Ambrose N, 2013, 'Epidemiology of stuttering: 21st century advances', *Journal of Fluency Disorders* 38, pp. 66-87.

Yairi E, Ambrose NG & Niermann R, 1993, 'The early months of stuttering: Adevelopmental study', *Journal of Speech and Hearing Research* 36, pp. 521-528.

Yairi E, Ambrose NG, Paden EP & Throneburg RN, 1996, 'Predictive factors of persistence and recovery: Pathways of childhood stuttering', *Journal of Communication Disorders* 29, pp. 51-77.

Yairi E & Seery CH, 2015, *Stuttering: Foundations and Clinical Applications* (2nd edn), Pearson Education Ltd, Essex.

Yaruss JS, 1997, 'Clinical implications of situational variability in preschool children who stutter', *Journal of Fluency Disorders* 22, pp. 187-203.

Yaruss JS, 1999, 'Utterance length, syntactic complexity, and childhood stuttering', *Journal of Speech, Language and Hearing Research* 42, pp. 329-344.

Yaruss JS, Coleman C & Hammer D, 2006, 'Treating preschool children who stutter: Description and preliminary evaluation of a family-focused treatment approach', *Language, Speech, and Hearing Services in Schools* 37, pp. 118-136.

Yaruss JS & Conture EG, 1995, 'Mother and child speaking rates and utterance lengths in adjacent fluent utterances: Preliminary observations', *Journal of Fluency Disorders* 20, pp.

257-278.

Yaruss SJ & Logan KL, 2002, 'Evaluating rate, accuracy, and fluency of young children's diadochokinetic productions: A preliminary investigation', *Journal of Fluency Disorders* 27, pp. 65-86.

Yaruss JS & Reardon-Reeves N, 2017, *Early Childhood Stuttering Therapy: A Practical Guide*, Stuttering Therapy Resources Inc: McKinney, TX.

Zackheim CT & Conture EG, 2003, 'Childhood stuttering and speech disfluencies in relation to children's mean length of utterance: a preliminary study', *Journal of Fluency Disorders* 28, pp. 115-141.

Zebrowski PM, 2007, 'Treatment factors that inuence therapy outcomes of children who stutter', Conture EG & Curlee RF, *Stuttering and Related Disorders of Fluency*, pp. 23-38, Thieme, New York.

Zebrowski PM & Schum RL, 1993, 'Counseling parents of children who stutter', *American Journal of Speech-Language Pathology* 2, pp. 65-73.

Zebrowski PM, Weiss AL, Savelkoul EM & Hammer CS, 1996, 'The effect of maternal rate reduction on the stuttering, speech rates and linguistic productions of children who stutter: Evidence from individual dyads', *Clinical Linguistics and Phonetics* 10, pp. 189-206.

Zengin-Bolatkale H, Conture EG, Key AP, Walden TA & Jones, RM, 2018, 'Cortical associates of emotional reactivity and regulation in childhood stuttering', *Journal of Fluency Disorders* 56, pp. 81-99.

Zengin-Bolatkale H, Conture EG, Walden TA & Jones RM, 2018 'Sympathetic arousal as a marker of chronicity in childhood stuttering', *Developmental Neuropsychology* 43, pp. 135-151.

Zentall SR & Morris B, 2010, '"Good job, you're so smart": The effects of inconsistency of praise type on young children's motivation', *Journal of Experimental Child Psychology* 107, pp. 155-163.

심현섭, 신문자, 이은주(2019). 파라다이스-유창성 검사 II(Paradise-Fluency Assessment II: P-FA-II). 서울: 파라다이스 복지재단.

[찾아보기]

인명

A

Ahadi, S. A. 33

Ambrose, N. 19, 20, 21, 22, 26, 33, 35, 43, 44, 47, 48, 49, 50, 51, 52, 53, 55, 80, 81

Anderson, J. D. 28, 30, 78, 219

Andronico, M. 213

Angstadt, M. 56

Arndt, J. 30

Au-Yeung, J. 28

B

Bailey, K. 69

Bateman, J. 294

Bates, J. E. 31

Bauerly, K. R. 28

Beacham, J. 328

Beal, D. S. 22

Beck, A. T. 38, 70

Bedore, L. M. 29

Beilby, J. 37

Berg, I. K. 390

Bernstein Ratner, N. 20, 21, 29, 39, 40, 48, 56, 61, 62, 64, 78, 211, 216, 217, 218, 219, 221, 316

Biggart, A. 16, 38

Blake, I. 213

Block, S. 32

Blood, G. W. 30

Blood, I. M. 35

Bloodstein, O. 20, 21, 48

Blumberg, S. J. 39

Boey, R. A. 33, 34

Bonelli, P. 219

Bostian, A. J. 50

Botterill, W. 16, 59, 60, 390

Boyle, M. P. 39, 69

Brettschneider, J. 22

Brown, B. 50, 56

Brutten, G. J. 19, 20, 24, 33, 34, 40, 54, 78, 108, 167, 344

Buhr, A. 28

Burns, K. 390

Burrus, E. 36

Byrd, C. T. 29, 316

Byrnes, M. L. 37

C

Cabrera, N. J. 29, 218, 220

Campbell, P. 70, 103

내용

저자 소개

일레인 켈만(Elaine Kelman)은 런던에 있는 마이클 페일린 말더듬 치료 센터(Michael Palin Centre for Stammering)의 수장이며, 위팅턴 언어치료실(Whittington Health Speech and Language Therapy Services)의 언어치료전문가이다. 그녀는 말더듬 분야에서 30년 이상 일했으며 말더듬 아동과 부모, 그리고 말더듬 성인 및 청소년에게 전문적인 유창성 치료를 제공해 왔다. 일레인은 유럽 유창성장애 전문가 자격증(Certified European Fluency Specialist)을 갖고 있으며, 국제 유창성 협회(International Fluency Association)의 이사이자 유럽 유창성장애 전문가 보드(European Fluency Specialist' board)의 의장이며 미국 말 청각협회(American Speech and Hearing Association)의 외부 이사이고 영국 언어치료사 왕립대학(Royal College of Speech and Language Therapists)의 말더듬 전문 어드바이저이다.

앨리슨 니컬러스(Alison Nicholas)는 마이클 페일린 말더듬 치료 센터에서 23년간 일한 언어 치료전문가이다. 그녀는 현재 웨일스의 카디프(Cardiff, Wales)에 있으며, 말더듬 아동과 가족, 말더듬 성인 및 청소년에게 언어치료를 제공하고 있다. 그녀는 유럽 유창성장애 전문가 자격증(certified European Fluency Specialist)을 갖고 있으며, 카디프 메트로폴리탄 대학교(Cardiff Metropolitan University)에서 학부생들에게 말더듬을 강의하고 있다. 그녀는 해결중심단기치료 훈련을 받았으며 해결중심치료의 자격증을 갖고 있다.

역자 소개

신문자(Moonja Shin), Ph.D., CCC-SLP, ASHA Fellow
한국언어재활사협회, 1급 언어재활사 자격증
전 조선대학교 언어치료학과 교수
현 신 · 언어임상연구소 대표

〈저서 및 논문〉
Dr. Manning의 유창성장애(공역, 센게이지러닝)
말더듬 아동의 부모를 위하여(역, 하나의학사)
부모교육이 학령전기 말더듬 아동의 비유창성 감소에 미치는 효과(공저)
말더듬아동 어머니의 양육경험의 근거이론적 분석(공저)

최다혜(Dahye Choi), Ph.D., CCC-SLP
전 초록소리, 이화여자대학교 아동발달센터, 동산난청연구소 언어치료사
현 University of South Alabama, Department of Speech Pathology and Audiology, 교수

〈저서 및 논문〉
Conture, E., Tumanova, V., & Choi, D. (2022). Common characteristics. In Zebrowski, P.,
Anderson, J., & Conture, E. (4th Eds.), *Stuttering and Related Disorders of Fluency* (pp.
3-15). Thieme.

Choi, D., Sim, H., Lee, S., & Kim, H. (2021). Reliability and Validity of the Attitudes toward
Your Child's Speech. *Communication Sciences and Disorders, 26*(4), 909-920.

Choi, D., Sim, H., Park, H., Clark, C., & Kim, H. (2020). Loci of stuttering in English-speaking
and Korean-speaking children who stutter: Preliminary findings. *Journal of Fluency
Disorders, 64*, 105762.

어린 말더듬 아동을 위한
페일린 부모–아동 상호작용 치료

Palin Parent-Child Interaction Therapy for Early
Childhood Stammering (2nd edition)

2022년 10월 18일 1판 1쇄 인쇄
2022년 10월 28일 1판 1쇄 발행

지은이 • Elaine Kelman · Alison Nicholas
옮긴이 • 신문자 · 최다혜
펴낸이 • 김진환
펴낸곳 • ㈜ **학지사**

　　　　04031 서울특별시 마포구 양화로 15길 20 마인드월드빌딩
대표전화 • 02-330-5114　　팩스 • 02-324-2345
등록번호 • 제313-2006-000265호

홈페이지 • http://www.hakjisa.co.kr
페이스북 • https://www.facebook.com/hakjisabook

ISBN 978-89-997-2774-0　93180

정가 25,000원

출판미디어기업 학지사
간호보건의학출판 **학지사메디컬** www.hakjisamd.co.kr
심리검사연구소 **인싸이트** www.inpsyt.co.kr
학술논문서비스 **뉴논문** www.newnonmun.com
교육연수원 **카운피아** www.counpia.com